新业态 新挑战 新思维

中国编辑学会第21届年会获奖论文（2020）

中国编辑学会　编

人民出版社

责任编辑：朱琳君　张双子

责任校对：吴容华

封面设计：徐　晖

图书在版编目（CIP）数据

新业态　新挑战　新思维：中国编辑学会第 21 届年会获奖论文 .2020 /
　中国编辑学会 编 . —— 北京：人民出版社，2021.5

ISBN 978 – 7 – 01 – 023406 – 9

I. ①新… 　II. ①中… 　III. ①编辑学 – 中国 – 文集 　IV. ① G232-53

中国版本图书馆 CIP 数据核字（2021）第 077606 号

新业态　新挑战　新思维

XINYETAI XINTIAOZHAN XINSIWEI

——中国编辑学会第 21 届年会获奖论文（2020）

中国编辑学会　编

人 民 出 版 社 出版发行

（100706　北京市东城区隆福寺街 99 号）

北京汇林印务有限公司印刷　新华书店经销

2021 年 5 月第 1 版　2021 年 5 月北京第 1 次印刷

开本：710 毫米 ×1000 毫米 1/16　印张：37.75

字数：541 千字

ISBN 978 – 7 – 01 – 023406 – 9　定价：99.00 元

邮购地址 100706　北京市东城区隆福寺街 99 号

人民东方图书销售中心　电话（010）65250042　65289539

目 录

一　等　奖

二 等 奖

三 等 奖

主阵地　深领域　新空间

——在中国编辑学会第21届年会上的闭幕词

郝振省

同志们，朋友们，大家上午好！

从前天下午晚上的报到，到昨天上午的开幕式、年度工作报告环节，到下午的以新业态、新挑战、新思维为主题的高峰学术论坛，到今天上午的征文颁奖，向先进专委会颁奖，向优秀地方学会颁奖，到增补理事、常务理事等单元的重要内容，我们完成了本次年会设计安排的所有议程，会议获得了初步的圆满的成功。我们向同志们表示崇高的敬意和由衷的感谢。只有一道走过来的编辑出版业界的同仁，才能体会其中的喜悦和焦虑。

在开幕式环节，中宣部出版局杨振林同志代表郭义强副秘书长兼出版局局长肯定了一年来，在习近平新时代中国特色社会主义思想指导下，我国编辑出版事业的新开拓和编辑学会工作的新成果，提出了以学为先，固本培元，凝神聚力，服务大局的新要求、新期待；中国版协常务副理事长原国家新闻出版总署副署长邬书林同志，就学习党的十九届五中全会精神和出版强国建设问题发表了重要的见解；桂晓风老署长、老会长也向会议发来了微信贺词；云南省委宣传部副部长杨润同志向会议介绍了云南思想文化战线上的新气象、新风尚。云南出版集团董事长李维同志向我们介绍了云南编辑出版人一手抓抗击疫情，一手抓复工复产，社会效益明显提升，经济效益不降反增的新业绩。我也在致辞中，特别强调了我们这次年会顺利召开的来之不易。要倍加珍惜。并对开好会议提出了具体的要求和希望。

关于今年年会的工作报告，同志们给予了充分的肯定，也提出了一些合理化建议。在以"三新"为主题的高峰学术论坛上，十位专家学者贡献了自己的真知灼见和深邃思想。同志们对媒体融合进行了理性的思考和理论与实践相结合的探讨，对一些重要典型案例深度解剖，此乃新业态；同志们对全民阅读新时代、新任务的研判，对"十四五"期间面临的新形势、新趋势的预测，此乃新挑战；同志们对主题出版业务的回顾与展望，对总编辑战略思维的梳理与推演，对今天时代编辑力锻造的设想与对策，对学术思维在编辑策划创意中作用的强调与推崇，此乃新思维。当然，"三新"是一种交叉和叠加关系：新业态中包含新挑战，呼唤着新思维；而新挑战中，又包含着新业态，孕育着新思维；就新思维讲，它既要回应新挑战，又要驾驭新业态。看来当初把新业态、新挑战、新思维作为年会高峰论坛的学术主题还是有道理的，能够站得住脚的。为什么要在闭幕词中展开这些文字呢？主要是要强调不管出版技术发展到什么程度，出版还是要坚守内容为王、思想为王的本质。

同志们，我代表学会在工作报告中，提出了明年的重点工作计划：要求把学习和编辑出版业务紧密结合在一起，用高质量的编辑出版业务拉动学习，用学习推动和保障高质量的编辑出版业务工作；《中国科技之路》（丛书）和《中国近代编辑出版史》两个服务于建党百年的大型的重要出版活动项目，要凝神聚力，精心打造；关于学术高峰论坛与对全国编辑队伍调研的两项国家社科重要课题，要高标准、高质量地推进或完成，竭诚为业界服务，为新项目的争取打好基础；在线资格考试的培训辅导与继续教育在线培训服务两项平台业务请同志们、各会员单位包括出版集团和出版社的领导及同志们给予积极响应；学会方面则强调会员至上，服务到家；一切和行业关联度紧密的奖项和赛事活动，要统筹兼顾，有序进行。这里要特别强调一下各地方学会与各专委会的工作，要作为明年（2021年）工作的一个重点；虽然我们坚持每年年会的一项重要内容，就是表彰先进的地方学会和专委会，但其中的软肋还是不少。我们不要求你包打天下，但你应该让行业和社会认可你的存在感，让你的服务对象有一种获得感。所以我们希望这次年会以后各专委会、各地方学会要认真地研究部署一下自己的工作并呈报给学会。同时，学会明年考虑对各专委会和各地方学会做适度考评。可召开一些专门会议给予保障，要算好加法和减法，继续做好新的地方学会和新的专委会的组建工作。

　　同志们，在工作报告中，我再次强调了中国编辑出版人的责任意识与担当精神，强调在此基础上，学会工作要进入到编辑出版业务的主阵地，学术研究的深领域，人才培训的新空间。这里我想再一次与大家共勉，不忘初心，牢记使命，励精图治，奋发有为，孜孜不倦地追求编辑人才队伍的高素质成长、我国出版业的高质量发展和出版强国的高标准实现。

（作者：中国编辑学会会长）

规划引领出版精品

——"十三五"国家重点出版物出版规划执行情况透视

乔还田

2020 年是"十三五"国家重点出版物出版规划的收官之年。"十三五"期间，出版作为党的宣传思想工作的重要组成部分，紧紧围绕举旗帜、聚民心、育新人、兴文化、展形象的使命任务，服务于国家经济、政治、文化、社会和生态文明建设，为增强国家文化软实力提供了有力支撑。特别是面对错综变化的国内外局势、新冠肺炎疫情的持续影响，出版业稳中有进，坚持把社会效益放在首位，锐意改革创新，自觉投身多媒体融合发展，实现了从数量型增长向质量型提高的转变，完成了"十三五"出版规划的目标任务，推出了一批精品力作。

认真总结规划实施的宝贵经验，积极展现规划项目的丰硕成果，既为科学编制、高效实施"十四五"国家重点出版物出版规划提供有力支持，也为进一步完善精品出版长效机制，推动出版业高质量发展，建设社会主义文化强国奠定坚实基础。

一、组织有序　实施得力

（一）"十三五"出版规划基本完成

"十三五"国家重点图书、音像、电子出版物出版规划由 573 家出版单位承担，自 2016 年发布以来，历经四次调整共列入项目 2959 种，整体执行率为 88.3%，已推出 2612 个精品项目成果，规划实施工作成效显著。

"十三五"出版规划中设有三个专项规划，即"少数民族语言文字出版规划"、《2011—2020 年国家古籍整理出版规划》、《2013—2025 年国家辞书编纂出版规划》。后两者的执行期分别为 10 年和 13 年，跨越多个五年规划。在这三个专项规划中，民文规划经四次调整，共列入项目 184 个，执行率为 81.5%；古籍规划经七次调整，共列入项目 472 个，执行率为 84.3%；辞书规划经五次调整，共列入项目 208 个，执行率为 61.1.5%，目前仍在稳步推进，争取早日进入结项阶段。

（二）坚持把社会效益放在首位，努力实现社会效益和经济效益相统一

从规划项目获奖、推优、获国家级基金资助等数据统计情况看，"十三五"出版规划有 116 个项目获"五个一工程"奖、中国出版政府奖、中华优秀出版物奖等国家级重大出版奖项；近 200 个项目入选全国性优秀出版物推荐；1471 个项目获得国家哲学社会科学基金、国家自然科学基金、国家出版基金、古籍整理出版专项经费资助、民族文学专项资金的支持。此外，有 168 个规划项目、318 种出版物伴随我国出版业"走出去"的步伐，实现了版权输出。

（三）促实效、重落实，积极推动规划组织实施

"十三五"出版规划的顺利实施，离不开出版管理部门的统筹协调，

也得益于出版单位的勇挑重任，展现了出版业高度的社会责任感和文化使命感。在规划实施过程中，一些重点地区、重点出版单位优势突出，显示出较强的出版实力和专业水准。在承担规划项目数量较多的地区中，上海、广东、浙江、湖南分别承担了 338 个、104 个、110 个、124 个项目，任务虽重，因执行力度大，取得了优异成绩。

在 573 家项目承担单位中，图书出版单位 470 家，占全国图书出版社的 80%，其中有 209 家单位的规划项目已全部完成。如，化学工业出版社承担项目 34 个，执行率达 100%。科学出版社、北京大学出版社、中国人民大学出版社、社会科学文献出版社、北京大学医学出版社、中国水利水电出版社、高等教育出版社、中国建筑工业出版社等单位执行工作也很出色，完成率较高。

在重点地区、重点出版单位的带动下，各地各出版单位为出版规划的顺利实施作出了积极贡献，推出一大批精品力作，展示了出众的重点项目策划能力和出版实绩。

二、成果丰硕，精品迭出

"十三五"国家重点出版物出版规划已推出 2612 个精品项目成果。这些重点出版物围绕党和国家工作大局，以社会主义核心价值观引领文化建设，积极回应时代课题与社会发展新命题，紧密与国家重点领域发展目标相衔接，传承发展中华优秀传统文化，以高质量出版物增强人民群众文化获得感幸福感。主要体现在以下几个方面：

（一）主题出版物：导向正确，特色鲜明

"十三五"期间，主题出版物在深入宣传阐释习近平新时代中国特色社会主义思想、展现马列主义研究的最新成果，做好围绕重要时间节点的宣传工作等方面成绩突出，起到了筑牢理论根基、反映时代精神的作用。

其一，深入宣传阐释习近平新时代中国特色社会主义思想的重点出版物。"十三五"期间，出版了习近平总书记的一系列重要著作，也陆续策划出版了各类学习、宣传、贯彻习近平新时代中国特色社会主义思想的理论读物，产生了巨大的影响。如，外文出版社《习近平谈治国理政》第二卷、第三卷（多文种版），全面系统回答了新的历史条件下中国发展的重大理论和现实问题，集中展示了中国新一届中央领导集体的治国理念和执政方略。目前，第二卷已翻译出版 12 个语种，第三卷出版 2 个语种，与第一卷出版 33 个语种珠联璧合，发行遍及 170 多个国家和地区，成为改革开放以来翻译出版语种最多、发行量最大、覆盖面最广的领导人著作。学习出版社、人民出版社《习近平总书记系列重要讲话读本》（2016 年版）、《习近平新时代中国特色社会主义思想学习纲要》分专题全面、系统、深入阐释了习近平新时代中国特色社会主义思想的重大意义、科学体系、基本内容、基本观点、精神实质、实践要求，妙语名句迭出，是学习领会习近平新时代中国特色社会主义思想的重要辅助读物。

其二，反映马列主义研究最新进展的重点出版物。既有马列主义理论原典的最新修订版，也有代表了国内外马克思主义理论研究的前沿著作。如，人民出版社《列宁全集》（第二版增订版）对新发现的列宁文献按照《列宁全集》的收文原则进行增补，根据新译文对列宁引用的马恩论述进行必要的统一，依据新的研究成果对各卷注释、索引等进一步修改完善，进一步充实了马列主义经典著作的版本体系。中国人民大学出版社《20 世纪马克思主义发展史》、重庆出版社《当代国外马克思主义研究丛书》、中央编译出版社《马克思主义在中国的编译口述史》、科学出版社《马藏》等深度梳理了马克思主义发展路径，精准剖析了马克思主义在中国的传播历史进程与规律，对进一步推动马克思主义中国化时代化大众化，具有指导意义。

其三，围绕重要时间节点，配合重大纪念活动的重点出版物。其中，再现党史、新中国史、改革开放史、社会主义发展史的出版物题材广泛，形式灵活，有的以广度、力度见长，予以宏观性的盘点提炼；有的以深度、角度取胜，用小切口反映大事件，折射出行业和领域的成就与经验。

如，人民出版社"纪念红军长征胜利 80 周年"的《长征回忆选》澄清了一些历史谜案，提供了第一手历史资料和鲜为人知的历史细节。人民出版社联合全国各地方人民出版社出版的《中国改革开放全景录》（32 卷），全景式反映全国各地 40 年改革开放的历程与历史经验，具有很高的史料价值。在"庆祝新中国成立 70 周年"的出版物中，中国统计出版社《新中国统计 70 年》、河北人民出版社《中华人民共和国纪事》、中国摄影出版社《口述影像历史——与共和国同行》等图书，别有新意，以翔实的数据、图表，简洁的编年纪事，真实的影像资料，全方位展示了新中国成立 70 年来各个领域的奋斗业绩、伟大实践和巨大成就，对于总结历史、开拓奋进，实现中华民族伟大复兴的中国梦具有重要意义。

（二）社科出版物：立足本土，固本开新

"十三五"期间，围绕构建中国特色哲学社会科学的学科体系、学术体系、话语体系，立足中国现实，回应时代关切，推出了一批体现中国特色、中国风格、中国气派，反映重大基础理论研究，推动学术理论创新的重点出版物。

其一，密切关注时代主题和社会需求，将学术理论转化为社会建设智力资源。这类图书针对具体的实践问题进行学理性思考，进而将其与重大学术问题、重大哲学理论融会贯通，为社会建设提供理论支撑，具有极大的实践价值。如，中国财政经济出版社《农地制度改革与流转研究丛书》、中国建筑工业出版社《中国城市群的类型和布局》、科学技术文献出版社《国家创新调查制度系列报告》、社会科学文献出版社《中国减贫研究书系》、中国地图出版社《中华人民共和国地理国情普查成果地图集》等。

其二，体现中国哲学社会科学最新研究成果，标志性推进了创新体系理论建设。特别是一批学术品质、学理意识俱佳的通史、断代史、专题史类著作相继面世，搭建起中国特色社会主义学术话语体系。如，上海人民出版社《中国美学全史》、人民出版社《中国道教通史》、格致出版社《中国财政制度史》、中华书局《重写晚明史》、广西师范大学出版社《广西通史》、云南民族出版社《中国白族通史》等。这些研究性著作多是国内推出的"第一部"，具有重要的文化价值和学术价值。

其三，深沉厚重，精益求精，滋养人文情怀，蕴含精神力量的高质量出版物。如，上海辞书出版社《辞海》（第七版）总字数约 2350 万字、总条目近 13 万条、图片 18000 余幅，新增条目（含义项）11000 余条，75% 以上的条目有程度不同的修订或更新，让百年老辞典焕发了青春；商务印书馆"汉译世界学术名著丛书"继承与创新相结合，遵循"哲学、政治、经济学、历史地理学、语言学"五大分类旧制的同时，注重学科的拓展与体系的完备，整体呈现了西学的学术传统和思想流派；中国地图出版社"中国国家人文地理"丛书以雅俗共赏的方式将各地人文地理的精华呈现给社会大众。

（三）科技出版物：对接前沿，深耕普及

"十三五"期间，科技出版物紧随我国科技发展趋势，积极融入国家科技发展布局，主动对接国家科技前沿的战略需求，致力于提升全民族科学文化素养。其中，一批反映我国重要科技领域最新研究成果的著作和介绍科普知识的读物堪称两大亮点。

其一，总结、反映我国自然科学、工程技术等重要领域的关键性、标志性研究成果。这些出版物，或关注专业领域的纵深脉络体系，注重科学技术的应用性转化，如高等教育出版社《中国高分辨率对地观测系统数据处理与应用》、华中科技大学出版社《国产数控系统应用技术丛书》等，对接"国家科技重大专项"的研究进展；或集中反映我国在关键技术应用与新兴行业的技术积累和市场转化趋势，如清华大学出版社《自动驾驶技术系列丛书》、科学出版社《5G 关键技术与应用丛书》、化学工业出版社《膜分离》等；或围绕社会关注度高的卫生健康领域推出学理性强的填补空白之作，如上海科学技术出版社张伯礼院士主编的《百年中医史》，首次系统论述了国内外中医药各领域的事业发展和学术进步。

其二，以深入浅出、喜闻乐见的形式，做好科学知识与科学方法的普及推广，满足人民对美好生活的向往。如中国轻工业出版社《胡大一医生浅谈心脏健康》将权威精深的心血管知识讲得通俗易懂，介绍了维护心脏健康的重要意义、普及心血管病的防治知识；上海科学技术出版社《现代数学丛书（第三辑）》、中国科学技术出版社《中国古代重要科技发明创造》扎实、系统地进行基础理论、科技发明的溯源与梳理；四川科学技术出版社《太空日记：景海鹏、陈冬太空全纪实》展示了我国航天事业的伟大成就，激发了广大青少年理解航天梦、感悟科学梦、实现中国梦。

（四）文艺出版物：讲好故事，凝心聚力

深入生活、扎根人民，展现时代风貌、抒写国家记忆、推动当代文艺经典化是"十三五"文艺类出版物的突出特点。

其一，与时代同步伐，反映时代的历史巨变，描绘时代的精神图谱，讲述国家建设各条战线的成就与进展，刻画中华民族伟大复兴路上奋力逐梦的故事。比如，作家出版社徐剑《大国重器》梳理了火箭军的历史，刻画了几代国家领导人、科学家、军队负责人从战略部队筹建、初见规模、发展壮大等不同阶段的擘画决策、呕心沥血的历程；江苏凤凰教育出版社沈国凡《情系大三线》致敬大三线建设中涌现的英雄人物和事迹，留下一份难忘的历史记忆和精神财富；上海文艺出版社何建明《浦东史诗》以沾泥土、冒热气、带露珠的浦东建设者们的动人故事，书写浦东开发开放 30 年间取得的伟大成就；河南文艺出版社的报告文学三部曲《命脉》全面展示南水北调中线工程艰巨辉煌的建设历程。

其二，在时代进程中观照人民的生活、情感、命运，表达人民的心愿、心情、心声。像中国青年出版社梁晓声《人世间》以北方某省城生活区为背景，全景展示了 20 世纪六七十年代至改革开放后中国社会的发展进程；北京十月文艺出版社阿来《云中记》是作家酝酿十年，献给汶川地震十周年的长篇小说，被认为是近年来现实题材书写的精品之作；长江文艺出版社党益民《雪祭》讴歌了两代西藏军人的使命担当与情感追求；江苏凤凰文艺出版社石钟山《守望》讲述了打工者在城市、故乡，面对生存、爱情、婚姻等所做的各种选择及境遇。

其三，以文学形式回望历史，再现国家记忆，铭记历史、歌唱祖国、礼赞英雄，激发民族自豪感和国家荣誉感。长江文艺出版社徐贵祥《对阵》讲述了抗战期间，发生在驻守渤海湾的八路军清河支队与国民党琅琊独立旅之间一系列可歌可泣的故事；重庆出版社范稳《重庆之眼》再现了日本侵略者对重庆长达 5 年半的战略轰炸，以及重庆人民的坚韧与不屈；天地出版社野果子《红雪》通过众多人物塑造，勾勒了川陕苏区人民为中国革命所做的巨大贡献与牺牲，表现了革命先烈以生命坚守信念的崇高精神；北京十月文艺出版社徐则臣《北上》以 20 世纪初和 21 世纪初的运河为线索，探讨大运河对中国的政治经济以及世道人心的变换所起到的重要作用。此外，还注重以总集、丛书等形式归纳总结文学艺术成就，推动当代文艺经典化。像北京十月文艺出版社《中华人民共和国成立 70 周年优秀文学作品精选》、人民音乐出版社《嘹亮军歌——中国人民解放军建军 90 周年优秀歌曲集》等，记录了较长时间内的创作历史和文艺亮点。

（五）未成年人出版物：立德树人，培根铸魂

未成年人出版物一直是市场关注的热点和焦点，"十三五"重点出版物，注重突出原创性，加大融合性，减量提质增效趋势明显。

其一，把社会主义核心价值观教育融入祖国大好河山，讲好党史、国史、社会发展等中国故事，培养文化自信。像中国少年儿童出版社"美丽中国·从家乡出发"系列图书共 35 本，涵盖了总说和 34 个省级行政区，立体式展现各地的地理、景观和人文，让一个古老又年轻、传统又现代的中国跃然纸上；《伟大也要有人懂 小目标 大目标：中国共产党一路走来》讲述了中国共产党人在一次又一次的挫折中如何把党的事业引向胜利的不凡历程；接力出版社"中华先锋人物故事汇"讲好先进楷模的故事，用时代先锋铸造国魂；明天出版社《雪山上的达娃》为孩子们深情讲述军人和军犬用生命守护西藏雪域圣地的感人故事。

其二，将儿童阅读需求与冒险探索、考古博物、科技发明、社会文化、民俗传统等"垂直领域"深度交融，品类趋向细分深化、内容更加丰富多元。二十一世纪出版社《少年与自然》以文学语言讲述了自然生态和动植物科普知识，兼具知识性、文学性和趣味性；河北少年儿童出版社《彭绪洛科学探索书系》讲述了作者徒步穿越雅丹龙城、神农架和古蜀道等神秘之地的实地探险经历；辽宁少年儿童出版社《AR 全景看·国之重器》用巨幅图片凸显细节，展现多元的科技主题，并引入 AR 技术，使孩子们具有身临其境感；外语教学与研究出版社《青少年法治文库》围绕与青少年生活、学习密切相关的话题，系统地提供富有营养的法治教育内容。

其三，关注留守儿童、打工子弟、欠发达地区儿童生活，持续探索如何为青少年读者拓展关怀视野和培养人文情怀。海燕出版社《花儿与歌声》作品通过对留守儿童范大强师生、同学、家人之间发生的一件件小事的描写，反映了目前农村孩子的生存状态和心理行为；接力出版社"郑春华小露珠系列"小说关注农民工子弟、离婚家庭子女、智障儿童等特殊儿童生活和心灵成长，用温情的笔触、鲜活的细节、积极的态度讲述了这些孩子对家、对亲情、对爱、对友谊、对平等的渴望，以及对生命的特殊感悟。

（六）古籍出版物：厚重笃实，视野开阔

"十三五"期间，随着古籍整理手段的丰富和整理技术的提升，古籍整理出版的范围进一步扩大，经典古籍持续推进，一些有别于传统古籍样貌的新型古籍出版项目也不断涌现。

其一，具有典范意义的基础性古籍书目整理成果不断面世，如中华书局"点校本二十四史"修订本陆续推出了《辽史》《魏书》《南齐书》《宋书》《隋书》《金史》《梁书》7 种；北京大学出版社《儒藏》取得阶段性成果，精华编出版百册；国家图书馆出版社《古本戏曲丛刊（第六、七、八集）》重新整理出版。这些重大项目的出版展现了"如切如磋，如琢如磨"的治学功力、出版功夫，体现了古籍整理出版领域的出版能力与出版水平，也彰显了坚守文化自信的底气与实力。

其二，系统出版海外存藏中国古籍文献、整理出版出土文献和社会档案文献，拓展了原有古籍出版物的出版边界，持续为学界提供鲜活生动的研究素材。像全国古籍整理出版规划领导小组主持并委托中华书局承担的

《海外中文古籍总目》已推出了多批重要成果，日本国立国会图书馆、日本国立公文书馆、美国哈佛燕京图书馆等海外著名存藏机构的一大批珍稀古籍得到"再生性"回归；北京科学技术出版社"海外汉文古医籍精选丛书"、中西书局《长沙五一广场东汉简牍》、上海古籍出版社《中国社会科学院历史研究所藏甲骨墨拓珍本丛编》、中山大学出版社"明清实录藏族史料类编丛书"、贵州人民出版社《贵州清水江文书》等次第出版，对展示古代文化、弘扬民族精神、促进文化传承、加强国际交流有着重要意义。

此外，一些重点古籍数字化项目经过长期研发、投入，规模初成，面世后获得了一定程度的认可。像古联（北京）公司的"中华经典古籍库"，所收书目全部为经过整理的点校本，汇集了大量专家的研究成果；国家图书馆出版社"中国历史人物传记资源数据库"汇集历史上的人物 50 余万人、7450 余种传记文献资源，具备对人物、时代、地域、诗文、小传、文献实现检索的功能。

（七）少数民族语言文字出版物：传承经典，彰显特色

"十三五"规划推出了一批展现民族文化独特魅力、促进民族交流交融、服务少数民族生产生活、增强中华民族凝聚力和向心力的重点出版物。

其一，具有较高文化积累和传承价值，蕴含了中华优秀传统文化思想精华和道德精髓的作品。如，上海古籍出版社《格萨尔文库》、四川民族出版社《彝族民间故事》、延边教育出版社《中国朝鲜族非物质文化遗产》等。这些作品或精选少数民族地区广为流传的真善美故事，或专注于村落人文、地理、民俗、风景的展现，既可充实少数民族文化的积累，也能扩宽读者的视野，加深对少数民族文化的认识。

其二，藏文化成为规划中的一个亮点。西藏人民出版社《藏族十明学文本集》、四川美术出版社《雪域精工——藏族手工艺全集》《藏文书法大典》、青海民族出版社"新时代藏文原创文学系列"等，从介绍、阐述诸如手工艺技法、书法艺术、唐卡技艺、格言、壁画、当代文学等的发展源流、技艺特征、文化价值和社会责任感，从而折射出藏族文化独特的创造力，以及新时代藏族群众的现实生活和精神状态。一些作品则专门服务于藏区群众的生产生活和文化教育，旨在提高其法治意识、科学文化素质，增强其自我发展能力和创新能力。如人民法院出版社《汉藏双语刑事诉讼法、民事诉讼法、行政诉讼法辞典》、天地出版社《实用生产技术》、四川民族出版社《藏汉双语常用药物指南》等。

其三，反映少数民族医药文化的出版物持续发力。新疆人民卫生出版社《医药学古籍精选》、云南科技出版社《彝族医药古籍文献总目提要》、民族出版社《蒙医药大典》、云南大学出版社《云南民族医药系列丛书》、广西科学技术出版社《中国壮药原色鉴别图谱》等，以药典、图鉴等形式介绍各民族草药的形态特征、地理分布、药用价值，展现少数民族医药文化的多样性、丰富性和独特性。

精品力作是一个时代文化繁荣发展的根本标志，是中华民族伟大复兴征程上最耀眼的文化印记。近年来，习近平总书记用文化杰作，优秀作品，精品力作，有骨气、有个性、有神采的作品等颇为精准且接地气的说法，要求作家、学者打造更多的能够留得住、传得开、叫得响的思想精深、艺术精湛、制作精良的传世佳作。五年前，"十三五"国家重点出版物出版规划首次将国家重大出版工程作为文化精品创作工程的重要内容。从已推出的 2612 个精品项目成果看，的确起到了引领精品出版导向、催生精品力作问世的重要作用，为增强国家文化软实力提供了有力支撑。其中有四点，效果尤为明显。一是主题出版物是一道亮丽的风景线：在深入宣传阐释习近平新时代中国特色社会主义思想、展现马列主义研究的最新成果，做好围绕重要时间节点的宣传工作等方面成绩突出，起到了筑牢理论根基，反映时代精神的作用。二是推出了一批具有较高理论水平、学术水平、文化价值，对学科建设和社会发展具有推动作用的原创性著作。三是催生了一批内容创新、形式创新、表现方式创新的能够满足群众需求的优秀图书。四是在编辑出版过程中强化了质量第一的观念，通过建立质量保障体系，确保精品力作高质量行世。

全方位透视"十三五"国家重点出版物出版规划的执行情况，总结其经验与教训，对推动出版业高质量发展，对繁荣发展社会主义文化具有重要意义。"十四五"时期是在全面建成小康社会基础上开启全面建设社会主义现代化国家新征程的第一个五年，我国将进入新发展阶段。面对新时代新发展阶段高质量发展的新任务，面对推出更多满足人民文化需求和增强人民精神力量相统一的优秀出版物的新要求，我们必须以习近平新时代中国特色社会主义思想为指导，紧紧围绕党和国家中心工作，坚持把社会效益放在首位、社会效益和经济效益相统一，科学编制"十四五"国家重点出版物出版规划，进一步提高原创出版和精品出版能力，夯实社会主义文化强国建设之基。

（作者：中国编辑学会副会长兼秘书长。本文与边远合撰）

一等奖

国内后疫情时期的总编辑出版战略

杜　贤

新冠肺炎疫情是新中国成立以来发生的传播速度最快、感染范围最广、防控难度最大的一次重大突发公共卫生事件，也是近百年来蔓延全球影响世界的全球公共卫生事件。在以习近平同志为核心的党中央的坚强领导下，全国上下众志成城、坚定信心、同舟共济、精准施策、科学防控，疫情防控阻击战取得重大战略成果。科技出版界执笔出征、科学战"疫"，推出了一系列助力疫情防控的图书，为疫情防控提供了精神食粮和知识基础，为抗疫作出了出版界应有的贡献。

国内进入后疫情时期，如何在抗疫常态化的前提下，创新推动出版工作，各出版单位总编辑应及时总结、深入思考、凝聚共识、找准方向，制定新时代各出版单位的总编辑出版战略，以在时代危机中育出版新机，于时代变局中开出版新局。本文立足人民卫生出版社抗疫出版实践，认为可以提升九大能力为重点凝聚出版力，构建后疫情时期出版的核心竞争力。

一、以提升科技力为重点，践行科技出版初心使命

创新是引领发展的第一动力，科技是战胜困难的有力武器。当新冠肺炎疫情突如其来、蔓延肆虐时，作为科技类出版社的总编辑，须做到大局当前站位高、危急关头勇担当，用冷静的思维和科学的思考，遵循科学的规律来指导、引领科技抗疫出版。人民卫生出版社（以下简称"人卫社"）遵循新发突发传染病发生、发展、防控、诊治、转归、常态、总结和反思的规律，制定总编辑抗疫出版战略，启动应急出版机制，依靠科学的力量，遵循科学规律，组织权威专家，根据疫情防控的要求和疫情防控不同阶段的特点，推动科学策划、科学组织、科学出版、科学传播、科学宣传、科学普及的出版传播工作，推出系列防疫战"疫"出版物，打赢了一场科技和出版应急出征、科技和科普协同抗疫、医学和人文共同防控、纸媒和新媒体融合传播的新冠肺炎疫情防控出版阻击战，出版了一批疫情防控、心理疏导的权威普及读物，一批加强健康理念和传染病防控知识教育的科普读物，一批宣扬生态保护理念、革除滥食野生动物陋习、倡导健康文明生活方式的大众读物，一批讴歌一线医护人员和科研人员、展现广大党员干部和社会各界万众一心抗击疫情的优秀作品，用科学应急出版体系和成果筑起了科学呵护健康、科学防控疫情、科学诊治患者、科学救死扶伤的卫生健康长城。人卫社策划抗疫选题近 60 种，已出版近 50 种，其中两套共计 15 种抗疫图书入选中宣部 2020 年主题出版重点出版物选题，以科技出版力量展现了中宣部提出的"大力弘扬科学精神，普及科学知识，加强健康安全和生态保护教育，培育公民文明习惯"的主题出版格局。

百年未有之大疫情，必然推动百年未有之大变局。随着全国疫情防控阻击战取得重大战略成果，我国新冠肺炎疫情防控向好态势进一步巩固，

防控工作已从应急状态转为常态化状态。在国内后疫情时期，我们既要立足当前，科学精准打赢疫情防控阻击战，抓紧、抓实、抓细、抓好常态化疫情科学防控，全面落实"外防输入、内防反弹"的总体防控策略；更要放眼长远，科学总结经验、吸取教训，针对这次疫情暴露出来的短板和不足，抓紧补短板、堵漏洞、强弱项，全面提升科学预防、科学应急、科学防控、科学诊疗的能力。这场对国家治理体系和治理能力的大考带给国家公共卫生体系建设的启示逐步明晰，带给健康中国战略实施和医疗卫生能力提升的思考逐步明朗，带给科技出版和文化传播的反思逐步明确。总编辑必须遵循科学规律、依靠科技力量、提升科技出版能力，才能为人民安全奠定坚实的知识基础，才能为国家安全夯实坚定的科学基石。只有科学谋划健康科普大众出版战略，做好大众科普出版工作，才能全面弘扬科学精神、提升大众科学素养、提倡健康科学生活方式，才能构筑起全民的免疫力；只有构建起强大的公共卫生出版体系，健全预警应急响应出版机制，才能全面提升防控和救治能力；只有科学织密防护网、筑牢筑实隔离墙，才能切实为维护人民健康提供有力保障，才能保障人民的安全和国家的安全；只有深刻反思、系统总结、吸取教训、织网补墙，才能总结经验、汇聚共识、凝练思想、升华理论，才能借助科技出版结晶智慧、创新成果、知识服务、传播推广。只有结合后疫情时期的常规化抗疫和百年未有之大变局，遵循科技发展规律和出版科学规律，提升出版科技力，才能通过科学战"疫"的出版实践，创新实施后疫情时期总编辑出版战略，创新践行科技出版的初心和使命。

二、以提升应急力为重点，构建公共卫生应急出版体系

防控新发突发传染病是人类公共卫生领域永恒的主题，此次新冠肺炎疫情给我们的警示是必须完善重大疫情防控体制机制，建立健全公共卫生

应急管理体系，对于出版界来说，也必须建立与之相适应的应急出版体系。作为总编辑要有应急理念和公共卫生意识，时刻保持科学清醒的头脑，依靠专家资源和出版资源，在重大疫情防控机制体制建设和重大突发公共卫生事件应急方面，建立公共卫生和预防医学专家委员会，建立疫情预测研判应对机制，制定科学性和前瞻性的选题规划，从重大疫情防控、重大传染病救治、公共卫生应急等维度开展选题工作，丰富完善相关选题贮备、相关大数据资料积累、相关编写专家队伍建设、编印发管绿色应急流程、应急出版传播质量管控、海内外传播宣传绿色通道等应急出版长效机制和体制，形成科学、规范、快速、务实、有效的重大疫情防控和公共卫生应对的应急出版体系。

自 2003 年 SRAS 防控和 2008 年汶川地震救援以来，人卫社建立了紧急应对新发突发性传染病疫情和重大灾害灾难事件的应急出版机制，此次新冠肺炎疫情考验了这一应急出版机制。后疫情时期总编辑要有常态化抗疫意识和准备，积极应对可能反弹的疫情和新发突发的传染病，通过进一步总结完善出版社总动员、科学策划总动员、编印发管总动员、专家团队总动员、应急质量总动员、社会力量总动员、融合传播总动员、国际传播总动员等八大总动员的应急出版机制，科学构建完善的公共卫生应急出版体系；遵循新发突发传染病发生和发展规律、传染病认识和群防规律、传染病防控和诊疗规律、内防反弹外防输入规律，建立完善出版应急总动员机制体制；针对重大形势立足出版全体动员、知识护航全民抗疫、纸数融合联防联控、科学诊治救死扶伤的应急出版模式。

三、以提升免疫力为重点，构建健康科普知识服务体系

健康是人全面发展的基础，人民健康是国家健康的基石。人民安全关乎国家安全，健康知识、健康素养、健康理念和健康生活方式是决定全民

健康的基础，是构建预防疾病和防控疫情免疫力的重要保障。后疫情时期总编辑的重要职责是弘扬科学精神、普及健康知识、促进健康科普、加强健康教育，构建人民群众对疾病和疫情的心理、生理和生活方式的免疫力。这就需要增强整体战略策划和提升全民免疫力的选题计划，坚持预防为主，创新爱国卫生运动的方式方法，推进城乡环境整治，完善公共卫生设施，大力开展健康知识普及，提倡文明健康、绿色环保的生活方式等，作为目前和今后选题和出版的方向和重点，包括弘扬科学精神、普及健康知识、促进健康教育、加强环境保护、重视生态安全、杜绝捕食野生动物、提倡健康文明生活方式等。

总编辑必须有战略思维和科学思想，遵循科学和科普的规律，在生物—社会—心理—环境—工程等领域，推出系列包括大众生理免疫、心理免疫、疾病免疫、环境免疫和生活免疫等免疫力提升的科普读物，包括对常态疫情防控、防止疫情反弹和新发突发传染病预防的权威科普教育，健康促进、健康素养和健康中国行动方案的普及读物，食品安全、动物安全和生态安全的教育读本，禁捕禁食野生动物、爱护自然、和谐共处的大众读物，加大健康科普知识尤其是防控新发突发传染病知识的传播力度，创新传播形式和路径，构建起增强全民免疫力的科普大堤，提升人民群众免疫力，并以提升免疫力为重点的知识服务体系建设，构筑起维护人民生命安全和健康安全的健康长城，助力人类卫生健康共同体建设。

四、以提升胜任力为重点，培养卫生健康人才队伍

反思疫情防控，我们经受住了疫情的大考，但也暴露出了不足，尤其是医学教育和人才培养的短板。后疫情时期如何通过反思和创新，构建后疫情时期的教材体系，培养具有胜任力的新时代创新人才，这是总编辑必须思考和实施的战略。作为总编辑必须清醒认识到，要实现对新发突发传染病的科学预警、科学防控和科学诊疗，后疫情时期的医学教育需要加强

新发突发传染病知识系统学习、生物安全和健康安全的知识培训、公共卫生安全体系教育、重大突发公共卫生事件应急系统教育和医学人文心理伦理方面的教育，这就需要以胜任力为中心推进全国医学学校教育、毕业后教育和继续教育的教学体系改革、课程体系优化和教材体系创新。作为国家医学教材建设和出版主阵地，我们必须紧密依靠全国院校专家教授共同携手，打造后疫情时期以提升胜任力为核心的新一轮教材体系。

历经百年未遇之大疫情，让我们进一步清醒认识了病毒与疾病、环境与生态、健康与人类、医学与世界的关系，我们必须加速人类卫生健康和人类命运共同体的有机契合、加快临床医学和公共卫生的裂痕弥合，加强基础医学和临床医学的全面整合，加快中医和西医的精准结合，加深治疗和预防的全程联合，加大医学和人文的深入融合。反思百年未遇之大疫情，让我们进一步明确了医疗与健康、健康与教育、教育与教材、教材与人才的关系，我们必须建设一支具有科学知识、人文精神、勇于担当、甘于奉献的医学科学队伍，必须以人民为中心、以病人为本、以提升学生胜任力为重点，推动国家医学教育改革和医教协同创新发展，创新后疫情时期教育教材体系新格局，培养后疫情时期具有胜任力的医学人才。

五、以提升创新力为重点，构建科技强国创新出版体系

创新是引领发展的第一动力，科技是战胜困难的有力武器。面对新发突发传染病，必须以科学的精神和科学的知识来认知，以循证的理论、技术和方法来防控，以实践经验、大数据样本和临床规律来诊治，这需要学术创新驱动和科技创新发展作为基础。因此，后疫情时期，我们须以提升科技创新力为重点的学术创新出版为支撑，构建起强大的公共卫生体系、完善预警应急响应机制、提升疾病防控和救治能力、织密防护网、筑牢隔离墙，促进人类卫生健康共同体建设。用总编辑的思想、战略和远见，为

中国科技工作者把科技论文书写在中国大地上、把科技成果应用到祖国的建设中提供阵地和舞台，为中国自主知识产权、科技原创成果、中国共识规范和指南、中国标准和方案的出版和传播贡献载体和平台。

以学术创新出版驱动科技创新发展，以学术创新传播推动学术创新人才培养。尤其是在基础学科、前沿学科、边缘学科和交叉学科领域前瞻布局，在科技成果转化、新型学科融合、尖端技术应用和实用技术推广等领域全面策划，在医学大数据、信息技术、人工智能、VR/AR/MR/3D/5G 应用、医学区块链等领域战略选题。同时，加强后疫情时期的反思和思考，加强公共卫生和预防医学的学科体系建设和重大选题规划，加强预警应急响应机制体制建设和学术选题科学规划，加强传染病防控和疾病救治能力体系建设和选题布局。以创新的学术出版推动学术创新发展、科技创新发明和科技成果创新转化，提升中国学术自主知识产权、中国原创学术权和中国出版的学术话语权。

六、以提升融合力为重点，推动传统出版和新兴出版深度融合

反思疫情时期，我国为防控疫情蔓延、隔断传染途径和防止人群扩散实施了最严格的封城防控、社区防控、停工停课、居家隔离、联防联控措施，此时互联网、物联网、信息技术和网络空间从后台跑到了前台，构建起了疫情时期的网络社会，登上了人类社会的各个舞台，线上生活、线上学习、线上教育、线上工作、线上社交和线上物流等成为主要的社交方式，直接重构了社会关系和社会功能。

总编辑应该清醒认识到，进入后疫情时期，移动互联网将继续改变世界格局，改变社会形态和生活方式，虚拟世界重构现实世界、网络空间重塑现实空间、数据化生存演绎现实生态、信息化技术再现社会生态圈，网络生产力重构了现实的生产关系，影响着社会发展和历史进程，也必将对

出版业产生根本性影响并使之产生革命性的变化，也必将重构科技出版内容、形态和空间。人卫社在此次应急抗疫出版中，充分发挥了人卫社 20 多年数字融合出版的资源、产品和平台的优势，利用移动互联网和物联网重构了网上人卫社，从选题、组稿、田间管理、编写会议、三审三校、生产印制、营销发行、市场推广等各环节实现了网络化运营和信息化管理，全面实现纸数同步出版、电子版优先发布、纸质版精准推送、国内外同步传播的"互联网＋抗疫出版"的深度融合发展格局，同时慕课、网课、开放大学和直播教学开启了"互联网＋出版＋科普＋学术＋教育"的纵深融合发展态势。

总编辑须以提升融合力为重点写好媒体融合发展这篇大文章，面对全球一张网，需要全社一盘棋，推动传统出版和新兴出版的融合发展，实现从分离运行到常态融合、从一般融合到深度融合、从深度融合向纵深融合的跨越式发展。首先，须以内容为王，建立起出版社独具特色的优质内容资源，并尽快实现纸质资源向数字资源的转化，建立数字出版传播必需的素材库、资源库和数据库。其次，须策划出版具有鲜明行业特色的数字产品，实现传统出版和新兴出版的初步融合；持续推动慕课课程、慕课平台建设，推动 AR/VR/MR 应用；整合平台资源、建立大数据平台、建立网络商城，实现传统出版和新兴出版的深度融合。再次，须充分利用人工智能技术促进智能出版和出版智能产品，同时充分利用大数据、云计算、5G、区块链、物联网和人工智能的新理念和新技术，促进传统出版和新兴出版的纵深融合发展。通过总编辑融合能力提升战略，构建以内容建设为根本、先进技术为支撑、创新管理为保障的全媒体出版传播体系。同时，总编辑要进一步引领和推进出版供给侧结构性改革，推动新媒体深度融合的体制机制建设，加大全媒体人才培养力度，要在出版社内形成全程媒体、全息媒体、全员媒体、全效媒体深度融合发展格局，进一步建设信息无处不在、无所不及、无人不用、纵深发展的出版生态、媒体格局和传播方式，促进出版传播媒体进入纵深融合、快速发展新时代。

七、以提升传播力为重点，构建国内国外同步的国际传播体系

总编辑的重要职责是打造一批具有强大传播力、影响力、公信力和竞争力的科技文化精品，战略目标是通过构建网上网下一体、内宣外宣联动的主流出版传播格局，牢牢占据舆论引导、思想引领、文化传承、服务人民的出版传播主阵地和制高点，实现社会效益首位、两个效益有机结合的高质量发展。传播力是引导力、影响力、公信力的基础。后疫情时期提升出版传播力是做大做强出版传媒的必要条件，亦是总编辑的重要工作，其关键是创新传播的内容、形式、载体、渠道和路径。只有通过传统出版与新兴出版深度融合、线上线下有机互动、国内国际统一联动，大力提升国内与国际传播力，才能推动中国科技的引领力、中国文化的影响力和中国方案的公信力，彰显中国出版所承载的国家意志和文化实力，增强中国出版的国际话语权。

此次影响全球的新冠肺炎疫情对各国都是一次国家制度、综合国力、国家治理和国家体制的大考，我们充分发挥了中国特色社会主义制度优势、举全国之力取得了疫情防控人民战争、总体战、阻击战的决定性胜利，提前通过了此次大考，赢得了战胜疫情的先机，也形成了抗击新冠肺炎疫情的中国经验、中国模式、中国方案，受到国际社会和世界各国的高度关注、积极评价，并希望学习、借鉴和分享。实现国内与国际传播在第一时间同规划、同布置、同落实、同出版、同传播，为全球抗疫提供了中国方案，为全世界人民战"疫"分享了中国经验。疫情之考证明国内与国际传播、线上线下联动的出版传播力的突出重要性。

总结抗疫出版的经验和启示，总编辑在后疫情时期要充分利用移动互联网和信息技术构建网络传播渠道，充分发挥专家的学术影响力和名人效应，从而增强渠道传播关注率和影响力，充分利用视频宣传和直播互动加大传播流量和带货力度，充分利用线上科普、线上学术、线上教育、线上

培训的模式促进传播力提升。同时，总编辑要有世界眼光和全球视野，胸怀全局、全球规划，加大国际传播力建设和提升，加大"走出去""走进来"的力度和深度，走出一条国际出版传播的创新拓展之路。最具中国特色的就是最有国际性的，因此，总编辑须积极推进中国历史文化经典、国家治理能力和方略、人类命运共同体思想、传统科学文化瑰宝、传承创新国粹精品的出版物产品"走出去"，并积极争取融入国际主流社会实现"走进来"。总编辑要积极通过版权贸易把出版社版权推向国际，尤其对具有中国自主知识产权、中国原创经验、中国原创技术和中国原创思想的科学技术文化成果，开展积极的版权外交，通过版权贸易，让国外专家翻译、让国外公司出版、让国际传播渠道宣传中国文化、讲述中国故事、分享中国经验、共享中国方案。总编辑要积极通过借船下海战略寻找国外战略合作者，共同合作出版外文版出版物，并向海外发行销售，直接实现出版社品牌"走出去""走进来"。

八、以提升编辑力为重点，打造卫生科技出版传媒国家队

科技创新推动出版发展，出版创新助力科技发展，这一良性循环需要作者—编辑—读者的良性互动，科技编辑在中间发挥桥梁、纽带和驱动的重要作用，这就是编辑力量。在后疫情时期，总编辑需要进一步反思、总结和加强编辑队伍建设，进一步凝聚、历练和提升编辑力，形成代表国家卫生科技出版传媒水准的国家队编辑力，时刻准备着将国家队编辑力转换为国家科学技术硬实力和科技文化软实力，不忘出版初心、牢记文化使命，为党和国家"立心"、为人民健康"立命"、为科技发展"立力"、为民族复兴"立信"、为健康中国"立人"、为儿童青少年"立志"。

出版社不仅要出书，还要出编辑人才；不仅要出精神产品，还要出编辑学术思想成果；不仅要推动科技硬实力和文化软实力的结合，更要产出

具有创新意识和创造能力的编辑力。总编辑要以培养编辑出版人才为重要历史使命和神圣职责，以提升编辑力为重点，打造高质量出版传媒团队。总编辑要在编辑的预判力、政策力、策划力、组织力、协调力、审读力、质控力、融合力、宣传力、传播力和影响力等方面着重要求和重点培育，并不断汇聚、凝练、升华各出版单位的整体编辑力。总编辑要建立起编辑出版人才发现、培养、使用、提高和激励的长效机制，搭建多种形式学习、多种通道成才、多种方式激励的人才成长成才平台。总编辑要主抓编辑规范化培训工作，建立适合出版社实际的培训课程体系和考核评估机制，逐步建立起行业或专业出版社编辑培训标准，形成考核标准与编辑执业标准对接、学习过程与编辑流程对接、编辑培训与职业教育对接、传统出版课程与数字网络出版技术对接，人才培养与出版社实现效益对接。总编辑通过对编印发管全员全程的学习引领和系统培养，营造出版社学习、进取、向上的文化环境和学术氛围，建设一支学习型、思想型、创新型编辑出版队伍，推动人才强企战略的有力实施和成果转化，实现出版社既出精品图书又出精英编辑、既出精神产品又出精英人才、既出社会效益又出经济效益、既出强大硬实力又出创新编辑力的国家卫生科技大社强社发展格局。

九、以提升管理力为重点，建设高质量发展的出版集团

一流的企业是严格管理出来的，只有高质量管理才能锤炼高质量的企业，只有一流的管理才能催生一流的品牌企业。出版传媒企业更需要高质量的管理，只有全面提升出版传媒管理力，才能生产高质量的产品，才能打造高质量的品牌，才能构筑高原上的高峰，才能实现高质量的效益。提升科技出版管理力，是总编辑的重要出版战略。总编辑必须珍惜国内后疫情时期来之不易的时间和空间，在危机中育新机、于变局中开新局，结合

"十三五"规划完美收官和"十四五"规划的战略编制，结合当前、总结反思、规划未来，以提升管理力为重点全面加强出版社能力建设，包括专家作家队伍管理、编辑人才培养管理、选题资源建设管理、大数据资源库管理、编印发管协调管理、宣传传播渠道管理、读者对象客户管理、出版主业和集团化建设管理等，以管理赋能、以管理提效、以管理促变、以管理促进，全面提升出版管理力。

总编辑应该清醒认识到，当今的出版传媒企业已不同于以往传统意义上的出版社，正在形成从传统的编辑、出版、发行的产业链内涵式拓展向外延式扩张进行延伸，从编辑出版主业向多元化发展转变，从传统的内容提供商向新型的内容服务商转换，从传统媒体出版向新兴媒体出版深度融合并纵深发展的出版传媒新格局。总编辑要根据不断发展变化的大出版格局、新媒体态势、大数据资源和数字化趋势，在全面提升管理力基础上重构编辑出版机制、完善编辑出版流程，建立健全策划、组稿、审稿、编辑、校对、设计、生产、营销和质控等一系列管理机制和管理制度，确保编印发业务流程各环节有机衔接、畅通有序、管理有力，确保大数据、虚拟仿真、人工智能、5G、区块链等新技术、新业态、新手段在编辑出版业务中的融合运用，确保编辑出版主业全程、全员、全面、全媒的质量管控和管理能力的提升。决定出版社核心竞争力的不是出版物的数量和规模，而是出版物的质量和品牌。不断提升质量管理力、提升出版物质量、打造出版社精品品牌是出版社总编辑的重要职责和文化使命。因此，不断提升管理力，不仅是总编辑的重要战略，也是总编辑的重要职责，更是以质量立业、精品立社、品牌强社的高质量发展之路，建设国内一流国际知名出版集团之基。

（作者单位：人民卫生出版社）

新时代学术图书责任编辑之责任的八个维度

孙保营

一、引言

新时代，党和国家对科技创新给予高度重视，提出了更高要求。2020年9月11日，习近平总书记在京主持召开科学家座谈会时强调："我国经济社会发展和民生改善比过去任何时候都更加需要科学技术解决方案，都更加需要增强创新这个第一动力。"而学术出版是增强科技创新，实现学术价值，推动知识、技术和思想传播的重要载体，是一个国家和民族思想深度、理论高度和精神向度的集中呈现和具体体现，代表着一个国家的文化科技实力和文明发展程度。当前，我国学术出版和文化供给的主要矛盾已经不是缺不缺、够不够的问题，而是好不好、精不精的问题，① 学术出版存在着明显的"重数量轻质量""有高原缺高峰"等问题。在学术出版中，责任编辑是学术内容的选择者、策划者、加工者、过滤者、把关者、推进者和实现者，是学术思想和学术责任的主要承载者和担当者，发挥着核心作用。责任编辑是对编辑责任在出版物质量控制方面的制度性安排，是一种责任到人的质量工作机制。但是，随着时代的发展变化，责任编辑的"责任"也在发生着流变，从最初的"质量把关者"到"质量、经济双重责任"，再到"质量、经济、政治三重责任"，最后到新时代背景下责任编辑肩负的更多责任。

通过中国知网查阅相关文献，以"学术"和"责任编辑"为关键词进行搜索，共搜索到 31 篇文献（截至 2020 年 8 月 31 日），主要是关于学术出版责任编辑素质、作用等的研究，而学术出版责任编辑之责任的研究仅有 4 篇，也都是研究学术期刊的相关问题，且是 2013 年之前的文献。进入新时代，责任编辑之责任有了新内涵，特别是在学术图书出版领域，呈现出鲜明的学术特色和时代特征。因此，研究学术图书出版责任编辑之责任，对于提高我国学术图书出版质量，提升学术图书出版的创新力和国际竞争力，具有一定的理论意义和实践价值，填补了该领域的研究空白。

二、新时代学术图书责任编辑之责任的"八维"阐释

习近平总书记对我国的学术研究提出了"坚持与时代同步伐""坚持以人民为中心""坚持以精品奉献人民""坚持用明德引领风尚"的"四个坚持"的要求。② 这虽然是对学术研究的明确要求，也可以说是为学术图书出版提出的根本价值遵循。学术图书出版具有学术引领性和创新性，要

---

① 郭义强：《切实把提高质量、多出精品作为做好新时代出版工作的关键》，《现代出版》2020 年第 4 期。

② 《习近平在看望参加政协会议的文艺界社科界委员时强调 坚定文化自信把握时代脉搏聆听时代声音 坚持以精品奉献人民用明德引领风尚》，《人民日报》2019 年 3 月 5 日。

紧跟时代、引领风尚，要确保意识形态安全、社会效益首位……作为承担主要责任的责任编辑，肩负着神圣的责任和使命，以下从八个维度予以阐释和分析。

（一）政治责任之维：意识形态安全，政治导向正确

当今世界正经历百年未有之大变局。近年来，世界出现很多"黑天鹅"事件：英国脱欧，美国"退群"，极右翼势力和民粹主义崛起，新冠肺炎全球肆虐……面对"大变局"和"不确定"，责任编辑要强化政治意识，引领舆论导向，使学术图书出版工作与党中央各项方针政策保持高度一致。首先，要把牢意识形态安全责任关，确保学术出版意识形态安全。近年来，为了遏制中国的发展，美国特朗普政府针对中国发动了一系列歇斯底里的贸易战、科技战、人权战、外交战、意识形态战，以"新冷战思维"强化对我国的打压和制裁，使我国在意识形态领域的斗争更加激烈和复杂。学术图书出版具有鲜明的意识形态属性，责任编辑要有意识形态安全的底线思维和法制思维，在维护祖国统一和国家安全，反对西方所谓的民主自由，抵制和批判历史虚无主义，坚持我国宗教的中国化方向等方面履行好意识形态安全责任，① 做到守土有责、守土负责、守土尽责。其次，把握核心价值导向，以社会主义核心价值观引领学术图书出版活动。社会主义核心价值观是当代中国精神和核心价值体系的集中体现，也是新时代学术图书出版的根本价值遵循。责任编辑要将社会主义核心价值观融入和贯通到学术图书内容体系之中，并将其转化为人们的情感认同和行为自觉，实现学术图书出版的教育引导功能。② 再次，把握正确政治导向，以习近平新时代中国特色社会主义思想引领学术图书出版活动。政治导向是学术图书出版的首要导向，是出版的原则性问题。导向正确，利国利民；导向错误，误国误民。责任编辑要坚持为人民服务、为社会主义服务、为全党全国工作大局服务的出版方向，这既是学术图书出版的逻辑起点也是

---

① 梁超：《论编辑人员的意识形态安全责任与素质》，《编辑之友》2018 年第 6 期。

② 周国清、朱美琳：《新时代编辑主体的核心素养与使命担当》，《中国编辑》2018 年第 4 期。

根本目标。在具体操作层面，责任编辑在对书稿进行政治导向审查时，既要从整体上对书名、作者、内容简介等进行把握，也要从书稿的每一节、每一行的细节上进行判断，对于涉及党和国家领导人、民族宗教、党史军史、涉台涉疆等政治性和敏感性问题，要逐字逐句仔细审读，确保政治导向正确。

（二）社会责任之维：社会效益首位，问题导向明确

社会效益首位是指责任编辑在开展学术图书出版过程中，应把"符合社会主义核心价值观要求，对社会经济发展提供思想保证和精神动力，弘扬主旋律，传播正能量，对社会产生正的社会效益"放在首要位置，当作首要任务。从社会责任的维度来说，责任编辑的责任主要表现在三个方面。首先，要勇担社会责任，确保社会效益首位。责任编辑既是学术书稿进入出版流程的第一读者，也是正式出版进入社会流通的最后一个把关人，要确保社会效益首位，对社会承担政治责任、伦理责任和法律责任。其次，要弘扬真善美，书写新时代。作为文化和学术的载体，责任编辑所编辑出版的学术图书能起到捍卫真理、坚持公平正义、弘扬真善美、鞭挞假恶丑的重要作用。同时，要以高尚的职业道德，编辑出讲品位、有格调、强责任并饱含家国情怀的学术精品；所出版的学术图书能记录新时代、书写新时代、讴歌新时代。再次，要有时代担当，切实解决现实问题。在新时代实现中华民族伟大复兴中国梦的过程中，责任编辑要以强烈的社会责任感和担当精神，坚持问题导向，在"应对重大挑战、抵御重大风险、克服重大阻力、解决重大矛盾"等现实观照中策划选题，选题应充分体现学术命题、现实问题和时代话题的完美结合；出版的学术图书能反映和分析现实问题，回答时代话题，解决重大课题。

（三）质量责任之维：过程控制严格，出版质量过硬

在学术图书出版过程中，责任编辑除负责对书稿初审、加工整理、付印前通读等工作外，还要负责对编辑、设计、排版、校对、印刷等出版环节的质量进行监督，是"全部负责、全程参与"的责任。因此，图书的质量管理和控制是责任编辑的主要任务。内容是学术出版的核心，质量是学术出版的关键。学术图书出版质量的高低，关乎学术创新的实现程度、科技进步的发展程度和人民群众人文及科学素养的提高程度。首先，优化选题质量，注重作者原创。选题质量和作者原创是高质量出版的源头和根本，学术图书出版选题要充分体现前沿性和创新性，责任编辑要突出策划职能，选择一流的专家学者，获得高质量的学术书稿。其次，以高强专业本领，严把书稿质量关。在初审等环节，责任编辑要通过"敬业、敏感、专业"的高强专业本领和"精益求精、追求卓越"的高尚职业追求，从专业的角度对书稿的社会价值、文化价值、学术价值等进行审查，把好"思想关、政治关、学术关、知识关、技术关、语言文字关、编校体例关"。再次，全过程管理和监督，确保高品质出版。做好"复审、终审、校对、核红、装帧、设计、排版、印刷"等的全过程管理和监督，做好学术书稿中引文、注释、参考文献等的查证和核实，确保内容质量、编校质量、装帧设计和印刷质量，以实现学术图书出版的"导向正确、学术创新、内容厚实、逻辑严密、体例严谨、语言流畅、装帧精美、印刷精良"等目标。

（四）作者责任之维：善做学术伯乐，高效服务作者

作者是学术书稿的撰写者，是学术出版人的"衣食父母"。责任编辑要善做学术出版的"伯乐"，发现优秀作者，挑选合适作者，充分尊重作者，高效服务作者。第一，要积极发现作者。责任编辑要通过多种方法和渠道，有意识地扩大在本专业的社交面。要与学识高、学术影响力强的专家学者广交朋友，加强情感交流，建立长期稳定的合作关系。通过专业交流，使自己在该学术领域具有一定的学术话语权，赢得专家学者的信任。第二，要善于挑选作者。针对某一专业选题，需要责任编辑根据自己的专业判断和对广大作者的了解，根据其理论修养、写作能力、专业水平、学术造诣、写作条件等，充分考虑作者优势，挑选最合适的作者，保证出版质量和出版时间，达到事半功倍的效果。第三，要充分尊重作者。书稿的著作权属于作者，编辑对书稿的加工必须尊重作者的文风和原创，对书稿的结构布局、观点提炼等重要修改必须经过作者的书面同意并留档备查；

对书稿要坚持尽量少改的原则，切记不能简单粗暴地刀砍斧凿。[①] 第四，要高效服务作者。优秀的责任编辑要具备较高的学术鉴赏力、洞察力和判断力，对书稿的学术价值和出版价值作出准确判断，对书稿的整体结构、内容取舍等提出合理建议。以高效的书稿处理流程、及时的书稿处理意见反馈等服务好作者，让作者感受到高质量的编辑出版服务，赢得他们的尊重、信任和依赖，构建与作者的和谐关系。

（五）读者责任之维：满足客户需要，优质服务读者

读者是责任编辑的直接服务对象，决定着学术图书的价值实现。满足读者的学术需求，以高质量学术图书服务好读者，是责任编辑的重要责任。第一，精心策划选题，充分考虑读者的真正需求。当前，网络化阅读、碎片化阅读、浅阅读已经成为广大网民阅读的新常态，读者每天接收到海量信息。真正对学术问题感兴趣的读者会对某一领域信息高度关注，而通过信息和技术手段收集到读者的关注和需求，以及他们的所思所想，形成读者群体的兴趣及需求，根据这些兴趣点产生出版创意，进而策划出有内容、有深度并能代表学术前沿的学术出版选题。第二，精心设计图书，充分满足读者的阅读偏好。学术阅读作为提升个体认知水平、思维能力和创新素养的重要手段，是当代知识分子及学术爱好者的现实需求。学术图书系统性强，结构完整，论证充分全面，是满足学术需求的有力载体。[②] 学术图书的出版，要时时以读者的需要为出发点，为读者解疑释惑、阐明道理，把学问写进读者心坎里。要以"专家眼光，平民表达"的话语形式，从读者的立场对书稿语言风格、表达方式等进行精心设计；同时，强化融合出版，通过二维码等数字形式，使学术图书可读、可视、可听，满足不同读者的差异化需求。第三，合理定价图书，确保读者感到物有所值。近年来，我国学术出版界出现一些怪现象，部分学术图书缺乏学术价值，但豪华装帧、精品印制，价格高昂；还有一些高定价学术图书，

---

① 孙晔：《责任编辑关于书稿审读加工的八项基本原则及其实践》，《科技与出版》2017 年第 3 期。

② 肖贵飞：《新时代学术图书出版的本质与实践路径》，《中国编辑》2019 年第 11 期。

通过极低折扣的噱头吸引读者，表现出一种典型的囚徒困境下的饮鸩止渴现象。[①] 责任编辑在确定图书定价时，要充分考虑到学术图书的社会价值、学术价值、经济价值、出版成本、发行数量、读者特点等综合因素，合理定价，性价比科学适中，让读者可接受，在市场受欢迎。第四，做好售后服务，增加读者的消费黏性。建立读者与作者的对话沟通机制、图书售后信息反馈机制等，通过优质服务，培养读者对该学术出版品牌的忠诚度和消费黏性。

（六）学术责任之维：引导学术创新，促进学术发展

创新性是学术出版的突出特征，学术图书出版能促进学术创新、增强学术交流，加强学术积累，助推学术发展。责任编辑要勇担学术创新发展之责，其着力点应主要集中在四个方面。第一，提升学术能力。作为学术发展的推动者，责任编辑要积极学习和研究所从事编辑学科领域的相关学术信息，对最新学术走向和发展有敏锐的洞察力，强化自身学术能力的提升。第二，发现学术价值。责任编辑是学术出版的主体，特别是在互联网和数字化时代，责任编辑的价值愈发凸显，其核心作用是发现学术价值，通过独特和独到的眼光，在海量信息中去发现最有价值的学术内容。同时，在选题策划、书稿编辑等环节，对书稿的学术水平、创新成果、出版价值等进行认真评估，真正策划、编辑和出版助力我国学术和科研发展繁荣的学术成果。第三，维护学术诚信。近年来，随着我国社会经济的快速发展，对学术出版的需求大幅增加，但学术抄袭、数据造假、利益冲突、不当署名等学术不端丑闻频频发生，学术价值信任遭遇严重危机。作为责任编辑，参与了选题策划、书稿编校审读、学术成果的著作呈现等所有环节，是学术评价的参与者、学术成果的批评者和学术规范的把关者。作为学术诚信的"守门人"，责任编辑肩负着对学术书稿伦理审查的责任。对于有违学术规范、有背学术良知的抄袭之作、拼凑之作，必须进行严格审

[①] 袁璐、折青霞、张立科：《新时代编辑实现出版核心价值的新路径》，《出版发行研究》2020 年第 7 期。

查，保证学术的圣洁，维护学术出版的良知和尊严。① 第四，促进学术发展。要发展学术，必须首先规范学术。责任编辑应熟练掌握学术规范，是规范的制定者、倡导者和践行者，也是学术评价的重要参与者，能从内容、影响和规范性视角对书稿的学术价值进行多维评价。促进学术发展是学术出版人的最大价值追求，责任编辑要对学术成果在学术深度提升、学术亮点挖掘、学术视野拓展等方面匠心润色，进而达到发展学术、创新学术的目的。

（七）文化责任之维：强化文化引领，助推文化繁荣

文化是一个国家、一个民族的灵魂。文化兴则国兴，文化强则国强。出版是推动文化发展的关键环节，作为学术出版编辑，肩负着神圣的文化引领使命和文化繁荣担当。第一，做好中华优秀传统文化的出版和传播。中华传统文化博大精深，内容丰富，但也有落后和糟粕的文化内容，需要责任编辑从学术的视角对传统文化进行内涵鉴别，取其精华、去其糟粕。同时，要深化对传统文化的资源积累，特别是理论性、基础性和原创性传统文化学术资源的积累；要注重对传统文化的提炼、弘扬和丰富，并与当代文化相适应，进行广泛传播，使之更具时代意义和当代价值。② 第二，做好中国革命文化和社会主义先进文化的总结提炼和出版传播。革命文化具有革命性、民族新、大众性、时代性和创新性等特点，具有强大的生命力；社会主义先进文化具有人民性、传承性和开放性等特点，是创新与改革的成果。责任编辑要通过宽广的学术视野对两种文化进行总结提炼并出版传播，充分彰显和提升文化自信。第三，自觉承担起文化创新的责任。文化创新是编辑在文化选择的基础上对文化进行创造整合的过程。编辑要在认识和掌握文化发展规律的基础上，实现文化在社会变革中的理性选择和价值重构，创新文化表现形式，弘扬和培育民族文化精神。第四，自觉

---

① 刘永红：《学术著作出版应遵循三种出版导向》，《科技与出版》2020 年第 2 期。

② 张岩：《传统文化图书出版中的问题与编辑责任刍议》，《出版发行研究》2018 年第 7 期。

承担起对外来文化选择和创新的责任。在引进外来文化时，责任编辑要着眼于我国社会实践和发展需要，做好对外来文化的鉴别、选择、消化和创新，撷取人类文明的优秀成果，[①] 将世界优秀文化和当代文明转化为我所需的精神文化食粮，促进我国文化的发展繁荣。

（八）经济责任之维：精于市场营销，实现绩效目标

学术图书既具有精神和文化属性，又具有物质和经济属性，属于物化的精神文化产品。作为经济属性的商品，追求经济利润是其本质属性。但是，由于学术图书专业化程度高，一般印数和销量少，经济效益相对较低。因此，责任编辑作为学术图书出版的直接责任人，应强化经济责任意识和市场意识。第一，要有强烈的市场观念和风险意识。责任编辑在学术图书生产中担负着绩效考核的责任，因此，要有强烈的市场观念、敏锐的市场意识和较强的市场分析运作能力；同时，策划学术图书选题要考虑投资能力和风险大小，不能跟风和冒进，也不能畏首畏尾、不思进取，要量力而行、稳扎稳打。第二，实施好项目管理。在学术图书生产过程中，可以把每本书的出版看作一个项目，责任编辑就是项目经理。通过项目管理可以使责任编辑更有效率、更精准地完成既定目标，创造良好效益。在项目管理过程中，要充分考虑生产成本、价格、流通渠道、利润、市场美誉度、品牌塑造等因素，做好项目的时间、成本、质量、人力资源、沟通等方面的管理，以实现成本和质量控制，提升经济效益。[②] 第三，要有品牌意识和综合营销能力。新时代的责任编辑，要有强烈的品牌意识，形成学术品牌效应；要具有数据分析、资源整合、市场营销等方面的综合营销能力。第四，根据作者、读者和图书特点实施精准营销。责任编辑掌握着作者信息、图书内容信息，在编辑报告、书目、书封和媒体发布时，要确保能清晰描述每一本学术图书的独特之处。从引导阅读的视角切入，通过大数据、云计算等新技术提升学术图书的传播力和影响力。用新技术、新

---

① 贺正举：《新形势下出版人的责任与担当》，《湘潭大学学报（哲学社会科学版）》2016 年第 1 期。

② 黄乐：《浅谈责任编辑在出版项目管理中的作用》，《编辑学刊》2016 年第 6 期。

方法实现对读者的精准分析和个性化服务，准确把握目标读者的需求和兴趣，开展精准信息发布和营销推广，提高销售量，实现绩效考核目标。

三、结语

新时代，要满足人民日益增长的对高品质学术图书的需要，必须从学术出版的供给侧结构性改革入手，生产和供给更多符合大众需要的精品学术图书。责任编辑是精品学术图书出版的主要责任人，要主动适应新时代的新要求，不忘学术出版初心，牢记学术出版使命，坚持正确的政治方向、出版导向和价值取向，坚持社会效益首位，做到两个效益相统一。要以崇高的精神境界，饱满的精神风貌，执着的学术和专业追求，时刻保持本领恐慌意识，强化学习和实践，积极培育工匠精神，打造融合出版能力。以强烈的责任意识和服务意识，承担好"八维"学术出版责任，创造学术出版品牌，[①] 引导学术创造，促进学术传承，推动学术交流，增进学术传播，为创建学术中国、理论中国和文化中国作出学术出版人应有的贡献。

（作者单位：郑州大学出版社）

---

① 张俊：《浅议新时代编辑能力建设》，《中国编辑》2018 年第 5 期。

分众时代编辑力的锻造

袁　楠

　　毋庸置疑，我们处在越来越鲜明的分众时代。"分众"一词最早出现在美国未来学家托夫勒的《第三次浪潮》一书中，指多点对多点交流，承认差异、尊重个性。出版业的分众概念，是经由细分读者群明确差异定位，为目标读者提供个性化产品和特色化服务，不断创新内容、更迭方式，力求在激烈的市场竞争中赢得读者注意力。

　　普遍性需求带动书业蓬勃的年代已远去，新媒体进一步催生了多样化、私人化、精准化的读者需求。人们根据自我文化品位和生活方式选择的图书在某种意义上成为"交易货币"，向具有相同属性的读者群体进行扁平化传播，圈内有很强的认同感和互动性；随之可能扩大既有圈层，并显现出向圈外辐射的文化或经济效应。这样的过程形塑了群体阅读气质，例如，就媒体和平台而言，澎湃新闻打造"专注于时政和思想的平台"，豆瓣阅读秉持文艺气质，贴吧呈现出娱乐至上，微信阅读旨在以阅读维系社交圈。这些分众特点已被读者广泛认同。

在分众时代，出版业同时迎来融合发展的新生态。开卷数据显示，整个出版市场在架图书 300 万种，动销品种 161 万种，其中 1% 品种即 1 万多种图书占据了整个市场 53% 的份额，海量图书很低的动销率提示了行业困境；垂直化专业化内容缺失，大量横向宏大内容充斥其间。另一个数据是，2020 年知识付费的市场规模据预测将达 235 亿，接近整个大众阅读市场，而且，知识付费市场并没有 160 多万种库存图书，不存在存货周转，互联网用户数量也远高于图书市场的读者数量。

身处分众时代，面对行业新生态，作为出版者，我们需要认知融合转型之趋势和公众对技术的强烈渴望；我们需要理解需求端比以往复杂很多的诸种变化；我们需要在葆有对编辑职业热情的同时积极拥抱变革。新技术发展将使阅读范围越来越广阔，从某种角度说，这给了出版者以新的做书空间，精心锻造新时代新常态下的编辑力成为其中最为核心最为关键的要义。

一、选题策划力：情怀、视野与专业化

选题策划当然是编辑最重要的能力之一。对于出版业这样的内容产业和创意产业来说，有两个关键词值得强调："情怀"和"眼界"。编辑家威廉斯说，"如果编辑拿起一部作品时没有任何期待，或许就不该继续待在这一行"。这里的"期待"是"情怀"；有资深出版家说出版是"小产业、真功夫、大事业"，"大事业"，也是对出版的情怀。相较于很多其他行业，出版业非社会支柱产业，大众知晓度并不显赫；商业压力巨大、读者口味迅速变化；工作强度今非昔比：坚守在出版业的编辑们，多数还是葆有对书的热爱及职业自豪感。

价值观和理念是锻造编辑力的重要基石。我们是否在忙碌的工作中回想过自己的初心,是真正把传承文明、传播文化、教化人心作为使命和天职,还是只在做一份借以谋生的工作?那些在几代读者中流传的皇皇系列,商务印书馆300多个品种的"汉译世界名著丛书"、江苏人民出版社坚持做了30年的"海外中国研究丛书"系列,译林出版社被誉为"最好的十套引进版社科丛书之一"的百余种"人文与社会译丛",都是在文化积累传承之使命情怀下倾力打造的丛书,做书中间都遇到过看起来难以克服的困难甚至阻碍,但是出版人坚守初心、一以贯之,终于将这些系列铸成出版品牌,获得口碑,赢得市场。

除了情怀,选题策划力的锻造还需要视野。著名语言学家和出版家罗竹风先生说编辑是杂家,粗通各个领域各种学问,略知一二还不够,最好是略知二三,既是专家中的杂家,也是杂家中的专家。譬如,做文学的编辑,对哲学、历史、社会学、风俗学、地理学和生物学的知识都要知道一些;请专家学者写文章,必先认真了解其研究专长、阅读其发表文章、认识其写作特点,否则很难做到跟名家从容交流对话。

编辑这个行业的特质和发展趋势,让我们永远不能放弃追求新知,"旧学商量加邃密,新知培养传深沉"。因为社会生活节奏加快和公众心态的整体偏浮躁,由于获取知识方式的变化及知识服务平台的盛行,即便是行业人士,也不是有很多人在认认真真地看书。当然,视野的获得并不都靠阅读,但是,没有广博和深层这两个维度上的阅读,很难真正提升选题策划力。编辑在日常工作中若想获得比较深的领悟,对行业有前沿性的观察,形成规律性的认识,需要时间,更需要用心投入。无论国民阅读状况如何,作为编辑,要有相对稳定的阅读量,有泛读面和精读兴趣点,由此对热点图书、畅销图书和常销图书,以及对阅读趋势和读者心理变化保持相当的关注,形成较好的敏感性和洞见。

有了情怀,有了视野,始终不变的是为读者做书,编辑要着力去做的,是能在读者的书架上长期留存下来的图书。好的内容固然存在不同认知标准,作者、学者、出版人、书评人、媒体人都有自己的解释,编辑需要看重的,则是读者认为的好内容,在选题品质基础上,充分重视读者的阅读心理，并把好内容操作好，使其准确到达目标读者手中。

以译林出版社打造的品牌系列"牛津通识读本"为例，这套从牛津大学出版社引进的"大家小书"通识系列主题涉及哲学、艺术、文化、历史、经济、法律、社会、心理和科学等领域，撰写者都是各学科领域的顶尖学者。由译林出版社 2008 年引进，曾经历过不被看好的时段，那时通识教育并没有像现在这样被强调，有很好教育背景的一代读者也还没有完全成熟。但编辑坚信图书品质和前瞻性，关注阅读发展趋向，沉下心来打造这套丛书，并为引进版图书本土化，找到林毅夫、葛剑雄、时殷弘、陈嘉映、赵汀阳和陈骏等一流专家学者作序，获得他们高度认可和推荐。出版 10 年来，这套书也一直坚持着有特色的彩虹书装帧设计。现已推出100 种，很多品种都产生了广泛影响，平均销量 2 万册，未来预期将达200 种规模。在做这个系列的漫长历程中，编辑们伴随书一起成长，以情怀为底色，以视野为助推，不断深化着对图书、对读者、对市场的认识。

在分众时代论及选题策划力上，要格外强调专业化问题。专业的人做专业的事，出专业的书，才能有打井出水的更多可能。编辑工作需要情怀，然而不是贩卖情怀，尤其是在现时代读者已经相对成熟的情况下，在选题策划、编辑加工和宣传营销等几方面，都需要相当的专业度。移动互联时代的内容资源较以往分散很多，很多已很难被上游出版者把握；垂直化与专业化因而格外有必要被强调。垂直化要求出版者对存量门类进行结构调整，对增量门类谨慎开拓；专业化要求编辑有明确的专业定位和专业目标，将有限稀缺的资源为自身擅长的出版领域服务。

怎样继承传统、发扬优势，同时与时俱进、开拓创新？以中信出版社的门类拓展为例，可从一定程度上阐释专业化的力量。国有出版集团主阵地几乎都在教育出版，中信出版社作为大众出版领域十分受关注和被期待的明星企业，堪称单体出版社发展的翘楚。最初在财经领域，中信出版社以大量优秀作品助力中国新商业环境的构建，从"长尾理论"到"黑天鹅""灰犀牛"，几乎每年都有新的商界概念因为中信版图书而为大众读者熟知。此后，中信出版社保持高速增长 10 余年，它为什么总能开拓出新的成功领域？它何以有如此强大的市场竞争力？很长一段时间，业界更多地将其归结于强大的财力支持和灵活的市场化机制，但仅仅用此来解释似乎远远不够。长久以来，中信出版社依靠对内容高度专业化的关注、对读者需求的精准把握赢得先机与活力。新技术、新环境冲击下，众多出版机构犹豫徘徊，中信出版社始终致力出版主业发展，从商业到生活，从少儿到文学，投资用户建设，设立资源壁垒，以科学机制快速反应市场需求。罗辑思维创始人罗振宇认为，中信出版社的一种核心竞争力或许可以称之为"定义社会议题的能力"。"不仅在生产和销售图书产品，它还在生产社会议题。"高度专业化的产品体系支持了对社会议题的定义，这背后，则是中信出版人"在精神上与国家和社会同频共振的能力"。从2014年开始，中信出版社内部制度变革，有想法、有渠道、有业务及管理能力的编辑成立工作室，一步步打造出一批极具特色的专业化出版品牌，每一步都刻上了专业化的坚实烙印，尤其是中信童书，用5年时间在竞争白热化的细分市场中快速崛起。他们的内容，紧密呼应着文化需求微妙但重要的变化，适应着社会发展变革的节奏，让中信版多个领域的图书文化影响力、社会影响力、市场影响力都走在行业前列。

再进一步探讨其文学出版品牌中信大方。中信大方以文学为出版方向，但他们的目标并非再造传统文学出版社。中信大方在读者特别是"90后"和"00后"读者面前展现出新的姿态；作为切入口的"文学"并不仅是学科意义上的文学，更准确地说是研究细分用户，做"具有文学性的产品"，用文学化表达贴近他们的生活，用文学的方式给予年轻人更多帮助。

社会科学文献出版社的甲骨文工作室也是专业化的很好例子。他们做历史书，并不做大历史，而是努力传达社会关怀，聚焦能引发读者兴趣点的具体事件；由于专业定位非常明晰，该工作室出版的图书虽然没很多几十万册的现象级畅销书，但大部分图书起印1万—2万册，5万册以上品种较多，有效积累了稳定的腰部产品群。

开疆拓土之时，从自身内容优势、编辑营销团队优势和渠道优势出发，进行审慎和充分的资源评估，每个环节都做足做透、用心用情，让作者感受到编辑的专业素养、让读者感受到出版社的品牌含量，这样的衍生才有意义，才能最终获得品牌和市场的双赢。否则，便成为激情洋溢的挖坑打洞和遍地开花。

二、编辑加工力：使命、质量与交互性

在编辑加工环节，首先要时刻牢记的是文化使命，是图书质量。出版是文化传承的事业，编辑应该始终牢记这一历史使命，以强大的社会责任感和文化自信把握历史趋势，不断推进产业进步；编辑还需要不断更新理解、把握行业特点，把读者放在心中，守正创新、力促精品。

按照杰拉尔德·格罗斯的说法，在跟作者交往并进行作品探讨的过程中，编辑的角色近似于不断找碴的治疗师和化平凡为神奇的魔术师。对于大部分原创作品而言，无论是文学、人文社科还是科普，编辑首先需要非常仔细地阅读作品，直率又详细的评论、中肯的修改建议，对于作者有重要意义。编辑怎样向作者传达温暖和关注，怎样拥有流利的口才，怎样体现对作者深切的理解，怎样提出温和而有说服力的意见，著名的编辑家帕金斯是值得后辈效仿的典范。

一家专业文艺出版社在做《欧文·斯通文集》时，找到中国社会科学院外国文学研究所董衡巽先生写作序言，因为编辑的职业、专业和敬业给董先生留下很好的印象，他们就此开始合作，后来，这家出版社的整个外国文学学者和译者队伍都是董先生帮助构建起来的。人民文学出版社有一位只会说几句英文的资深编辑，却拿到了诺贝尔经济学奖获得者、法国著名经济学家著作的版权，这个例子也许听来有点意思。在中国没有加入世界版权公约时，颇多出版社出版了这位经济学家的专著，版权代理人曾经来函索取报酬，被置之不理，作者为此很气愤。中国 20 世纪 90 年代加入世界版权公约和伯尔尼公约后，这位经济学家说，150 年也不会给中国版权。然而，这位资深编辑为何获得了授权，而且条件并不很高？她每隔

三个月给作者写一封信，谈自己对其著作的理解和喜爱，热诚地表达合作愿望。她请人将中文翻译成英文和法文，给作者发去两种文本的信件，以示郑重。这样的信她写了 18 封，一共 4 年半时间，作者终于同意授权这个重要合作。

编辑和作者经常是相依相助、共同成长的。编辑所缝制的"嫁衣"，理当有提升作品之用，同时也在推广传播作品。如果编辑与作者年龄相仿、地位或业绩相当，可能比较容易沟通，容易产生共鸣。但是，如果作者是成就斐然的大家，而编辑出道不久或业绩平常，或者编辑已声名显赫，作者只是无名小辈，这就特别需要编辑有敬业心和平常心，有更多的包容和智慧，既要有担当，也要有底线，彼此关切、彼此信任、彼此成就。

在做格非老师获茅盾文学奖后的首部长篇《望春风》时，有一些心得体会。很早就认识格非老师，做美国作家卡佛作品时也约请他撰写过评论。当产生整体打造格非作品的想法时，译林出版社先试水了短篇小说集《相遇》和文学评论集《博尔赫斯的面孔》两本老书。新版面貌得到作者和读者充分肯定，销量也很不错。接着，精心推出他写的《金瓶梅》长篇学术随笔《雪隐鹭鸶》，让这本颇有学术性的图书突破象牙塔，销售达 7 万册。在充分信任和默契的基础上，出版格非老师长篇新作，《望春风》获中华优秀出版物奖提名奖、"中国好书"，几乎包揽了当年所有重要的好书荣誉，市场成绩出色。在与作者打交道的过程中，收获的不仅仅是知识和工作成效，因为密切沟通和情感共鸣，编辑以遇到这样的作者而深深欣慰并引以为职业中至高的乐趣。

作者的存在与表现方式，与编辑掌握的信息渠道常常不对称；书稿在不同的编辑手中，可能会呈现出全然不同的样貌。一直以来，图书市场缺的不是作者，也不是书稿，缺的是发现作者的眼光，缺的是对作者专业化的引导能力和对作者资源的整合能力。做编辑时间长，理应沉淀出足够的专业素养、与作者沟通的技巧、与读者互动的耐心。好的编辑，从自己做一名好读者开始，到真正站在读者立场上看选题、看装帧、看图书，坚持以读者为中心来运作选题，才能有望推出精品和畅销书；一次不经意的饭局，一篇不引人注意的文章，都可能成为发现作者的奇迹。编辑有怎样的底蕴和思路，编辑含量是否丰厚新颖，都体现在图书的质量和效益中。这既是编辑的敬业奉献模式，也是编辑人引以为豪的职业荣耀和文化自豪。

移动互联背景下的出版产业，正面临着革命性时刻，互联网内容公司、知识电商对传统出版业进行降维打击；而传统出版业自身的缺陷是：知识与信息缺乏体验互动，阅读产品与服务单一化。进入新技术时代，出版业有机会回归行业初心，充分实现行业价值。制造业的追求是把做到极致的产品努力销售出去；服务业的逻辑是把服务做到极致，并在和受众互动中不断优化产品；编辑是制造业和服务业的制造者与服务者，要不断增强产品的交互性，让未来的内容成为实现服务的媒介，服务于作者，服务于读者。这，也是我们的编辑加工力进阶迭代的含义所在。

三、市场营销力：精准、迭代与大数据

细分市场的变化早已有目共睹，仅仅依靠传统图书推广方式和炒作畅销书的路数几乎很难行通。市场营销贯穿于每一步，且不说出版后专业化、系列化的营销宣传工作，在选题策划、编辑加工、装帧设计、纸张选择、装订方式、定价这些印前环节中，营销虽然不是显性存在，却非常重要地体现在每一步选择里。有没有贯穿全程营销的意识，是否在各个环节体现出为读者考虑，做书的结果大为不同。

现在，很多图书的定价不再完全基于成本，而更多瞄准目标读者来斟酌；装帧设计更看重图书在销售终端的陈列，考虑货架环境。可以说，因为偶然性而大卖的图书已比过去少很多，产品要想精准触达终端，整个体系要付出比十年前多得多的协作营销能力。市场表现突出的图书，做书的每一个环节，图书的每一个要素，都在无声体现着先进的营销理念和有实效的操作水准。

什么样的图书最需要做营销？如果是显性畅销书，有自身流量支持，很多媒体资源、平台资源会自己找来或比较容易谈，这样的书，营销的作用并不是那么大。做营销，性价比最高的是有一定畅销元素但并不特别起眼，通过系统化营销可以显著提升市场表现的图书。台湾一位出版人以"二四六原则"做简洁判断："二"是考虑两个因素，图书的正常销售量和营销后销售量，估量它们之间的差距；"四"是指重要的营销四要素的可做空间：价值提升（名人荐书、独家版权、首次推出等），奖励（图书的周边和赠品），价格以及图书演绎（首发式、讲座、研讨会等）；"六"是指图书营销的黄金周期，是图书出版前两周和出版后四周。

分众时代的营销呈现出多元化和迭代更新趋势。新书发布，除了传统媒体，也有抖音头条大量开箱视频直播；作品研讨，延续既往模式比较多，但话题从宏大到越来越面向细分读者；每天都在碰触到的，更有微博和微信营销、大 V 带货、社群营销、媒体矩阵；文学图书的试读本是营销，跟实体或网络书店的定制书是营销，每年的新书书目也是营销。新营销方式的成果令人瞩目。2019 年"双十一"销售大战中，葫芦弟弟旗舰店宣布天猫销售码洋 1.2 亿元，销售出近 500 万册图书；这样的市场奇迹背后是不间断的视频直播和互动，购书者中"90 后"占比 38.01%。某本明星图书尝试"纸电内容差异化出版"，纸质书和电子书有部分内容差异，并根据电子读物特点增加了视频音频，电子版承载起比纸质版更加重要的传播使命，书籍成为和歌曲、影视剧一样具有高度社交属性、能够被粉丝广泛安利的东西。京东图书开学季营销活动效果突出，他们首先邀请众多抖音大 V 参与，充分调动出版社传播资源；其次建立内容共创机制，激励抖音大号和平台优质达人积极参与，使图书有效触达目标受众；同时，从站内到站外一致性瞄准"00 后"大学生这一细分市场，构建完整的营销＋流量链条。

现时代营销需要精准定位，才有可能实现读者群的最大化。国外研究者在 20 世纪末便提出了"准确营销"这一理念，国内图书业做得相对较晚。现代生活节奏里，个人读者对信息的要求往往是针对性和专业化的，希望在有限或碎片化的时间里接收到最为有效的信息。怎样精准地将目标读者从广泛的人群中分离出来？怎样有效地监控传播效果？一方面要依靠分众传播技术的完美，另一方面也要靠出版者通过前沿营销理念和精细化营销行为留住目标读者。读客文化股份有限公司（以下简称"读客公司"）的熊猫君、大字号书名、三个圈的封面设计、指令式的宣传语，都是他们从内到外精细化营销的符号，且不论符号本身优劣，通过不断强化这些符号等过程，读客公司做到让读者主动去宣传他们的图书，这时便已经构建了自身具有鲜明标识性的话语系统。

从某种角度来说，编辑这个角色更了解内容产品的核心特点，并在分析人性上具备优势，有能力通过时尚的、易沟通的方式，对内容做深度开发，触及读者的心灵，春风化雨、潜移默化。编辑面临的非常重要的挑战，是能否面对市场、面对读者，清楚而有说服力地提供受众需要的知识服务和文化生活样态。第一，编辑需要明白图书定位和目标群体。第二，进行精准化营销。这里包括根据用户群特征选择合适的媒体平台；包括把握营销时机，例如涉及影视的图书要把准图书与影视互动带来的商机，冲大奖的图书把准奖项宣布先后的预热与持续效应；也包括营销策划的精准性：充分体现产品和服务的个性化价值，通过信息手段获取准确的消费者定位，建立深入双向沟通并实现高回报、低成本的营销结果。第三，精准数据，对营销过程进行实时监测、分析、总结与管理；根据市场与读者的实时反馈调整营销目标。大数据时代，用户的每一个网络行为都会被记录下来，用户数据成为价值相当明显的网络资源。通过大数据分析结果掌握读者的内容偏好，发现具备相同喜好的群体，其他行业的先行者已经在做，也是编辑提升市场营销力的有力武器。

出版产业最为核心的人群，编辑，正在自发性地助推行业缓慢转型。在本行业真正高效的协同体系并未完全建构，在以编辑为轴心的产品流程远未达到产业化成熟的情势下，无论是大众、教育还是专业出版，无论是领域广泛的出版集团还是深耕细作的民营公司乃至"慢出版"的独立工作室，编辑需要且必须从稿子和案头抬起头来，做好产品经理的角色，切实提升选题策划力、编辑加工力和市场营销力，全生命周期管理、全流程咨询服务，把一本书的价值做到最大化。

资深出版人王斌有一段意味深长的话："出版人不应该把事业局限在自己的一亩三分地里，不要被几本书的码洋蒙住眼睛。码洋有一天会被重新定义，谁能直接找到持续阅读的人，并构建起一套内容生产体系，这个行业就会被谁颠覆。"可以说，编辑在过去的几十年是富有学养的选题策划者，功底扎实的编辑加工者，现在，更需要做了解读者的市场营销者、全程化的知识服务者乃至文化生活提案者。把这样的角色做精做优，是我们这个行业高质量发展最为重要和稳定的基石。

参考文献：

1.[美] 阿尔文·托夫勒：《第三次浪潮》，黄明坚译，中信出版社 2018 年版。

2.[美] 杰拉尔德·格罗斯主编：《编辑人的世界》，齐若兰译，北京十月文艺出版社 2019 年版。

3. 曹正文：《听罗竹风讲"编辑应是杂家"》，《文汇报》2017 年 11 月 6 日。

4. 黄璜：《今日上市的中信出版有何种独特的样本价值?》，《出版人》2019 年第7 期。

5. 彭楚焙：《施宏俊：中信大方，文学出版新物种》，《出版人》2018 年第 9 期。

（作者单位：江苏译林出版社有限公司）

新编辑专业成长的能力要求

——着力提升新时代编辑能力的几点思考

陈晓光

　　融媒体时代，数字化市场不断壮大、技术手段不断革新，使整个出版行业面临更为复杂激烈的竞争环境，但也给我们提供了重要的转型升级机会。高等教育出版社（以下简称"高教社"）即将开展"十四五"时期事业发展重点规划，面对教育出版发展的新形势，如何贯彻落实习近平新时代中国特色社会主义思想和党的十九大精神，贯彻落实全国教育大会精神，写好改革"奋进之笔"，做好教育出版工作，是每个高教人需要认真思考的问题。而出版行业的转型升级、供给侧结构性改革、融合发展等无疑都离不开高素质编辑人才的支撑，出版社未来的竞争方向也非常明显地体现在人才竞争上。因此，如何打造一支作风优良、能打胜仗的编辑队伍，如何促进新编辑尽快成长，适应时代发展需要，增强责任意识，多出精品力作，满足人民群众日益增长的对美好生活的需要，成为各个出版社亟须解决的重要问题。高教社作为以教育和学术出版为主的大型综合性出版社，是宣传思想文化领域的重要组成部分，肩负立德树人和文化传承与创新的重要使命与职责，高素质的编辑人才队伍建设一直是其重要的内驱发展动力。本文根据高教社的人才培养经验对新编辑在成长过程中需要着重提高的几点能力谈些看法，以期对出版界编辑成长发展有所助益。

一、树牢政治意识，着力提升把关能力

在经济快速发展的当下，出版人需要格外重视对出版业意识形态属性和文化属性的认识。编辑要在书稿的编辑加工过程中树立正确的政治方向，严格遵守各项法律法规和出版工作的指导思想及方针原则，始终把社会效益放在首位，以正确的思想引导人，以崇高的价值塑造人，以优秀的作品鼓舞人。

（一）编辑出版工作中树牢政治意识的重要作用

编辑是社会文化的把关人，编辑的政治素养对于出版事业的导向具有重大意义。媒体融合时代，党的新闻舆论工作的职责和使命要求编辑强化政治意识、质量意识、精品意识等职业意识，尤其要重视政治意识的培养，切实提高政治敏锐性和政治鉴别力，时刻谨记编辑的社会职责。

一要不断提升政治理论素养。编辑要认真学习马克思列宁主义、毛泽东思想、邓小平理论、"三个代表"重要思想、科学发展观、习近平新时代中国特色社会主义思想等，加强政治理论修养，坚定理想信念和政治使命，用先进的理论武装头脑。二要不断提高政治鉴别力。编辑在审读加工书稿时一定要以党的路线、方针、政策为根本依据，以敏锐的政治眼光思考和分析作品，科学研判作品的价值和影响力。只有不断提升政治鉴别力，编辑才能牢牢掌握政治标尺并对书稿中的问题进行正确的鉴别和处理。三要坚持正确的政治导向。无论是在选题策划环节，还是在宣传推广环节，编辑都应当自觉将党的要求放在首位，重点关注人民群众的阅读需求，积极传播社会主义正能量，切实提高作品的传播力、引导力、影响力和公信力。

编辑的政治素养关系到出版物的思想内容和政治导向的正确性，因此必须在思想、政治和行动上同以习近平同志为核心的党中央保持高度一致，把握好出版工作意识形态前沿阵地的职责和使命，给予出版物正确的出版导向。高教社一直以来都高度重视出版意识形态工作，落实中华人民共和国教育部党组关于实施党委（党组）意识形态工作责任制的有关文件精神，社党委成立了意识形态工作领导小组，结合实际编制《高等教育出版社意识形态工作手册》，编辑人手一册，目的是引导编辑在各自的岗位上绷紧政治意识的弦，无论是图书编辑、报刊编辑，还是网络新媒体编辑，都应自觉把认识提高到自身都是新闻舆论工作者的高度来认真对待本职工作，把政治意识装在心里，落实到编辑实践中。

（二）认清编辑职业价值，强化自身责任感、使命感

编辑作为精神文化产品的策划者、制造者和传播者，在培养坚定政治意识、坚持正确舆论导向的前提下，还必须培养编辑正确的职业态度，明确编辑的职业价值。

首先，编辑的价值在于文化的传承与创新。习近平总书记指出："文化是一个国家、一个民族的灵魂。"中华优秀传统文化是中华民族历经磨难而生生不息的历史积淀与思想宝库。无论是优秀的传统文化、宝贵的革命文化，还是先进的科技文化、广博的世界文化，它们的传承和发展都离不开编辑的精心策划、审读加工和宣传推广。编辑工作是一项要求高、责任大、把关严的重要职业，不管未来科技如何发展变化，只要有内容的不断生产和发展，编辑在文化建设发展中的作用就是无可替代的。新编辑们也理应对这份神圣的职业坚定自信、充满期待，进而全身心地投入工作。

其次，编辑的价值在于内容的选择与优化。从石刻到纸张再到数字媒体，内容载体不断革新变化，但流传千古的经典内容始终散发着夺目的光辉。信息时代各类内容纷繁复杂、良莠并存，编辑需要独具慧眼，发现那些极具开发潜力的原始信息，通过整理、加工、优化甚至是再创造，将其打磨成为有益于社会的精品力作。新时代要传承中华优秀文化、讲好中国故事、传播好中国声音，需要编辑发掘优秀选题、打造精品力作，为建设社会主义文化强国贡献自己的一份力量。

（三）专业的职业素养

专业素养是指编辑作为一种专门的职业必须具备的专业能力和专业素质。

首先，编辑应熟悉和掌握党和国家有关宣传、出版方面的各项方针、政策和法规，切实贯彻执行《中华人民共和国著作权法》《出版管理条例》以及其他相关法律和政策。其次，编辑应掌握出版专业知识。优秀的编辑应该是出版领域的专家，精于编辑出版学方面的各类知识。如果编辑连最基本的编辑出版知识都掌握不好，就不能算是一个合格的编辑。再次，编辑应具有较强的选题策划能力。与传统编辑以约稿和审稿为主要任务不同，媒体融合时代的编辑应更加注重选题策划能力的提升，增强观察和判断选题价值的能力与水平，敏锐捕捉和策划契合社会发展需要且极具创新意义的选题，善于把本职工作和国内国际发展大势联系起来，追踪时事热点进行选题策划、组稿约稿，以独树一帜的思维方式和创造活动来组织、推动、引领学术研究。最后，编辑应具有扎实的编辑技能。编辑工作是一种再创性的劳动，包括对原创作品的遴选、消化、吸收、整合和加工等，编辑的专业能力与素养是一部图书或一本期刊能否合格的关键，因此编辑要不断提升自己的编辑技能和水平。

二、努力成为学者型编辑，着力提升学习能力

编辑是出版事业发展的核心力量，担负着传播学术、传承文化的重要使命，要想提高业务水平、提升学术修养，就应该立志做学者型编辑。在中国出版史上涌现出一大批"编研"相得益彰的学者型编辑，他们拥有深

厚的学术功底、良好的学术素养、丰硕的研究成果。目前我们的出版界十分缺少"杂而又专"的学者型编辑，因此更需要有意识地进行培养。

（一）培养问题意识，养成反思的好习惯

首先，要突出问题意识，培养发现问题和解决问题的能力。在编辑加工的专业实践活动中，每一位编辑都应具有"求甚解"的态度，知其然更要知其所以然，在工作和学习中提升职业敏感度，突出问题导向，培养问题意识，敢于提出问题，既要想得细，又要想得深，并且通过积极查阅各类书籍以及检索各种网络数据库等方式解决问题，将自己"术业专攻"的学科领域与编辑出版工作相结合。只有切实增强思考和分析问题的能力与水平，将正确的方法和求知的热情、坚持不懈的努力相结合，编辑才能在职业素养的提升上日益精进。

其次，要养成不断反思和总结的好习惯。与专业理论工作者的研究不同，编辑的研究主要是对书稿的编辑加工实践经验进行总结，通过对文稿中出现的具体问题以及对问题的解决方案进行深入反思与探究，进而改进自己的编辑工作方法。因此，实践和反思应当成为学者型编辑专业成长的两大基石。决定编辑工作的并不是纯粹的理论知识，而是内隐于编辑加工过程中的具体实践经验，这种实践经验需要编辑通过日复一日的工作积累起来。因此，想要成为学者型编辑，必须积极实践、认真反思，养成对工作进行及时总结的好习惯，不断对所积累的经验进行探究，培养从丰富实践经验中提取有助于解决新问题的能力。

（二）打磨工匠精神，推进继续教育

工匠精神是编辑必备的职业素养，是编辑工作的核心要求，也是造就质量上乘图书的关键。编辑要从求速度、拼品种、堆码洋的粗放型、低水平重复的工作模式中解脱出来，积极调整工作重心，自觉厘清工作思路，向注重图书的高品质、精品化方向发展，打磨工匠精神，树立精品意识，高标准、严要求地把好图书质量关，创造性地开展编辑工作。

首先，学习和熟练掌握编辑出版规范和标准。比如，作为国家标准发布的标点符号、数字、汉语拼音用法，参考文献著录规则等参考资料，都应该是编辑的案头必备。与其他职业相比，编辑工作具有一定的独特性，这就需要编辑在做中学、在学中做，提高自己的业务能力和专业素养。编辑还应树立终身学习的目标，尤其要熟练掌握相关数字技能，成为名副其实的复合型人才。其次，虚心向资深编辑学习。资深编辑在长期的工作实践中积累了大量丰富的知识与经验，新编辑应虚心向他们学习编辑业务，以及良好的职业道德和工作作风。再次，积极参加行业主管部门和单位组织的各种业务培训。如编辑出版专业知识、法律法规、经营理念等业务培训，适应社会、经济、文化、科技变革的需要。最后，编辑要保持积极进取的工作态度，对待工作一丝不苟，以工匠精神严格要求自己，自觉地将编辑职业视为崇高理想的事业，建立一种编辑的职业情怀。

高教社一直以来都有竭力为新编辑专业化成长提供良好环境和氛围的优良传统，启发新编辑以编促学、以学促编，不断提高自身的编辑水平和专业能力，真正将工匠精神应用到书刊编辑实践过程中，坚守高质量出版，力争将最优质的书刊呈献给读者。为了帮助新编辑快速进入职业编辑的工作角色，高教社积极推行"编辑导师制"的培养模式。由从事编辑工作多年、具有丰富经验的资深编辑，对新编辑进行编辑出版业务的指导，帮助新编辑尽快胜任工作要求，全面提升编辑职业素养。事实证明，在对新编辑的培养过程中，无论是专业知识学习、编辑技能提升，还是行业规范遵循、职业素养提高，"编辑导师制"都是一种切实可行、收效甚广的方案。最为重要的是，资深编辑与新编辑同在一个部门工作，可以根据实际工作需要随时随地展开"教学活动"，帮助新编辑解决工作中遇到的各类问题。相较于出版社经常开展的专题式培训，"编辑导师制"的培养持续时间更长、传授技能更系统全面、指导方式更多样灵活。此外，还能"因材施教"，满足新编辑的个性化学习需求，对于还处在职业成长期的新编辑来说十分有益。

（三）拓宽学科知识面，深化专业功底

高教社作为综合性教育类出版社，在保证各类书刊高质量出版的同时需要加强各类学科图书编辑的人才培养，注重对人文社会科学类图书编辑与自然科学类图书编辑的分类指导。

人文社会科学类图书编辑既是作者作品的批评家，又是作者作品的鉴赏家，这就要求人文社会科学类图书编辑在某一领域具有精深知识，同时具有相关领域的广阔视野和深厚的人文素养。首先，熟练掌握语言文化知识，不断增强编辑功力。良好的语言文化素养助力编辑在修改、加工、润色书稿时更加得心应手。因此，编辑需要加强语言文化知识的学习和积累，不断夯实编辑功力。其次，广泛阅读人文社会科学经典著作，培养和提高阅读鉴赏力。编辑如果缺乏阅读鉴赏能力，就很难判断选题或书稿的潜在价值，更不必说能将精品著作献给读者了。因此，编辑必须养成热爱阅读的好习惯，博览群书、笃学勤思，不断提高自身的理论水平和阅读鉴赏力。最后，养成勤于练笔的好习惯，不断提升写作水平。写作是一种记录问题思考与理顺问题思路的重要方式，也是锻炼思维方式与提高专业素养的重要途径。因此，编辑应当养成勤于练笔的好习惯，将书稿加工过程中的所思所想所感及时记录下来，通过系统地梳理和总结不断强化对问题的认识，进而积极参与相关学术研究活动并撰写研究论文，切实提升写作水平和学术理论素养，增强对学术研究成果的把关鉴别能力。此外，编辑只有在增强语言文字的驾驭能力与水平的基础上，才能够与作者展开更加流畅深入的交流，才可以让好书通过编辑的推介走得更远，影响更多读者。

自然科学类图书编辑除了应掌握编辑加工技能外，还应具有扎实的专业学科基础，广泛的邻近学科知识，并应及时了解相关领域科技发展的新理论、新技术、新方法。首先，深耕自己的专业领域，强化理论知识的学习，广泛阅读相关科普著作，不断丰富科学知识储备。其次，经常阅览科技领域的相关新闻，积极参加学术研讨活动。深入调查研究能力是做好编辑工作的基本功，是使作品更具传播力、影响力的基础。编辑既要沉下心来编好书，又要深入生活一线挖掘选题、寻找作者，扩大"朋友圈"，敏锐地洞察科技领域的新发现、新成果，预见其对科学技术和社会生活可能产生的潜在影响并予以持续关注。自然科学类图书编辑在培养敏锐洞察力的过程中，一方面要对自身专研学科的发展脉络进行细致梳理，掌握其发展规律；另一方面要潜心学习研究，扩大知识面，对交叉学科、边缘学科可能酝酿的重大变革具有足够的敏锐度。

三、强化互联网思维，着力提升新技术运用能力

习近平总书记指出，随着信息化不断发展，知识获取方式和传授方式、教和学关系都发生了革命性变化。近年来，高教社持续投入宣传文化发展专项资金，重点建设满足高等教育、职业教育及教师教育教学需要和教材使用的数字化教学资源阶段性成果显著。比如，高教社文科分社2018年研发各类数字化教学资源98种，其中题库39种、专题资源19种、电子书21种；高教社理工分社建设了一批优质的课程和教学资源，其中数字课程2018年发稿84门，相关数字化收入698万元；高教社高等职业教育出版事业部"智慧职教"各类素材、题库、课程数量等均增长50%以上，用户规模翻番，总访问量增长近3倍。在这一系列数字背后，是高教社对数字化教学资源的不断开发，是对互联网新技术新应用的积极追求，是紧跟新时代教育出版发展步伐所做出的有益探索。出版要保持企业活力，必须与时俱进、创新驱动、转型升级、融合发展，相应地也对编辑掌握和运用新媒体的能力提出了更高要求。

首先是全新的互联网产品思维。随着互联网对出版工作的影响越来越深入，编辑需要具备全新的互联网思维，对出版业的市场、用户、产品、生产、销售等均需要有全新的互联网视角。媒体融合时代，互联网思维的核心就是满足用户需求的用户思维。随着用户需求的多样化、个性化的增强，以出版物产品为核心的传统出版工作方式已不能与用户的实际需求相适应。编辑应积极适应这种需求变化，更新出版工作思维和方法，在树立精品理念、增强市场观念、强调用户思维等方面不断发力。在传统出版过程中，编辑主要负责选题策划、组稿审稿、编辑加工等方面的工作，而当出版物完成印制进入发行宣传和市场推广时，编辑往往不再参与其中。但

在互联网时代，产品的生产强调一种项目思维，要对一个产品从全周期的项目角度去策划实施，既包括产品设计、产品生产，也包括营销推广、售后服务、升级维护、用户维系等内容。因此，编辑要树立出版项目思维，培养数据思维、用户中心思维等，熟悉出版物全流程各个环节的业务，以此更好地完成出版物从开发、推广到维护的各项工作。

其次是良好的多媒体素养。媒体融合时代，编辑既需要熟练掌握计算机操作运用技术，也需要具有一定的数据处理、内容整合、多渠道分享等方面的多媒体素养。虽然在实际工作中，编辑已能比较熟练地使用计算机和互联网，但随着技术迭代升级周期越来越快，编辑还需要具备数据获取、处理和运用等方面的能力，能从海量信息与数据中获取选题策划、组稿约稿、宣传推广等方面有价值的内容。不同于以往只需要掌握文字、图表等简单软件的基本操作，在融合出版过程中，产品形态更加多元、传播速度更加迅速，这就需要编辑掌握图像剪辑、视频剪辑、网页制作等多媒体技术，让原本形态单一的出版物变得生动活泼起来，并且通过探索多渠道分享传播，将适合不同传播形式的出版物以多样化的形式进行分发，如纸质书、电子书、有声书等，以获得更广阔的阅读群体。网络平台为传播者和受众的交流互动提供了巨大的便利，在微博、微信公众号、短视频、网络直播等多媒体平台的助力下，这种密切的交互性可以使信息得到最大限度的传播。编辑如果能够充分利用不同媒体平台的优势媒介属性为出版业进行技术赋权，及时跟进新媒体平台运营特点的学习，掌握各种新技术手段，对于提高出版内容对受众的吸引力、振兴出版业的品牌价值具有重要意义。

最后是良好的网络出版管理能力。在借助新媒体进行出版时，一方面，编辑要加强网站和平台的经营管理能力，只有熟练掌握相关专业技术，才能保证数字化出版运营的有序进行；另一方面，面对网络上普遍存在盗版和侵权问题，编辑还要深刻认识到版权保护的重要性。无论通过什么渠道进行传播，传播的主题内容是不会改变的，只有精心维护内容在所有传播媒介中的专有使用权，才能确保安全合法地对产品进行多元开发，从而获得最大的社会效益和经济效益。因此，编辑要不断提升版权保护意识，从签订版权保护合同开始就对有衍生价值的内容资源进行全方位的版权管理，学会运用防抄袭技术、防伪技术等为作者提供著作权保护，为数字化出版行业的发展提供有力保障。

参考文献：

1.《习近平谈治国理政》第二卷，外文出版社 2017 年版。

2.《习近平谈治国理政》第三卷，外文出版社 2020 年版。

3. 苏雨恒：《实行导师制培养模式　加强青年编辑队伍建设》，《中国编辑》2019 年第 1 期。

4. 宋永刚：《新时代如何加强编辑队伍建设》，《中国编辑》2018 年第 6 期。

5. 陈晓光：《教育出版融合发展的实践与思考》，《中国编辑》2020 年第 1 期。

6. 杜贤：《培养新时代编辑人才刍议》，《中国出版》2019 年第 3 期。

7. 刘德生、俞敏：《新媒体环境中科技期刊编辑人才培养的探索研究》，《编辑学报》2018 年第 3 期。

8. 王勇安、杨忠杨：《"＋出版"还是"出版＋"：业态变革背景下出版人才培养的思考与实践》，《出版科学》2019 年第 1 期。

9. 王宏：《移动互联网时代网络编辑人才培养模式》，《出版发行研究》2018 年第 4 期。

（作者单位：高等教育出版社）

论编辑的新使命新担当

——兼论编辑的价值

张　俊

编辑是出版业的重要角色，编辑工作是出版工作的核心环节。从宏观层面的行业到中观层面的组织，再到微观层面的个体，编辑都在不可替代地发挥作用。中国特色社会主义进入新时代，出版行业处于新的发展历史方位。这个新的历史方位有着丰富的内涵。社会主要矛盾的转变点明了发展什么样的出版，繁荣兴盛社会主义先进文化为怎样发展出版指出了方向，移动互联网、大数据、云计算带来出版模式、业态、样态的升级更新，赋予出版鲜明的时代特色。新时代有新使命，新使命要求新担当，编辑的价值体现在行业、组织、个体上，就是要担当起出版业在国家发展中推动社会主义先进文化向前，出版单位提升自身运营能力、建设更高水平行业，适应新的时代的主客观条件、繁荣阅读文化、出版文化的使命。

一、编辑为出版业创造价值，融入新时代国家建设发展

出版业是具有鲜明文化属性的行业，其存在和发展在宏观层面，传承和记录着一个国家、一个民族的发展，推动社会主义先进文化繁荣兴盛，满足人民日益增长的精神文化需求。编辑发挥作用体现于出版业创造的价值中，出版业创造的价值融入驱动国家发展的力量，即是编辑担当的使命，以及借此投身国家建设的大逻辑。

出版以其活动内容和产品形式，在国家和民族的文化传承与发展中发挥基础的记录、载体功能和传播、推动作用，编辑是出版的功能和作用得以发挥的重要驱动力量。文化是一个国家、一个民族的精神之魂，文化自信是更基本、更深沉、更持久的力量。习近平总书记强调："没有高度的文化自信，没有文化的繁荣兴盛，就没有中华民族伟大复兴。"[①]文化产生于特定的历史路径和社会土壤，展现一个时代的社情民风、经济社会状态，有着深刻的时代烙印。中华民族精神脉络绵延数千年从未中断，是因为先哲、思想家不断涌现且从未停止思考，也因为著书立说的背后那些富有远见者将其汇编成典籍，从而让精神之魂浸入国家的、民族的体魄；近代以来，国家从羸弱变得强健，抵御外侮、自强不息，缘起是 20 世纪初的一批仁人志士积极接受先进思想，并用一册册进步刊物将其广泛传播，从而掀起一场新的社会风潮。每个时代都有启迪民众、影响深远的人物，每个发生重大变革的历史节点都会有勇立潮头的先驱，以及参与其中的思想精神的记录者、文化知识的传播者、社会进步的推动者——编辑。编辑为文化的传承发展发挥了重要的作用，甚至有的时候，在一定意义上，那些思想家、进步人物本身就是编辑。

---

① 中共中央宣传部：《习近平新时代中国特色社会主义思想学习纲要》，学习出版社、人民出版社 2019 年版，第 138 页。

出版业的发展要推动社会主义先进文化的发展，社会主义先进文化的繁荣兴盛也需要出版业作出贡献。编辑是推动社会主义先进文化发展的具体实践者，首要的就是坚持好政治方向、出版导向、价值取向。方向决定前途，涉及方向、导向、取向的问题，须臾不能放松，毫厘马虎不得。编辑要解决好世界观、人生观、价值观这个"总开关"问题。编辑选择了什么样的价值观念，既反映编辑的主体价值追求，也决定了媒介本身的品格和发展。① 不同的出版单位在出版内容范围上不尽相同，都有基于编辑判断把关形成的价值取向，不同的内容领域因而有各自的主流价值。出版单位蓬勃发展形成百花齐放、百家争鸣的生动格局，出版业坚持正确政治方向、出版导向、价值取向得以落实，社会的主流价值也汇聚起来，核心价值观因此形成。

中国特色社会主义进入新时代，习近平总书记在党的十九大报告中指出，我国社会主要矛盾已经转化为人民日益增长的美好生活需要和不平衡不充分的发展之间的矛盾。这个矛盾在出版业同样存在，要解决这个问题，编辑是核心力量。我国的出版本质上是属于人民、服务人民的出版。出版业在经历了一个时期的高速发展后到达新的阶段，既有许多新的发展机遇，也面临一些以前从未出现的问题。出版物的种数、册数等指标逐年增长，规模越来越大，从根本上摆脱了"没有书读"和"书不够读"，但是量的增长需要有质的提升同步，要实现从"有书读"向"有好书读""好书够读"转变。国家新闻出版署数据显示，2018 年全国出版图书 100.09 亿册（张），重印图书 272142 种，总印数 57.74 亿册（张），新版图书 247108 种，总印数 25.17 亿册（张），两者种数约为1.1:1。图书市场上同类型、同质化的图书不在少数，出现畅销书后跟风出版的情况也不鲜见。出版物是内容的实体、思想精神的载体，出版业服务人民，应该有多样化的呈现，满足更多元的需求。发展规划上把优质的人才和出版资源投向创造而非制造，为编辑营造浓厚的创新氛围和

---

① 夏登武：《编辑传播的价值选择》，《编辑之友》2010 年第 8 期。

有利的工作条件，发展实践中编辑更多发挥岗位主观能动性，以创造性的思维、匠心独运的态度去策划好选题、把握好内容，在出版业中发挥更加重要的作用，使出版征服高原，登顶高峰，即是改变出版发展不平衡不充分现状的真功实招。

二、编辑为出版单位贡献力量，促进行业高质量发展

出版业的中观组织是出版单位，编辑依托单位开展出版活动、参与出版流程，在出版活动、出版流程中处于中心位置，是出版活动的统筹者、出版流程的掌控者。加强对出版活动和出版流程的驾驭水平、把控能力，促进活动圆满、业务流畅，可以提升出版单位的运作效果，是文化产业体制改革在出版业的深化，建设并完善出版业、实现我国出版高质量发展也是题中应有之义。这是编辑之于出版单位的价值。

出版活动是一个平的概念，编辑对工作的整体驾驭直接关系出版活动的质量。文化属性决定了出版业的产出有社会效益，现代企业的组织形态意味着出版单位须遵循市场经济规律进行商业行为，获取经济效益。两个效益面前，编辑承担起把关人的角色，责任重大。为出版社把好关、守好门，并不是简单地接受或拒绝，而是更接近一个过滤系统，通过政治立场、内容逻辑、文字水平等方面的标准区分是非优劣，筛选出符合标准的资源并加工成产品。编辑严格按照政治方向、出版导向、价值取向标准处理稿件，作出退稿、退改或修改润色等处理，保证源头的干净清澈、富含滋养。好的内容要广泛传播才会取得好的受众效果，互联网时代信息庞杂、良莠不齐，酒香也怕巷子深。百花齐放之中要脱颖而出，到达读者手中，编辑还需要统筹好推出形式、营销方式，根据内容的特点契合市场的需要，抓住读者的需求，做到叫好又叫座。作为社会效益的创造者，编辑为出版单位贡献的力量作用于出版事业发展；作为经济效益的获得者，编

辑的商业活动能力又丰富了出版活动的市场内涵，为出版产业的建设添砖加瓦。

聚焦到一本书上，业务上的双效合一是编辑的分内事；将出版单位放到经济社会运行之中考察，编辑的价值也体现在社会责任感支撑的热心公益之中。2020 年初，新冠肺炎疫情暴发，给人们的生命健康造成重大危害、日常生活带来极大不便，经济社会运行受到严重影响。在应对疫情中，一些出版单位迅速作出反应，策划选题，推出疫情防控知识的科普读物，宣传战疫成效、抗疫人物和疫情期间的大爱和温暖，满足隔离期间人们居家的阅读需求。出版业提高站位、强化担当意识，为疫情防控作出了贡献，背后有编辑强烈的社会担当意识。

出版流程是线性的，编辑在流程中处于对接作者、连通编务的环节，既是出版流程与外部的重要接口，也是流程内部的开端。编辑在出版流程中的价值，在于协调好内外部的运行，做好全流程的管理，以及对出版物的制作方式、推出形式、呈现平台作出精准的选择，达到最好的传播效果。

出版流程内部是链式结构，在流程的首尾，则分别对应外部的作者和读者。面对作者时，编辑与之探讨稿件的内容价值、框架结构、行文风格等，确保书稿内容没有方向性错误，以及题材针对市场需作出的适应性修改，还有具体的呈现——书籍的封面、版式。编辑也要经常与自己的读者沟通，验证与作者的探讨，倾听有代表性的意见建议，对好的建议予以采纳，而后落实到书稿中。编辑与作者、与读者的沟通是点对点的，图书要得到读者的肯定，受到市场的认可，就要求编辑居中扮演媒介的角色，将作者的创作意图传递给读者，将读者的意见建议反馈给作者。

出版流程中有众多环节，流畅运转是提高出版效率的基础，更是做书的创意思路得以落实的具体实践。因此，需要编辑对全流程进行管理。一道道工序环环相扣，之所以是编辑而不是其他岗位来整体把控流程，是由编辑的工作内容决定的。编辑负责书稿的编辑加工，对内容最了解，作品在由书稿转变为书的过程中不只编辑加工，其他的加工也是以此为基础的。一本书适合严谨的还是活泼的版式，阅读体验是严肃的还是舒朗的，形式的安排，内容是依据。同时，编辑与设计人员、技术人员沟通的结果还要适时向出版流程的外部——作者、读者传递，因此要在内部循环中与多个环节沟通。就好比一条生产线，最初上线的只是一个零部件，经过每一道工序的加工、组装和修改，最终下线的才是产品。编辑除了在自己负责的岗位上工作，还需要跟着稿件加工的进度在每一个环节提出要求建议、接受反馈并作出评价，直至产品下线。因此，编辑在业务管理层面的角色就是流水线上的工长，其价值通过把控全部出版流程体现。

进入融出版时代，随着载体、渠道、平台的形式不断增多，编辑不仅在纵向上来回往复，甚至还要横向拓展自己的业务范围，构建起多流程并行、多环节转换的网状出版流程模式。书稿经过编辑处理后是加工成数字化内容制作电子书、通过新媒体推出，还是进入传统出版范畴印制纸书，抑或多载体多平台发布，编辑的判断是重要的依据。传统出版中，编辑与其他环节的配合仅是链式流程上的工作，还只是线性范围的一对多，出版物的形式，或者内容最适宜的推出方式，也因行业细分早已确定——报纸、期刊、图书各司其职。进入融出版时代，出版业的合久必分呈现分久必合的态势。新媒体作为载体，阅读版面受硬件制约，但是选择有很多；内容承载量不受限制，指甲大小的存储芯片能装下一个图书馆；传播的时空效率也不是问题，互联网早已普及，移动通信网络也已实现 5G 应用。一方面是客观选择的多元，另一方面是主观选择的意愿不断出新。过去有限的技术条件下无法呈现一些效果，一定程度上限制了编辑在出版创意上的想象力，随着技术的支撑越来越有力，具体形式上的排列组合能够实现一加一大于二的效果，不仅推出了更多新的出版物样态，还在此基础上形成了有益的新运营模式、盈利方式，促进了出版的传播效果，甚至向前推进了出版业内的行业细分。

三、编辑精研业务，深化阅读研究，发展出版文化

新时代的技术背景下，出版融合纵深发展，编辑既是融出版的实践者，又是发展趋势的推动者、发展方向的探索者，要在全媒体时代做好融出版，引领出版融合由相加走向相融，以及今后迈向更优化、更科学的发展模式，并借此加强编辑、作者、读者在出版微观层面作为独立个体的交流，深化阅读研究，发展阅读文化、出版文化。

编辑要遵循技术服务行业发展的逻辑，处理好业务与技术的关系。出版业具有鲜明的文化属性，融出版有较强的技术特性，出版物是内容和载体的结合。出版发展实践证明，每次重大的行业变革到来，都是因为技术层面有了重大突破。[①] 在行业内，应将新技术运用到出版中从而推动其发展，与出版主动适应科技的更新来实现自身发展，持两种见解者都不在少数。新发明新技术驱动发展在出版业并不鲜见，追溯至古代，造纸术、印刷术的发明使出版轮廓初现，初具雏形，随着雕版印刷、活字印刷等技术演进，出版的参与人员机构、产品交易等规模也不断提升；及至当代，铅字印刷、激光照排使出版有了质的飞跃；数字时代，互联网、云计算、大数据的出现则催生了数字出版，并由此向出版融合，全载体、多样态发展。技术的日新月异给予编辑一种深切的感受——过去是行业发展需要技术支持和促进，现在是新科技新手段润物无声地渗透发展。当前，科技发展对行业的支持表现为两种趋势：推动原本不相关或关联度不大的行业融合，使一个行业具有其他行业的特征、跨界发展。出版即如此。移动互联网、新媒体平台参与出版，让书可以在纸上、在电脑上看，也可以在阅读器上、在手机上看，甚至是在社交媒体平台上、在 APP 里看。纸书承载的内容与载体剥离后迁移到服务器里，再经过数据化、音频化等处理，通

---

① 张俊：《论新时代编辑在出版融合发展中的地位与作用》，《编辑学刊》2018 年第 6 期。

过互联网尤其是移动互联网传播，就变成了其他的新样态——知识付费服务、有声读物等。技术创新驱动发展，书既是书，又不一定是书了。编辑在其中的价值，不仅是简单的素材的整合、内容的处理，而是遵循生产制作、传播流通、受众覆盖等环节的技术特性，以不同形式的物理组合，最终产生读者与书的化学反应。编辑的优势在于内容的把握，技术的优势在于为出版工作提供基础平台和生产力工具，这样的思路下构建一个理想的工作模式，内容与载体相比应该以内容为主，出版业务与出版技术两者应该以业务为主，相对技术人员而言，编辑的行业主体地位更是毋庸置疑。编辑立足出版，应大胆尝试新科技、新手段，遵循科学技术为发展带来便利、提升效能的逻辑，对有利于出版的改进抱持开放的心态，但是不能改变的无论到什么时候都不应改变。比如，引领出版发展的主导权，就必须牢牢掌握在编辑手中。术业有专攻。编辑也要深刻理解科技的探索创造的严谨性，不要因为科技带动与发展了出版生产力就舍本逐末，以业务适应技术应用的思路去开展工作。

编辑要找准技术改造出版的着力点，准确把握读者的心理和属性，在此前提下实现技术的精准运用。驾驭技术的熟练程度直接关联服务读者的效果，服务读者作为出版的重要宗旨，实现好了就是对出版发展的促进。读者是一个具有各种统计学属性的群体，性别、年龄、职业、文化程度、地区，等等，按照不同标准划分读者群体，适合的出版模式、出版物形式也不尽相同。青少年多喜欢看漫画，中青年喜爱文学；教育程度不同的读者，对通俗理论、知识科普、学术研究、专业科技读物的需求各异。如果将一本书看作一个可以与之交互的界面，编辑和读者则处于界面的两边。编辑转换角色，从读者的角度去审视一本书，更能发现最合适的呈现形式，最便利的载体样态，最有效率的传播途径。

编辑对读者心理的把握，还表现在自身对合适出版模式的选择上，以及借由这种选择细分出不同的阅读类型，构建阅读文化、出版文化。传统出版中，报纸、杂志、图书是主要的出版物类型，三者在开本、版面尺寸、数量上的区别决定了各自信息的容量以及运输携带的便利程度，在满足时效度方面也就呈现不同的效果——报纸侧重新闻资讯的传播；期刊兼顾内容的时效和深度；图书结构相对稳固，适应有深度并且时效性要求低甚至没有的内容。这种出版人视角下编辑对出版物形式的选择，在全媒体出版时代不仅依然存在，而且为新技术新媒体的出现提供了更多选择——传统出版和数字出版是一对相对的概念，纸质出版物和新载体出版物是两个可选的大类，在数字出版中还有各种不同的出版模式，能进一步细分。无论作出何种选择，都有编辑基于对阅读心理准确把握前提下对出版规律的深刻认识蕴含其中。理论上无论哪种形式、哪种载体、哪种内容都能互相适应，但是内容的排版、载体的形式，甚至阅读的时间、场所都会对阅读的深度产生影响。对于经典的文学著作或深奥的理论读物，人们通常更愿意选择纸书捧读，因为纸书有更立体的结构，无论是视觉上还是触觉上都有更好的感官体验；而看新闻报道、时事评论，在手机上、APP 里进行，资讯信息的获取是不受影响的。利用不受干扰的时间段读书效果往往更好，而看新闻更多是在碎片时间——人们自觉的选择，通常趋向于这种活动最理想的方式、状态。此外，碎片时间进行碎片化阅读也反映了内容的独立性，读书对应的是结构性强、完整度高的内容，如果也采用碎片化阅读则打破了其原有的结构。同为阅读，碎片阅读与读书的区别在于，碎片阅读只适合获得信息、采撷观点，而读书，应该是有深度的、沉下去的，我们读书不只是为了快速获取资讯，更是为了学习文化知识，获得精神享受。通过手机阅读、APP 阅读能得到一个观点并传播之，输出的即是接收的；而读书则能建构起一个人内在的知识体系，培养系统的思维方式，能通过内化的知识、培育的思维能力去建构自己的立场观点方法。思想的复制和创造是不能相提并论的。不能用被灌输的支离破碎观点来代替自己完整、系统的思维方式的培养，而思维能力的培养恰是阅读的目的和真谛。[①] 这正是阅读的重要功能，也是阅读文化、出版文化承载的分量。

---

① 于殿利：《后疫情时代的出版》，《出版发行研究》2020 年第 6 期。

四、结语

编辑作为一种职业，其由来素有渊源，既产生于人类文化活动中编著分离赓续渐进的演化，也能溯源于出版业发展中的职业细分过程。编辑在所处的时代担当使命，在社会文明进程中，在出版行业建设中，在自身的成长中创造价值，这种价值或体现于产生的层面，或向上传导，汇聚起更磅礴的发展动力，最终作用于国家发展、社会进步。新时代的出版，有科学严谨的指导思想、政策环境，有更好的经济基础、社会氛围，有高度发达的科技支撑，广大编辑必须明确自身在国家、行业发展中的定位，担当起时代赋予的光荣使命。

（作者单位：学习出版社）

"智"时代的编辑思维转型

周亚丽

人类出版业的发展历来与技术的革新相依相伴。技术的更迭创新改变了人们的生活，也将出版物的内容、数量、品质带进繁荣时代。5G（第五代移动通信技术）商用牌照的发放开启了 5G 商用的大幕，高速率、高可靠、低时延、低消耗的 5G 技术将时代浪潮由"互联网 +"推向"智能 +"。当前，在国家政策的鼓励和引导下，媒介融合发展，数字经济加速奔跑，传统出版业也必然要直面转型之重而加速革新。未来已来，传统业态环境中形塑的编辑需要转变思维，积极探索可能的突破路径。

一、新技术条件下的危机与想象

（一）分流与消解

传播介质的变化，尤其是移动媒体和社交媒体的勃兴，影响了传播媒介的生态与格局，也影响着受众的触媒方式和行为。纸质出版物虽未在纸媒消亡的论调中被吞噬，但生存空间进一步受到挤压是不争的事实。对传统出版业而言，受众注意力的分流，直接导致读者群的分化与不确定性的增加，"大众"变成"小众"；同时，纸质图书的低效率、长周期、单向传播缺乏反馈、信息滞后性、数据不可被追踪等劣势愈加凸显。

信息传播的渠道多元化且便捷、易触达，展现出更为强劲的信息渗透能力的同时，也不断刺激着受众的表达意愿，内容生产的门槛被大大降低。即时性更强的传播方式，一方面减少了传播过程中的信息衰减，另一方面也冲击着传统信息生产模式里的把关环节，滋长了泛娱乐化的刺激，对精英语境形成消解。

目前，传统出版业对技术的应用主要体现在渠道建构、传播和营销方式上，经济模式和行业生态还维持在传统轨道上。一边是互联网造就的平台不断培育出转化价值巨大的流量池，沉淀用户发展社群经济；另一边则是传统出版业抱守固有的组织生产模式，仅以存量内容做数字化转型，专业资源和内容优势被逐渐消解而陷入行业发展焦虑，二者形成巨大落差。

（二）边界与赋能

5G 是新一代信息技术的发展方向和数字经济的重要基础。有专家预计，到 2025 年，全球 5G 用户数量将达到 14 亿，而中国将成为全球 5G 用户数量最多的国家。从宏观层面看，在 5G 技术的推动下，应用场景由互联网扩展到物联网，与技术拉动相匹配，越来越多的行业将会加快进行数字化转型，催生新的经济模式，带来信息社会中生产力的进步。从微观层面看，用户在 5G 环境中的体验将得到极大的丰富，用户不仅拥有海量知识存储，能进行便捷的智能化信息处理，还能享受到多样、多变的内容服务形式。

在 5G 时代，移动互联网、大数据和人工智能技术大力发展又相互作用，内容会无处不在，用户将随时在线，传播介质的边界将进一步被打破。内容策划、渠道选择、营销决策通过大数据分析可以高效实现，出版内容产品从平面、单向传播转向可视化与智能互动，受众身份从读者向内容参与者、演绎者发展，产品营销由店面营销、活动营销奔着高黏性的精准营销而去……传统媒体与新媒体、新技术的深度融合，多介质、多形态的融媒体传播已然成为出版发展的新趋势。出版业的智能经济时代已来。

二、编辑职能和价值的再定位

"互联网 +"时代锻造了出版从业者的用户思维和产品思维，传统编辑转型为全流程编辑探求线上线下的多环节融合。在 5G 时代，传统出版机构转型成为内容企业，这意味着内容与技术依赖共生、高度匹配。单纯从事纸质图书出版的机构将减少，新型的内容服务机构将由传统出版机构转型或设置产生。其间从事文化创意型活动的编辑，其职能和价值都将被重新定位。

（一）深度参与内容资源库的构建

过去，编辑的工作成果通过一本本纸质图书的累加得以体现，而随着智能建设对知识和信息的需求加大，多种技术和形态的融合，内容生产机构迫切需要建立起系统性的专业化程度更高，与多层次用户更能精准匹配的内容资源库，并对内容资源进行持续管理。这与过往依托作者的单点式智力成果转化有着本质区别。

（二）与数字化的智能生产线合作

随着 AI 技术的进一步发展，编辑多任务转换的日常工作可以进行区隔和转移。作为智力密集型劳动，编辑工作中存在一些重复程度较高且创造力需求较弱的工作环节，比如需要人力重复参与的审稿、编校、加工等，这些工作任务可以剥离开来，交由人工智能技术来辅助完成。基于规则和算法，以及深度学习能力，人工智能技术可以形成满足编辑数字化工作需求的智能生产线，节省内容生产的时间以及人、财、物力量。

（三）策划创意能力权重加大

琐碎繁重的案头工作得到简化，编辑工作可以聚焦于高集中度的智力工作上，而且编辑工作中的创意能力、审美品位等人文要素无法为技术所彻底取代。因此，在编辑职业能力结构上，策划创意能力的权重将加大，创意型编辑的价值将得到前所未有的重视，这会直接导致出版机构对创新型、创意型人才的需求增加；同时，具有多学科背景和强学习能力的专业型编辑，能满足出版机构对新技术环境下的工作应变需求。这些都将带来出版机构内部人才结构和岗位设置的调整。

三、编辑思维如何转型

传统行业遇上日新月异的现代技术，有的震荡激烈大有颠覆之势，有的缓步慢行窄域融合。无论是被动融合还是主动求变，对于走向未来的传统行业来说，嫁接新技术与现代理念都意味着"再造"与"创新"，出版业亦如此。出版业素来"以内容为王"，不管介质如何改变、信息技术如何发展，这尚且不能改变出版作为内容产业组成部分的价值内核——出版业的目标始终归于文化传承与知识传播上，出版业的优势仍在于相对优质的、系统化与结构化的内容生产上。随着我国融媒体和全媒体发展战略的推进，在内容需求呈指数级增长的前景之下，出版从业者尤其是专司内容生产的编辑面临着巨大的转型空间，其中首要的是思维转型。

（一）形成小众传播的闭环思维

传统出版面向大众出版。而移动互联网和社交媒体兴起后，基于共同的兴趣爱好和价值观而构建起来的社群，打造了各种不同的圈层，形成独特的文化消费生态圈。与此适配的产品，其定位与设计、内容的整合与展示都体现出了较强的分众化、差异化特征，凸显了精准传播的巨大优势。

尤其是异军突起的各种自媒体大号，通过由自媒体与自有渠道所形成的闭环实现流量变现，形成新型的社群商业形态。在此种发展形势之下，编辑应当树立或加深小众传播意识，打破传统的以编辑为导向的内容产出模式，而以用户为导向，通过建立用户数据模型和用户画像分析走向分众化、定制型、多维度、精准化的内容生产加工模式，实现流程优化与效率提升。

（二）显微思维下的机会识别

AI、IOT、云终端等技术的飞速发展，城市、农业、交通、家居等都将开启智能化建设之旅，多屏幕、融媒体发展乃大势所趋，虚拟现实技术（VR）和增强现实技术（AR）更是让人们充满了想象。智能建设的背后需要来自各相关领域的知识资源、逻辑支撑和内容管理，需求精准，信息量更为庞大。在技术融合、内容融合、渠道融合、用户融合等深度融合发展下，信息与资源跨界将会成为常态。

当面对"以内容＋数据为王"的智能化编辑工作时，即便是交由算法和大数据分析来实现选题分析和预判、市场预测等，这也并不意味着编辑可以当"甩手掌柜"，相反，研究用户、发掘痛点更会成为内容生产工作的重中之重。研究用户的痛点，就需要编辑学会感受与呈现。要在当前物质产品异常丰富的今天，探寻到能满足读者需求、填补市场空白的优秀创意、好的内容切口，并不是一项容易的工作。编辑练就见微知著的功力，从小处入手，从已知需求的细微处发现另一项新的需求、新的内容机会，为5G时代智能媒体的传播注入新内涵，拓宽诸如场景、关系、情感等新型传播形态，或者在传播垂直化深入过程中，深度协同和参与，衍生新的资源组合方式，打造圈层产品，都不失为有效的途径。

（三）复合形态的工作思维

出版业的增长和发展动力来自出版资源配置效率的优化。打破信息场域的疆界，突破设备限制，基于社交关系链的信息选择和推送，通过搭建不同的算法模型所作出的用户、选题分析和市场反应预测，对作者、内容、制作方案、定价、发行方式和数量等不同要素和变量的组合进行竞争力和收益预测分析，规避过往有如传统编辑的知识储备、市场研判、专业素养等导致的选题预判失误，在一定程度上降低内容产品的市场风险。这使得传统编辑为主导的内容生产工作得以趋向复合形态，大大提高编辑对各类社会资源的整合程度和利用率。

从内容制作上看，5G时代的编辑工作在内容开发的广度、深度、厚度上都将加深加大，多个介质的内容生产成为常态化，线性的内容生产流程变成包括纸质出版在内的多载体、多形态的内容生产，多个内容生产体系并行。首先，触摸新技术脉动，编辑工作将更注重实现内容的视觉化和场景化，为平面内容增强互动性，助推出版产品的升级和内容产品的分层。其次，从资源库出发，内容可以独立输出，也可以融合输出，形态将由内容和用户共同决定。在微流程中，内容产出的时间、数量，生产工艺技术的优化等决策更为精准。所产出的内容也不是闭合的，而是强化互动与反馈，可分享型内容的比重大大提高。再次，线上线下的工作比重将面临调整，线上工作会成为编辑工作的主流方向。

走向智能时代，内容服务、内容渠道、内容消费、内容变现等都将进行深度变革。对编辑从业者来说，加速转变工作思维，助力内容生产平台化发展，形成自有标准与规范，进行多形态的原创内容孵化，打造具有高成长性的产品体系，真正以个性化的内容对接用户变化的精神需求和文化生活方式，深度参与智慧未来的建设，这才能有力支撑内容产业的蓬勃发展。

参考文献：

1.《智慧5G　万物互联》，《人民日报》2019年6月5日。

2.《我国正式发放5G商用牌照》，新华网，见http://www.xinhuanet.com/fortune/2019-06/06/c_1124590839.htm。

3.蒋传洋：《迈向5G时代的"出版3.0"模式探索——兼论"出版3.0"模式在博库数字出版传媒集团的实践》，《科技与出版》2019年第5期。

4.胡正荣：《技术、传播、价值——从5G等技术到来看社会重构与价值重塑》，《人民论坛》2019年第11期。

（作者单位：湖南少年儿童出版社）

学术思维是编辑策划创意的
重要源泉

——以《中国贵州民族服饰全集》的
策划出版为例

夏　昆　谭芳芳　曹维琼

编辑工作是整个出版工作的中心环节，编辑的政治思想水平、知识水平和业务能力的高低，直接影响着出版物的质量。[①] 编辑思维指编辑思考编辑出版工作的能力和方法。

一、编辑的学术思维是编辑的基本思维

编审书稿的过程是一种理性的思维过程，是一种创造性思维的脑力劳

[①] 《中共中央、国务院关于加强出版工作的决定》，《出版工作》1983 年第 6 期。

动,编辑通过策划、组稿、审稿、加工等来体现自己的学术思想或学术倾向,从而对社会起到学术导向、价值导向、思想导向的作用。[①] 编辑活动的全过程,实际上是一个复杂的"再创作"过程,在这个过程中,编辑的思维方式、思维能力,将直接影响图书的质量。

编辑思维主要分为两种:一种是编辑的职业思维,另一种是编辑的学术思维。

编辑的职业思维,指编辑完成本职工作需要的思维模式,即编辑在编辑加工书稿时,利用相关的知识和技能,按照编辑出版工作流程的规范思考操作,解决书稿中相关问题的能力和态度。编辑的职业思维是通过职业训练而获得的,主要解决书稿中存在的、按编辑出版规定需要处理的硬伤问题,保证出版物规范、正确、合格。

编辑的学术思维,即编辑用学术研究的方式探究编辑出版活动中相关问题的思维模式。编辑的学术思维以感知为基础又超越感知的界限,从学理上探索与发现编辑出版工作的内在本质联系和客观发展规律,主要解决书稿内在的逻辑关系和外延的选题拓展问题。编辑的学术思维,表现在审稿上是对书稿内涵的提炼提升,表现在选题上是对图书内容的策划创意,表现在学科上是对编辑工作的研究探讨。

学术思维重在创新,旨在提出与前人不同的认识或见解,其精神内核是对前人成果的质疑,尤其要注意作者下笔时拿捏不准和勉强应对之处,发现其中存在的"空白",推动学术思维的成果转化。编辑的学术思维,是一种整体的、系统的、科学的、发展的思维。编辑的学术思维是通过长期的编辑实践活动逐渐形成,在经验总结中不断完善,在探索研究中不断提升。

编辑的两种思维方式有着本质上的区别。编辑的职业思维是守正,是根基;编辑的学术思维是创新,是源泉。

两种思维方式落实在具体编辑活动中,职业思维表现在以书稿加工为

---

① 朱亚夫:《论编辑的创新意识》,国际创造学学术讨论会,2006 年 8 月。

重点;学术思维表现在紧盯选题生发、填补市场空白。虽然两者工作对象相同,但是发展路径以及结果却大不一样,后者是前者的提升,掌握着出版领域更多的话语权和选题资源,有着更深更广的影响力。作为复合型工种,是否具备学术思维,已演变为"案头编辑"和"策划编辑"职业技能成长和职业生涯发展大相径庭的分水岭。

需强调的是,出版工作规律而有秩序地开展依赖于职业思维,编辑个人能力的提升与出版事业的可持续发展依赖于学术思维。[①] 职业思维和学术思维在编辑活动中都必不可少,你中有我,我中有你,互为补充,齐头并进。

二、编辑学术思维在选题策划创意的实践

选题策划创意的全过程,既是编辑的个人价值和集体智慧的体现,也是编辑的学术思维起主导作用的具体展现。以《中国贵州民族服饰全集》的策划出版为例。

(一)新颖的选题创意源于编辑的学术发问和批判思维

编辑的学术思维是选题策划创意的重要源泉,解决了编辑如何发现新选题的难题。编辑通过审读书稿和交流沟通,借助于自己掌握的知识、工作积累的经验,从发现的具有学术价值的问题中,找到选题创意的空间和知识展示的平台,并将其演变为选题的可能性和可行性思考,展示了选题策划创意的能力和学术态度。

《中国贵州民族服饰全集》一书作为国家"十三五"重点规划出版物,便是一个在审稿过程中发现的选题。其选题创意脱胎于《中国工艺美术全集·贵州卷》(以下简称《贵州卷》),更早的机缘则可溯源至贵州人民出版社曾推出的《中国贵州民族民间美术全集》。2017 年,我们受邀担任

---

① 黄桂坚:《编辑思维的七个基本特征》,《编辑学刊》2002 年第 1 期。

《贵州卷》的审稿工作，过程中对比发现，其他省卷，都将介绍各自省份工艺美术的标志性工艺美术品种作为重要的内容，反观《贵州卷》，此项工作差强人意，没能完成这一任务。我们不禁发问：贵州工艺美术的特色和亮点究竟有什么？

我们认为《贵州卷·概览》应该对贵州工艺美术的特点进行概括提炼，并树立起贵州工艺美术的品牌形象。但通读《贵州卷》，全书对贵州工艺美术的重要品种如织造、印染、刺绣、服饰、银饰、面具都有专篇介绍，却每篇各自为阵，缺乏整合，没有形成统揽贵州工艺美术的标志性品牌。再分析发现，《贵州卷》14 篇中，有 10 篇介绍的工艺美术品种与民族服饰的内容相关，说明服饰在贵州工艺美术品种中占有重要的地位。织造、蜡染、刺绣、银饰，都是贵州民族服饰的重要装饰要素，贵州民族服饰带动了相关工艺美术技艺的提高，各种工艺技艺的提高促成了贵州民族服饰的灿烂，民族服饰应该是多彩贵州的一个品牌。可是细读其中的《贵州卷·服饰》，尽管独立成篇，但受立项规划局限，原本适宜作为"名片"的贵州民族服饰，没有得到浓墨重彩的推出，没有放在应有的高度出新出彩：既没能完全展示贵州民族服饰的全貌，也没有凸显贵州民族服饰在贵州工艺美术发展中举足轻重的地位，更没有充分体现贵州民族服饰在中国传统服饰研究中的价值。综合上述因素，我们考虑可以策划一个关于贵州民族服饰的选题来填补空白。

（二）周密的选题架构源于编辑的学术思考和价值重塑

在选题方向确定后，选题的内容表达、社会意义和学术价值是选题的灵魂和生命力，体现了编辑的学术思维在其中的主导作用。

在编辑出版《中国苗族服饰图志》时，作者吴仕忠向我们提起，沈从文先生看过书稿，认为："苗族服饰款型丰富，是中国历代服饰的活化石。"此说虽难考据，但给我们提供了一种研究思路，即贵州民族服饰的历史遗存性特征显著，值得整理。在审读《贵州卷·织造》时，我们又得到"贵州各民族现存的织造技艺，是中国传统织造制作工具、工艺的活态博物馆"的启示。因此，在策划《中国贵州民族服饰全集》时，我们对贵州民族服饰研究内容有了新的认识，对全书要传达的主旨和侧重点作了以下梳理。

从主体稀缺性考虑，服饰文化在中国已有五千年的历史。但在中原文化重地和沿海发达地区，中国传统服饰已无立锥之地，只能在博物馆的展厅里、在图书馆的文献中、在出土文物的残件上看到中国传统服饰的遗痕。然而在青山秀水的贵州，18 个世居民族的百余种民族服饰，却仍然活态地散发着中国传统服饰的余晖。[①] 值得一提的是，贵州民族服饰的制作，大都出自无名村姑之手，她们将对生命的敬畏、对自然的崇拜、对祖先的铭记，都融在民族服饰中，这是彻底根植于民间、手口相传、朝夕相伴的群众艺术。因此，本选题拟以贵州民族服饰为主线，将贵州民族服饰文化作为一个整体概念提出，扫描中国历代服饰型款遗痕，梳理贵州民族服饰制作工艺流程体系，重构民族服饰文化研究的理论框架。通过编辑《中国贵州民族服饰全集》，打造贵州民族民间工艺和非物质文化遗产的品牌形象。

从主体多样性考虑，由于历史的原因，贵州民族服饰蕴含了独特的文化内涵，是贵州民族文化中最凸显的文化符号，是各民族历史文化、宗教信仰、婚恋丧葬、节日庆典的直观反映。古朴多样的纺织工具、印染方式、图案纹样、服饰型款、刺绣针法、银饰技艺将民族服饰点缀得绚丽夺目，集中体现了贵州各民族的审美意识。本选题侧重其工艺技能的汇聚、民族特征的标识、穿在身上的史书、审美意识的表达、文化教育的手段等多样化功能。

通过上述两层探索，选题聚焦于贵州民族服饰是贵州民族文化的重要载体，以"中国历代服饰型款样式"为经线、以"中国传统服饰制作工艺流程"为纬线分列展开，全面系统深入地展示贵州民族服饰。《中国贵州民族服饰全集》的内容结构呈现如下特色。

全书为绪论、型款、织造、印染、刺绣、纹样、缝制、银饰、头饰、

---

① 常沙娜：《中国织绣服饰全集·序》，天津人民美术出版社 2005 年版。

配饰共 10 卷，分为"型款篇"和"工艺篇"两册，共 50 余万字。书中展示了田野考察拍摄整理的仍然活态穿着的贵州民族服饰型款样式 190 余种 1000 余幅图，介绍了贵州传统工艺制作技艺及其在服饰上的运用，并借以复原中国传统服饰制作工艺流程。从"器""技""道"三个层面，对贵州民族服饰型款样式及制作工艺进行了百科全书式的整理和介绍，形成贵州民族服饰研究谱系。

时任中央工艺美术学院院长常沙娜先生评价说："本书改变了民族服饰图书只介绍样式的传统，而把服饰文化作为一个整体来介绍，让读者在了解民族服饰样式的同时，也知道其制作工艺与生产流程，还知道民族的着装习俗和文化内涵。据此，我们可以说，民族服饰是贵州民族文化的重要载体；是中国历代服饰型款的特色样本库；是中国传统服饰制作工艺的活态博物馆。"①

（三）持久的选题生命力源于编辑的思维外延和反思演绎

编辑的学术思维具有辩证性，并非一味求特求新，既可生发新选题于旧视域，也可赋老选题于新灵魂。

《中国贵州民族服饰全集》不是单纯地搜集归纳民族服饰的型款样式，而是融民族服饰的型款样式、制作工艺、生态环境为一体，在展示五彩缤纷、型款多姿的贵州民族服饰的同时，解说制作工艺和技艺，介绍着装习俗，分析特色成因，讨论她与中国传统服饰的关系。这是对贵州民族服饰文化研究的一种创新性拓展，也是对中国传统服饰文化研究的新贡献。

《中国贵州民族服饰全集》将贵州民族服饰与中国传统服饰联系起来，从多元一体的角度去认识贵州民族服饰，用文字叙事和图片叙事两套系统，图文并茂、图文互动、图文互证，提供了一种比文字更直观，比图像更深入的记录方式，全面而立体地展示了崇山峻岭中贵州各族民众的生存方式和服饰文化。全书不仅为读者提供了丰富的知识，而且向读者呈现了

---

① 常沙娜：《中国织绣服饰全集·序》，天津人民美术出版社 2005 年版。

绚丽而震撼的审美愉悦体验。书中凝结出创新性的理念，构建出一套整理中国传统民族服饰的成功典范，将使民族服饰的整理研究迈上新台阶，探索出新道路。[①]

我们与贵州省博物馆合作，利用馆藏的万余件民族服饰藏品资料，集合众多专家学者，编著《中国贵州民族服饰全集》，由点及面、串珠成链、援古证今，展现民族服饰独有的工艺学、历史学、社会学、美学等多方面研究价值。

习近平总书记明确指出："优秀传统文化可以说是中华民族永远不能离别的精神家园。"作为中华民族传统文化之一的民族服饰文化，推动其整理、开发和创新，让世界真正了解、喜欢和向往中华民族的传统文化，对弘扬中华优秀文化、扩大中华文明在国际社会的影响具有积极意义。本书还可作为蓝本，打开编辑的国际视域，搭建沟通对话的桥梁，与其他国家和地区交流民族服饰保护与传承经验和做法，衍生出更多的图书选题。

三、学术思维是编辑策划创意的重要源泉

出版是一个古老而又年轻的行业，编辑是一种传统而又创新的职业，编辑还是一门经久不衰的技能。我们正经历一场前所未有的变化，人才是出版社发展的基础和保证，如果出版单位只着眼培养编辑的职业思维而忽略编辑的学术思维，难以在技术潮流裹挟下固守阵地。

（一）编辑职业要求编辑应该培养自己的学术思维

思维模式的职业思维和学术思维之别，直接影响编辑的成长路径，拉大职业竞争力差异。只具备职业思维的编辑其不可替代性和职业禀赋，远不如善用学术思维者。换言之，编辑是杂家，编辑是学者，编辑更应该是

---

① 常沙娜：《中国织绣服饰全集·序》，天津人民美术出版社 2005 年版。

专家，在选题策划、出版创意方面要有创新和贡献，编辑理应培养自己的学术思维。

（二）编辑的学术思维搭建于网状思维的平台

选题策划过程中，编辑的学术思维体现为"认识定位""寻找空白""跨界借鉴""整合继承""强化长板""补齐短板"等六种方式，构成了编辑学术思维的"网状思维形式"。网状思维是多种思维矛盾运动的统一体，网状思维形式是三组思维矛盾运动形式的集中反映，思考者的思维既是逻辑的又是跳跃的，既是发散的又是集束的，既是立异的又是求同的。编辑的学术思维正建基于网状思维的平台上。①

随着融媒时代的演进，网状思维形式会慢慢成为学术思维的主流，编辑在日常工作中宜善用网状思维形式进行训练。

（三）编辑的学术思维是策划创意的源泉

策划创意，就是编辑学术思维的最重要表现形式。编辑的学术思维是策划创意的源泉，也是选题策划的重要条件。不论哪一种选题策划，都离不开编辑的学术思维。选题策划是编辑书稿的学术思维结果，也是对新选题的学术思维起点。换言之，编辑的学术思维，在选题策划中，就转化为探讨选题学术价值、构建选题学术框架、组建学术团队、拟定学术方向、完成学术研究、撰写学术报告。重要的是，学术思维帮助编辑在审稿时发现选题拓展空间，在选题策划时指导选题方向，在项目实施时提升主题价值。

（四）职业优势为编辑的学术思维提供应用舞台

编辑的职业优势，在于身处出版生态境域中，掌握出版信息，熟悉作者团队，接触出版资源，在大型选题项目的策划、多学科资源的整合等项目上，能够借平台发挥引领作用。形成编辑的学术思维，编辑需要具备两类专业知识：一类是编辑学的专业知识，另一类是所关注选题领域的学科专业知识。编辑要发挥编辑学术思维的优势，利用编辑学科知识和选题学

---

① 曹维琼、张忠兰：《微观编辑学》，人民出版社 2018 年版，第 240 页。

科知识做支撑，发挥好自身的职业优势，搭建与选题学科作者对话的平台，挖掘业界出版资源，整合跨界出版资源。

四、结语

学术思维是编辑的重要思维。学术思维不是与生俱来的，而是在实践中逐渐形成，在总结中不断完善，在探索中不断提升的。编辑从职业思维向学术思维转化，是一种质的变化。培养和运用学术思维，要善于在策划时做好顶层设计，在编稿时提升书稿质量，在审稿时拓展选题的空间。从这个意义上讲，编辑的学术思维是新时期编辑的立身之本。

编辑在学术思维运动中，源源不断地用编辑的智慧创意策划选题，兢兢业业地用编辑的理念审读书稿，绵延不绝地用编辑的认知传播知识。通过学术思维的编辑实践，用后天的勤奋弥补天赋的不足，我们将会越来越习惯于像杰出编辑一样，脑袋里随时装满着选题、装满着策划、装满着作品。真正实现编辑角色的转变，发现编辑工作的乐趣所在，找到职业归属感，如叶圣陶先生表达对"编辑"行业的热爱那般："这一行是值得永远干下去的"，"我们已经到了乐意干，非干不可的地步，这是我们最可以自慰的"。①

参考文献：

1.《中共中央、国务院关于加强出版工作的决定》，《出版工作》1983 年第 6 期。

2. 李飞、曹维琼、杨长远编著：《中国贵州民族服饰全集》，孔学堂书局 2020 年版。

3. 曹维琼、张忠兰：《微观编辑学》，人民出版社 2018 年版。

4. 黄桂坚：《编辑思维的七个基本特征》，《编辑学刊》2002 年第 1 期。

---

① 叶圣陶：《叶圣陶集》（第 17 卷），江苏教育出版社 2004 年版，第 295—296 页。

5.施均显:《地方志工作与出版编辑工作关系辨析》,《中国地方志》2012 年第 9 期。

6.赵黎黎、杨静、甄洁:《编辑要提升策划创新能力》,《产业与科技论坛》2013 年第 14 期。

7.周晶:《浅谈如何提高编辑的选题策划能力》,《出版发行研究》2012 年第 8 期。

8.朱亚夫:《论编辑的创新意识》,国际创造学学术讨论会,2006 年 8 月。

（作者单位：贵州人民出版社）

融媒体背景下移动内容生产机制研究

——以中文在线为例

童之磊

一、引言

据艾瑞咨询《2019 年中国移动阅读发展趋势研究报告》，2019 年我国移动阅读市场规模达 204.9 亿元，同比增长 22.4%，其中网络文学市场规模总计达 180.5 亿元，网络文学作为移动阅读最重要的组成部分，迸发出强大的市场活力。

网络文学作为泛娱乐 IP 产业链的上游，逐渐与游戏、影视等其他文化娱乐产业产生深度的交叉融合，衍生出概念更为广泛的泛娱乐文化产业。网络文学本身凝聚了内容价值、粉丝价值、营销价值，其 IP 版权资源变得越来越重要，在 IP 开发模式上更加多元。据原国家新闻出版广电总局数字出版司不完全统计，截至 2017 年 12 月，国内 45 家主要网络文学网站组织出版纸质图书 6942 部，改编电影 1195 部，改编电视剧 1232 部，改编游戏 605 部，改编动漫 712 部。

根据百度发布的网络文学白皮书，移动阅读端的搜索指数占比已经超过 80%，用户网络文学消费往移动端转移的趋势十分明显，并还在持续增加中。在此背景下，中国移动阅读领域的市场竞争愈发激烈，加之互联网传播形式和传播渠道愈发多样化，能否快速生产优质移动内容已成为数字出版企业占领市场的关键。

"移动内容"即结合互联网技术、计算机技术、流媒体、云存储等先进的科学技术，以移动网络、智能移动设备为基础，形成的移动化、数字化版权内容，相对于传统出版内容来说，移动内容更强调生产模式、运营管理和运作流程，传播载体、阅读消费、学习形态的数字化。

因此，本文将结合中文在线数字出版集团股份有限公司（以下简称"中文在线"）内容生产方式研究内容生产机制，以期弥补该领域研究空白。

二、行业现状及发展趋势

（一）网络文学用户规模持续扩大，精品力作涌现

据第 45 次《中国互联网络发展状况统计报告》，截至 2020 年 3 月，我国网络文学用户规模达 4.55 亿人，较 2018 年底增长 2337 万人，占网民整体的 50.4%（见图 1）；手机网络文学用户规模达 4.53 亿人，较 2018 年底增长 4238 万人，占手机网民的 50.5%（见图 2）。注册作者 1755 万人，签约作家 100 多万人，存量作品约 2500 万部，并以每年 200 多万部的速度增长。

（二）市场竞争格局稳定，集中度较高

目前，在内容供应市场上大致形成以"BAT"为代表的互联网公司派

29674万人 33319万人 37774万人 43201万人 45454万人 45538万人

43.1% 45.6% 48.9% 52.1% 53.2% 50.4%

2015.12 2016.12 2017.12 2018.12 2019.6 2020.3

时间

■■■ 用户规模 ✕ 使用率

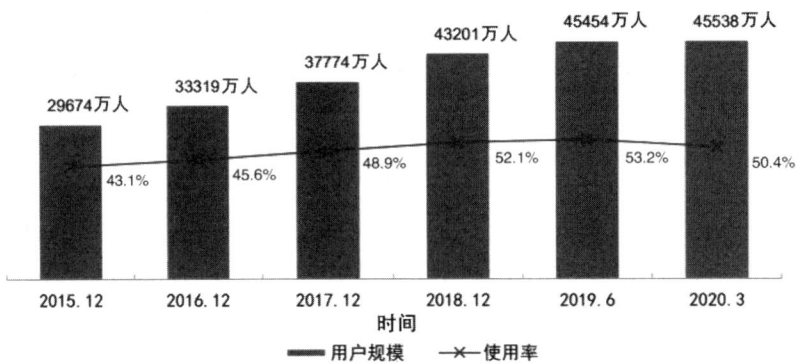

图 1 2015 年 12 月至 2020 年 3 月网络文学用户规模及使用率

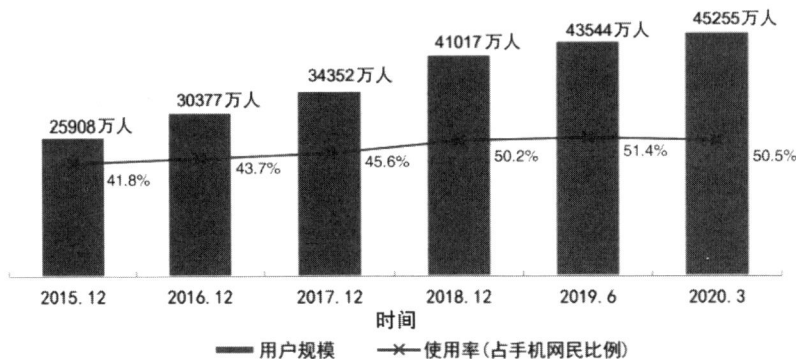

25908万人 30377万人 34352万人 41017万人 43544万人 45255万人

41.8% 43.7% 45.6% 50.2% 51.4% 50.5%

2015.12 2016.12 2017.12 2018.12 2019.6 2020.3

时间

■■■ 用户规模 ✕ 使用率（占手机网民比例）

图 2 2015 年 12 月至 2020 年 3 月手机网络文学用户规模及使用率

系，电信运营商起家的中国移动、中国电信和中国联通推出的"咪咕阅读""天翼阅读"等运营商派系和以中文在线、掌阅科技为代表的独立运营的数字阅读平台。

我国网络文学内容供应市场呈现出相对集中且稳定的竞争格局。2018年，全国的网络文学作品累计达到 2442 万部，但原创网文储量超过 100万种的网站仅有起点中文网、晋江文学城、17K 小说网（包含四月天文学网）三个平台。

（三）内容分销渠道不断拓宽，免费阅读平台异军突起

各网络文学内容供应商不断拓宽内容分发渠道。一方面在立足自身优

势，构建数字阅读内容聚合分发平台的基础上，完善内容分发自有渠道；另一方面积极探索产品创新，与外部渠道建立合作，实现优质内容、优质资源共享。中文在线在不断完善 17K 小说网、四月天文学网、汤圆创作等三大自有原创平台的同时，持续与三大运营商、互联网及移动互联网平台合作，分销渠道合作基本覆盖了重点阅读平台，间接覆盖用户数以亿计。

免费阅读高速发展，各互联网巨头纷纷布局。根据比达咨询数据，自 2018 年以来，免费阅读规模迅速增长，由 2018 年第 1 季度仅 0.5 亿人增长至 2019 年第 4 季度的 2.5 亿人。APP 独立设备数方面，免费阅读独立设备数占比迅速提升，由 2018 年 7 月的 0.4% 增长至 2019 年 3 月的 11.7%。

三、移动内容生产影响因素

（一）政策因素

国家政策对网络文学加大重视、加强引导，促使网络文学品质进一步提升，向精品化迈进；网络文学主流价值导向作用日益增强，现实题材、革命历史题材，弘扬中华民族传统文化作品涌现，内容创造走向多元化发展。热门作品除玄幻、言情等传统题材外，现实题材、二次元等细分题材越来越受欢迎。在政策的推动下，网络文学反映时代风貌的属性进一步增强，贴近社会热点、国民兴趣接地气、有温度、正能量的作品不断涌现。

2020 年 6 月 5 日，国家新闻出版署印发《关于进一步加强网络文学出版管理的通知》，要求：加强选题策划，控制总量、优化结构、提高质量，支持优质创新内容，抵制模式化、同质化倾向；严格导向管理，完善质量内控机制，严格执行选题论证制度、内容审校制度，做到内容把关责任明确、编校流程可核查可追溯，确保内容导向。

在此背景下，中文在线通过举办一系列征文活动，引导作家现实题材创作。如旗下 17K 小说网筹划了"文之大家，为国为民"家国情怀题材类征文大赛。中文在线举办的"首届大运河网络文学征文大赛"致力于传承、阐释大运河精神，培育、孵化了一批以大运河文化为主题的网络文学精品。

（二）用户需求反馈

据中国互联网络信息中心发布的第 45 次《中国互联网络发展状况统计报告》，截至 2020 年 3 月，我国手机网民规模达 8.97 亿人，手机网民经常使用的各类 APP 中，网络文学类应用的使用率达 50.5%。用户需求对内容生产产生了很大的影响。用户反馈会促进内容生产方对内容进行改进，良好的内容会获得更好的用户留存，用户反馈与内容生产的良性循环使整个价值链不断优化。互联网环境下的文学创作和文学阅读产生了实时的交互关系，作者和读者之间、读者和读者之间的关系更加密切，尤其是对网络上实时创作的作者来说，读者的反馈正在成为互联网环境下文学创作链条中的重要一环。

传统意义上的用户反馈是基于产品视角的定义，指用户作出有关产品情况的反馈。[①] 在互联网背景下，用户反馈的范围更加广泛，还包括社区/论坛、兴趣圈、评论、点击量、留存率、用户打赏等，用户反馈一方面是用户和内容生产者的信息交互，另一方面是用户和用户间的信息共享。

Mahr 和 Lievens[②] 从用户行为视角提出用户反馈贡献行为的概念。刘波和马永斌[③] 研究了网络环境下用户反馈对内容生产者努力程度的影响作用。Guo 等[④] 研究了用户反馈对用户持续使用意向的影响作用；马吉峰等

[①] 宋佳琦：《面向用户的开放知识披露动机研究》，河北师范大学硕士学位论文，2014 年。

[②] Mahr D., Lievens A., "Vartual Lead User Communities: Drivers of Knowledge Creation for Innovation", *Research Policy*，2012，41（1）：pp.167–177.

[③] 刘波、马永斌：《网络环境中用户努力与创新观点质量——在线互动和评论版块异质性的调节作用》，《消费经济》2016 年第 5 期。

[④] G W, LR Y, WL, et al., "Exploring Sustained Participation in Firm-hosted Communities in China: The Sffects of Social and Active Degree", *Behavior & Information Technology*，2016，pp.1–20.

研究发现，游戏社区的用户反馈会显著正向影响创新者的持续性创新意愿。曹依霏[①]研究发现，对用户反馈信息收集速度越快，用户得到反馈的时间越短，用户留存率越高，内容生产者的创作动机也就越强烈，原创产生的频率也就越高。

（三）IP 向作品

相比普通的作品，IP 向作品更容易进行影视、动漫、游戏、周边等的衍生开发。进入 IP 阶段后，网络文学衍生的泛娱乐产业链决定了网络文学的文本性质，衍生改编大大延长了作品生命周期，提升了内容价值。作者不仅要考虑网络文学受众，更要考虑未来可能出现的影视、游戏受众。这意味着不仅在题材上，并且要在写作手法、语言上对作品进行改装。出于商业需要，能被改编成游戏、影视，决定了某些特定类型小说能被拓展到整个泛娱乐产业链，网络作者在写作中为了配合改编需要，往往更倾向于以这些类型作为创作方向。

四、中文在线移动内容生产方式

（一）自主生产内容

在网络文学方面，中文在线以自有原创平台、知名作家、版权机构为正版数字内容来源，在对数字内容进行聚合和管理后，向多终端、全媒体分发数字阅读产品（见图3）。

1.平台原创内容生产

好的原创文学离不开优秀的作者、优秀的思想、优秀的创意。因此，挖掘和培养优秀的作者，助力作者全方位地成长和发展，是原创网络文学得以蓬勃发展的基石，也是中文在线义不容辞的责任。

---

① 曹依霏：《虚拟社区中的网络互动对用户生成内容影响的研究》，东北财经大学硕士学位论文，2015 年。

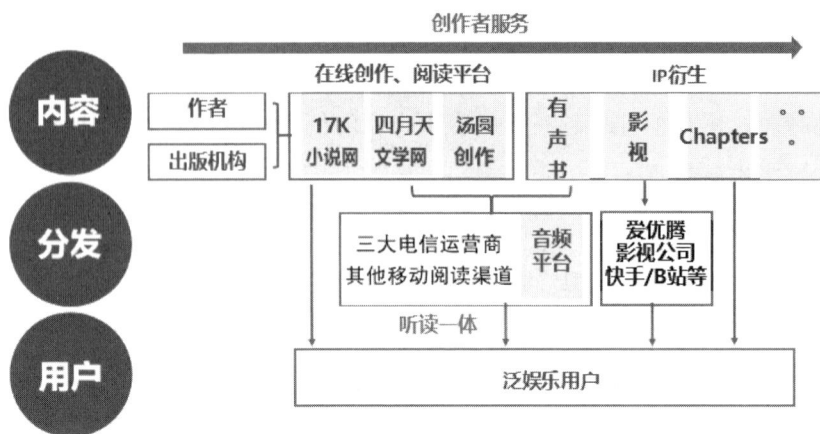

图 3　中文在线移动内容创作生态

为了持续推动原创内容生产，中文在线持续挖掘和培养作者，通过完善的作者福利晋级体系、网络文学大学分级培训、全渠道分销和专业维权保障构建移动内容良性生态循环，确保作者安心创作、用心创作。17K 小说网为公司核心的原创内容生产平台，点击量过亿作品近百部，2020 年重点作品呈十倍速增长，新增 SA 级作品 200 余部，获奖颇丰。

（1）发掘作者

中文在线旗下 17K 小说网、四月天文学网和汤圆创作三大原创平台原创作品数量和增量均处于行业领先水平。公司利用大数据分析用户反馈信息，如点击率、留存率、付费率、评论打赏等，发掘潜力作家。为了能更好地扶持新人作者、助力新人成神，17K 小说网推出了专门扶持新人的晋级体系，涵盖了新人保障、新秀打造、新星助力三大计划，旨在帮助新人作家迅速成长。17K 小说网冠名赞助网络文学大学"17 写梦"奖学金，为网文大学提供实践基地。优秀学员既可以获得奖学金支持，还可申请内部签约通道。

（2）培养作者

17K 小说网致力于打造响应最快、责任心最好、专业度最高的编辑部。2020 年，编辑团队人数扩充 3 倍，同时推出 24 小时回复机制，对作者的任何问题有问必答。17K 小说网的编辑真正深度参与到作者的创作过程中来，如给出题材选择建议、开篇精修、全程跟读，做到真正地服务作者。

为了帮助网文作者更加便利、专注地进行创作，17K 小说网还联合网络文学大学启动对新人作家的培养与扶持，在青训学院上架"新人必修三驾马车"——基础课＋技能课＋手速课，三位一体解决新人作家入门、签约、上架的问题，为新人作家提升写作质量保驾护航。为作者提供免费创作工具"小黑屋"，备受网文大神们欢迎。小黑屋码字软件近期推出新版，可以有效解决人物起名、敏感词查询、统计最近的码字数据等作者创作中的问题。

（3）激励作者

在作者激励方面，17K 小说网推出"一键直签"，只签约数字阅读版权，其他权益留给作者，作者有更大选择权；同时推出全勤保障，网站补贴让新人获得更多收益，加上每季度 5 个新秀合约机会，全方位扶持新秀作家。

中文在线旗下青狐妖、风御九秋、梦入洪荒、善良的蜜蜂、失落叶、风青阳、观棋等多位签约作家入选中国作家协会，多名作家作品荣获"茅盾文学新人奖·网络文学新人奖""中国作家协会重点扶持作品"等奖项。

（4）渠道保障

中文在线充分拓展内容分发渠道，实现内容一次生产，通过多个端口跨媒体、跨介质、跨形态发布。持续与三大运营商、互联网及移动互联网平台合作，分销渠道合作基本覆盖了重点阅读平台，间接覆盖用户数以亿计，多部优秀作品位列各大阅读平台排行榜前列。充分实现内容供应方和渠道方资源共享、优势互补，形成了内容与渠道相辅相成的内容生产格局。

（5）版权保护机制

保护正版、打击盗版一直是内容创作者的难题。数据显示，2019 年中国网络文学总体盗版损失规模为 56.4 亿元，其中一些热门作品的侵权盗版率更是高达 80% 以上。中文在线形成了规模化、专业化的法律团队，维权行动遍布全国 20 多个省、自治区、直辖市，开展了大量卓有成效的维权工作。先后起诉了盗版网站上千家，运作维权案件近万件，涉案作品超过 10 万部，切实维护了作者的合法权益。

2.出版物数字版权

中文在线专注营造版权内容沃土，丰富数字版权作品类型，把握数字出版生态源头，与 600 余家出版机构合作，签约知名作家、畅销书作者 2000 余位。

签约顶级传统名家，如巴金、余秋雨、二月河、周梅森、毕飞宇、阿来、张炜、刘醒龙、熊召政、周大新、徐贵祥、韩少功、李佩甫、王跃文、刘心武、柳建伟、阎真、关仁山、陈建功、张抗抗、范稳、原野、叶弥等；签约畅销书作家，如刘慈欣、都梁、金一南、刘和平、张小娴、海岩、张召忠、宋鸿兵、蔡骏、纪连海、于丹等。签约优秀出版作品《生命册》获第九届茅盾文学奖，《羊的门》曾获庄重文文学奖、全国"五个一工程"奖等，《放生羊》获第五届鲁迅文学奖。

此外，中文在线还拥有作家刘慈欣包括《流浪地球》《乡村教师》等 29 部作品的数字版权，《流浪地球》和《乡村教师》的全球、全语种独家游戏改编权；《长安十二时辰》《银河补习班》《清平乐》等热门影视图书的数字版权。

（二）版权衍生开发

中文在线在拥有大量版权衍生权的背景下，加速产品创新，数字版权衍生出有声书、影视、动漫等作品，为渠道和用户提供更多形式的优质内容。

1.音频内容

中文在线作为各大主流音频（有声书）平台重要的内容提供商，拥有众多知名作家、网络文学作家、曲艺名家多部作品的有声版权，涵盖评书、相声、畅销小说、原创小说、百家讲坛、管理课程、少儿作品等各领域。

中文在线旗下子公司北京鸿达以太文化发展有限公司是全国最早的有

声内容制作公司、有声内容提供商之一，目前拥有 123 万部（集）、28 万小时有声书资源，签约并制作多种年度爆款原创文学有声书作品。17K 小说网大神作家善良的蜜蜂作品《修罗武神》有声书，全网总点击量近 20 亿人次。

2. 影视内容

中文在线在大力发展音频业务的基础上，努力实现影视业务在内的全版权的深度开发，并取得了显著效果。2019 年 4 月，中文在线与爱奇艺联合出品的电视剧《新白娘子传奇》首播，收视率全网上榜；2020 年 5 月，中文在线与爱奇艺、宁波青梧企业管理合伙企业（有限合伙）三强联合，成立了北京中文奇迹文化科技有限公司，以打造《新白娘子传奇》的原班团队为依托，在 IP 影视经营上集中发力，有效实现网络文学和影视之间的高效联动，完善 IP 一体化开发链条，为广大文学、影视爱好者奉献更多精品内容。目前，中文在线有多部原创 IP 正在改编中。

五、内容生产促进机制探究

（一）完善作者发掘、培养、激励体系

优质的内容是企业的核心竞争力，互联网使得人人皆是内容的生产者和传播者，内容量激增，传播渠道多元化，优质原创内容日渐成为稀缺资源。在此背景下，能否发掘、培养潜力作者显得格外重要，确保作者具备完成优秀内容创作的基本能力，为内容生产奠定基础。

在作者能力培养的基础上，还要最大限度地激发作者的创作动力。比如，优化平台与作者收入分配机制、奖励机制、维权机制等。在激励作者创作的同时，企业也要积极拓展内容分销渠道，进行多元化衍生开发，推动网络文学原创作者行业和社会地位的提升，为作者创作带来新的动力。

（二）加大版权保护力度，保障原创作家利益

加大版权保护力度能够净化内容市场环境，保障原创作家的根本利益。从宏观来看，政府及相关管理部门要健全数字出版领域相关法律法

规，建立规范的数字版权管理平台，提高版权授权识别度。从微观来看，企业要形成维权意识，加大力度研发版权保护技术。

（三）深挖 IP 价值，反向激发内容生产活力

通过开展 IP 一体化和系列化开发模式，深挖 IP 价值，使作者、出版商和 IP 版权运营商都参与其中，各司其职，有效调控以网络文学 IP 为基础的泛娱乐产业链上中下三游，风险共担，利益共享，打造出公平高效的合作模式，反向激发内容生产活力。

（作者单位：中文在线数字出版集团股份有限公司）

国内后疫情时期：出版"内容→技术→关系"模式建构与运行

——也谈学术期刊的突围与转型

李惠玲

帕洛阿尔托学派的奠基者 G.贝特森认为，传播的内容层面传递着讯息（Message）中所包含的信息（Information），传播的关系层面传递着传播过程中两个或更多的参与者之间的人际关系。"人们不能不传播""任何一个简短的会谈都包括'内容信息'和'关系信息'"。媒介在传播信息的同时会携带某种个人关系信息和社会关系信息。关系资源的流动带动传播能量的释放。随着媒体融合步伐的加快，以技术为支撑的内容、关系传播，促使国民数字化阅读接触率不断升高。2019 年，我国成年国民通过网络、手机、Pad 等阅读的比率为 81.5%，较上一年提升了 0.3 个百分点。2020 年新冠肺炎疫情的暴发作为外部冲击，更是让新技术为线上阅读、知识付费等的快速发展提供了强大助力。这次以技术为支撑的"全民内容推广""全民关系营销"，使得社会大众对数字出版内容的需求大大增加，并更加明确地认识到：后疫情时期，全媒体峥嵘，面临转型升级的出版业，需通过全面的数据分析等技术手段重新解读和界定内容生产、用户沟通、营销服务等问题；内容、技术、关系不再是相对的三元存在，而是形成了以内容为核心、技术为关键、关系为基础的相互辅助、相互促进、相互优化共同体（见图1）。后疫情时期，出版领域遵循"内容→技术→关系"模式运行，是鲜明特征。

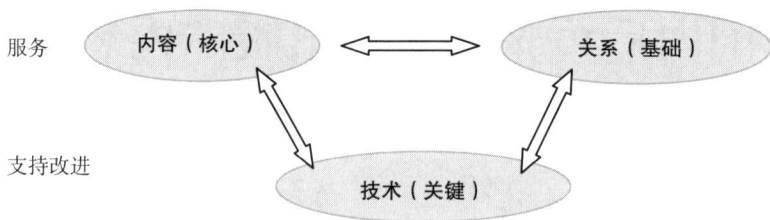

图 1

　　本次疫情中，不少学术期刊也反应迅速，放下"学术傲慢"，快速收集、快速编辑、快速发布、快速传播、快速反馈，形成了"策划→编辑→加工→上线→销售"的开放式生产链。后疫情时期，学术期刊编辑需要以"内容→技术→关系"的模式贯通整个出版流程，将用户需求放在首位，提供权威性、系统性、当量化、多样化的精品内容，借力创新技术，设计个性化、品质化学术内容，开发多元体验渠道，实现快速化、持续性、高效率传播。以国家哲学社会科学文献中心学术期刊数据库教与学学科最受欢迎期刊、人大复印报刊资料基础教育教学类重要转载来源期刊、第六届华东地区优秀期刊《教育研究与评论》为例阐释该模式的建构与运行。

一、生产源："混合开发"，使"内容→技术→关系"的形态多样化

　　后疫情时期的学术内容生产，需借助线上线下"混合开发"的方式，

使"内容→技术→关系"模式的形态多样化，让学术期刊在"生产源"环节具备以下特点：多渠道约请能代表学科领域内最高水平的专家，开发具有引领性、能覆盖学科领域有深度、有体系、关联度强的学术信息；灵敏地将内容、技术、关系的开发嵌入各种学术社群，如领域数据库、专家朋友圈、学科微信群、读者讨论群等，形成各种各样的学术信息链接，开发强大的作者群，推进选题的筛选与论证、稿件的推敲与打磨。

（一）"混合开发"，打造强大作者群

学术期刊的专业性、小众化，决定了它要尽可能地将领域内专家聚合在一起，形成相对稳定的"学术群"，以可能少的成本，创造尽可能大的价值。"混合开发"，是必经之径。

1.借助信息数据库搜集作者

通过信息数据库线上搜集、线下联系作者，有助于提升学术期刊的引领性和影响力。学术期刊要本着"智库型建设"理念，在线上通过数据库搜集、梳理学科内有话语权、发文转载量高的专家型作者，在线下组织"栏目高端共建"活动，约请他们到会献计献策，形成优质选题。

例如，《教育研究与评论》利用知网数据库，梳理出小学数学学科的郑毓信、张齐华、贲友林等领域内专家，对他们近些年发文的文献互引、关键词共现、资源类型等进行分析，洞悉他们近些年的研究指向，定向约稿。如对南京大学哲学系郑毓信教授的发文进行计量可视化分析后发现，从 2010 年到 2020 年，郑教授的发文所选文献、参考文献、引证文献持上升趋势，研究领域涉及数学教育教学原理、数学课程改革、数学教师专业发展等，与本刊物的内容定位契合。对其 2019—2020 年上半年的 39 篇文献进行计量分析后发现，总参考数达 226 篇，总被引数达 820 篇，总下载数达 34091 篇。由此，期刊便将郑教授纳入专家智库，作为主要作者。

2.借助"专家群"挖掘作者

本文所说的"专家群"主要指学术期刊的智库团队专家。借助他们的辐射效应，挖掘、发现更多的优质作者。

例如，《教育研究与评论》时常关注的"名师百人群""名师工作

室""国家级培训班交流群"等，集聚了来自全国各省市各学科教育界的高校教授、特级教师、省市教研员、学科带头人等。从这些群里"寻"人，请他们为刊物提供优质稿件，往往有事半功倍之效。

3. 借助刊物合作单位培养作者

不少学术期刊都有利益共生的合作单位，其中不乏专业领域内的精英。与他们携手共进，能为刊物吸引来优质作者。《教育研究与评论》有 300 多家学术支持单位，在与他们长期的良好合作中，期刊发现并培养了不少教育领域的骨干。疫情期间，刊物在线组专题稿，这些作者发挥了重要作用。后疫情时期，这种作者发展方式仍将长期存在。

（二）"混合开发"，推进选题筛选与论证

后疫情时期学术期刊生产源环节面临的问题不再是内容"有没有"，而是"好不好"。解决此问题，需要借助大数据，对读者需求的"痛点""痒点"等进行分析和评估，让看似孤立、无联系的信息生发连接点，从弱连接变为强连接，开发出更多高价值选题。

1. 利用大数据分析读者需求，进行选题策划

首先，发现热点选题。新冠肺炎疫情期间，《教育研究与评论》通过网络数据调研、微信群数据调查，得知广大教师不知该如何应对"在线教学"。对此，期刊 15 天内充分发挥主观能动性，打造"疫情背景下的教育转型"专题，约请不同学科的专家供稿，火速"上线"传播，线下期刊跟进。稿件一上线，点击率便节节攀升，广受读者关注和好评。

其次，打造特色栏目。疫情期间，《教育研究与评论》对刊物近 10 年的文献所属栏目分布做了分析，发现《叙事研究》《问题研讨》这类读者喜爱，较具启发性的栏目偏少，便开设了《百家讲坛》《答疑解惑》栏目，约请一线专家每期以叙事或答疑的形式，谈深谈透一个话题，让教师对该话题有更为深刻的认知。

2. 利用算法定位话题，精准筛选选题

作者、读者的研究领域、学术层次、地域特征等不同，获取的话题肯定复杂多样，未必与期刊定位匹配。这时就要利用算法定位话题，精准筛

选选题。

作者层面，可将他们的研究话题数据导入数据平台，进行"过滤"。整合分析后，将适合刊物定位、受读者喜爱的话题引流到刊物平台中。例如，对郑毓信教授近 10 年的 39 篇文献进行计量可视化分析，发现读者较多关注且出现频次最高的话题依次是："数学教学"13 次、"活动经验"7 次、"思维策略"7 次。刊物便将"数学教学"作为期刊的选题之一，约请郑教授负责组稿。

读者层面，期刊可对近些年刊物所用的选题关键词进行数据化分析，遴选出读者关注且是热点的选题，然后对这些选题进行论证，确定后及时向读者发布。例如，《教育研究与评论》对近 10 年的文献关键词做了分析，发现涉及"策略""教学""思维"的话题文献量遥遥领先，但长期困扰一线教师的习作教学却较少有提及。为此，刊物的《独家策划》栏目组织"读写教室"的长线专题，从理论、操作层面，为读者提供指引。

（三）线上线下，助力稿件打磨

疫情在家办公期间，所有的出版物都经历了线上打磨稿件的流程，这为后疫情时期学术期刊的"混合式文稿打磨"开辟了新路径。

《教育研究与评论》2020 年第 2 期的"汉字王国教学研究"组稿是在年前线下交流策划而成。发稿期间，笔者与参与写稿的 4 位作者组成"'汉字王国'云端交流群"，就 4 篇稿件的主题契合度、理论站位、语言关联度等展开头脑风暴，使论文结构与栏目的匹配度更高，语言与主题的关联度更强。

二、推介源："全媒介跟进"，使"内容→技术→关系"的渠道交互化

后疫情时期，各种新技术轮番登场，必然带来新的内容连接方式和新的人际关系模式。学术期刊需以"全媒介跟进"的方式，对内容进行深度

开发，重视不同层面关系网的建立和增强，强化交互，将内容、关系、技术紧密连接在一起（见图2），拓宽与读者沟通的渠道。

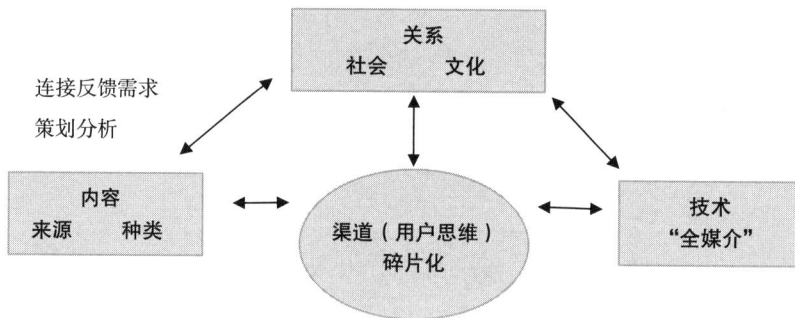

图 2

（一）基于用户思维，让推介立体化

用户思维，即站在用户的角度，向他们推介集可读性、深度性、探讨性于一体的信息，激发用户阅读兴趣，然后通过他们的转发、评论、点赞行为，对信息进行再推介，让推介演进为"学术信息—信息阅读者—学术读者群—学术信息流"的立体化生态行为。

《教育研究与评论》针对小学读者群热衷阅读教材解读、回归教学现场方面的文章，于2020年8月21日在官方微信公众号上发布了《"投石问路"：深度学习的一种模样——〈师徒年龄问题〉教学解读》的内容。本文是国内知名数学专家华应龙执教《师徒年龄问题》的教学解读，其中呈现了华老师带着教师回到教学现场的课堂视频和解读。这一内容一经上传，阅读人数、阅读次数便创下半月新高，在朋友圈内被转发4039次，公众号会话6312次，聊天会话1034次。

可见，基于用户思维推介立体化的内容，通过用户的在看、转发、会话、聊天、点赞、评论等行为，能在加强用户间联系的同时，让这种"关系网"携带的信息流、资源流和资金流为我所用。

（二）基于碎片化思维，让推介便捷化

互联网的连接是实时的，但用户的行为又是碎片化的。学术期刊需要基于这一事实，及时向用户推介新颖、专业、权威的学术信息。

1."纯碎片化"信息的推介

有价值的"纯碎片化"的"关系产品"凭借技术嵌入用户的社会关系网，会影响他们的情感、价值观、认知习惯等，增强学术信息的传播率。

仍以《教育研究与评论》通过微信公众号发送内容为例，因 8 月 21 日发送的《"投石问路"：深度学习的一种模样——〈师徒年龄问题〉》深受读者喜爱，期刊又于 9 月 4 日推出了国内另一位数学名师贲友林的《找规律》，还以链接书籍《深度学习的模样》的形式，引导读者去观看更多名师课堂。这一内容在 9 月初再次引发阅读高潮，并在 9 月 7—10 日间掀起了阅读与购买《深度学习的模样》相关内容的高潮。这期间，每个阅读者发送消息次数 1—5 次的占比 88.89%，发送 6—10 次的占比 11.11%。

2."可系统化"的"碎片"信息推介

"可系统化"的"碎片"信息，可促使读者从间歇性阅读走向持续性、深入性阅读，产生想深度阅读、深度了解期刊的欲望，从"弱关系"转向"强关系"。

例如，应广大教师对"学生课堂深度学习"的关注，《教育研究与评论》于 2019 年线下邀请一线名师进行学术演讲、课堂观摩、现场沙龙以及微信群即时互动，探讨深度学习的课堂样态。之后，在刊物与网站上分别以文字、视频的形式连续展示名师的课堂实录、沙龙精彩片段、重要观点等。2020 年 3 月，编辑部编辑出版《深度学习的模样》，展示名师的课堂精彩片段与解读，约请知名专家对这些教学片段做深度解读。该书印出第一时间便通过微信公众号的有赞商城和教育社官方网店进行线上推介，掀起了购书热潮。2020 年 4 月，编辑部借"4·23"读书日，开展书评征集活动，不定期刊发读者阅读心得。2020 年 9 月教师节前夕，又推出了"买书赠书"活动。这样的"系统化碎片信息"推介，实现了学术信息内容、关系、技术的良性互动。

（三）基于平台思维，让推介全面化

互联网平台一边维系着内容、供应商，一边聚拢用户、消费者。学术期刊需要通过不同的平台规则，将不同群体的供应和需求聚合在一起，利用各种关系实现内容服务的增值。

《教育研究与评论》充分利用互联网平台的功能，在疫情期间搭建"云直播间"，就某些话题与专家、名师展开研讨，将前沿的教育信息通过"云端"第一时间传递给读者；利用期刊微信公众号的留言管理、投票管理、客服功能、原创管理等，梳理分析转载量、引用率高的"热文"，制订年度推文计划，向读者征集意见；邀请转发、点赞、评价高且有见地、有思想的读者参与期刊策划；试着借助抖音、直播、影音等载体，与得到、喜马拉雅、樊登读书等平台合作，打造独家权威栏目，以语音、视频的形式，助推学术信息在"平台关系网"中以最快的速度、在最大空间中"流动"，在获得好口碑的同时获得了不错的经济效益。

三、服务源："体验性参与"，使"内容→技术→关系"的途径"长尾化"

后疫情时期，学术知识服务要注重以用户为核心，依托先进的网络技术，存储、传播成本低、价值高的学术资源，形成网络关系群，实时向他们推送学术资源，实现服务与需求的"长尾化"（见图 3），带来价值的聚合。

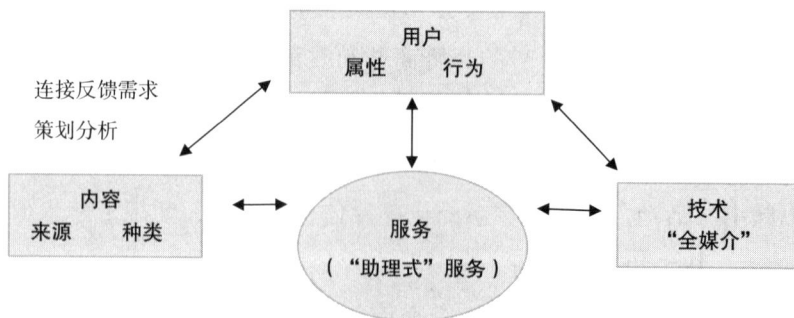

图 3

（一）提供菜单化"助理式"服务

将用户生成的诸多非结构化数据进行关联性、结构化处理，精准判定现有的场景信息与用户需求，形成多个个性化的"用户"模型，为他们开发规模性信息，以多样的产品形态和表达方式，为用户提供丰富的视听觉体验产品，提供菜单化"助理式"服务。

《教育研究与评论》根据读者不同的阅读喜好，采取"线下会议＋'组块式'论文刊发＋课堂教学经典视频展示＋同类书出版＋专家'云端发声'＋分类推送"的"串烧式"菜单服务，很好地吸引了用户眼球。其间，编辑部采用各种应用程序，如支付宝二维码的"扫一扫"功能，微信中的有赞商城，搜索引擎、合作网站、订阅功能等，连接和吸引读者，为平台迅速增加了流量，使得刊物短时间内（9月4—8日）就取得了好的网络销售业绩。

（二）提供个性化"辅导式"服务

后疫情时期读者、读物的"小众化""个性化"趋势越来越明显。作为"小众"的学术期刊，需在开发"混存"学术内容、打造权威学术网站、完善搜索技术研发、优化搜索过滤系统、提供体验式营销渠道等方面做更多的探索，为读者提供个性化"辅导式"服务。

疫情期间，《教育研究与评论》利用"全国教材高端培训""全国名师工作室"等微信群，通过线上课程、作者／编者／名人线上讲座、平台直播、阅读推广人分享等方式，开发音视频类读物，供读者按需下载，同时进行个性化推送与宣传，进行网上营销，获得了经济效益与社会效益的"双丰收"。

后疫情时期是全媒体时代，出版将更深地嵌入"内容→技术→关系"模式。在此模式的引领下，学术期刊需进一步细分市场，以内容为核心，以技术为关键，以关系为基础，走出属于自己的"专精特新"差异化发展之路。

参考文献：

1. 谭天、王俊：《新媒体运营：从"关系"到"连接"》，《编辑之友》2017年第12期。

2. 李华君、张智鹏：《人工智能时代数字出版的用户新体验：场景感知、场景生产与入口把控》，《出版发行研究》2019年第5期。

3. 颜莹：《疫情背景下学术期刊的突围与思考》，《编辑学刊》2020年第3期。

4. 刘敏、黄婧：《新冠肺炎疫情对数字出版行业影响的分析》，《出版参考》2020年第5期。

5. 新闻出版研究院：《第十七次全国国民阅读调查》，见 http://www.199it.com/archives/1040053.html。

6. 陈铭、徐丽芳：《大数据时代编辑智能化路径分析》，《出版参考》2020年第5期。

7. 杨忠杨：《基于公共危机治理的疫情防控时期出版活动机制探析》，《出版发行研究》2020年第4期。

8. 甄增荣、赵少远、李玥：《数字出版中"长尾理论"盈利模式探索》，《产业与科技论坛》2015年第15期。

9. 郑壮丽：《长尾理论与互联网时代科技期刊发展》，《中国科技期刊研究》2017年第9期。

10. 徐海：《后疫情时代的出版》，《编辑之友》2020年第6期。

（作者单位：江苏凤凰报刊出版传媒有限公司）

出版集团多元化经营模式研究及风险分析

——基于 19 家上市出版集团的实证分析

杨宁巍　张　超

近年来，党中央、国务院高度重视文化事业发展。《国家"十三五"时期文化发展改革规划纲要》中提出完善现代文化市场体系和现代文化产业体系，文化产业被单独列出，将振兴文化产业、推动文化产业大力发展提到前所未有的高度。

作为文化产业的重要组成部分，出版行业也在不断深化改革，聚焦主业，加快自身发展。2019 年 8 月，习近平总书记访问读者出版集团有限公司时指出：要牢牢把握正确导向，在坚守主业基础上推动经营多元化，努力实现社会效益和经济效益双丰收。

出版业受到国家层面打造出版传媒"航空母舰"的号召和对骨干文化企业的政策激励，各地逐步组建形成了初具规模的出版集团，部分优秀的出版集团已成功上市，跟随着国家经济社会的高质量发展，实现自身的高质量发展已成为历史性任务和责任。

各大出版集团面对资本市场的压力，都有进一步做大做强的扩张诉求。同时，传统出版行业除教材教辅外的纸质图书发展空间逐步萎缩，亟须拓展新的业务领域，以盘活闲置资源、获取更高经济收益。因此，各大出版集团纷纷走上多元化发展道路，不断涉足教育培训、金融、旅游、互联网等领域。

细察部分出版集团近年来的发展状况，多元化经营并未为之带来明显收益，反使其发展步履维艰，甚至个别公司还出现亏损倒闭现象。由是观之，多元化经营之路并未取得理想成效，非但"提高集团收益，分散和降低原有经营风险"的愿景没有实现，还使得企业忽略主业经营，导致市场竞争力削弱、企业的经营风险提高，甚至导致企业整体经营不善。本文选取 19 家国内上市出版集团，重点分析其多元化经营现状，探究其经营中存在的风险，并提出相关防范策略。

一、国内 19 家上市出版集团多元化经营现状分析

（一）数量分布统计与分析

本文选取国内 19 家上市出版集团作为研究对象，根据 2020 年半年度报告披露的相关信息，统计其下属子公司、控股及参股公司的业务分布情况如表 1 所示。

表 1　19 家上市出版集团控股或参股子公司的业务分布表

（单位：个）

出版集团 \ 业务板块	传统出版（书报刊音像电子）	新业态（数字出版）	发行	（印刷印务广告、物流等）	酒店、物业、房地产	科技（软硬件研发、游戏开发等）	金融	其他	合计
中南传媒（601098）	15	4	10	10	0	1	5	18	63
中文传媒（600373）	12	3	3	3	0	7	14	6	48
凤凰传媒（601928）	32	3	13	6	2	15	7	25	103
山东出版（601019）	14	1	5	9	0	2	3	23	57
皖新传媒（601801）	2	2	3	6	5	0	6	24	48
新华文轩（601811）	14	2	15	7	1	3	1	9	52
南方传媒（601900）	25	2	6	6	0	0	2	18	59
中国出版（601949）	14	1	6	2	0	0	0	0	23
中原传媒（000719）	11	0	1	2	0	0	0	3	17
长江传媒（600757）	19	5	8	7	4	0	2	13	58
中国科传（601858）	6	1	5	1	0	1	1	5	20
城市传媒（600229）	4	2	11	2	0	1	1	5	26
中文在线（300364）	0	8	0	0	0	12	2	8	30
新华传媒（600825）	11	1	2	5	2	0	3	5	29
时代出版（600551）	16	0	2	9	2	2	2	17	50
天舟文化（300148）	0	0	6	0	0	30	1	6	43

续表

出版 集团 ＼ 业务 板块	传统出版 （书报刊音 像电子）	新业 态（数 字出 版）	发行	（印刷、 印务广 告、物 流等）	酒店、 物业、 房地 产	科技 （软硬件研发、 游戏开发等）	金融	其他	合计
读者传媒 （603999）	9	1	1	3	0	1	0	1	16
出版传媒 （601999）	14	0	3	3	0	0	0	1	21
新经典 （603096）	8	4	6	1	0	1	0	0	20
合计	226	40	106	82	16	76	50	187	783

资料来源：根据 19 家上市出版集团公司 2020 年半年度报告整理。

从业务分布情况来看，出版板块和发行板块依然是出版集团的主业板块，板块公司数量分别占公司总数的 29%、14%；印务板块（印刷、物流、广告等）紧随其后，相关公司数量占比超过 10%；科技板块（软硬件研发、游戏开发等）近年来发展迅猛，目前相关公司数量已占到公司总数的 9.7%；新业态板块（数字出版为主）公司数量占公司总数的 5%；涉足酒店、物业及房地产板块、金融等近年来热门行业的出版集团亦不在少数，合计有 8%；包含其他零散行业（教育培训、影视、仓储、零售等）的公司数量占总公司数量约为 24%。

由此可见，当前出版、发行业务依然是我国出版集团的主营业务，在 19 家上市出版集团里，下属公司有出版社的有 17 家，占比 89%；下属有数字化出版公司的有 15 家，占比 79%；下属公司有发行公司的有 18 家，占比 95%；下属公司有印刷、广告、物流公司的有 17 家，占比 89%。

同时，大力实施多元化经营发展战略的出版集团不在少数，不少公司开始尝试新业态多元化业务和资本运作多元化业务，民营资本为主的集团公司更是积极探索"互联网 +"的发展模式，大力向网络和科技领域进军。19 家上市出版集团里，下属公司涉足金融行业的有 14 家，占比

74%；进军科技板块的有 12 家，占比 63%；下属公司有酒店、物业及房地产公司的有 6 家，占比 32%。

当前围绕出版主业和发行、印务广告物流等传统业务实现多元化发展的出版集团数量最多；许多出版集团还利用科技为自身发展赋能，积极开拓软硬件研发、网络游戏开发等业务，探索"互联网+""文学+""教育+"等融合发展模式；部分集团成立了财务公司、投资公司、资产管理公司等子、分公司直接参与资本运作；此外还有少量集团涉足酒店、物业、地产等领域。

（二）出版集团多元化发展速度分析

在 19 家上市出版集团中，同时包含行业集群多元化、资本运作多元化、新业态多元化三种导向子公司的出版集团共有 12 家，占比 63%；同时包含其中任意两项的共有 17 家，占比 89%；只包含其中任意一项的或一项都不包含的出版集团没有选取。

表 1 根据 19 家出版集团上市公司的半年度报告，将其 783 家下属公司分成 7 种行业类别。其中，具备全部 7 种类别下属子公司的出版集团有 2 个，占比 11%；具有 5—6 种类别的共有 12 个，占比 63%；具有 3—4 种类别的共有 5 个，占比 26%；具有 1—2 种类别的出版集团 0 个，具体见表 2。

表 2　出版集团子、分公司所占类别比例表

	全部 7 种类别	5—6 种类别	3—4 种类别	1—2 种类别
集团子公司所占类别个数	2	12	5	0
集团子公司所占类别比例（%）	11	63	26	0

根据各出版集团多元化发展状况的不同，本文将这 19 家出版集团的发展速度分为三个等级，分别为：发展较快，即出版集团具有 5 种及以上类别的子公司，共有 14 个，占比 74%；发展中速，即出版集团具有 3—4 种类别的子公司，共有 5 个，占比 26%；发展较慢，即出版集团具有 2 种及以下类别的子公司 0 个（见表 3）。

表 3　我国出版集团多元化发展速度列表

	发展较快 （5 种及以上）	发展中速 （3—4 种类别）	发展较慢 （2 种及以下）
个数	14	5	0
比例（%）	74	26	0

综上所述，多元化经营对上市出版集团而言，无一例外都是必然选择。同时，我国 19 家上市出版集团相互之间实力并不均衡，发展布局参差不齐，发展速度快慢有别。有的出版集团产业结构相对比较完整，利润增长点多元；有的出版集团仅围绕出版主业发展，行业布局不够丰富，内部结构较为单一，整体竞争力相对较弱。

二、国内上市出版集团多元化经营的情况分析

（一）多元化经营的主要形式

出版集团多元化经营的重点，在于如何选择正确的多元化经营策略和措施，在保障出版、发行等主营业务市场优势地位的同时，促进多元业务协同发展，形成良性循环，为企业核心竞争力的强化提供助力。多元化经营战略主要包括以下几点。

1. 横向多元化战略

横向多元化战略是指出版集团以出版发行业务为中心，向其他相关业务领域横向拓展。近年来，随着互联网、手机 APP 等新媒体行业迅猛发展，新的市场机会不断涌现，越来越多的出版集团认识到其中蕴含的大量机会。一部分实力较弱的出版集团会选择进入数字内容传播领域，进行多元化产业布局，希望借此机会弯道超车。同时，也有不少出版集团围绕自身核心技术和知识产权，选择与主营业务关联程度高的多元业务，打造周边产业链。如，有的少儿出版社在坚持主业基础上，围绕少儿群体与动画游戏、多媒体、玩具公司、基金公司、母婴产品公司合作融合，打造系列

产业链，收获良好效益。又如，读者传媒积极拓展新媒体业务，大力推进读者微信公众号的运营、微信矩阵的开发运营、读者杂志及相关图书、文创产品的在线电商平台运营、入驻第三方平台如"学习强国"等。另外，公司还着力打造"读者蜂巢"APP、"读者·新语文"阅读与写作平台，利用第三方平台等方式开展知识付费业务，并充分利用公司期刊群、新媒体平台及线下营销力量等为公司线下经营活动提供引流服务。总体而言，出版集团通过围绕主营业务实施横向多元化战略，开展跨媒体或知识产权周边产业经营，风险相对较低。

2.纵向多元化战略

纵向多元化指的是出版企业通过延伸产业链，在产业链的编、印、发、供等几大环节通过对自身资源的开发来打造全产业链的经营模式。出版企业常通过并购、重组等方式，延长主业上下游资源，从而充分调动整个产业链的资源活力，使得各个环节的资源能够进行合理配置，建立互补式的立体经营模式，让集团内部的相关环节资源共享，优势互补。

3.非主业相关多元化战略

部分实力相对较强的出版企业选择了房地产、旅游、保险、证券等热门行业领域进行扩张，实施非主业相关多元化战略。此类市场领域与出版主业没有直接关联，而且竞争较为充分，在当前出版主业激烈竞争的背景下，由于欠缺人力资源、核心技术、管理经验等方面的资源，这一战略可能会导致出版企业的大量精力、资源投入新行业，削弱主业基础和竞争力，容易加大主业经营风险。

（二）围绕主业展开产业簇群聚集是出版集团发展壮大的主流思路

围绕出版集团的龙头地位，于地缘关系、产业技术、价值链、同业交往等多重因素，形成了该集团周边的产业簇群，以便在出版行业的竞争和合作中共同获得优势。内在的关系交流、竞争合作、相同的价值取向、准共同体联合是产业簇群的本质。聚集的多元化逻辑下形成了出版集团独有生态和产业链，主要包括：上游的纸业、印务、物资等基础设施的提供与运行；中游的图书、报纸、期刊、音像电子制品等在内的出版主业；下游的营销、广告、物流等销售商或渠道提供商。出版集团以中游出版主业为中心和出发点，沿产业链分别向上、下游延伸，逐渐形成一种具备行业集聚形态的产业链多元化经营模式。

在出版集团的龙头效应引领下，出版集团多元化运营可降低集团发展成本，使得内部资源得到优势重组，便于增强整体竞争力；也有助于带活整体文化产业发展，确保产业集群内的各个子公司在出版主业的带动下，在服务于主业的基础上，依托主业加快发展，为集团的发展贡献力量。

总体而言，我国出版产业的行业集聚，是在政府优惠政策的引导下，基于产业内容相关性，围绕出版集团的产业链条，实现资源共享、协同发展、互惠互利，推动出版集团又好又快发展。

（三）资本多元化运作已成为出版集团壮大的重要动力

当前，我国不少出版集团已采用资本多元化运作的方式来发展壮大。

一是投资资本回报率高的热门行业。如，皖新传媒近年来积极开拓游戏、影视及投资业务等。公司旗下"方块游戏"平台开展游戏产品发行、运营、研发、技术服务业务，成功发行多款知名游戏产品；以自制与合作投资相结合的方式从事影视文化作品的制作与发行；通过具有私募基金管理人资格的专业团队皖新资本及中以智教，在文化教育及相关科技领域进行更为专业系统的投资布局和资源整合，在获取投资收益的同时，实现资本驱动促进公司战略转型升级。

二是直接从事金融业务或通过控股参股银行、保险、证券、基金、典当行等进入金融行业。如，皖新传媒在资本市场的布局已初具规模，成立安徽皖新资本管理有限公司，致力于打造专业化投资基金管理团队，通过旗下多支产业基金投资众多优质项目，取得良好效益。中南传媒控股子公司湖南出版投资控股集团财务有限公司于 2020 年与湖南出版投资控股集团有限公司签署《金融服务协议》，前者承诺将为后者提供担保、票据承兑、贴现、委托贷款、贷款、融资租赁等金融服务，授信额度高达 28.5 亿元。

三是上市融资。这种多元化经营模式可以满足集团对于资本的需求，对于分散经营风险、培育新经济增长点、集团规模的迅速扩张、提升整体竞争力有着十分重要的意义。近年来，不少出版集团通过入股、并购、借壳等多种方式直接上市参与资本市场，融入更多资金，可实现规模效应，满足集团自身多元化发展的需要。值得注意的是，集团在上市后股东将会发生变化，并且需要受到证券监管部门的强力监管，易受到各方面利益的制约。

（四）数字信息化产业成为多元业务中的新业态

以数字化、网络信息化为代表的新媒体产业历经 10 余年的演进与升级，已显著改变人们的阅读与视听方式、媒体接触习惯。它既给出版业带来竞争压力，又为出版业态升级提供重要机遇。当前，以数字出版为主的新业态，已成为每一个出版集团都竞相抢占的领域，希望借此成为"新闻出版业综合信息开发商、服务商和运营商"。如，长江传媒数字教育业务基于"两课"，建立了"教材＋平台＋移动端 APP"模式，面向全省中小学提供数字化支撑服务，通过移动端产品向学生和家长延伸，打通个性资源变现之路。读者传媒在新媒体及媒体融合方面持续探索，取得了较好的社会效益和经济效益。中文在线旗下子公司鸿达以太是全国最早的有声内容制作公司、有声内容提供商之一，经过 24 年的积累，目前拥有 123 万部（集）、28 万小时有声书资源。内容涵盖评书、相声、畅销小说、原创小说、管理课程、少儿作品等各领域。凭借海量的独家有声内容形成护城河，该公司已成为喜马拉雅、蜻蜓 FM、懒人听书、酷我畅听、番茄畅听等音频平台的主要内容提供方之一。

三、多元化经营风险不容小觑

观察近年来我国出版集团的经营状况，多元化经营并未为之带来明显收益，反而致使其发展步履维艰，甚至个别公司出现亏损倒闭。多元化经营战略带来的潜在经营风险应当认真关注。一方面，多元化经营有可能会减弱主营业务的市场占有率，影响公司利润；另一方面，多元化经营单纯依靠企业原有资金积累一般是不足的，企业常常需要外部筹集资金，虽然对企业而言，一定数量下的负债经营是正常的。但由于多元化经营资金需求量较大，一旦内部资金供应与外部资金来源失去平衡，容易陷入亏损危机。

合理的多元化经营战略可以使出版集团达到资本积累、增强产业、做大做强的作用，其关键在于做好风险控制。本文提出以下应对策略和优化措施。

一是要建立健全集团化的投资管控模式，建立完善的投资项目决策机制。一个新项目的投资首先由投资主体发起，进而由投决会论证，然后经投资管理部门和律师等专业中介机构把关后，交由党委会、董事会决策，以使得内、外部资源得到有效整合和合理利用。

二是鼓励各子公司引入社会资本，优化产权结构，拓展产业边界，适当隔离风险，试行跟投制、众筹制、项目合伙制，实现管理团队与企业投资项目风险共担、利益分享。借由微小平台，比如事业部、社中社等，鼓励员工内部创业，打造众创空间，调动创新活力。

三是建立健全激励机制。优化内部年度绩效考核制度，创新推动管理层持股、员工持股、技术入股等，让薪酬绩效考核方法与市场化特点相符。

四是积极探索设立内部创业基金，采取直投方式大力支持公司优秀团队、优质资源创业，每年评选出优秀的创新创业项目，并给予其相应的奖励。对于发展势头良好的项目，要力争更进一层乃至提升到集团层面进一步做大做强。

参考文献：

1. 巫海洋：《华润集团多元化经营下的财务风险控制研究》，东北财经大学硕士学位论文，2012 年。

2. 孙铭欣：《出版传媒集团多元化经营模式探析》，《中国出版》2014 年第 10 期。

3. 杨庆国、陈敬良、毛星懿：《出版集团多元化经营创新模式研究——基于国内 25 家出版集团数据统计及模式建构》，《出版科学》2011 年第 6 期。

4. 李沐橙、胡志勇：《出版集团的多元化经营》，《出版科学》2011 年第 2 期。

5. 聂震宁：《漫谈出版企业多元化经营趋势》，《出版广角》2007 年第 12 期。

6. 杨清：《河北出版集团多元化经营途径研究》，河北大学硕士学位论文，2012 年。

7. 赵树旺：《出版集团多元化经营的内涵、现状和发展趋势》，《出版广角》2007 年第 12 期。

8. 孙宝寅：《努力创造出版集团实施多元化经营的条件》，《出版广角》2007 年第 12 期。

9. 汤凝：《湖南出版投资控股集团多元化经营研究》，河北大学硕士学位论文，2010 年。

10. 吴慎全：《大型煤炭企业集团的多元化经营战略风险控制探讨》，《财经界》2015 年第 33 期。

11. 陶方舟：《我国出版传媒集团多元化经营研究》，南京大学硕士学位论文，2015 年。

12. 顾永才：《出版企业多元化经营的动因、条件与路径研究》，《科技与出版》2015 年第 3 期。

13. 杨永龙：《我国出版集团多元化经营的思路与对策》，北京印刷学院硕士学位论文，2006 年。

14. 任跃攀：《基于风险控制的我国大型火力发电企业多元化经营研究》，三峡大学硕士学位论文，2012 年。

15. 刘海阳：《基于多元化经营的出版集团数字出版战略研究——以凤凰出版传媒集团为例》，《出版广角》2016 年第 20 期。

（作者单位：长江出版传媒股份有限公司、湖北省出版物审读中心）

二 等 奖

国内后疫情时期编辑思维的
"破"与"立"

刘向辉

2020 年突如其来的新冠肺炎疫情对社会的方方面面都产生了深刻的影响，新冠肺炎疫情对出版业的影响也是全方位的，比如出版计划推迟、实体书店歇业或限流、线下渠道受阻、回款困难、书展和行业活动延期或停办等等。我们在看到新冠肺炎疫情给出版业带来种种危机的同时，也应该看到在危机中孕育的新机遇，看到未来出版业发展的新方向。正是基于这样的外部环境压力，出版业到了不得不认真面对自己、改变自己的地步了。

一、态：国内后疫情时期出版业发展模式的嬗变

新冠肺炎疫情改变了社会，也改变了出版业。但如果疫情没有发生，

这种改变在不远的将来也同样会出现。疫情只是这一切变化的加速器，加速了分化，加速了转型，加速了融合。所以说，疫情带来的危机和机遇是并存的。机遇表现在：一方面，迫使出版业着力于线上产品的研发、生产、营销工作，加速出版业的转型升级；另一方面，行业面临着重新洗牌的局面，谁拥有核心的竞争优势，就将在未来占领制高点。

（一）渠道格局进一步被重塑

关于出版业线上线下渠道重要性的争论由来已久，新冠肺炎疫情的暴发促使了这一问题重新被重视。疫情期间，实体书店的销售呈断崖式下滑。开卷数据显示，2020 年上半年实体店渠道同比下滑 47.36%，疫情较为严重的第一季度，实体店渠道同比下降 54.79%，不少书店被迫关门歇业。再看另外一个数据，2020 年上半年网店渠道同比上升 6.74%，第一季度网店渠道同比上升 3.02%。线上渠道相比往年虽然增速有所放缓，但线上渠道以其创新的商业模式和生命力展现了互联网经济的优势，的确是不争的事实。出版业未来的渠道格局必然会朝着更加多元化的方向发展，各种渠道的优势会进一步凸显。新冠肺炎疫情一方面迫使出版业加大对线上渠道的重视；另一方面也迫使出版机构创新商业模式，不再固守特定的平台和模式。因此，除了传统的三大电商和实体渠道外，跨界平台、社交电商、自营平台等特色化和差异化的渠道战略纷纷脱颖而出。

（二）新营销手段层出不穷

疫情发生以来，"直播带货"成为互联网销售的一道亮丽风景。出版业也不例外，出版机构、书店纷纷调整营销策略，转变营销思路，邀请名家、"大 V"等走进直播间，进行直播推荐卖货。比如樊登、薛兆丰、曹文轩、白岩松、汪涵等知名"大 V"纷纷走进直播间，利用自身的知名度和流量推荐销售图书；各出版机构和书店也利用自身的资源尝试创新营销，如岳麓书社借助二维码技术出版的"四大名著名家演播版"销售 43 万套、172 万册、6800 多万码洋，拥有 31 个品种的"名著导读"名家讲解版丛书销售 251 万册、7000 万码洋。新的销售和营销策略可谓百花齐放、层出不穷。出版机构借助自己的内容优势、品牌优势、作者优势等，通过视频直播、在线互动等形式与读者分享知识内容，真正实现了从内容出版到内容服务的转变。后疫情时期，这些创新的营销方式将会被一直沿用下去，未来出版业的营销必定是切合消费痛点、与用户交互反馈、直接高效的营销组合系统。

（三）融合发展进一步加强

新冠肺炎疫情从某种意义上说助推了数字阅读平台获得了大量的客户群体，新增用户数和活跃数不断创新高。与此相应的，数字出版、数字阅读、线上教育、线上培训出现了爆发式增长，电子书、有声书、知识付费内容等都取得了不错的市场效果。前期转型融合做得比较好的出版机构，具备了相对成熟的产品生产能力和盈利模式，面对新的市场状况，能够推出直击用户痛点的产品，产品运营和用户服务能力不断获得提升，取得了弯道超车的机会。新冠肺炎疫情考验的是出版机构的数字化生存能力和融合发展能力，它体现在人才、研发、产品、营销等多个方面，只有进行了数字化尝试，并为融合转型做好了准备的出版机构，才可能在突发事件面前，跨越媒介间的鸿沟，完成出版业商业模式的创新。

（四）创新成为出版业发展的关键

未来的社会是创新型的社会，只有创新才能获得发展的动力。后疫情时期，出版业必须要创新自己的出版模式、营销模式和商业模式。随着"阅读泡沫""采购泡沫"的破灭，读者的购书偏好被重塑，"泡沫选题""泡沫图书"已经没有生存空间，"高质量发展"的需求变得更加真切和实际。营销模式方面，直播带货、知识付费课程等，越来越成为出版机构的核心业务。商业模式方面，出版机构不但要关心产品而且要关心平台建设，不但要关注品种和码洋更要关注数据和流量，以期在传统销售模式上创新商业模式。纸质书、电子书、数据库、在线教育等，全面交叉融合延展，以形成全方位的知识服务场景，是出版业发展的必然趋势。

二、破：传统、单向、分散性思维方式的破除

编辑思维是指在编辑工作中编辑所持的态度、判断、方式和方法，它贯穿于编辑活动的所有环节，直接决定着编辑活动的走向和目标的达成。编辑思维是一个建立在编辑主体自身知识、观念、方法等基础上的具有综合性、系统性、稳定性的思维系统，它一经形成就会对编辑活动产生导向作用。因此，我们不仅应该重视编辑知识、编辑技巧、编辑能力的培养和提升，更应该注意编辑思维的形成和更新。

（一）流程思维

流程思维关注的是编辑过程中相关工序的连接以及顺序，是以规范的编辑流程为标准，为提升整体出版物质量，严格执行编辑出版流程的思维方式。流程思维重视的是流程的合规范性和编辑个人的经验习得和逻辑判断，而不关注出版物的产品属性。出版物的生产需要如策划、组稿、编辑、排版、校对、印刷、发行等一系列流程，这是国家法律法规的规定，是保障出版物质量的基础。但在遵守规范流程的前提下，更应该考虑到的是在市场经济条件下出版物的产品属性。出版物是要面向市场、面向用户的，如果编辑只重视"编辑"，而不重视"营销"，即使所有的流程都是合规合法的，这样的封闭意识很容易造成"闭门造车"的局面。后疫情时期出版物面市后的工作量比出版前的工作量还要大，营销、推广、发行、活动等一系列问题都必须得到重视，渠道的多元化更加强调了出版物营销工作的重要性，封闭的流程思维已经不能适应时代的要求。

（二）受众思维

受众思维是传统媒体传播时代的思维方式，传统媒体传播的受众是一对多的大众，接受者是相对被动的。在新的媒体语境下，受众思维存在如下不足：一是身份不够清晰，大众传播的受众是群体概念，是模糊不清的；二是被动传播，当信息被媒体制造出来之后，它的内容就是固定的，有什么内容受众就得接受什么内容；三是参与程度低，受众处于信息传播

的最下游，信息单向度地完成一次传播后即结束，受众大多数情况下只停留在"认知"和"态度"阶段。对于出版业也一样，在后疫情时期，随着媒体技术的加速发展，如果出版业的传播对象是模糊的，那么传播者与受众之间就没有共同的感受，没有共同的意识，出版机构对受众没有聚合作用，就肯定会被新的媒体和传播方式所取代。

（三）传播思维

传播思维是指大众媒体时代一对多的传播形式的思维。在传播思维中，受众是被信息强制覆盖和被动到达的，媒体是高高在上的信息传播者，信息以一对多的方式传播给社会大众。传播思维是一种精英社会下的思维方式，信息制造者、信息传播者、受众处在不同的生产链条上，虽然有密切的联系，但却有着明显的区别。信息制造者处于最高级的位置，拥有信息发表与否的权力；信息传播者处于中间级的位置；受众处于最低级的位置，只有被动接受的命运，几乎没有表达感受和发表看法的机会。传统出版业存在一定的垄断性，参与市场竞争不足，因此多少都存在有传播思维，不太关注用户体验感。在媒体技术日新月异以及媒体平权意识越来越强烈的情况下，受众显然不满足于处于被动接受的地位，他们需要表达，需要互动，这就对传播思维提出了挑战。

（四）渠道思维

渠道思维讲的是渠道为王，得渠道者得天下。在传统销售模式下，渠道是生产者通过某种通路将产品销售给消费者的过程，渠道可以是终端卖场，可以是经销商、批发商等等，生产者必须通过这些渠道才能将产品送到消费者的手中，才能达成销售的实现。在新的商业语境下，渠道格局越来越多元化，可以是传统线下渠道，也可以是线上销售渠道，可以是第三方平台如抖音、快手、小红书，也可以是自建平台，还可以是社交圈子。进一步看，传统的产品销售模式已经被更新商业模式所取代，"产品"已逐步让位于"服务"，渠道的功能在逐渐弱化。出版机构应摒弃传统的渠道思维，根据产品的不同特点，寻找合适的渠道和平台，同时应该借助流量思维、大数据思维等互联网思维方式，创新出版业商业模式。

三、立：创新、交互、服务性思维方式的建立

后疫情时期的编辑工作从内容到流程都发生了变化，编辑不能只埋头于内容处理，而是要兼顾需求分析、产品定位、原型设计、产品发布、更新迭代、产品运维等各个环节，更要从编辑思维的角度进行提升和更新，融多种角色于一身，参与更多的设计，融入更多的思考，保持对内容的创新与再生，实现内容的价值变现。

（一）产品思维

相对于流程思维重视流程管理，产品思维更加注重产品。对出版业来说，内容就是产品，图书就是产品，出版物就是产品。产品思维要求出版物的"产品属性"要增加，"作品属性"要下降。编辑应当具有产品思维，像互联网行业的产品经理一样分析用户需求，制订产品设计方案，收集用户反馈，不断改进产品。首先，要有清晰的产品理念，明确产品定位和目标市场。选题策划的起点在于了解用户，发现用户需求。在设计出版产品时，应依据出版长尾效应，制定长远目标，既满足大众需求，还要瞄准特有群体，突出产品个性化特点，实现主线产品与附线产品不同层次的多元化布局。其次，要注重产品的创新和品牌效应。打造出版产品要将选题策划、内容创新和使用场景相结合，将选题的源头与用户使用体验相连接。要对内容进行创新，通盘考虑包括创意、设计、版面、功能、营销等诸多方面的要素，加强内容深度，塑造品牌价值。

（二）用户思维

相对于受众思维，用户思维强调的用户是细分的，甚至是一对一的使用者，他们有主动甄选和研判的意识和权利。用户思维站在用户的角度思考问题，关注用户在每一个细节的体验，以达到用户满意为目标。在用户思维观念下，用户是具体的、清晰的、细分的，借助于现代网络技术和大数据分析，可以很轻松容易地掌握用户具体是谁，他们的性别、年龄、位置、消费心理和习惯等；用户是主动的，他们可以选择自己感兴趣的内容

进行阅读；用户是交互的，新媒体的及时性和交互性，允许用户在接受信息之后，迅速参与其中，做出反应，表明态度，采取行动。在另外一个意义上也可以讲，所有的用户都是作者，都可以借助互联网发布自己的作品和信息。后疫情时代，编辑应当转换身份和视角，把自己置换到用户的角度，以用户的眼光思考问题，为用户着想才能得到用户的回报。

（三）社交思维

相对于传播思维，社交思维强调社群和聚合，目标群体更加垂直和明确。媒介的去中心化使得每一个用户群的社交群体都具有不同的兴趣、嗜好、偏向及动态，大众会更加倾向于关注自己感兴趣的话题和信息。媒体技术已经极大地降低了出版机构与用户的沟通成本，用户可以随时随地与出版机构互动反馈自己的观点，或就某一热点话题进行讨论。强化社交思维可以盘活出版机构的粉丝经济，甚至可以建立智媒场景社群，将需求、兴趣、身份类似的粉丝聚合在一起，根据群体特质，设计自身的意见领袖形象，潜移默化地达成传播效果。后疫情时期编辑要与用户进行有效的互动交流，将不同类型的用户跨时空地聚集起来，这样所推出的产品才能切中用户痛点，甚至互动就构成了产品本身，以此实现信息资源的聚合和媒介价值的创造。

（四）服务思维

相对于渠道思维所关注的销售，服务思维关注的是提供服务。编辑视角的更新，根本在于从"产品"向"服务"的转变。服务思维是用户价值思维，以用户为导向，树立从"内容出版"到"内容服务"的理念，将"出版"与"服务"紧密相连。出版意味着内容的发布，而服务则要求所发布的内容能给用户产生实实在在的"价值"，这才是出版的最终目的。后疫情时期的出版业，优质的内容是其核心竞争力，而带有服务体系的优质内容更加成为宝贵的资源。因此，编辑不仅要关注用户需求，还要思考——我的产品到底要给用户带来什么样的价值？简言之，编辑面临的问题是要发掘用户需求，以更优质的内容服务于用户，帮助用户实现价值，才能有效增强用户黏度。

四、结语

后疫情时期，融合发展的势头更加强劲，出版业的众多环节已被重新定义。面对危机与机遇并存的态势，编辑人员要积极应变，转换角色定位，更新编辑思维，用产品思维、用户思维、社交思维、服务思维更新自我，以求在未来出版业改革的浪潮中抓住机遇，占得先机。

参考文献：

1. 赵大伟主编：《互联网思维独孤九剑》，机械工业出版社 2015 年版。

2. 司南：《后疫情时代出版业的五大发展趋势》，《出版商务周报》2020 年 7 月 20 日。

3. 徐海：《后疫情时代的出版》，《编辑之友》2020 年第 6 期。

4. 于殿利：《后疫情时代的出版》，《出版发行研究》2020 年第 6 期。

5. 王建、付小艳：《数字出版编辑思维转型：从编辑走向产品经理》，《中国出版》2019 年第 4 期。

6. 董涛：《新媒体背景下传统图书编辑思维的转换研究》，《科技传播》2019 年第 5 期。

（作者单位：贵州人民出版社）

浅析国内后疫情时期主题出版编辑力的新要素

李　琳

2020 年，一场突如其来的新冠肺炎疫情给出版行业造成了不容忽视的影响，也使人民群众的阅读习惯发生了变化。越是处于危机之中，主题出版物提振精神、稳定情绪的作用就越突出；越是危急时刻，各类信息越繁杂，民众对主流、权威主题出版物的需求就越强烈。疫情期间的种种现象表明，主题出版物能否在危机中发挥有效的精神支撑作用，对推动整个国家和社会生活回归正轨至关重要。而作为贯穿整个出版流程的关键人物，主题出版编辑也必须在全新时代背景下思考自身编辑力的发展，即主题出版编辑力的新要素。

一、编辑力与主题出版编辑力

（一）编辑力的概念界定

1985 年，冯国祥提出"编辑力"这一概念并对其含义作了界定，他认为编辑力是编辑对书稿施加影响的一种力量，然而这一解释并未对编辑力涵盖的具体内容作展开阐述。现如今，越来越多的出版人和学者关注到编辑力在出版工作中的重要性，并尝试从不同角度和更多维度去界定这一概念。例如，从狭义的角度定义，编辑力一般指身为编辑的工作能力，即做好书的能力；而广义上的编辑力指出版企业乃至行业的生存发展能力；如果从静态和动态两个维度去定义，编辑力是一种能力系统，其作用对象是书稿等静态要素和营销、联系作者等动态活动。从编辑力概念的历史发展脉络来看，越来越多的学者开始对编辑力的具体内容即其要素进行探究，但绝大多数概念忽视了不同类别出版物对编辑力的特殊化要求。本文所要探讨的编辑力是特定的、狭义的，专指作为主题出版活动主体的编辑人员做好主题出版各个环节的工作所应具备的一系列能力。

（二）主题出版编辑力

主题出版作为我国出版事业的重要特征，对新时代中国出版事业的发展有关键性意义。因此，新时代主题出版工作的编辑人员，除具备一般的编辑力外，更要具备做好主题出版物的特定编辑力。相对于一般出版物，主题出版物具有较强政策导向性、理论性、时代性、群众性等。多年来，许多学者针对主题出版物的特征，提出了诸如理论水平、政策导向把关能力、高效执行力、审美品位、融媒体推广能力等多种主题出版物编辑所应具有的编辑力元素，也在实践中得到了印证和认可。随着时代和整个出版行业发展，主题出版业也是动态发展的，也要求主题出版编辑在不同的时代背景和社会环境下提升自我，编辑力的内涵必然随之扩充。新冠肺炎疫情的发生及其带来的社会影响就是当下最突出的新的时代背景。

二、疫情期间主题出版的发展新动态

此次新冠肺炎疫情的发生给主题出版带来了挑战也创造了机遇。疫情终会过去，但疫情过后主题出版工作对编辑力是否会有新的要求？找准需求，方能指导实践。要弄清楚这一问题，首先要看疫情到底给主题出版带来什么新情况，又将在后疫情时期引发什么新需求。

（一）主题出版更加蓬勃发展的新环境正在生成

新冠疫情的暴发萌生新的主题出版热点、形成特定舆论环境。其一，疫情的发生使出版一批针对新冠肺炎疫情防控科普、心理疏导、宣传抗疫典型和抗疫故事的读物变得必要，抗疫主题出版成为新的出版热点；其二，疫情防控的成果也让民众看到了我国在处理重大突发公共事件时的能力和效率，中国特色社会主义制度的制度优势得到充分凸显，广大民众渴望更加了解自己的国家、了解中国特色社会主义制度，对主题出版选题的接受度呈现进一步提升的趋势；其三，重大突发公共事件的发生往往容易衍生出网络舆情的"次生灾害"，特殊的舆论环境使民众对权威、可靠内容的需求前所未有地增加，而这正是主题出版物的优势所在。

（二）主题出版物的新业态发展大有可为

受疫情防控要求的影响，囿于疫情期间实体书店歇业、交通运输受限的实际情况，纸质图书难以购买。反观电子书、有声书，由于跳出了传统图书需要的印刷、运输等依托人力的出版环节，因此在疫情期间相比纸质书更具有优势。其实不单单是疫情期间，《2018 年新闻出版产业分析报告》显示，我国数字出版行业规模连续多年稳步提升。由此可见，无论是从出版业总体发展态势还是疫情给人民群众阅读生活带来的影响来看，主题出版的新业态发展都是时代潮流。主题出版物在加大数字化转型升级的过程中要根据市场反映积极探索产品新业态，积极将群众喜爱的主题出版物掌上化、有声化、图像化。

（三）主题出版物受众面拓展的新趋势日渐明朗

疫情发生前，主题出版物的受众主要集中在党政干部、青年学生等群体，而这也将在一定时期占据主题出版物读者群的较大比重。但疫情的发生让其他读者群也对中国特色社会主义制度、对疫情防控等主题出版的关注度大大提升了，不同职业、不同年龄段的读者都将成为主题出版物新的受众。要想抓住并稳固住新的受众，就必须从这部分群体的阅读习惯和需求出发，区别于提供给党员干部群体的主题出版物，将精深、严肃的内容以故事化、生动化表达将有可能成为主题出版物未来发展的方向。

三、国内后疫情时期主题出版编辑力的新要素

综合分析疫情给主题出版带来的新情况，后疫情时期读者对主题出版物的需求可以总结为以下三个方面：一是对主题出版的选题内容有更高要求，期待更多反映社会现实问题、回应群众关切的选题；二是对主题出版物内容的表现形式有更高要求，期待主题出版物能被更多群体看得进去、看得明白，能够实现在读故事、学典型中感受习近平新时代中国特色社会主义思想；三是对主题出版新业态有更高要求，期待纸质化图书更加适应时代发展，衍生出电子书、有声书甚至动漫、短视频等相关产品。我们探寻后疫情时期主题出版编辑力的新要素，也将从这三个方面入手。

（一）针对选题内容的主题出版编辑力新要素

1.社会担当意识和公益精神

2020年3月，韬奋基金会理事长聂震宁在写给青年编辑的一封信中写道："无论什么时候，公益精神在出版业里总是第一位的。"疫情时期，多家出版社响应号召，普及抗疫知识，宣传抗疫故事，提振抗疫信心，纾解社会情绪，推出了一大批主题出版精品力作。"出版抗疫"凸显出出版

物尤其是主题出版物，在特殊时期为人民群众提供精神食粮的作用，也彰显出主题出版编辑拥有社会担当意识和公益精神的重要性。一般来说，像新冠肺炎疫情这样的重大突发公共事件选题是偶然性的，社会生活中折射出的群众需要往往是选题策划时编辑容易忽略的，也正是后疫情时期主题出版编辑所要重点关注的，群众的需要越来越成为选题的第一考量。除内容生产外，社会担当和公益精神还体现在主题出版编辑要有意识地将优秀的主题出版物尽可能地传播给每一个有需要的人，尤其是受各种客观条件限制不易获得主题出版资源的群体，例如，疫情期间多家出版社提供了优秀读物的免费有声书、电子书资源供大众使用，疫情期间出版的抗疫读物定价也普遍较低。"宁可少一些经济效益，也要多一些社会效益"，主题出版编辑必须有这样的意识，才能策划出公众真正需要也容易获取的主题出版物。

2. 对非计划性主题出版热点的敏感性和捕捉力

《中国新闻出版广电报》2020 年 4 月发表的《570 种抗击新冠肺炎疫情图书选题分析》中的数据显示，2020 年 1 月 21 日至 3 月 16 日，与抗击新冠肺炎疫情主题相关的图书选题共计 570 种，涉及抗疫指导手册，抗疫纪实、抗疫宣传读物，抗疫童书、中小学抗疫教材，抗疫心理辅导与居家防疫读物等七大类，在出版战"疫"中打出快速、精准一枪。一般来讲，每年的主题出版都具有一定的计划性，这与当年的重要时间节点有关。例如，2018 年是改革开放 40 周年，与改革开放有关的选题在主题出版重点选题中占比超 1/3，而 2019 年，新中国成立 70 周年是最关键的选题，这类选题可以预见并提早谋划。然而，如 2003 年的"非典"、2008年的汶川特大地震以及 2020 年发生的新冠肺炎疫情，这类事件往往具有突发性且社会关注度极高，这考验从事主题出版的编辑人员对社会热点问题的敏感性和反应能力。此次疫情的发生更是提醒主题出版编辑，面对没有预留准备事件的非计划性选题，编辑必须做到快速反应、弄清事实、提炼重点、捕捉热点，并根据自身所在出版社的定位作出合理判断，在短时间内策划出具有可行性的选题。

3. 对主题出版选题策划的高效执行力

2020 年 1 月 23 日，全国第一部关于疫情防控的科普性读物《新型冠状病毒感染防护》由广东科技出版社出版发行，距离疫情正式被证明有人传人现象不过数日，以最快速度及时向社会科普必要知识，回应群众关切。由于大多数主题出版物选题针对的都是当年的重大节庆点、会议或影响力较大的社会热点事件，或者类似新冠肺炎疫情暴发这类突发性的国家重大事件。这部分选题的时效性很强，如果从选题策划到形成最终出版物的时间过长，其内容价值也会大打折扣。较强的时效性需要主题出版编辑具备出色的执行力，也就是在较短时间内将出版热点转化为成品出版物的能力。将选题策划落实为最终产品，其间执行力内容包括联络并敲定作者、督促并关注书稿写作进度、书稿审读与编辑加工、设计方案确认等环节。除此之外，编辑还须协调当年主题出版选题的出版节点，分清轻重缓急，必要时不同选题要同期进行。这一系列活动一是需要编辑具有足够的业务熟练程度，二是需要编辑能够高效管理工作时间。出版流程的每一个环节都得到编辑执行力的保证，选题策划师的好点子和想法才能最终转化为精品主题出版物。

（二）针对内容表现形式的主题出版编辑力新要素

1. 针对主题出版物通俗化的策划力

新冠肺炎疫情期间，很多出版社挖掘到此次疫情中的温情视角和典型代表人物，以别出心裁的表现手段推出了一系列有温度、有感情的精品力作，如北京联合出版公司出版的《武汉抗疫日记》是 29 名武汉一线医护人员、患者等在武汉"封城"的 76 天内的战"疫"实录，一篇篇日记饱含着真情实感的抗疫瞬间和医务人员的心路历程，很能引起读者共鸣；《妈妈要去打怪兽》《妈妈的秘密》《等爸爸回家》等少儿绘本，以柔和、童趣的语言和漫画表现形式，针对学龄前儿童，向他们阐述作为医务工作者的父母在这次战斗中展现出的英雄形象。这些针对疫情的主题出版，不是站在高处的指点，而是贴近群众的诉说。这些疫情中涌现出的主题出版的鲜活特征，在后疫情时期必将延续、值得推广。例如，党的理论和路线方针政策背后同样有鲜为人知的故事，在实践中同样有生动鲜活的典型，主题出版编辑需要深入挖掘，并选择合适的呈现方式将其表现出来，策划出更多浅显易懂、图文并茂的主题出版物，甚至可以尝试选择小说、对话体、绘本、漫画等新颖体裁策划大选题、阐述大道理，让主题出版物不再单单是党员干部手中的"学习材料"，更是更广大读者手中的"趣味读本"。

2.匹配作者和相应形式主题出版物的能力

《张文宏说传染》的作者是上海华山医院感染科主任张文宏，他作为作者写就的这部书，对于群众来说具有相当的说服力；《2020武汉日记：方舱"手绘小姐姐"的抗疫画集》的作者黎婧是一名"80后"插画师，同时也是一名新冠肺炎轻症患者，这本图书是其根据自己的亲身经历绘制的现场纪实。类似这些主题出版读物收获的好评印证了"让专业人做专业事"的重要性。后疫情时期，一般读者对主题出版物的需求增加，意味着形式多样、内容活泼的主题出版物策划成为出版社未来的发展方向之一。根据选题策划时敲定的方案，针对特定的内容和形式选择最合适的作者，而非每个选题都迷信业界大家。近年来，主题出版界有越来越多的年轻作者涌现，这些作者总体表现出以下三个特征：一是年龄层较轻，越来越多的"80后"甚至"90后"作者表现突出；二是生活经历丰富，作品中往往有较多的现实反映；三是思维活跃，乐于并善于将深奥晦涩的理论以更易懂的语言、更活泼的形式表现出来。主题出版编辑应想方设法从各种途径中了解、挖掘、培养作者，可能是从阅读这些作者的作品中发现其写作能力和理论水平，也可能是在书展、作者个人讲座甚至网络上获得作者的信息。总之，要成功策划出精品出版物，除了了解选题，更要了解作者，将两者最适度地匹配，方能收到"1+1>2"的效果。

（三）针对新业态的主题出版编辑力新要素

1.主题出版物数字化潜能的挖掘力

《童话抗疫——2020年春节疫情故事有声特辑》《生而平凡——2020年春节抗疫故事特辑》等有声读物的推出，使宅在家里的读者随时打开手机就能感知包括武汉企业主、"00 后"、护士，青少年儿童也能像听童话故事一般了解疫情知识，感受抗疫精神。疫情期间，多数读者倾向于选择电子书或有声书的形式进行阅读并从中感受到便利，使得这种阅读习惯在后疫情时期继续放大。这就要求主题出版编辑进一步适应时代发展要求，针对不同类型的主题出版物作合理规划，挖掘其数字化潜能。编辑要能分清什么类型的主题出版物适合做成有声书、电子书，而什么类型的主题出版物可以衍生为更加可视化的数字化产品例如配套动漫、系列微视频等。一般来说，内容较为严肃、理论性较强的主题出版物更加适合制作电子书、有声书，富有魅力的声线会使纸面上的文字变得更有意蕴，但衍生出微视频、配套动漫的潜力稍弱；相对而言，通俗理论读物除了可以衍生出电子书、有声书外，还可以制作配套微视频和动漫，尤其是针对青少年儿童的主题出版物。例如，2019 年、2020 年，理论热点面对面当年的最新读本《新中国发展面对面》《中国制度面对面》都推出了配套有声读物和动漫微视频，充分体现出这一系列作为通俗理论读物的鲜明特征，收到了积极的社会反响。主题出版编辑必须有独到的眼光和精准的判断力，做到触类旁通，准确判断出具体的主题出版物相应的数字化潜能，并最大限度地挖掘、实现。

2. 助推主题出版物数字化转型的外联力和沟通力

以往编辑力的外联力和沟通力关注的主要是编辑联系作者、联络读者的能力，但随着数字化成为主题出版的发展趋势，越来越多的主题出版图书转化为各种形式的数字化产品，并在各类平台上线。除了类似"学习强国"等党员干部常用的优质平台，年轻人热衷使用的哔哩哔哩、抖音、快手等视频 APP 也陆续上线了一些优秀主题出版图书衍生出的短视频作品。编辑的外联力内涵也应该随之拓展。对外，主题出版编辑要在日常工作中留心优秀的数字出版制作单位、动漫制作单位以及深受听众喜爱的有声书主播等，还应重点关注富有影响力的发布平台，主动走出去与之建立联系，方便日后合作；对内，图书编辑与社内数字出版编辑也应保持经常性的沟通，就相应出版物的数字化转型模式、发布平台选择等事宜进行协商，共同完善方案，助推主题出版物数字化发展。

四、总结及展望

不可否认，新冠肺炎疫情的发生暴露出我国主题出版存在的短板，给出版人尤其是身处出版第一线的编辑人员敲响了警钟。同时，在补齐短板中主题出版也孕育出新的机遇，新的机遇需要编辑人员提升自身能力去把握，于是编辑力新要素也随之产生。但由于本文仅从疫情的发生给主题出版带来的新情况新变化出发，以此为线索探寻后疫情时期主题出版编辑力的新要素，研究视角相对固定、思路不够开拓，导致结论必然存在一定的局限性。

时代和出版业总是在不断发展的，编辑工作是出版流程的中心环节，相较而言，出版编辑力在出版领域的研究中还是一个相当年轻的概念，其未来的研究潜力必然很大，其内涵也必然会不断丰富壮大，形成更加完备的体系，为编辑人员进一步做好编辑工作，生产更多优质出版物提供导向和遵循。

参考文献：

1.何军民：《新时代主题出版核心编辑力生成路径》，《中国出版》2018 年第 23 期。

2.冯国祥：《图书编辑力浅论》，《编辑之友》1985 年第 4 期。

3.卢雪华：《媒体融合视域下出版编辑力提升路径研究》，《出版参考》2020 年第 7 期。

4.赵宏超、李洋：《浅析新冠肺炎疫情防控主题出版的特点、问题和启示》，《新西部》2020 年第 Z1 期。

5.王保顶、都健：《江苏人民社：疫情下主题出版的探索与实践》，《国际出版周报》2020 年 7 月 6 日。

6.刘兵、隅人：《570 种抗击新冠肺炎疫情图书选题分析（上）》，《中国新闻出版广电报》2020 年 4 月 13 日。

7. 刘兵、隅人：《570 种抗击新冠肺炎疫情图书选题分析（下）》，《中国新闻出版广电报》2020 年 4 月 20 日。

（作者单位：学习出版社）

新时代编辑人才培养的守正与创新

张　莹

中国的出版行业伴随着共和国的成长经历了 70 多年的风雨历程，已经成为拥有 580 多家出版社、年出书 50 万种的世界第一出版大国，并且正在向着出版强国迈进，走向出版业高质量发展的新时代。高质量发展离不开优秀的出版人才，尤其呼唤优秀的编辑人才。新时代，为适应编辑人才的新标准和新要求，守正与创新应是编辑人才培养需要坚持的思路和法则。守正，是遵循编辑培养的客观规律，坚守编辑培养的优良传统；创新，是置身祖国发展新时代，面对出版行业新形势，探索编辑培养的新方法。守正与创新，二者相辅相成，是强本固基和继承发扬，共同构成编辑培养的方法和途径。笔者认为，新时代编辑培养的守正与创新应重点关注以下三个方面。

一、编辑素质要求的守正与创新

编辑工作是整个出版工作的中心环节，对出版物的质量和水平起着主导和关键作用，具有很强的专业性、技术性和实践性，因此，在任何一家出版社对编辑的要求相较其他岗位都是比较高的，而且对编辑素质的要求并非一成不变，既要遵循根本，又要与时俱进。

（一）守正

编辑要具备基本的素养和能力，才能胜任工作。具体来讲，就是要有四种"素养"和四种"能力"。

四种素养包括：坚定的政治素养，时刻与党和国家在思想上、行动上保持一致；娴熟的职业素养，熟悉国家出版法律、法规和政策，熟悉编辑出版业务；专业的学识素养，具有一定的学科背景，能准确判断书稿质量，能对书稿进行科学、合理、规范的加工整理；深厚的文化素养，具有广博的知识储备和深厚的语言文字功底，能准确发现并更正书稿中存在的各种知识性和语言文字问题。

四种能力包括：信息捕捉能力，善于收集、存储、整理各类信息，比如学科信息、出版信息、市场信息等，并能有效加以利用；逻辑思维能力，善于在编辑工作中做出准确判断和优化选择；沟通协调能力，对外善于同作者、读者建立和谐、顺畅的合作关系，对内善于同其他出版环节人员打交道，协调好编、印、发整个出版流程；知识更新能力，要善于学习，不断提升自己的职业素养和能力水平。

（二）创新

编辑应该与时代发展同频共振，与社会进步相生共荣，为此，在出版行业进入高质量发展的新时代，对编辑的要求，除了要具备基本的素养和能力外，还应具备四种思维，即创新思维、营销思维、互联网思维和国际化思维。

创新思维，要求编辑紧跟当代文化发展的脚步，及时反映各领域、各学科的最新成果，注重内容创新、形式创新、表达方式的创新；营销思维，营销并不是新时代的产物，始终贯穿在编辑工作中，但是在新时代营销观念要更新、渠道要拓宽，编辑要充分利用微信、微博、论坛、网站等新媒体技术和平台，建立作者—编辑—读者的"朋友圈"，形成线上线下融合营销的新模式；互联网思维，新时期的编辑要善于运用互联网，一是通过互联网挖掘有价值的信息，用专业的眼光进行信息的甄别和利用，二是利用互联网实现图书的数字化转化，把传统出版向网络空间延伸，推动传统出版与数字出版的融合；国际化思维，编辑作为优秀文化的传承者和传播者，要具有国际视野，兼收并蓄，博采众长，努力践行出版"走出去"战略，使得中华文化不仅在国内枝繁叶茂、生生不息，而且在国外也能自信展示、生机勃发。

二、编辑培养方式的守正与创新

在编辑行业，一直有着"传帮带"的优良传统，即通过"师傅带徒弟"的方式，使新入职的编辑初步了解编辑工作，尽快适应岗位要求，随着出版行业的发展，这种传统的编辑培养方式也被赋予了新的内涵，编辑导师制应运而生。从"师傅"到"导师"并非称呼上的简单变化，而是体现了编辑培养方式的守正与创新。

（一）守正

以前笔者就是通过"师傅带徒弟"的培养方式走上编辑岗位的，深切体会到对于一个刚进入出版行业"两眼一抹黑"的新人来说，迫切需要领路人，可以使自己在打基础的阶段少走许多弯路。因此，传统的"师傅带徒弟"的编辑培养方式，实用性较强，基本上是用到什么学什么，边学边干，使得编辑能够尽快适应岗位要求。在"师傅"的悉心指导下，再加上编辑自身的悟性和在实际工作中的经验积累，一批批的编辑开始独当一面，迈出了编辑生涯的第一步。

因此，这种"师傅带徒弟"的培养方式其作用和意义是不容小觑的。

但同时它也带有局限性，因为这样的方式缺乏系统性，不利于人才的科学化、规范化、制度化培养，编辑导师制就是对这种传统方式的创新和完善。

（二）创新

相比"师傅带徒弟"，编辑导师制的创新之处在于：一是对导师的要求标准化，以前的"师傅"只要是有经验的老编辑都可以担任，而"导师"是有准入门槛的，一般要求具有高级职称且业绩突出的人才能担任；二是培养方式规范化，以前是"散漫式"的学习，通常是在实际工作中"哪里不懂学哪里"，而导师制要求根据学员的实际水平制定个性化的导学方案，从基础知识、实务操作和综合素养等方面，对学员进行全要素、全流程的系统化培养；三是学习内容多样化，以前的"师傅"主要传授基本的编辑工作流程和方法，而导师制要求不仅要传知识、传经验，还要传思维、传人脉，以适应新时期对编辑人才更多元、更复杂的要求；四是学习过程制度化，以前的培养方式对学习时间的长短和学习效果的评价没有明确的要求，经常是不了了之，而导师制对学习期限有明确要求，对学习效果也有具体的评价内容，比如：专业资格考试的过关率、业务技能竞赛的表现、编辑出版的图书质量等，同时制定有配套的奖惩机制，以激励导师和学员共同努力取得最佳学习效果。

由此可见，编辑导师制建立了编辑人才培养的科学机制和运作平台，既是坚守了"师傅带徒弟"的优良传统，又是对这一传统编辑培养方式的发扬光大。

三、编辑考核评价机制的守正与创新

编辑考核评价机制是对编辑业务水平的评定，也是对编辑工作优劣的检验，科学、合理、规范的考评机制对激发编辑工作积极性、促进编辑业务素质的提高具有积极作用。在出版行业的不同发展阶段，对编辑的考评不能一成不变，不能"一把尺子量到底"，而是要探索新方法，同时还要坚守底线和根本，这就是编辑考核评价机制所应坚持的守正与创新。

（一）守正

即坚持正确的出版导向，建立把社会效益放在首位，社会效益和经济效益相统一的体制机制。图书出版，是党的意识形态领域的重要阵地，出版行业无论发展到哪个阶段，坚持正确的出版导向始终是根本。中宣部 2018 年 12 月 31 日印发的《图书出版单位社会效益评价考核试行办法》首次明确将社会效益纳入对出版单位考核的硬指标，凸显了图书质量是生命线这一出版理念，其中，"出版质量"中的"内容质量"被明确为出版底线，凡是出版物内容出现严重政治导向错误、社会影响恶劣的，实行"一票否决"，出版单位年度社会效益考核即为不合格。相应地，各图书出版单位也将这条"红线"纳入到对编辑的考核评价体系中，成为出版单位衡量编辑工作的最基本的指标。

（二）创新

在坚守政治导向这条"红线"的基础上，对编辑的考评可以积极探索灵活创新的模式。从国家层面，编辑考核评价机制的创新表现为编辑的技术职称评聘政策的改变。编辑的技术职务，自 1986 年以来均按照中央职称改革工作领导小组发布的《出版专业人员职务试行条例》的规定执行，实行的是评审制。到了 2001 年，国家人事部和新闻出版总署发布的《关于印发〈出版专业技术人员职业资格考试暂行规定和出版专业技术人员职业资格考试实施办法〉的通知》中，规定了在出版专业实行全国统一的职业资格考试制度，2002 年 9 月的首次考试正式拉开了出版专业资格考试的大幕。资格考试和责任编辑注册制为编辑工作设立了准入门槛，同时还对编辑的继续教育学习提出硬性要求，为编辑考评机制提出了新思路和新要求。

从出版单位层面，对编辑考评工作的创新体现在：一方面紧跟国家出版政策指引，坚持把社会效益放在首位的根本原则；另一方面是要因地制宜，结合本单位实际情况制定相应的编辑考评制度。笔者所在的出版单位 2009 年 10 月完成了转企改制，为了在企业管理模式下依然不放松社会效益优先、兼顾两个效益统一的原则，出版社通过调整编辑的薪酬考核办法来引导编辑注重精品图书、原创图书、重大图书的策划出版，比如：如果入选各级重点项目可以按一定比例冲减当年任务指标，完成各种重点项目、基金项目的出版后相比其他一般图书提成比例更高，加大对获奖图书的奖励力度，等等，用科学、合理的编辑考评机制来调动编辑策划出版更多好书的积极性，从而推动出版单位的精品生产走上良性发展轨道，为读者提供更多优质的出版产品和服务。

出版工作者承担着记录新时代、书写新时代、讴歌新时代的使命任务，因此，新时代编辑的培养工作不能墨守成规，而要推陈出新，同时也不必因为时代新就摒弃优秀传统，既要守正，也要创新，在守正的基础上创新，在创新的过程中守正，这样才能更好地引领编辑队伍的发展，为出版强国的实现打造一流的编辑队伍。

（作者单位：陕西科学技术出版社有限责任公司）

地方出版社成功入围主题出版
重点图书选题的经验探析

——以广东人民出版社为例

卢雪华

2003 年原新闻出版总署开始实施主题出版工程,"主题出版"有了正式清晰的概念厘定,逐渐受到学界和社会的关注。主题出版是围绕党和国家的工作大局,就一些重大会议、重大活动、重大节庆日、重大事件和重大理论问题等主题而进行的选题策划和出版活动。其中,"主题"具有鲜明的导向性,内涵与外延丰富,题材多样,例如重大历史事件的纪念日活动、当年即将发生的重大活动事件等都是可以提前预见的,此外还有抗疫、抗洪等一些无法提前预见的突发公共事件。

经过数十年的研究发展,学界对主题出版的理论研究体系已初见雏形,出版业界在党政图书、时政读物方面的实践探索亦渐成规模。为从国家层面加强对主题出版的顶层设计和整体部署,原国家新闻出版广电总局自 2015 年起每年评选一批主题出版重点出版物选题，根据当年社会重大事件和热点，确定出版的重点选题，有利于更好推动主题出版系统化与专业化发展，增强出版单位服务于党和国家大局的使命担当。

一、2016—2020 年国家主题出版重点出版物选题

国家主题出版重点出版物选题，包括图书选题与音像电子出版物选题两大类，由各级出版单位自主申报，当年 3 月左右启动申报工作、6 月完成评选并公布选题目录。从近五年申报情况及入选选题，不仅可以看出当年的宣传重点，以及国家层面对主题出版发展方向的整体把握，结合其中中央级出版社与地方出版社的选题入选情况，更可以看到不同级别的出版社主题出版的侧重点与发展脉络。

（一）中央级出版社与地方出版社入选情况

根据 2016—2020 年国家主题出版重点出版物评选结果，从选题数量上看，2016—2020 年这五年国家主题出版重点出版物图书选题的申报种数分别为 1486 种、1506 种、1340 种、1670 种和 1911 种，其中入选种数分别为 96 种、77 种、69 种、77 种和 110 种，入选比例为 5% 左右（见表 1）。从整体上看，入选选题数量呈先下降后增长趋势，与党的十九大报告提出的"高质量发展"要求和方向相契合。近两年出版单位申报意愿增强，2020 年比 2019 年选题申报数更上涨 14%，入选选题种数同比增长 43%。

在入选图书选题的内容题材上，大多紧扣当年的重大事件节点和重大事件主题，包括长征胜利、建军、改革开放、新中国成立、全面建成小康社会、抗击疫情等，此外每年还有涉及思想研究、党史国史、马克思主义理论、传统文化、科学技术等的其他选题方向。入选选题题材多样，既有知名学者撰述的权威学术著作，也有视角新颖、形式创新的通俗类读物，较好兼顾了理论研究与大众传播的需要。

表1　2016—2020年国家主题出版重点出版物图书选题申报及入选情况

(单位：个)

年份	申报选题种数	入选选题种数	中央级出版社入选种数（占比）	地方出版社入选种数（占比）
2016	1486	96	53（55%）	43（45%）
2017	1506	77	49（64%）	28（36%）
2018	1340	69	34（49%）	35（51%）
2019	1670	77	40（52%）	37（48%）
2020	1911	110	63（57%）	47（43%）

数据来源：根据官网历年数据整理。

在出版社级别方面，2016—2020年中央级出版社入选种数占比分别为55%、64%、49%、52%和57%，中央级出版社入选数量最多、比例较高，其入选选题多为宏大叙事类。大多数年份地方出版社入选数量占比不到一半，尽管2018年占比高达51%，但分布地区较广、涉及出版单位数量较多，在选题申报上竞争仍十分激烈，包括同地区不同出版社之间、不同地区的地方出版社之间、地方与中央级出版社之间的竞争，其中上海市、广东省、湖北省和江苏省等地出版社入选数量较多，选题内容体现明显的地域特色。

（二）广东人民出版社入选选题

2016—2020年，广东人民出版社共7种图书入选国家主题出版重点出版物图书选题目录（见表2），在出版单位中排名第7，仅次于人民出版社、学习出版社等中央级别的出版社，在全国地方出版社中排名第1。在选题内容和方向上，广东人民出版社进行了有益探索，2016年入选的《历史视野下的中国家风文化》，2017年入选的《大战略——以新设计走出中国崛起的新路径》《严肃党内政治生活十二讲》关注传统文化和党的建设，这也是主题出版中的传统类别板块。然而，自2018年开始，广东人民出版社更关注申报年份的重大历史节点与重大事件，例如2018年改革开放40周年入选的《广东改革开放发展史（1978—2018）》，2019年新中国成立70周年入选的《中华人民共和国通史》《账本里的中国》，2020年决胜全面建成小康社会的关键时刻入选的《历史性句号：全球发展视野下的中国脱贫与世界发展》，都是紧扣时代主题的"应时之作"，这类选题方向具有可预见性、主题鲜明、时效性强，往往能较好契合当年时政热点与民生议题。

表 2　广东人民出版社入选国家主题出版重点出版物图书选题

序号	年份	选题	类别
1	2016	《历史视野下的中国家风文化》	传统文化
2	2017	《大战略——以新设计走出中国崛起的新路径》	党的建设
3	2017	《严肃党内政治生活十二讲》	党的建设
4	2018	《广东改革开放发展史（1978—2018)》	改革开放
5	2019	《中华人民共和国通史》	新中国成立
6	2019	《账本里的中国》	新中国成立
7	2020	《历史性句号：全球发展视野下的中国脱贫与世界发展》	脱贫攻坚

二、地方出版社主题出版的现状与困境

从 2016—2020 年国家主题出版重点出版物评选结果看，一方面，中央级出版社入选数量明显多于地方出版社，且选题所属出版单位相对集中，如人民出版社、学习出版社和党建读物出版社等同一年份可入选三个以上重点选题，中央级出版社在主题出版方面占据着得天独厚的优势；另一方面，入选的地方出版单位分布不平衡，地方出版社往往同年或数年仅有一个选题入选，从整体上看，受各类出版资源所限，地方出版社在主题出版方面仍在艰难摸索，试图破除当下的瓶颈困境。

（一）选题滞后、同质化

主题出版往往契合某时间节点的特定主题，具有明显的时效性。地方出版社受编辑力量与投入力度等限制，部分选题策划存在一定滞后，在出版重点时间节点上的前瞻性不足，未能提前策划并落实好切合重大时间节点的作品，不少选题因交稿时间滞后等因素，错过了特定时间后才得以出版，也因此错过了最佳的主题图书销售期和宣传期，未能实现其应有的出版效果和影响力。同时，随着主题出版内容定位日趋明显，在重大时间节点上往往会涌现一大批相似的选题，或题材内容相似，或包装形式相仿，或出自同一作者，呈现着一定程度的选题同质化现象。为抢抓主题热点"商机"，部分实力不强的地方出版社、中小出版社在选题上缺乏深入谋划，只求"能赶上"时间节点跟风出版，这类选题缺乏创意与竞争力。

（二）作者资源有限

主题出版物具有较强的专业性，国内优质的主题出版资源多集中在北京市，其中作者资源是核心要素，是优质选题和内容的保证，更是国家主题出版重点选题的关键评选要素之一。地方出版社受地域所限，从现有选题和已出版图书看，往往省内作者多、省外作者少，知名度高、学术功底深厚、能在全国乃至海外产生较大影响的名家大家更是屈指可数，难以邀请到一批一线权威作者，即便有好的选题，也不时面临无法找到合适作者的艰难困境。作者资源不足、缺乏一线权威作者，一直是许多地方出版社主题出版的关键瓶颈。

（三）送审时间较长

为更好把握图书的内容导向，送审成为主题出版过程中的关键环节。根据 2019 年底印发的《图书、期刊、音像制品、电子出版物重大选题备案办法》，涉及党和国家的重要文件、曾任和现任主要领导人、中国共产党党史上的重大历史事件和人物、涉及港澳台图书等，这些涉及国家安全、社会安定等方面的重大选题均需报中宣部、国家新闻出版署备案。地方出版社需经省新闻出版局报中宣部出版局，从报送到获得批复往往需一两年的时间，部分书稿还需修改后再次送审备案，送审所需时间较长且无法提前预估。

三、打破地域界限，建立科学遴选机制储备主题精品项目

国家主题出版重点图书选题评选，是对出版社整体和编辑人员的双重

考验。地方出版社要着力建立科学遴选机制储备主题精品项目，从凝聚优质作者资源、发挥地方特色优势、创新选题方向等方面，破除在主题出版方面的地域限制和资源瓶颈。近年来，广东人民出版社围绕重大主题的大局方向，把握不同年份的重要时间节点，提前谋划和筹备具有可预知性的重大选题，同时及时了解形式政策变化，快速反应并策划不可预知性的时政热点选题。

（一）以优质作者资源为依托，打造权威精品

优质的作者资源是选题项目的核心竞争力，是作品内容质量的重要保证。这类作者往往是某一领域的学界权威，有着较高的学术造诣，对某一学术理论问题或社会热点议题有长期深入的研究，且通常有着丰富的图书编撰经验。高端权威作者也是图书品牌的关键要义，特别是对系列图书而言，有利于图书后续宣传发行工作推进，借助作者在全省、全国乃至海外的影响力，可提升图书产品的知名度和吸引力。同时，权威学者也是重要的专家顾问储备资源，能在编辑选题策划、编校书稿时提出宝贵的建议，确保选题方向和图书内容导向正确，这也是打造主题出版重点图书选题的首要条件。

地方出版社要站在全国乃至国际视角上，优化作者层次结构，争取与学界一流的名师大家合作，实现作者团队"走出去"。与一线作者资源丰富的中央级出版社相比，地方出版社需要投入更多的出版资源，打破地域、出版社级别等的影响和限制，建立成熟完备的作者资源库。以广东人民出版社为例，加强对作者资源库建设的顶层设计，整合全社骨干力量，从社的层面组织年度重点选题论证会或各类学术研讨会，邀请不同学科领域的知名学者参会，这类会议中的思想碰撞是创新选题的重要来源，既有利于加强人才队伍建设、提升编辑人员学术水平，又能为寻求优质作者资源、挖掘创新选题提供良好的平台和机会。主题出版具有鲜明的政治性、思想性和导向性，编辑策划选题不可能"闭门造车"，需要不断关注时政方向、思维热点和学术动态，与优质作者加强联系和沟通是把握动向的重要方式。

良好的选题方向、学界一流作者和优质内容，一直都是主题精品的重要保障，高质量的精品往往需要优质作者进行长时间深入的研究与打磨。2016—2020年，广东人民出版社不断挖掘高层次的权威作者资源，从源头上保证主题图书内容质量，打造多本有政治高度、思想深度、知识厚度和情感温度的权威理论读物。例如，《严肃党内政治生活十二讲》既满足了党内政治生活基础知识的理论建构需求，又符合当前净化党内政治生态的现实要求；《历史视野下的中国家风文化》，以大视野呈现中国家风文化的景观，力求让读者深入体验传统家风的丰富内涵、魅力和指导性力量；耗时数年筹备打磨而成的《中华人民共和国通史》，是全国第一部多卷本通史性著作，兼具系统性、全面性和权威性。选题策划筹备的过程，也是充实和积累优质作者资源的过程，这些权威主题精品均出自一流作者团队，由所属学科领域内知名学者统筹，稿件质量较高且能准确把握最新形势动态，同时满足学术界和社会大众对主题读物的需求。

除了寻找和挖掘新的优质作者，作者资源库需要持续维护，深耕现有的作者资源，保持联系、密切沟通，熟悉的作者能对编辑和出版社产生较强的信任感，更有助于更好地沟通合作，并进行长期追踪，及时关注其学术研究动态与课题项目成果，持续开发更多选题。优质作者不应以年龄资历判定，优秀的中青年学者或许在思想上已经崭露头角，作品的成形完善往往伴随着作者的成长发展，要实现优质出版的可持续发展，更要注重发现和培养有潜力的青年作者，为学术界和出版业界注入年轻血液，实现编辑、作者和作品三者的共同成长。

（二）突出地方特色，打磨有独特亮点的选题

地域性在主题出版中是一把"双刃剑"，主题出版特别是入选的国家主题出版重点图书选题，大多站在全国性大局上进行把握，地方出版社在选题方向、内容和作者上的地域局限性，较难在全国范围内引起共鸣。然而，机遇与挑战并存，立足自身专业优势，正确处理好地方与国家的关系，借助地方资源挖掘更具特色化、独特性的选题方向，或许能成为地方出版社独一无二的优势。

以广东人民出版社为例，2018 年入选的《广东改革开放发展史（1978—2018）》较好实现了地方叙事的特色化出版。作为中国改革开放的重要"窗口"，广东省改革开放的历史进程和基本脉络，也是全国改革开放进程中的一个关键缩影。讲好广东省历史，对讲述中国改革开放史、传递人文精神具有重要意义。在改革开放 40 年的重大节点，广东省地方珍贵的档案材料，对广东省地方史有深入细致研究的专家学者，有广东省地方历史出版经验的出版社，熟悉广东省历史文化的编辑团队，等等，这些都是极具优势的出版资源，是广东省具有国家层面意义的资源。可见，广东经验、广东道路、广东故事，融中国特色与岭南文化于一体，值得广东省地方出版社深入挖掘。除了持续打造权威理论著作外，处理好广东省与国家的关系，策划具有全国视野的广东省特色选题，是地方出版社做好主题出版的特色之路。

从近 5 年国家主题出版重点图书选题看，不少地方出版社已经实现主题出版与地方特色的较好融合，例如，安徽教育出版社 2020 年选题《大别山上：一个革命老区的壮丽新生》，南方日报出版社 2019 年选题《港珠澳大桥岛隧工程画册》，云南人民出版社 2018 年选题《决不让一个兄弟民族掉队——图说怒江扶贫与跨越 50 年》，陕西人民美术出版社 2017 年选题《中共中央在陕北 13 年图集》，河北教育出版社 2016 年选题《别样精彩的人生——保定学院支教毕业生群体扎根西部纪实》，等等。尽管这类地方特色选题在全部入围图书选题中并不多，在同年主题相同、选题同质化趋向的背景下恰能展现出鲜明的选题特色，地方出版社在准确把握重大主题的同时较好融合了地方特色资源，未来这类选题或许是地方出版社做好主题出版的一大方向。

（三）从小切口观照现实，讲好中国故事

主题出版是围绕重大主题展开的出版活动，承担着传播和弘扬主流价值观和社会主义意识形态的担当职责，推动马克思主义中国化、时代化、大众化。因此，晦涩难懂的语言、高深莫测的理论并不是主题精品应有之义，恰恰相反的是，"大家写小书"，将深奥专业的理论用平淡朴实的语言表述，能选取较小的切口题材观照现实，才能更好实现主题出版深入人心。

例如，在 2019 年新中国成立 70 周年的主题出版重点选题中，广东人民出版社《账本里的中国》以普通人的个人和家庭账本为切入点，通过一个个真实而具体的故事讲述数十年来人民的生活变化，反映整个国家社会生活的发展变迁，分析背后的改革逻辑和政策轨迹。每一个人、每一个家庭的账本故事凝聚在一起，就是中国 70 年来自强不息、繁荣发展的历史图景，该图书选题从账本这一小切口，折射新中国 70 年大变革大发展的时代主题，用普通老百姓都能听得懂的语言讲述大道理，能深刻地引起普通读者共鸣。

讲好中国故事，展现中国成就，传播中国智慧和中国方案，也是主题出版的重要任务，弘扬和传播中华优秀文化精神，为解决人类发展问题、为世界上其他国家谋求发展提供启示和借鉴。例如，广东人民出版社入选重点选题的《历史视野下的中国家风文化》《账本里的中国》出版后取得良好反响，已输出繁体中文、英语、韩语等多个语种。主题出版"走出去"不应只是外译项目的开展，从选题策划阶段亦可突出国际视野，如《历史性句号：全球发展视野下的中国脱贫与世界发展》中英文对照著作，多维度探索中国减贫扶贫经验，为世界经济可持续发展提供参考借鉴，适时回应海内外学者和普通读者亟须了解的时代热点。

四、对准年度资助范围和重点，做好申报工作

国家主题出版重点选题申报，有其固定的流程和时间安排。出版社应对准年度资助范围，把握当年主题方向重点，在选题策划筹备、申报材料准备、书面材料撰写等方面，做好申报工作。

（一）提前谋划，做好选题申报进度安排

每年的第一、二季度，各级出版单位会根据当年关于做好主题出版工

作的通知，组织开展申报工作。主题出版具有较强的前瞻性和时效性，出版社往往会提前谋划和筹备未来几年的时政类重点选题。从选题策划、寻找合适作者到目录提纲拟定、作者撰写样章或完稿，且成稿率符合申报比例要求，通常至少需要一年左右的时间，以广东人民出版社为例，入选图书选题均提前两年左右筹备，其中《中华人民共和国通史》更是提前三年启动选题项目。

为配合年度主题出版重点选题申报时间安排，出版社要做好选题进度安排。前期策划、论证选题和寻找作者往往需耗费大量时间；目录提纲拟定也需要编辑与作者反复修改完善，如作者团队成员较多或需要外聘专家顾问，还需要组织目录提纲研讨会；待提纲确定后，作者有时会因身体、家庭和工作因素延后交稿时间；在作者撰写过程中，甚至还有可能对图书论述主题、框架和结构进行调整……各类主观和客观因素，会在一定程度上影响图书出版进度和申报工作。"巧妇难为无米之炊"，如果成稿率未能达到当年申报要求，选题方向新颖、作者高端权威也无法帮助出版社完成申报工作；在成稿率达标后，如果目录提纲内容不完善，样章粗糙且未经打磨，提交的书稿内容不能展现选题精髓，再好的选题也无法让人"眼前一亮"、成为入选作品之一的。

（二）注重对项目申请书的打磨

项目申请书是对项目内容的高度概括和总结。一份好的项目申请书，能让人阅览后迅速、准确地把握书稿的主题和内容概要，基本了解书稿的创作背景、学术价值和现实意义，更能留下一两个令人印象深刻的记忆点，如主题新颖、书名独特、作者权威、内容题材有深度或有特色、意义重大等，这些独特之处往往能使选题在众多参评项目中脱颖而出。而在主题出版重点出版物申报中，选题往往围绕当年既定的"主题"展开，项目申请书中对内容的把握和呈现，显得尤为重要。

出版社要注重对编辑撰写文稿能力的培育，以及对项目申请书内容质量的把关。编辑对选题缘起、策划背景和作品成型全过程有充分的了解，除了策划选题、寻找作者、与作者沟通、打磨书稿外，编辑填写项目申请书的能力在申报工作中同样重要。有了好的选题、一流作者且成稿率达标后，编辑还需要花费一定的时间和精力打磨项目申请书，不仅需要填写完整、规范，更重要的是凝聚选题精髓。例如，在内容简介和意义上，将现有同类选题进行对比，注意提炼书稿最具独特性的特色亮点，突出选题学术价值和现实意义；部分书稿附有编写说明，深入阐述了项目背景意义，梳理内容撰写思路和主要内容，准确传达作者创作目的；作者简介需适时更新，特别是作者单位、职务、职称等信息务必准确无误，突出作者研究方向和以往编写出版经验；等等。

五、小结

国家主题出版重点出版物选题是紧紧围绕当年党和人民事业发展全局、具有一定学术价值和社会意义的优质选题，其申报工作是各级出版单位的工作重点。一直以来，广东人民出版社高度重视每年的主题出版策划和重点项目的申报工作，提前谋划、未雨绸缪，一方面加大开发并持续跟踪高端权威的作者群体，建立覆盖学科相对全面、有一定全国影响力、可持续发展的作者资源库，依靠优质作者打造权威精品；另一方面，一直致力于更好挖掘和发挥地域优势，利用独特的地方资源、新颖的选题视角、创新的内容呈现形式等打造特色选题，争取在申报评选活动中"突围而出"。从近年来入选的国家主题出版重点图书选题看，中央级出版社在选题宏大性、作者权威性等上呈现明显的优势，地方出版社要加大对主题出版的投入力度、突破诸多资源瓶颈，仍任重而道远。

参考文献：

1. 余力、冯展君、翟聪睿：《新时代城市出版社主题出版的创新与发展——以南京出版社为例》，《中国编辑》2020 年第 5 期。

2. 蒋三军、包鸿梅：《地方叙事：主题出版的一个挖掘方向》，《出版发行研究》

2020 年第 3 期。

3. 姜军:《主题出版的特征与策划刍议》,《出版广角》2020 年第 3 期。

4. 杨迎会:《论新时代主题出版的政治性、文化性和时代性》,《中国出版》2018 年第 17 期。

5. 胡心婷:《从 2015—2018 国家"主题出版重点出版物选题"浅析主题出版策划之道》,《科技传播》2018 年第 18 期。

6. 何军民:《关于主题出版三个维度的分析——以国家新闻出版广电总局 2015—2017 年主题出版重点选题为考察对象》,《中国出版》2018 年第 1 期。

7. 周峥:《如何让主题出版行之久远——以上海人民出版社主题出版的实践为例》,《中国编辑》2016 年第 5 期。

8. 康弘:《关于精品图书出版的几点思考——精品图书出版刍议》,《中国图书评论》2017 年第 6 期。

9. 乔还田:《出版精品是这样打造的——基于编辑工作视角的思考》,《中国编辑》2016 年第 1 期。

10. 辛原:《党的十八大以来主题图书出版综述》,《出版发行研究》2014 年第 11 期。

（作者单位：广东人民出版社）

辞书规划的学术理性

刘国阳

辞书规划中政策、人力和技术等因素，依据的战略，遵循的法则，内容的衡量与评价的预判，无不体现着特定时期文化水平和科研成就。辞书根基是学术，辞书力量寓于理性。辞书策划、创制和传播的经验应当积累，应当以学术理性的绳墨公之于世。

出于文化含量考虑，出版机构、地区或部门乃至国家层面规划辞书时，首先强调图书面向未来的存留价值。1917 年，蔡元培即论断"一社会学术之消长，观其各种辞典之有无，多寡而知之"，辞书质与量堪称测试文明程度的科学标准。1979 年，姜椿芳谈及为什么要出《中国大百科全书》时开宗明义，"出版百科全书是一项科学文化的基本建设。最近200 年世界科学文化的发展，尤其是最近 20 年科技的突飞猛进，学科门类愈来愈多，内容日新月异。人们要获得这些新知识，非有一部包罗万象的'全书'不可"①。瞩目中长期社会反响，而非首版初印的快速回报，面对总揽全局、均衡安排的枢纽锁钥，博恰方法和缜密论证方法是规划辞书时的最大前提和一贯途径。

一、统筹的逻辑性

尊重规律的全面平衡，量力而行的循序渐进，辞书规划所信奉的范式和依据的共识莫不如此。1952年召开辞书编纂会议，呼吁改变"大国家、小辞典"局面。1975年在广州省召开了"中外语文词典编写出版规划座谈会"，会议落实了词典编写出版规划，10年（1975—1985年）内推出外语和汉语辞书160部。三大项目之一的《汉语大字典》由湖北省和四川省承担，来自高校、科研和出版部门的几百人组成十几个编写组合作十几年，工程结束，两省都建制了辞书出版社。1980年制定《1981—1983年少数民族语言文字工具书规划》，三年内预计出版13种民族文字的各类辞书83种，基本上如期结项。列入1988—2000年国家辞书编纂出版规划的169部辞书，突出了专科辞书、百科全书，昭示了中外出版机构互信合作、谋划长远的前景。探索未知领域不确定性，讨论争鸣辨析，可检验、证伪的推断，合理判定成果可信度的路向，规划全程凸显的踏实钻研、深入探求精神，使知识追求与学术进益功能变成共享事实。规划的整体安排不是自足封闭的，理性分析必然和可能，正视局限，接受外部刺激进而调试，应该成为常态。兼顾具体和特殊，处理变量反常、危机变革，规划的管控涉及项目选择、制作成本、市场投放等环节。2016年5月，原新闻出版广电总局印发"十三五"国家重点图书、音像、电子出版物规划，结合此规划，检查《2013—2015年国家辞书编纂出版规划》189个项目，调整充实，已执行项目65个，53个全部完成，12个部分完成。原新闻出版广电总局确定，

---

① 姜椿芳：《从类书到百科全书》，中国书籍出版社1990年版，第30—31页。

新增规划项目 52 个，批准有关出版单位申请撤销项目 4 个。出版管理司解释"十三五"规划 8 个重点方面时，第六条针对古籍整理和辞书编纂两项长期规划如何与新五年规划衔接提出要求，除了秉承各自特色，如挖掘、抢救、整理优秀文化遗产和加强语言文字规范应用，最为重视的共性特征是学术内涵：构建学术知识体系，体现国家水平、服务社会建设、促进学术发展。掌握如此核心，才称得上高水平的辞书出版选题。[①] 微观到具体辞书，在一般商业出版领域，起步规划阶段要确定市场、决策规模、预算投资、测控进度，否则无法解决如何编纂的根本问题。但编纂进度计划往往赶不上变化，变化最大的是学术性辞书。[②] 以外语辞书为例，第一次辞书规划涉及 45 种外语 129 部外语辞书，个别小语种项目未能如期完成。改革开放伊始，双语辞书需求激增，12 年间出版各类双语辞书 300 多种。1988 年、2013 年公布的两次辞书规划，都涉及 30 多种外语版本。"一带一路"建设，沿线 60 多个国家 50 多种国家通用语、200 多种民族语言的互联互通，将基础性的多语辞书规划提到议事日程。

纵观我国三次辞书规划：第一次规划体现了基础建构的策略；第二次规划着眼于优化的战略；第三次规划则体现了文化发展战略。[③] 三次规划反映了我国各阶段对辞书建构、规划的侧重点，也相应服务了各阶段的语言生活。

辞书是与学术关联最紧密最绵延的图书种类。树立标准与品牌牵动是辞书高标一格的学术品位，两者契合统一乃谋略深远的内在逻辑使然。新中国成立前，中华书局推出或预计与《辞海》配套的副产品有《中外人名辞典》、"节本《辞海》"、《中华新字典》等。《汉语大辞典》规划最早由吕叔湘 1956 年起草，当时搞科学研究十二年规划，其中语言学占据一席之

---

① 孙海悦：《催生精品力作　聚焦创新发展》，《中国新闻出版广电报》2016 年 5 月 31 日。

② [美] 兰多：《词典编纂的艺术与技巧》（第二版），章宜华、夏立新译，商务印书馆 2005 年版，第 374、376 页。

③ 魏向清：《国家辞书编纂出版规划的战略定位》，《辞书研究》2015 年第 1 期。

地。《汉语大辞典》这一名称更是早在 1930 年左右，就出现在文化界的构思之中，黎锦熙等前辈筹备中国大辞典编纂处，已描绘其蓝图。[①] 王力 80 多岁时根据年轻时期对理想字典的设计，独自编纂了《王力古汉语字典》前 4 集，堪称学术生命耀人眼目的最后闪光。辞世之后，他原来的 6 位助手继承发扬师说，续写后面 8 集，以成全璧。1836 年成立的劳特利奇出版社（Routledge）颇具学术影响力，从 1968 年出版《图书馆与信息科学百科全书》而涉足百科全书以来，几十年间问世哲学、经济等近 20 个学科 700 多部辞书，担当起学科发展的风向标。以物理学发展来说，1911 年《不列颠百科全书》第 11 版，物理学被描绘成有 9 个组成部分的分支，这些分支又被分为 20 个更专门的组成部分。到 20 世纪 60 年代第 14 版，《不列颠百科全书》概览"物理学词条"，包含了超过 130 个专门主题。1961 年《韦氏新国际词典》第 3 版中的发音处理比 27 年前的第 2 版有很大改进，在于将 20 世纪语音学研究的重大成果首次在普通英语词典中系统应用。《中国大百科全书》1 版涵盖 66 个学科，2 版增加到 70 多个学科，3 版经过各学科合并拆分，2 万余位专家学者参与，启动 103 个执行学科。

遵循超越，规范变异，生生不息的互动，敦促辞书规划辩证对待演变与未来。辞书演进与知识本体嬗变呼应对接，辞书编纂史某种程度上就是一部科技发展史。再版长命，修订升级，是辞书生发类聚的不二法门，真理错失相伴而生，规划辞书时，设计修订预期，成为不可忽略的要义。如《辞海》从第 3 版起，就规划了 10 年推出一个新版的目标。《新华字典》和《同音字典》于 20 世纪 50 年代先后出版，两部小字典各具特色，受到普遍欢迎。前者十余次修订，畅销几亿册，不愧为当代第一品牌辞书。后者仅出一版，逐渐失去读者。法国《小拉鲁斯词典》从 1924 年起年年更新，每次篇幅大体不变，新世纪前夕，每年销量已突破百万册。早稻田大学深井人诗概括出理想辞书 22 项标准，编纂经过、初版到修订版构成的演变史作为其中两条，所言不虚。《辞源》第 3 版修订主编之一王宁，深

---

① 《吕叔湘文集》，商务印书馆 1992 年版。

有感触地将 8 年通力合作攻关称之为"边修订边学边研究的多学科、大规模学术活动"。

二、协同的目的性

辞书规划行之有效，取决于出版方、作者和读者持续的联动和反馈，学术推进作为最大的动力居功至伟。上海辞书出版社制订 22 年长远选题计划，主要起源于《哲学大辞典》和《中国历史大辞典》，作为上海和国家"六五"科研规划重点项目，两部书分别完成于"八五"和"十五"期间，后者编纂出版时间达 21 年之久。总揽大中小型和各种专科、系列辞书的全局规划，从 1978 年一直跨越到 2000 年。[1]《现代汉语词典》从国家立项到正式出版同样历时 22 年，试印、试用几个版本发放到近 150 家高校、研究机构和各界读者，广泛征求意见。1961 年《辞海》"中国经学史"初稿完成，邀约全国专家审核，条目陆续寄审，四川大学蒙文通看了三次，回复三封信改动原稿、表述观点。编辑部再度分赴各地，在川大座谈讨论，又去蒙先生府上拜望两次聆听高言宏论。围绕"一带一路"倡议，商务印书馆和上海外语教育出版社，分别依托中国国际广播电台和上海外国语大学等作者群，推出了多部小语种词典。

1992 年中国辞书学会成立时设 1 个学术委员会、7 个专业研究机构，作为辞书界学术共同体，在职业自律中首创学术道德第一和职业道德并重的准则，因为辞书规划往往与国家语言规划、自然和社会科学基金项目等互有重合。追求核心知识产权主旨，保障辞书高品质，辞书出版社研究机构成为开发自主版权辞书的智库和引擎。作者署名为商务印书馆辞书研究中心，道出编辑原创地位。出版竞争也好，技术支持也罢，根本是人才优势，编辑承担全部策划和编辑工作，并与外部专家共同撰稿。编辑集

---

[1]　巢峰：《出版论稿》，复旦大学出版社、上海辞书出版社 2007 年版。

高度参与者、主导者和项目负责人于一身，才能实现"编创合一"的出版模式。① 作者与出版方有机共生、紧密长久"绑定"，是辞书精细化成长的要件。如《辞海》第 3 版和第 4 版社会学科主编费孝通，上海译文出版社《新英汉词典》《英汉大词典》重要担纲者陆谷孙。法国从 18 世纪"百科全书"派开始，创作界兴起了以写辞典的方式来著书的习惯，如伏尔泰《哲学辞典》发表的是他对社会的全面批判思想。到 20 世纪 80 年代初，法国出版各种规格的辞典有 2 万余种。法兰西科学院来自各领域的专家组成 40 名院士队伍，主要负责编纂辞书，致力于法语的规范前行和水平提升，针对每个词汇领域组建特别委员会，由专家组负责具体方面工作，每部辞书平均耗费 34 年时间。20 世纪七八十年代，语料库语言学作为助力辞书的应用学科，率先吸引英国出版社与研究机构联手运营。新技术催生辞书学科前行，辞书质量在跨学科专家双向努力中提升。90 年代，柯林斯辞书挑战老牌牛津系列引发论争，很大程度上缘于伯明翰大学语料库的支持，语料库收词浩繁、反映英语实况，新生工具手段让辞书编纂走出传统囿限，新世纪之初，《柯林斯英语词典》借助的语料库高达三亿两千万词汇。2000 年，牛津大学出版社第一个在线产品上线，即《牛津英语词典》。韩国斗山东亚的世界百科全书辞典加载到 NEVER 网站搜索引擎后，5 年内创下高达 150 亿韩元的销售业绩，同时使 NEVER 成为韩国第一门户网站。创造性的双赢模式，证明了辞书生命力的强大稳植功效。2012 年商务印书馆推出"百种精品工具书数据库"，涉及 20 多个语种，融入音视频等多媒体技术，采用会员制、计算流量等方式付费使用，探索出一条符合自身特色的工具书系出版模式。

陆谷孙 1999 年在《英汉大词典补编》"小序"中推重几位编者同行的专注、契思和词典头脑。哈佛大学历史学教授勒泊尔 2006 年在《纽约客》上撰文，评论维基百科编写时没有举手表决过程，也无撰著委员会，其理念可能是人人皆可从事辞书。如此情况，还需要专家吗？网络平台的编

---

① 李昕：《做书：感悟与理念》，商务印书馆 2015 年版，第 257 页。

读互动即时衔接，10 年间维基词典成为世界上最大百科全书。欠缺不足暂且不论，参考查阅的开放式许可，协同工作的分配模式，英文版维基百科每天有近 15 万次修改。突破障碍展示自我的勤勉热情，可资传统辞书借鉴。传统辞书设计内容纠错时的措施，如《辞海》除编校次数、梯级的绝对优势，专项检查还有 20 种左右。借助现代技术条件的即时互动，大大节省了时间，提高了效率。正在进行的《牛津英语词典》第 3 版，编辑部每三个月上网公布一次新修订内容，研究成果向大家求证，读者每年义务发送的引文例证电子信函多达 60 万条。众筹自助出版的知识供应和学术探讨方式，与品牌辞书权威准确之路并行不悖。编纂者构想《英汉大词典》第 3 版主体格局时，发布的新概念包括启动几十位专业读者在全球搜集英语标识语、广告语，建立微信群共享、分析。2011 年，《中国大百科全书》第 3 版宣布优先发行网络版，立项伊始即着手建立数字化编纂平台，完善网络产品的总体设计。历史上，狄德罗主编《百科全书》意在以理性标准衡量人类全部活动，提供重新认识世界的一种依据，代表启蒙运动主体与灵魂的大书重要尝试和成功创新在于：把新的科学加以统一和通俗化。为了出版《百科全书》，全社会都被动员起来，这正是它成为 18 世纪畅销书的内在机理。日常学习的工具书，研究成果的最新反映，普及科技的平台，词典被赋予三者合一的产品目标，从以狄德罗、伏尔泰等为代表的"百科全书"派开始，法国人甚至形成了以写辞典的方式来著书的传统。惊人的相似再次在当代辞书身上应验。

三、布局的长期性

辞书规划中最易察验的特点，辞书示范出版文化圈的鲜明个性，莫过于运作之久、周期之长。眼光前瞻，学术先行，辞书界 30 多年前即讨论辞书编纂的中国化，继之展开打假批劣"三大战役"，整治市场，监督质量，展望辞书强国愿景，重视制订落实规划。

　　前期投入与销售周期成正比，辞书生命力长久，依赖于学术滋养的传统渊源有自。《牛津英语词典》估量十几年完工，实际编纂近 50 年（1879—1928 年）。启动之前，学术研究已持续 20 多年，1857 年英国语文学会理查德·特仑奇发出编写倡议，专家收集数百万条释义例证，每个词的历史要从 8 世纪起直到现代，所有词条都以原始引文为基础。很多中外辞书出版时间都大大超出预计。《汉语大词典》于 1975 年上马，五省一市联合编写，工作量大，难度高，很多方面从零开始的这项"有重大创造性、重大基本建设性、重大历史意义和重大国际意义的科学研究工作"（陈翰伯语），1994 年才全部完成。《现代汉语词典》在 1958 年编写之前，吕叔湘首先发动编纂者及研究人员，收集资料达 100 多万张卡片。十几年当中，围绕义项确立、排序及释义，反复推敲，多次修改，还进行了相当数量的专题研究，不断吸收最新成果。①《中国大百科全书》第 2 版 1995 年批准立项，名列国家新闻出版总署"九五""十五""十一五"重点出版工程，历时 14 载，2009 年 4 月才全部告竣。《普什图语汉语词典》的编纂过程，更是长达 36 年。上海辞书出版社"鉴赏词典"系列，探寻出其中"标准化"文史路径提示与"序列化"知识储备。文学鉴赏词典编纂中心主持的系列产品已有近百种，持续了十几年。② 法国罗贝尔词典辑录"法国历史大事年表"，从公元前 52 年到 1999 年共计不足百条，涉及文化的寥寥几条聚焦于辞书。第一部法语词典问世后 29 年，1635 年法兰西科学院建立，旨在编写四部书，首要的是词典。45 年后，第一部法语单语词典完成。③ 萨缪尔·约翰逊 1747 年发表《英语词典计划》，8 年后他编写的《英语词典》出版，作为最权威英语辞书，一个多世纪里无人望其项背。德国格林兄弟作为语言学家，中年之后开始编纂《德语大词典》直至相继去世，后人延续其体例，共耗时 120 多年才竣工这部 80 卷巨著。苏联百科全书出版社

---

　　①　延琳：《二十年编纂　三十年风行——有关部门纪念吕叔湘百年诞辰暨〈现代汉语词典〉发行三十周年》，《出版参考》2004 年第 24 期。

　　②　陈昕：《出版忆往》，海豚出版社 2013 年版。

　　③　商务印书馆辞书研究中心编译：《罗贝尔法汉词典》，商务印书馆 2003 年版。

70 多年间竣工 3 版大百科全书，66 卷本组成的首版从 1926 年一直持续到 1947 年。日本近代辞书之父大槻文彦倾注 17 年功夫，独自完成第一部现代意义语文词典《言海》，然后又参与其大部分修订，和、西、汉三种学术背景集于一身，体现国家意志的重任，于是历史选择了他。

在比照、合作中进入异域视界，是辞书扩容生命、延宕时日的又一因素。安布罗乔·卡莱皮诺耗时 30 年编成的《词典》最初作为一部拉丁单语种百科词典，1502 年出版后，在 16 世纪印了 165 版。意大利版本中加上了意大利语译文，佛兰芒版本中有法语、德语和佛兰芒语译文，许多语言的译文编在一起，让"卡莱皮诺"（Calepino）成为被广泛认可的词典品牌，甚至被称作词典体裁的代名词。引进《简明不列颠百科全书》，从接触签约到最终出书共计五六年时间，中美双方必须一致通过所有内容。某一战争条目反复讨论，四易其稿，排除政治因素，避开爆发起因，让事实与意见分离，最终大家方可接受。[①]有关中国的 2400 余条不按照英文翻译，由我们自行另写，绝大部分在实事求是、求同存异原则下得到共同认可，全书再版时将编入英文版。反之，匆促亮相的几部学习辞典，与牛津、朗文、麦克米伦等五大英语学习辞典分庭抗礼的兴盛局面相形见绌，不完全符合"学习"要义，没有充分破除学习者面临的几重困境，与《现代汉语词典》相似率超过 50%。有识之士的警示，让我们深思学养作底蕴的专业本领，绝非一朝一夕唾手可得。

发挥学术理性能动作用，减少辞书生态知而未蹈、期而未至的遗憾，缩小规划与执行间的鸿沟，不妄信某种简单驱动的要素。辞书规划与实施执行同步合拍，追踪学术源流，契合学科行规，培养学科编辑知识整合与产品运营能力，反思未落实之原因，在应用框架下臻于完善，是辞书出版恪守的必然规律。

（作者单位：辽宁人民出版社）

---

① 朱增朴：《传播与现代化》，中国新闻出版社 1989 年版。

基于市场需求的新时代策划
编辑人才培养研究

王　晨　陈　丹

随着互联网的深入发展，出版业更加市场化和多元化，文化产品的载体、传播介质、宣传方式等都发生了翻天覆地的变化，如何实现一种资源的多种形式，成为文化产业密切关注的问题。适应并推动出版业高质量发展，离不开一支高素质的人才队伍，而高素质高能力的策划编辑更是出版单位形成品牌的关键因素，促进出版业可持续发展的重要保证。本文以第三届至第八届北京地区新闻出版广电行业人才招聘会的招聘信息为例，从用人单位的角度，分析当前市场对策划编辑的需求现状及特点，以期为出版教育及出版行业提供参考，为策划编辑的培养提供可行性建议。

一、策划编辑的需求现状分析

本文以第三届至第八届北京地区新闻出版广电行业人才招聘会的招聘信息为例，采用关键词检索及人工标注的方法，筛选出 178 条有关"策划编辑"的招聘信息作为研究样本。经统计，招聘策划编辑的共有 46 家出版企业，其中包括 29 家出版社、9 家图书公司及 23 家文化传媒公司；共招聘 462 人，占编辑岗需求人数的 17.65％。通过对相关招聘信息进行分析，发现目前市场对策划编辑的需求呈现如下特点。

（一）学历需求以本科和研究生为主

学历水平是应聘者学习能力的证明，学历越高，则学习能力越强，基础知识也越牢固。经统计，在连续 6 届的招聘中，专科学历的需求仅有 5％左右，本科及研究生学历需求高达 90％以上。另外，专科学历逐渐被市场淘汰，而研究生学历则在第六届至第八届的招聘中明显上升。有多家出版企业在策划编辑的招聘条件中明确标注"特别优秀的研究生应届毕业生可破格录取"，这都表明出版企业对策划编辑的学历需求更高更严格。

（二）学科（专业）背景需求与岗位需求匹配

根据我国高校现行的学科门类分类办法，笔者对招聘信息中的专业背景需求项进行归纳和统计，最终发现：策划编辑的专业背景需求广泛，涉及文学、理学、工学、管理学、经济学、教育学、艺术学、医学及历史学等多个学科（专业）。

分析发现，不同岗位对应聘者学科（专业）背景的需求，呈现出明显与岗位需求相匹配的特点（见图 1），经管类图书策划编辑岗位大多需要管理学和经济学专业的人才，如：对外经济贸易大学出版社需要会计专业的人才担任策划编辑；医学图书策划编辑岗位则需要医学专业的人才，如：北京科学技术出版社的策划编辑岗位要求具有临床医学专业背景；少儿读物的策划编辑岗位对专业背景的需求主要集中在教育学，同时考虑到

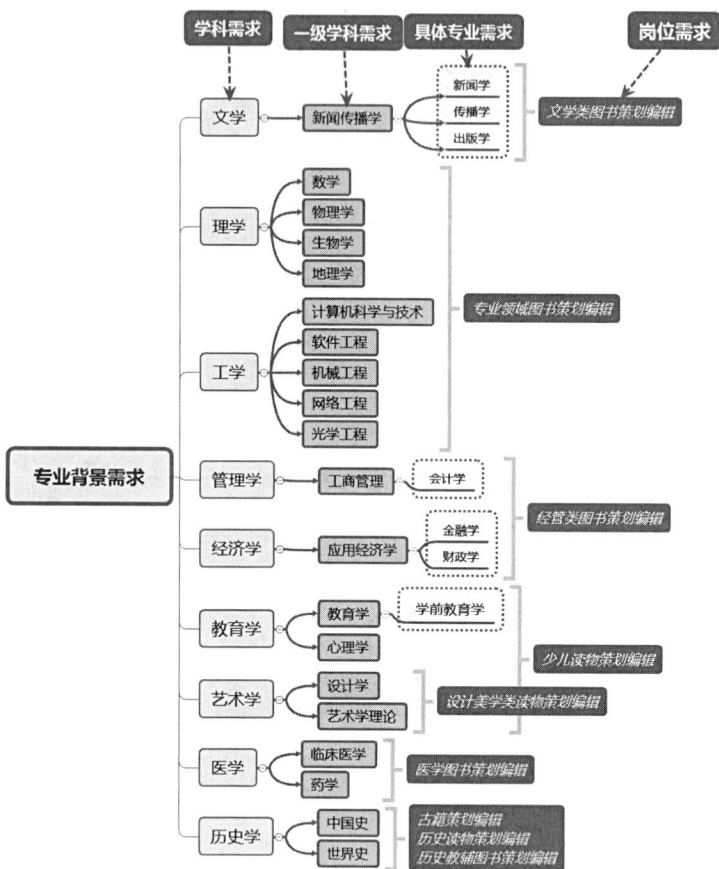

图 1　策划编辑的专业背景需求情况

少儿读物的趣味性、新颖性等特点，艺术学的专业背景也被多家企业所需要；理学和工学的专业壁垒最强，如电子工业出版社有限公司的策划编辑岗位需要电子信息相关专业的人才……

（三）选题策划、编辑加工及营销宣传为核心专业能力

策划编辑作为出版企业的核心职位，在整个出版活动中起着规划、统筹、监督的作用，不仅要完成作品的选择、搜集、加工和整理等日常工作，同时还要进行市场调查、设计选题、组稿、审稿、文字加工、封面及版式设计、市场预测、营销宣传、读者反馈、成本核算等一系列工作。经过对招聘信息的总结，出版企业对策划编辑人才的专业能力需求集中在选

题策划、编辑加工及营销宣传方面。

选题策划能力是核心能力。在连续 6 届招聘中，对选题策划能力的要求始终位居第一，选题策划的能力直接体现策划编辑的眼界、视角及对市场变化的敏感程度，也决定着出版选题是否具有竞争力。

编辑加工能力是基础能力。近 6 届人才招聘中，编辑加工能力的需求呈现稳步上升趋势。《出版专业人员职务试行条例》编辑人员任职条件中规定"熟练地掌握编辑业务，能独立处理稿件，有较高的文字水平……"编辑加工能力是编辑的基本能力要求，策划编辑同样适用。

营销宣传能力是必备能力。在第八届人才招聘会中，营销宣传能力的需求快速增长，且反超编辑加工能力。随着互联网文化的日趋成熟，知识的承载介质、传播渠道发生转变，供给端与需求端之间的差距逐渐缩小，如何重构营销渠道、完成出版物的多元化经营是当下出版行业乃至文化行业所关心的问题，因此，营销宣传能力在当下备受关注。

（四）职业素养要求多元化

职业素养是指在职场上长时间的学习、改变、调整，最终形成的一种职场综合素质。在借鉴已有经验的基础上，笔者使用 Excel 词频分析工具对近 6 届招聘会中策划编辑岗位的职业素养需求进行了统计（见表 1），最终得到沟通、创新、责任、独立、协调、分析、管理、协作、认真、抗压 10 项职业素养。

表 1 策划编辑的职业素养需求情况

（单位：%）

序号	职业素养	占比
1	沟通	29.05
2	创新	19.55
3	责任	17.88
4	独立	15.08
5	协调	12.29
6	分析	10.61
7	管理	9.50

续表

序号	职业素养	占比
8	协作	8.38
9	认真	6.15
10	抗压	5.03

沟通能力在6届招聘会中的词频最高，策划编辑要具备及时与文字编辑、美术编辑、其他部门、作者及读者进行有效沟通的能力。其次是创新。这要求策划编辑要在经过充分的市场调查后，对市场动态、时事热点保持敏锐，进而开发新的出版选题、研发新颖的出版产品并作出创新性的决策。"责任""独立""协调""分析""协作""认真"等能力是职场基本要求，也是策划编辑需要具备的基本职业素养。"抗压"能力虽然词频最少，但在近两届人才招聘中被多次提及。出版业的市场化加剧了出版物经济属性和社会属性之间的矛盾，加大了编辑兼顾经济效益和社会效益的难度，同时，随着互联网和数字技术的飞速发展，尤其是5G时代的到来，将出版行业的每一个参与者都置于信息爆炸的旋涡中，这些都为策划编辑的工作带来了挑战和压力。

（五）工作经验成为半数以上招聘单位的"刚需"

大多数工作单位都期望能招聘到"招来即能用"的员工，工作经验的丰富程度与工作效率的高低、人脉及资源的多少、职业素养的优劣等有着不可分割的关系。工作经验的要求在近6届的招聘中，对工作经验有要求的出版企业占56.98%，这意味着至少一半以上的出版用人单位对工作经验有要求。

各出版企业对工作经验年限的要求也各有不同，主要集中在2年和3年工作经验，但是个别的出版企业有着更加严格的要求，例如：中国科学技术出版社和北京翰文弘智图书有限公司需要应聘者具备5年工作经验。另外，有25个岗位提出"有作者资源及相关产品资源者优先考虑"，这也是对工作经验要求的体现。

值得注意的是，应届毕业生由于工作经验不足，造成策划编辑岗位对于应届毕业生的接纳程度较低。近6届招聘会中，接受应届毕业生的仅有 5 家出版社，但都对应届毕业生的其他条件作出了更为严格的要求。因此，要注重应届毕业生学术理论知识的学习及工作经验积累的双向发展。

二、新时代策划编辑培养模式和策略

通过以上分析可以看出，用人单位对策划编辑的需求不断提升。如何以市场需求为导向，制定新时代策划编辑的培养模式和策略，是我国出版相关高校必须思考的问题。

（一）"双学位"培养模式：培养跨学科专门人才

编辑策划首先得具备出版业的专门知识，如组稿、编辑、设计、印刷等，这些基本知识是构成编辑策划专业素质结构的基础。其次还要具备成为某一学科专家的知识。通过策划编辑的需求现状可知，策划编辑岗位实际上需要不仅具有相关学科专业背景，还要熟悉编辑出版的业务流程的复合型人才。

目前高校的培养方案集中在专攻某一学术领域，出版专业尤其如此，造成具有专业知识的人才，不了解编辑出版的基本业务，而编辑出版学专业的人才，又不精通专业知识的两难局面，很难满足市场中复合型人才的需求。"双学位"培养为相关专业的在校生及在职人员提供了选择的机会。鼓励高校实施"双学位"的培养方案，不仅有利于弥补第一学位过于单一的缺憾，增强人才市场的多样性和丰富性，同时也有助于解决学科专业背景与就业岗位不匹配的矛盾。

编辑出版学专业的在校生或在职工作人员，可以根据自己的兴趣爱好，选择学习其他社会科学及自然科学的知识，拓宽自己的专业知识领域；其他专业学科背景的在职学生及工作者，也可以系统深入学习编辑出版理论知识及技术技能，加固编辑出版业务能力，从而丰富新闻出版影视行业的人才市场。

（二）"双导师"培养模式：强化升级师资队伍

雄厚的师资队伍是教学质量的保证。教师除了要在课堂上传授学生基础理论知识以外，更要注重培养学生的知识运用能力及实践操作能力。"双导师"培养模式不仅可以丰富教学内容，提升师资队伍的多样性，同时也有助于应用型人才的培养。

一方面，学校在组织好专业教学活动的同时，为每位学生安排学业导师，在学业导师的带领下，通过专业研讨、参加学术活动、参与学术研究等方式，帮助学生及时掌握出版行业动态，更有针对性地开展专业理论知识的学习；另一方面，学校可以聘请业界专家或工作经验丰富的编辑担任兼职导师，对学生的科研实践及工作就业进行指导，或为学生提供专业对口的实习机会，有目的、有计划地参与到学生培养方案的制订过程中；同时，也可通过聘请校外导师定期到校开展讲座的方式，加深学生对理论知识的理解，提升学生对行业发展的认知。

这样，两位导师从不同层面参与到学生的培养过程中，优势互补，资源共通，共同组成学生"联合导师团队"，为学生提供多层次、个性化的培养。

（三）"双平台"培养模式：实现校企联盟深度合作

2016 年，国务院印发的《"十三五"国家科技创新规划》中明确指出，深化产学研协同创新机制，坚持以市场为导向、企业为主体、政策为引导，推进政产学研用创紧密结合。在相关政策的指导下，各高校应借助出版企业的设备优势和人才资源，共同搭建科研实践平台和育人实习基地。

校企联盟"双平台"培养模式，一方面，可充分利用学校专业、完备的实验教学设备，现有的实验室或研究基地等校内实践教学平台，使学生在系统地学习专业领域的知识和编辑出版的基础理论的同时，得到基本的动手能力训练；另一方面，还可搭建形式多样、合作多元的校外实习实践平台，将校外各出版企业丰富的行业资源引入到学生的培养过程中，让学生参与到出版企业的出版业务中，通过"真题真做"，学到"真材实货"，有效地将理论知识运用到实践当中。

一个优秀的策划编辑不仅要有扎实的编辑理论知识，更需要丰富的实践经验，才能具备精准预判图书市场发展的眼光，精确定位图书选题的能力。因此，策划编辑的培养离不开高校、企业及社会多方面的支持。搭建校内校外联动的育人平台，高校、企业紧密相连，各司其职，以出版行业人才需求为核心，全方位、多角度，共同承担培养育人的责任，同时兼顾学生、学校、企业和社会等多方的利益，从而实现各方的合作共赢。

三、结语

以招聘信息为基础，以市场需求为导向，制定策划编辑人才培养模式和培养策略，不仅可以培养高素质高能力的策划编辑人才，提升高校毕业生和在职人员的就业率，为出版企业输送源源不断的生命力，同时也可以促进出版行业的规范管理和健康可持续发展。

参考文献：

1.宋美燕：《全媒体时代图书策划编辑的转型探索》，《新闻文化建设》2020 年第6 期。

2.黄甜甜：《浅谈新时代下策划编辑的核心素养》，《新闻研究导刊》2019 年第6 期。

3.易新：《新时期策划编辑人才选拔与激励策略探析》，《现代营销（信息版）》2019 年第10 期。

4.刘蒙之、刘战伟：《融合出版背景下编辑出版人才市场需求分析与培养改革思考——基于2017 年就业季120 条编辑出版类招聘信息文本的词频考察》，《出版科学》2017 年第5 期。

5.曾召友、李慧宇：《编辑策划的专业素质和业务能力》，《四川生殖卫生学院学报》2005 年第3 期。

（作者单位：北京印刷学院）

关于出版家赵家璧编辑生涯的当代性思考

——兼论品牌编辑基本特征及其专业能力提升主要路径

何军民

一个时代文化高峰的产生，很大程度上取决于图书出版的整体水准，而这一水准又在很大程度上依赖于品牌编辑的专业能力。20世纪三四十年代，商务、中华、亚东等一大批出版社凭借出色成就名垂青史，众所周知，其根本原因是拥有一批思想成熟、技艺精湛、视野开阔的品牌编辑，而这些品牌编辑之所以被视为品牌，其根本原因又在于他们所具有的高超专业能力。起步于良友、创办了晨光、一生致力于文学图书编辑的赵家璧先生就是其中特别突出的一位。新时代以来，尽管面对百年未有之大变局，业内外人士仍然普遍承认，图书出版的核心从根本上说依然是高品质内容的生产和传播。从这个角度来看，认真研究作为中国现代出版拓荒者代表的赵家璧先生，有助于我们深刻体认品牌编辑的基本特征，进而可为当前图书编辑提升专业能力揭示若干价值显著的主要路径，意义十分重大。

一、品牌编辑的基本特征

一个优秀出版编辑被视为一流编辑甚至编辑家，一般来说必然拥有高质量出版编辑力。高质量出版编辑力具有若干基本特征，其中最为重要的有三个：拥有编辑代表作、拥有一支高端作家团队和拥有成熟的编辑思想。

半个多世纪前，在中国现代出版的起步阶段，以赵家璧为代表的品牌编辑的大量编辑活动已经为此作了很好的证明，他们的成就对于今天高质量出版编辑力建设仍有极大指导意义。之所以如此断言，是因为"无论媒体环境如何变化，编辑工作内容如何增加，编辑力的内涵属性和基本定位是不变的"[①]。

（一）品牌编辑基本特征之一：拥有编辑代表作

所谓编辑代表作，就是出版编辑所主持的精品图书，其中格外优秀者甚至在出版史上具有里程碑式的地位。赵家璧就是一位拥有大量编辑代表作的一流编辑。在 50 多年的出版编辑生涯中，他先后推出了《良友文学丛书》（40 种）、《新文学大系——第一个十年（1917—1927）》（以下简称《大系》）、《晨光文学丛书》（39 种）等彪炳史册的力作。这些丛书，大多周期很长，对专业能力要求很高。特别值得一提的是，他主编的《新文学大系——第一个十年（1917—1927）》，"煌煌十卷，由蔡元培作总序，鲁迅、茅盾等名家分卷选编，首次对我国新文学运动前十年的文学理论和创作成果进行系统总结，堪称新文学奠基期的总结性巨著，在当时产生了重

[①] 张炯：《编辑力研究的微观、中观与宏观之辨——以童书出版编辑力为例》，《出版科学》2019 年第 3 期。

大影响，至今仍有重要价值"①。除此之外，经他之手问世的《爱情的三部曲》《离婚》《四世同堂》《骆驼祥子》《围城》等名著在现代文学史上也是光彩照人。堪称业界标杆的编辑代表作，是赵家璧先生强大出版编辑力的最好佐证，应该成为当代出版编辑孜孜以求的职业高峰。

（二）品牌编辑基本特征之二：拥有一支高端作者队伍

在图书出版领域，编辑一端连着作家，另一端连着读者。一流出版编辑，其编辑力很大程度上体现在建设和维护高端作者资源的能力上。赵家璧一方面充分利用存量；另一方面大力创造增量，在优质作者队伍建设上取得了突出成绩。

所谓充分利用存量，指的是设法争取那些创作成就已经得到公认的重要作者。在主编《大系》时，赵家璧就认识到，"要想组织权威性的文稿就必须起用权威性的专家名家"②。为此，他颇为周折地找到了胡适、郑振铎、茅盾、鲁迅等 10 人分别担任理论、小说、散文等 10 集的编选，并请蔡元培作总序。赵家璧通过《大系》把这些当时已经蜚声文坛的顶尖作家、学者聚集起来，建设了一支高端作家团队，其中很多人成为赵家璧的稳定合作伙伴，如鲁迅、郑伯奇、阿英、茅盾等。赵家璧与老舍更是现代史上作家、编辑亲密合作的典范：不仅老舍的主要作品《四世同堂》《老张的哲学》《二马》《离婚》《猫城记》等都由赵家璧经手首次出版，而且抗战胜利之后两人还合作创办了在中国现代出版史上有重要影响的晨光出版公司。该公司成立以后，之所以能迅速打开局面，很大程度上也是因为得到了《大系》所建立的作家团队的帮助。③

所谓大力创造增量，指的是发现和培养那些确有水准但还需要加以扶持的后起之秀。在这方面，比较典型的例子是赵家璧在 1936 年主持编辑

---

① 庄艺真：《论出版家赵家璧的传世精品打造策略——以〈中国新文学大系〉为例》，《福州大学学报（哲学社会科学版）》2019 年第 6 期。

② 秦艳华：《赵家璧的"选择"意识与〈中国新文学大系（1917—1927）〉》，《编辑学刊》2007 年第 1 期。

③ 芦珊珊：《中国出版家·赵家璧》，人民出版社 2016 年版。

的《中篇创作新集》。"这是一套纯粹的'左联'青年作家创作丛书，赵家璧称之为'30年代的革命新苗'"①，其中就有时为文学新人后为著名作家的艾芜的作品。赵家璧对"左联"青年作家的发现和培养，实际上是主编"大系"时期重点关注并网罗"左联"著名作家思路的延续。

一方面抓维护，另一方面抓培养，通过这两方面的努力，赵家璧把当下和未来很好地衔接起来。高端作者队伍建设不仅是赵家璧编辑生涯的成功，也是他为中国现代出版作者队伍建设所作的成功示范。

（三）品牌编辑基本特征之三：拥有成熟的编辑思想

优秀出版编辑要打造精品力作，必须在科学编辑思想指导下充分调研，提出契合社会思潮、出版生态和读者需求的选题设想。从这个意义上说，拥有成熟编辑思想，是高质量出版编辑力的重要体现。

赵家璧曾经说过："编辑一般来稿是从有到有，把作家的创作成果，通过编辑劳动，变手写原稿为铅印书本，送到读者手中。但编辑是否也可以自己先有一个设想，要编成怎样一套书，然后主动组织许多作家来为这套书编选或写作；整套书完成后，不但具有自己独特的面貌，而且，如果不真为了适应编辑的这个特殊要求，作家本人不会想到要自己去花时间编写这样一本书。这种编辑方法是否可以称为从无到有的创造性劳动呢？"②这里所说的"从无到有的创造性劳动"，意思就是编辑应在科学编辑思想指引下工作。"大系"作为一座丰碑，正是赵家璧在科学编辑思想指引下主动作为的硕果。对于这一丛书的意义，他说："把民六至民十六的第一个十年间，关于新文学理论的发生、宣传、争执，以及小说、散文、诗、戏剧诸方面所尝试得来的成绩，替他整理、保存、评价。在国内一部分思想界颇想回到五四以前去的今日，这一件工作，自信不是毫无意义的；而且供给十年百年后研究初期新文学运动史者一点系统的参考资料，也是我们应尽的责任。"③后人在评价《中国新文学大系》的贡献时说："《中国新

---

① 王彦艳：《赵家璧编辑思想及其成功》，《编辑之友》2013 年第 7 期。

② 赵家璧：《编辑忆旧》，中华书局 2008 年版。

③ 赵家璧：《书比人长寿：编辑忆旧集外集》，中华书局 2008 年版。

文学大系》不仅很好地完成了承新文化发展第一个十年的整理任务，而且完全担当了启中国新文化发展之后的责任。"① 这是对赵家璧成熟编辑思想的高度肯定。

二、品牌编辑专业能力提升主要路径

21 世纪以来，图书出版编辑虽然面临划时代技术变革等因素的巨大冲击，但赵家璧先生的很多成就是基于出版事业本质而取得的，因此他提升自身出版编辑力的手段对新时代出版人来说仍然极具启发价值。基于赵家璧编辑生涯的考察，我们认为，具有普遍适用性的品牌编辑专业能力提升路径有四个方面。

（一）加强专业修养，增强识才能力

精品力作，从根本上依赖于具备非凡创作实力的优秀作者。从这个意义上说，要提升出版编辑力，必须加强专业修养，夯实与优秀作者沟通交流的专业基础，使作者创作活动契合经过科学设计的编辑意图。赵家璧的成功编辑生涯，对这一重要路径作了很好的诠释。

早在上海松江第一高等小学读书时，赵家璧就深受时任国文教员王者五影响，深入阅读了《新青年》和《新潮》等进步刊物，后来又在王者五引导下广泛阅读了《少年杂志》《小说月报》和一些新文艺小说以及《阿丽思漫游奇境记》等文学经典。1928 年，20 岁的赵家璧进入光华大学主修英美文学专业，开始了系统文学阅读和研究。与此同时，赵家璧还积极从事文学创作以提高文学修养。1926 年，赵家璧在光华大学校刊《晨曦》上发表了《王尔德著〈陶林格兰画像画〉之介绍》，此后，他一生中撰写了书评等各类文章百余篇，翻译文艺创作和理论作品数十篇②，还写下了

---

① 芦珊珊：《中国出版家·赵家璧》，人民出版社 2016 年版。
② 芦珊珊：《中国出版家·赵家璧》，人民出版社 2016 年版。

《编辑忆旧》《书比人长寿：编辑忆旧集外集》《文坛故旧录：编辑忆旧续集》等回忆性散文集。积极的文学阅读和不懈的创作活动使赵家璧先生具备了深厚的文学专业修养。

深厚的文学专业修养给赵家璧的编辑工作带来了很大帮助。钱锺书的《围城》本在大型文艺月刊《文艺复兴》上连载，赵家璧发现之后，敏锐地作出反应，设法将其收入《晨光文学丛书》之中。《围城》出版之后大放异彩，不仅成就了钱锺书作为重要作家的地位，也使《晨光文学丛书》成为出版史上的重要品牌。显然，这一文学经典之所以能够通过编辑出版环节走向社会，赵家璧的专业修养在其中起着极大作用，其中尤为重要的是他高超的文学鉴别力。深厚的文学修养造就了赵家璧发现优秀作家和优秀作品并妥善加以利用的能力。

（二）锻炼学术思维，不断优化创意

选题作为一种事先创意，尽管经过长期调研而接近完善，但具体实施起来往往可能遭遇各种意外。有些意外是积极的，如作者有了更深入的想法，能够有效促进项目品质提高；有些意外则是消极的，如原定作者人选出于各种原因无法继续承担任务。这时，如果编辑坚持原初设想不加改变，项目往往难以推进；如果完全放弃原初设想一味迁就现实，又可能导致成品面目全非。为了妥善处理意外情况，高水平出版编辑必须把突发情况纳入到既定框架中加以系统考虑，努力锤炼学术思维能力，不断优化原有创意，使最终产品呈现出最佳面貌。

赵家璧主编《大系》就是一个锻炼学术思维能力、不断优化创意品质的过程。比如关于《大系》所收作品，赵家璧最初的考虑是"现代文学史上已有定评的文艺作品"，但在和施蛰存讨论的时候，施蛰存提出："这样一套大书，单单作品是不够的，前面应有理论文章的结集，而每集后面各家史料，不如另出一集史料，这本史料集就可以请阿英担任。"[1]这一想法显然超出了赵家璧的最初意图，但他凭着建基于专业素养之上的学术能

---

① 芦珊珊：《中国出版家·赵家璧》，人民出版社 2016 年版。

力，立刻意识到了其中的价值，很快决定予以吸收，从而使《大系》最终摆脱了简单堆砌资料的粗糙形态。正是因为赵家璧对于原有创意既有明确的系统设计，又能凭借学术思维而理性判断，充分尊重专家意见，大胆吸收他人思想长处，根据情况变化随时作出科学调整，《大系》才能最终成为文学和出版丰碑。

（三）密切关注现实，助力社会进步

出版历来与现实关系密切。高水平出版编辑深度参与文化创造和传播，必须密切关注现实文化动向，通过创造性劳动切实满足公众文化需求，从而履行推动社会进步的职业使命。赵家璧先生的编辑活动告诉我们，密切关注现实，推动社会进步，对于有效提升高质量出版编辑力作用重大。

就时代背景看，《大系》酝酿乃至最终成形的 20 世纪 30 年代，中国文坛面临着两方面困境：一方面是国民党当局对进步文艺实行扼杀、围剿政策；另一方面是否定新文学运动、复古思潮兴盛、新文学运动有关资料散见各处等因素使新文学运动有被人们淡忘或者被从历史上抹去的危险。因此，赵家璧主编《大系》，显然不单是要起到汇编文学作品的作用，更有呼应现实文化需要和激发公众思考的意图。在项目推进过程中，虽然赵家璧本人不是"左联"成员，但他注意到了左翼作家的巨大成绩和"左联"的巨大影响，于是不顾危险收入了鲁迅和茅盾等知名左翼作家的作品，而且坚持聘请鲁迅、茅盾和洪深等左翼作家为各集编选者。这样的举动，既是看重各位编选者的文学成就，也是试图利用《大系》出版引发人们对新文学运动成就的重新关注。正是因为赵家璧反复权衡，精心选择，才在极端困难条件下为《大系》各卷敲定了最佳编选阵容，助推《大系》成为现代出版史上的不朽之作。

（四）重视经营创新，打造出版品牌

一流编辑应把经营模式创新作为重要考虑，把出版品牌的成功打造作为检验编辑力提升效果的重要标准。作为业内公认的编辑家，赵家璧的成就不仅在于为现代文学史奉献了《大系》《围城》等精品力作，更在于这

些精品力作的长期、广泛传播很大程度上得益于他的多种经营创新，这些创新使他的编辑代表作成为出版史上的重要品牌。

赵家璧的经营创新主要表现在三个方面：一是确定了基于读者承受能力的定价策略。《大系》推出时，他在"出每套 20 元精装本的同时，推出面向学生的预约价为 7 元的普及本"①。可见，作为图书传播效果关键影响因素的定价在其思考中占有重要位置。二是确定了思路清晰的市场细分策略。《大系》首次推出时全部采用布脊精装，不久就针对学生读者的购买能力而加印了白报纸纸面精装普及本 2000 本，这样就很好地覆盖了有效市场，获得了很大的成功②。三是节奏感强、讲究针对性的广告策略。早在《一角丛书》出版时，赵家璧就对广告策略精心谋划。"《一角丛书》初露头角时，他以'中国出版界前所未有，定期出版售价低廉之名贵丛书，赵家璧主编《一角丛书》'为广告语，在 1931 年 9 月 20 日的《申报》上作宣传。此后的 1932 年 1 月 25 日、1932 年 4 月 14 日、1932 年 6 月 15 日、1932 年 7 月 29 日分别刊登广告'赵家璧主编一角丛书，最近出版新书五种''赵家璧主编一角丛书，第二辑完全出齐''赵家璧主编一角丛书，已出三十种''赵家璧主编一角丛书，新书四种'等，1933 年 3 月 31 日又刊登了'良友一角丛书第二年最近新书'。……赵家璧对自己主编的第一部丛书细水长流、循序渐进的方式，渐次地将品牌形象读者内心……"大系"开局采取的是高调密集的轰炸式广告策略。于 1935 年 3 月 8 日、3 月 18 日、4 月 1 日、4 月 8 日、5 月 6 日、5 月 15 日等，连续密集地集中投放广告，以期火速引爆市场产品渐渐迈入成熟期时，其广告的频率也就缓和下来。"③疏密有度、松紧相间的广告节奏很好地体现了赵家璧锐意创新的经营特色。

---

① 王彦艳：《赵家璧编辑思想及其成功》，《编辑之友》2013 年第 7 期。

② 芦珊珊：《中国出版家·赵家璧》，人民出版社 2016 年版。

③ 邵凯云：《大视野·大智慧·大格局——赵家璧编辑出版思想概论》，《河南大学学报（社会科学版）》2019 年第 5 期。

三、结语

21 世纪以来，文化和出版领域"有数量缺质量、有'高原'缺'高峰'"的现象备受关注。从出版角度来说，产生数量和质量、"高原"和"高峰"的问题，根源在于出版编辑力的弱化。上述结合赵家璧先生职业生涯的考察启示我们，新时代条件下，出版编辑只有牢牢把握内容产业属性，从专业修养、学术能力、现实情怀、经营策略等重要路径入手切实提升出版编辑力，才会在编辑代表作、高端作者团队和成熟编辑思想等核心指标上表现卓越，其出版功力才会不断精进，精品力作才会不断产生，数量和质量、"高原"和"高峰"关系失调的困局才会得到有效解决。

（作者单位：安徽人民出版社）

知识服务逻辑下的图书编辑
角色转型和能力模型分析

程海燕　赵媛媛

互联网经过多年的发展，从各个方面深刻改变了整个商业生态和消费环境。发展之初，互联网公司多采用免费提供内容、吸引流量的模式；而移动互联的普及，使人们获取信息的方式发生了显著变化，主要信息获取渠道逐渐从书籍、PC 端转移到移动终端，不断满足个性化需求，让垂直化服务成为可能。信息冗余，质量参差不齐，人们在网上获取有效信息的成本加大，用户对于"内容"和"知识"的付费意愿和消费观逐渐增强，从不愿付费变成愿意为高质量内容产品买单。2016 年为知识付费元年，知乎、果壳（在行分答）、得到及喜马拉雅等平台相继出现，纷纷探索付费咨询、付费问答、付费订阅、付费音频等形式，开启了以"知识"作为贩卖物的有偿知识产品销售形式。截至 2018 年，用户知识付费规模达到 2.92 亿元，预计到 2020 年，知识付费市场规模将达到 235 亿元。知识产品在互联网上销售的风生水起，但是原来作为知识的主要生产者——传统出版业却未见其踪，互联网时代的知识消费是刚刚开始的时代，出版人应该转变观念，扬长避短，跟上步伐，积极谋求传统出版企业转型升级的思路。其中，最核心的人物是编辑，本文将从编辑角色转型的角度助力传统出版业的数字化转型。

一、编辑角色的变迁

随着出版业的发展，编辑这一职业从无到有，并且其角色定位也随着出版业的发展而变化。近些年，我国出版业受到技术的冲击和体制变革的双重影响，编辑的就业环境发生了巨大变化，对编辑角色的定位需要我们重新思考。通过梳理文献和对出版业的观察，编辑角色的每一次变化都和出版业发展阶段有着密切的关系，大致可以总结如下。

（一）作为知识把关人的编辑

在较长的一段时间里，我国出版业一直未进行体制改革，图书有稳定的销路，不需要考虑市场，关注社会价值。出版业对图书编辑的要求基本是对文字进行编辑，再通过对图书稿件进行思想政治把关以及对其进行校对和编辑规范的润色，为广大人民群众提供更多更优质的精神产品。

那个时代，特别强调编辑应该具备 4 个基本的知识结构，即语文知识、历史知识、文献学知识和专业知识，这 4 个方面的知识是编辑不可或缺的核心知识和能力。[①] 同时，编辑学中把编辑的基本工作概括为 6 方面内容，即通常讲的"六艺"：选题、组稿、审稿、编辑加工、编排和校对。[②]

---

① 于辅仁：《试论图书编辑的基本素养》，《编辑之友》1991 年第 1 期。
② 包晓云：《新技术下的编辑"六艺"》，《编辑学刊》2002 年第 1 期。

（二）作为图书策划人的编辑

随着市场经济改革的进行，我国出版市场逐渐从卖方市场向买方市场转化，出版体制改革也在逐步推进，对编辑岗位的要求也发生了变化，"策划编辑"应运而生，建立策划编辑制度是深化出版改革的产物，是市场经济下出版业改革的必然结果。① 我国图书市场规模不断扩大，整个出版市场竞争激烈，怎样在严峻的图书市场环境中获取有利形势是目前编辑亟须重视的问题。这使得编辑工作的领域范围扩大到了整个出版流程中，除了传统的编辑环节外，还需要全面了解市场、选题策划、约稿组稿、审读加工、编校设计直至最终印刷出版、营销出售等全流程设计并参与。因此，策划编辑的工作不仅是图书质量的主要保证，还是决定图书发行量的重要因素。

（三）编辑的复合型角色

在数字技术的推动下，出版业不仅仅是出版物载体性质以及形态产生了变化，出版方式、运营方式更是发生了根本性的变革。各种编辑软件的普及，减少了编辑人员的一些事务性劳动，但对其创造性和对市场的把握及理解等提出了更高的要求。② 编辑要不断增强自身的职业技能，除了需要具备原来的学科和专业知识来完成编辑加工工作外，还需要其对新技术的发展、各种数字媒介的内容呈现特性、用户新的消费习惯、社交媒体的变化等做更深入的了解。对于技术方面，不要求编辑具备专业开发能力，但是对技术的功能、原理、效果等要有基本了解，为数字出版物的出版和运营打下基础。③ 所以在新的时期，对编辑的定位更多的是偏向具有相关领域的专业知识、运营能力以及懂技术的复合型人才，才能更好地适应编辑岗位。

---

① 郑瀚：《论数字时代出版业编辑角色的转变》，《现代商贸工业》2010 年第 7 期。

② 刘雅洁：《数字出版时代传统图书编辑的转型》，《新媒体研究》2016 年第 3 期。

③ 范瑜：《策划编辑：跨世纪的出版人才》，《大学出版》1997 年第 1 期。

二、数字时代图书编辑转型的方向

（一）数字时代传统出版机构的业务定位

编辑的要求是基于对出版业理解的基础上提出的，不同的发展阶段对编辑有不同的要求。互联网飞速的发展，从 PC 到移动互联，支付系统的安全性、快捷性等得到不断发展与完善，推动着知识付费市场规模的不断壮大。

对于知识服务的提法，研究较多的是将其作为图书馆或者科技期刊的转型方向。2017 年，中国新闻出版研究院院长魏玉山在第二届期刊融合发展高峰论坛上发表知识资源服务主题演讲时指出，"我们出版工作者就是做知识服务的，图书是知识产品……内容是出版的根本，抓住了知识服务，就抓住了出版转型升级的核心和关键，抓住知识服务也就抓住了我们获取融合发展中利润的主要点"①。

而在关于出版机构自身定位的调研中，笔者查阅了数十家出版单位的企业介绍，发现无论是专业类、大众类、教育类还是综合性出版社，其定位大多是"出版机构、图书出版商、信息服务提供商、图书提供商、出版公司"等。旗帜鲜明地指出向服务方面转型的只有外语教学与研究出版社，其在企业简介中表达："为教育机构以及学习者提供全面的教育解决方案，发展为国际化的、领先的教育服务提供商。"而国外的出版机构大多定位于信息服务、知识解决方案，例如，励德爱思唯尔的企业介绍定位于"励德爱思唯尔已全面转向信息服务，离传统的出版越行越远"；汤森路透公司的定位是"商务和专业智能信息提供商，提供智能信息及解决方案"。实践证明，知识服务是新闻出版业高水准满足信息消费需求的必然发展方向，率先思考知识服务转型、开展知识服务工作的外语教学与研究出版社和知识产权出版社等国内出版社都取得了较好的转型效果。

---

① 魏玉山：《知识服务是未来出版的升级版》，《出版商务周报》2017 年 4 月 10 日。

出版社所开展的知识服务，是指出版社围绕目标用户的知识需求，在各种显性和隐性知识资源中有针对性地提炼知识，通过提供信息、知识产品和解决方案，来解决用户问题的高级阶段的信息服务过程。而在知识服务解决用户问题，满足用户需求的同时，也面临着一些挑战。比如：产品定位模糊，致使出版社无法通过自身特色进行产品定位；盈利平台模式单一、营销手段简单，导致盈利水平不足[①]。

网络化、信息化的社会催促着出版社的进一步转型，只有积极应对挑战，妥善解决问题，才能顺应时代的发展进行知识服务的转变，让传统出版社得以重新发展。近年来，国家对出版企业数字出版的转型，在政策和资金上都给予了很大的支持，也组织了行业内专家和各技术平台做了很多推动，大多数出版社也都认可出版内容的数字化服务是未来企业发展的趋势。此外，出版社所出版内容的知识属性，推动谋求转型的出版社设立有关数字出版部门，逐步进行从传统出版到知识服务的转变。

（二）数字时代编辑转型的方向——产品经理

在互联网时代，新媒体逐渐占据了传统媒体的市场，出版业面临重新找准定位，编辑也要在新形势下进行角色的转换。"产品经理"一词由来已久。自美国宝洁公司 1927 年出现第一名产品经理以来，产品经理的价值逐渐被认可，产品管理制度也逐渐被很多公司采用和推广。互联网时代，市场变化速度加快，产品需要不停地迭代，由于产品经理制度能迅速应对市场变化，更凸显了产品经理的价值。因此，为了应对急剧变化的市场，大多数互联网公司设置了以产品经理为核心的管理体制。

产品经理一般是一个项目的负责人，主要工作包括对目标用户的调研、需求整理、需要排期、竞品分析、产品原型的设计、协调开发、设计师、测试以及产品开发测试完成后的上线工作，再就是用户数据的分析、产品迭代等。如果把出版一本书看作是一个独立的项目，编辑和产品经理

[①] 张展、陈丽华、杜义飞：《"旋转门"模式——传统出版社知识服务转型研究》，《出版发行研究》2017 年第 8 期。

在工作内容上有很多相似的地方，编辑要调查读者的需求、联系作者、确定整本书的框架以及协调出版流程的各个环节。互联网时代，图书出版业对编辑的要求更高、更全面，工作类型也日益多样化，编辑不仅要对文字进行润色，也要具有对产品总体把控的能力，这使得编辑的角色更类似于产品经理。

知识产品经理的工作主要针对图书产品和图书市场两大方面。[①] 首先，需要进行调研、收集信息来总结市场规律，明确用户需求。要有一定的职业敏感度，能够从选题等多个方面发现热点、创新点，不断走在市场发展的前列，打造畅销书，实现企业经济收益的增长。其次是图书产品的开发，根据分析收集整理的数据得到目标用户对象，对图书的整体设计进行规划，并制订实施方案。最后要负责收集和反馈读者的信息，以便及时获取关于对企业和图书的意见或建议，促进出版企业进一步完善。

三、知识服务逻辑下的图书编辑应具备的核心能力

出版不变的价值是把知识产品化的能力。出版融合不管是依靠内容、平台、运营的融合，还是依赖技术来争夺传统出版业在知识市场的优势，本质都是要重构企业与用户的连接，而知识产品是它们之间的连接器。2016 年，互联网上知识付费的元年，未见传统出版业的身影，新兴的创业公司风生水起，如何发挥传统出版业在内容资源上的优势，赶上知识付费的浪潮，必然是依靠有竞争力的知识产品，知识产品的改变依靠产品经理。一名优秀的知识产品经理是一个知识产品的设计者、建设者、运营者，要具备洞察用户的能力、设计产品的能力和商业运营的能力，要遵循互联网的发展规则，改变出版业原有的运营思路，建立以用户为中心的互

---

① 蒋艳、宋吉文：《图书产品经理能力模型分析》，《出版参考》2013 年第 15 期。

联网知识产品体系，从用户体验、知识产品形式设计、商业运营等方面着手重塑知识服务企业和用户之间持久、有效的连接（见图1）。

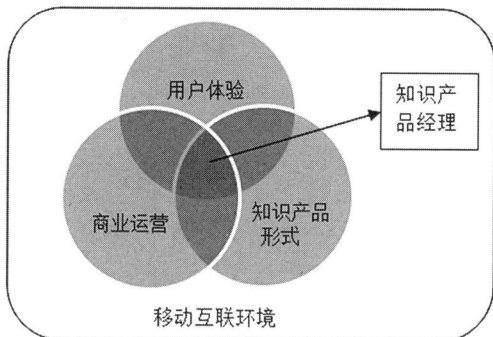

图1　知识产品经理应具备的能力

（一）洞察用户的能力

1.对知识产品需求和解决方案的分析

知识是一种内容，知识服务是一种观念和技术，是一种以服务为本质的观念，是一种解决用户问题的技术。它以信息和知识的搜寻、组织、分析及重组为基础，根据用户的问题和环境，融入到用户解决问题的全过程中，提供能有效支持知识应用和知识创新的服务，关注的焦点不是"我是否提供了您需要的信息"，而是"是否通过我的服务解决了您的问题"。[①]

在信息冗余与时间碎片化的背景下，分答的付费问答模式、得到的付费订阅模式以及喜马拉雅平台上的付费收听模式都为用户提供了知识交换、自由讨论和提升知识储备的崭新渠道。知识共享平台超越传统的百科、社区形态，呈现出多样化与专业性共存的特征。

2.出版企业内容的优势

内容的可信度高。出版内容经过出版机构的把关，一般出版内容都由

---

① 张晓林：《走向知识服务：寻找新世纪图书情报工作的生长点》，《中国图书馆学报》2000年第5期。

相关领域的专家产生，并经过多次审核，相对于互联网内容，其正确率、准确度都比较高。虽然内容体系化程度高，但现有的知识服务从体系化的呈现上还是比较低，缺乏完整的知识体系。当下发挥出版内容的体系化优势是出版社提供知识服务时编辑要考虑的问题，也是一定程度上与知识生产者的紧密连接。编辑在购买了作者的版权后，一般都是一次性合作，在作者交稿完成交易后，基本就没有过多的联系，这就浪费了巨大的机会。专业知识需要专家的解读，编辑需要充分挖掘作者的资源，通过建立与作者良好的关系来拉近和读者之间的距离，实现读者和作者、读者和读者之间的互动，扩大知识内容的价值。

（二）设计产品的能力

1. 整体知识产品概念

整体知识产品的概念包括三个方面：核心产品、有形产品和扩展产品（见图 2）。核心产品指知识产品最重要、最基本的效用和利益，对于购买知识产品的用户而言，其核心是满足知识需求或思想需求。有形产品是产品的外在形式，出版企业可以通过设计与生产把核心的产品变成有形的某种物体，然后提供给用户，一般是由质量、形式、品牌等特征构成，不同呈现形式的知识产品可以满足不同用户的需求，在产品的销量上也会有差异。扩展产品是购买商品本身而拥有的附带服务，知识产品的扩展层次表

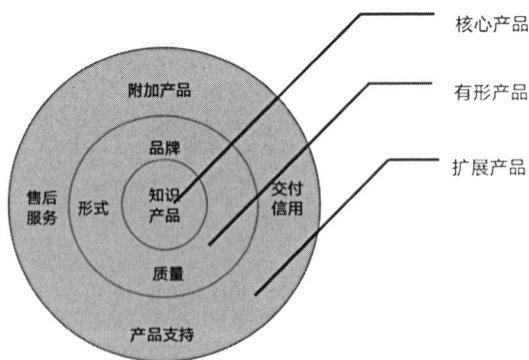

图 2 整体知识产品的概念

现为除了基本服务之外，还可以享受到产品的附加价值，如知识答疑、参与学术活动等，出版企业要认识到附加产品的重要性，扩大企业的竞争优势。

2.促进出版企业知识产品开发的策略

长期以来，受技术局限，出版企业的对知识产品呈现的形式较为单一。随着技术的进步，不断出现新的知识服务产品，且其复杂化和高度开放的发展特征也逐渐呈现出来，带来更多的想象空间。但出版企业对知识产品服务开发上的深度和广度没有跟上技术的步伐，因此如何提高知识产品的质量，吸引更多用户的参与是目前出版企业亟须解决的问题。

首先，建构专业化、多元化的知识壁垒。由于知识生产和传播的门槛降低，造成了知识同质化严重、内容质量参差不齐，专业、多元的知识服务才更有价值，更能吸引付费用户。其次，汇聚更多专家和精英。专业用户所生产内容的质和量将直接决定知识平台的生存能力。再次，经营社群经济。让已有付费习惯并愿意付费的粉丝深度参与互动。最后，强化平台设计。一个有趣和良性互动设计，可以充分调动知识分享各方，促使产品良性运转。知识分享有着理想和价值层面的坚守，也有着知本变资本的驱动力量，知识经济变现还需兼顾理想与现实，驱散重重迷雾。

（三）商业运营的能力

1.设定场景

"场景"是消费者所处地点、景物、空间、气氛等多种要素的集合，设定具体场景的场景化营销就是将场景和使用产品的人群相结合的一种移动式营销，这对产品和生产运营过程的计划、组织和实施等工作的开展有促进作用。

网络时代知识产品和知识服务需要场景化思维，企业必须重视用户体验，提供的知识产品和知识服务要根据用户的需求展开。知乎、喜马拉雅等平台为了增加用户黏性，已经着眼于建立知识与场景相配套的模式。在人们普遍习惯碎片化阅读的今天，建立场景化营销可以更及时、更准确地与用户建立连接体验。在场景的设定中，要致力于开发高质量内容的知识产品，要借助于数据分析技术实现垂直化的用户管理，吸引更多用户的参与，让用户在知识产品中真正掌握知识，以此来提高用户对产品的依赖程度和再消费期望程度，促进场景价值最大化的实现。

2. 社群运作

知识产品经理需要拥有商业运营的能力，运营策略主要方法之一就是进行社群化运作，实现用户增长，打造社群经济。得到 APP 创始人罗振宇将其平台定位为一群中产阶级知识分子追求创意、知识和投资的社群，完成了对社群的高效建构。①

社群有稳定的群体结构和较为相同的群体意识，由于成员间黏性、互动性高，所以产生内容的准确度也高。开展社群化运营，首先要明确社群针对的目标群体类型，将部分有共同特点与爱好的人群聚集，提出话题，引发讨论。其次要设立群规，重视社群管理，强化社群的内容生产能力，通过优质的内容吸引成员。最后可以采取问答解疑等方式，提升社群活力，激发用户的参与感。一个成功的社群，能把知识共享与内容付费二者有机结合起来，为用户提供深层次的知识吸收场景，从而扩大知识产品的影响力。

四、结语

移动互联时代，编辑需要重新认识出版企业拥有的资源，从知识产品经理的角度思考市场，从用户的需求出发，摆脱资源立场，深刻理解用户需求并帮其解决问题，创造出新的价值。摆脱书的立场，大部分情况下用户的关注点不在于书本身，他们关心的是能不能满足他们学习需求或者拿

---

① 刘倩：《微信公众号的商业运营策略探讨——以"罗辑思维"为例》，《新媒体研究》2018 年第 23 期。

来解决问题，不同的场景对应不同的内容组织和展示方式，可以通过知识图谱、典型场景等的建立来帮助用户，这才是编辑作为知识产品提供者的核心价值。

（作者单位：上海理工大学出版印刷与艺术设计学院）

老一辈编辑学家的引领作用

姬建敏

一

人类在社会文化的建设和传播中，虽然已有几千年的编辑活动历史，积累了丰富的编辑实践经验，但与编辑活动悠久历史不对称的是，"编辑学"名词的首次提出却是在中华人民共和国成立的 1949 年。1949 年 4 月，广州自由出版社出版了李次民的《编辑学》，该书作为中国乃至世界上第一部编辑学著作，它的问世不仅创造了"编辑学"这个名词，而且标志着编辑学作为一门学科的诞生。

任何一门学科之所以称其为学科都有自己的理论体系和学科构建，编辑学也不例外。但例外的是编辑学虽然诞生于 1949 年，却由于特殊的历史原因，在此后的 30 年间，编辑学理论研究成果寥寥无几，且零星、散乱，更不用说理论体系的建设了。1978 年，党的十一届三中全会召开，确立了改革开放的基本国策，在解放思想、实事求是思想指引下，学界对编辑学的探讨激发出了空前的热情，编辑学理论研究真正开始起步，编辑学体系的构建也迅速进入快车道。伴随着编辑学理论体系构建的步伐，在那激情燃烧的时代，涌现了一大批既有丰富的编辑实践经验，又有深刻的编辑文化理性的编辑学研究大家。这些大家基于个人丰富的从业经验和资历，结合丰沛的学养、惊人的毅力和对编辑学研究的一往情深，在中国编辑学建设过程中，发凡起例，著书立说，极大地丰富和拓展了编辑学理论，引领了我国编辑学研究的方向。这些大家，就是中国第一代编辑学家，或者老一辈编辑学家。

二

关于编辑学家，目前没有一个权威的概念界定。

任定华先生在《编辑学导论》中指出："汉语中的编辑，名词中有职务（主编、副主编、责任编辑等）、职称（编审、副编审、编辑、助理编辑等）、动词（编辑等）、动名词（编辑工作、编辑活动等）。在学科构建时，给予科学区分是十分重要的。作为名词的编辑，应像其他比较成熟的学科一样，依其不同学术、业务层次，可命名为编辑学家（编辑学识渊博，对编辑学学科建设颇有建树的人），编辑家（长期从事编辑实践，编辑业务非常熟悉，编辑经验十分丰富的人），编辑工作者（一般从事编辑业务人员的统称，或简称'编者'，含编辑家与编辑学家）。"①应该说，"编辑学家，指编辑学识渊博，对编辑学学科建设颇有建树的人"，这是目前见到的唯一的对编辑学家的界定。

---

① 任定华等：《编辑学导论》，中国经济出版社 2001 年版，第 84 页。

　　为了相对科学地厘定编辑学家的概念，查阅《现代汉语词典》《辞海》发现"家"的一种解释是，掌握某种专门学识或从事某种专门活动的人；"教育学家"，亦称"教育理论家"，指在教育理论研究和教育学著述方面有创见、有贡献、有影响的杰出人物；"哲学家"，是指拥有自己的哲学范式、有原创的哲学基础理论与哲学体系的哲学学人；"历史学家"，也称"史学家"，是指以撰写历史著作为职业或对历史学的创立、发展与应用付出努力的知识分子，一般指在该领域颇有威望的人士……

　　由上，本文将"编辑学家"定义为：在编辑学理论研究和理论建构中有一定创见和造诣的专家、学者。由这些专家、学者个体组成的整体，称之为"编辑学家群体"。

三

　　马克思主义唯物史观认为，人是社会的主体，是推动社会前进不竭的动力。社会发展的历史，也就是人们从事社会实践活动的历史。列宁曾经指出："全部历史本来由个人活动构成，而社会科学的任务在于解释这些活动"[①]。在编辑学理论建构的历史中，对编辑学本质规律的持久探寻，孕育造就了两代乃至三代编辑学人，特别是第一代编辑学人，他们在艰难中筚路蓝缕、开启山林，为中国编辑学建设矗立起了一座座丰碑、一个个标杆。如果说，一部中国编辑学学科史，就是一部编辑学家活动史的话，那么，新中国第一代编辑学家的开拓、建构之功，在这段历史中则光照千秋，泽被后世。

　　回顾这段历史，20 世纪 80 年代，随着改革开放政策成为国策，编辑出版领域发生了翻天覆地的变化。第一个编辑研究专业刊物《编辑之友》在山西创办，第一个编辑学会在上海成立，中国出版发行科学研究所在北

---

　　① 《列宁全集》第 1 卷，人民出版社 2013 年版，第 360 页。

京建立并召开首届出版科学学术讨论会，北京大学、南开大学、复旦大学同时开始招收编辑出版学本科生。众多"第一"的出现，不仅助推了编辑学研究在中国的狂飙突起，而且唤醒了中国编辑沉睡几千年的主体意识，一大批长期奋斗在编辑出版一线的编辑工作者，积极投身到编辑学研究的热潮中去，先是总结经验、分析实务，继而转向编辑学基本理论问题的讨论和论争。从参与论争的人员看，既有像刘杲、邵益文、蔡学俭、高斯等从中央到地方出版系统的行业领导，也有像阙道隆、戴文葆、林穗芳、巢峰、徐柏容、庞家驹、蔡克难、杨晓鸣、孙宸等具有丰富的编辑实践经验且潜心钻研编辑学研究的业界大师，还有像王振铎、任定华、刘光裕、王华良、杨焕章、赵航、宋应离、张如法等既从事高校学报编辑工作又承担编辑学教育教学任务的学者专家。他们围绕编辑学理论框架和编辑学活动规律，或争鸣，或讨论，特别是对于编辑概念、研究对象、学科性质、研究内容、主客体关系、学科范畴等核心问题，各抒己见，见仁见智。论争中观点相近或大致相近的人越走越近，由个体到群体，再到"扎堆儿"出现，不仅形成了以阙道隆为代表的"选择优化派"，以王振铎为代表的"文化缔构派"，以任定华为代表的信息智化或"信息传播派"，以刘光裕、王华良为代表的"中介服务派"等编辑学理论流派；而且随着论争的深入，编辑学研究的深化，编辑学的学术地位得以确立。也即随着中国第一代编辑学家的闪亮登场，编辑学也堂而皇之地登上了中国的学术舞台。

有人说，20世纪八九十年代的编辑学研究，百花齐放，百家争鸣，是编辑学研究的深化期、高涨期，"它像一面光彩夺目的旗帜飘扬在编辑学研究的道路上"①。仰望这面旗帜，我们可以看到刘杲、邵益文、蔡学俭、高斯等从副署长、书记、局长走到编辑学研究的前台，从管理者到编辑学研究者的风姿风采；可以观览阙道隆、戴文葆、林穗芳、巢峰等从编辑家到编辑学家的瑰丽人生；可以见证王振铎、刘光裕、杨焕章、宋应

---

① 姬建敏：《中国编辑学研究60年（1949—2009）》，社会科学文献出版社2015年版，第110页。

离、任定华、王华良、蒋光学等从高校教师到编辑教育家，从学报编辑到编辑学家的精彩画卷。这些个性不同、经历各异的编辑学家的"扎堆儿"出现、崛起，对中国编辑学研究来说，是何等的热闹，何等的壮观，何等的辉煌。历史为证，他们作为编辑学研究的开拓者、奠基者、践行者、引领者，有的在编辑学理论建构方面功勋卓著，有的在编辑学某一领域引领潮流；有的开辟了编辑学理论研究的不同流派，具有彪炳史册的学术建树；有的参与缔造和领导了中国编辑学会的创立和发展，具有引领者和组织者的作用……他们为了编辑学学科体系的建立和完善，为了编辑学在中国的诞生和发展，作出了卓越的、不可磨灭的贡献。试想，我国的编辑学理论建设如果没有了他们的身影，缺少了他们的理论建构和学术引领之功，这段历史将会是多么的苍白，多么的寂寥，多么的支离破碎。

他们创造了历史，历史应该记住他们的名字！

四

人们常说，以史为镜，可以明得失、知兴替。"充分地理解过去——我们可以弄清楚现状；深刻认识过去的意义——我们可以揭示未来的意义；向后看——就是向前进。"① 当前我国正处于民族复兴、文化建设的关键时期，编辑出版业作为文化建设的排头兵，同样面临着压力和挑战，梳理、总结第一代编辑学家的研究贡献，可以唤起数字媒体时代编辑的文化使命和责任担当，促进编辑出版人的文化自觉和文化自信，从学科史、学术史研究的角度来说，其学术引领作用则可以进一步凸显和张扬。

首先，老一辈编辑学家作为一个个特立独行的鲜明存在，他们的论说、创想、探讨、争执、实践、活动，构筑了特定时期中国编辑学研究的整体图景和生态场域。他们中的每一位虽然研究思路、涉猎范围不同，但

---

① 李存光编：《世纪良知——巴金》，人民文学出版社2000年版，第389页。

他们作为一个群体，就是一种历史见证，就是一种文化存在，他们共同铸就的高尚精神、学术品质，就会在无形中流动、延续、传播、发展，影响编辑学研究的未来生态，引领编辑学研究的未来方向。尤其是他们提供的丰富多彩、生动形象的个体样本和鲜活个性，不仅有助于抢救历史记忆，还原历史真实，而且有助于反思历史积存，触摸历史本质，指导当今，启迪未来。

其次，老一辈编辑学家无论是个体还是群体，都有着高度的专业理论自觉意识，其研究虽然各有偏好，各有千秋，各有独到之处，但作为一个群体，他们的见解和思想、理论和实践共同构成了有中国特色的编辑学理论的重要内容，展现出我国编辑学理论发展的逻辑和进路，为我国编辑学基础理论的成长提供参考与借鉴；他们的成就和贡献、建树和积淀，不仅结束了"编辑无学"的历史，唤醒了中国编辑沉睡几千年的主体意识，促成了我国编辑学高等教育的开创，而且深化了编辑学研究，完善了编辑学学科体系建设，使编辑学作为一门学科被广泛认同，不可轻视、不可替代。

再次，老一辈编辑学家作为一个重要的群体类型，这一群体人物，既在编辑出版实践领域有着卓越建树，又都热衷编辑学理论研究，具有理论与实践相得益彰、务虚与务实有机结合的主体思想特征。他们的道德、学问、激情、睿智、文采、修养以及编辑学研究的辉煌业绩和文化理性，激励我们潜心编辑学学术研究，建构和完善编辑学理论体系，发扬、光大他们的编辑出版学事业；引领我们研究媒体融合环境下编辑学理论和实践的新情况、新问题，服务编辑出版人才队伍建设，培养学者型编辑、研究型编辑出版家，实现中国编辑出版学的大发展、大繁荣。

可以说，编辑学作为中国人自主创建的人文社会科学，如果没有老一辈编辑学家的努力和引领，就不会有这门学科的今天。但编辑学家每一个都是独立的个体，集中在一起则是编辑学家群体。编辑学家群体的编辑思想及其编辑思想的发展，具有鲜明的实践品格和明显的群体互动特征。20世纪八九十年代崛起的这个编辑学家群体，是新中国成立70多年来编辑主体发展的一个特有现象，其形成既是改革开放 40 多年来急剧变革的出版实践的历史需要，更是出版主体职业认同自觉和专业理论觉醒的必然结果。从理论建构者个体本位出发，研究老一代编辑学家的编辑学思想，可以揭示出个体视野下编辑学理论发展的内在逻辑，拓展编辑史当代研究的空间视域，使得编辑史研究深入编辑参与者本身，实现编辑史研究的当代话语呈现。

五

英国史学家爱德华·霍列特·卡尔在他的经典著作《历史是什么？》中曾说过："历史是历史学家跟他的事实之间相互作用的连续不断的过程，是现在跟过去之间的永无止境的问答交流。"[①] 作为新中国成立 70 年来编辑主体发展的一个特有现象的老一辈编辑学家群体，其崛起、形成的过程，深刻融入了整个社会文化生态这个大系统之中。考量他们所作出的贡献，既与 20 世纪八九十年代改革开放、生气盎然的社会大环境有关，也与中国编辑学会营造的鼓励争鸣、鼓励创新、兼容并包、团结友善的研究局面有关，更与他们自身的从业经验、资质资历、学养修养、毅力品质有关。今天，尽管中国人文社会科学研究在理论形态、话语方式、思想资源、方法路径等方面都发生了变化，"编辑学"学科名称也被政府认可的高校本科专业名称"编辑出版学"所替代、所包含，以往单一媒介实践被如今的媒介融合打破，编辑活动的格局改变，但编辑学理论建构的逻辑起点和价值旨归没有变，建构适合各种媒介的普通编辑学理论体系，既是第一代编辑学家的追求，也是第二代、第三代编辑学人的追求，更是媒介融合时代编辑学研究者无法回避的现实问题。"从单一媒介编辑研究中跳出

---

① [英] 爱德华·霍列特·卡尔：《历史是什么？》，吴柱存译，商务印书馆 1981 年版，第 28 页。

来，研究不同媒介编辑的共同特点、功能、流程和规律"①，既是媒介融合联通的必然要求，也是编辑学理论建设的题中应有之义；"在媒介融合环境下，编辑活动的形态、编辑工作方式、编辑实践对象、编辑主体构成，等等，都发生着全然一新的变化，这为普通编辑学研究提供了更为广阔的空间"②，这也是建构和完善普通编辑学理论体系的重要范畴。从这一维度出发，老一辈编辑学家个体即使存在这样那样的不合时宜，他们的研究即使对今天的编辑学研究存在这样那样的思想积存，但他们对普通编辑学的向往、追求，对编辑学研究的激情、信念、成就、贡献，将是我们永远的精神财富。"物质的力量是伟大的，精神的力量同样伟大"，"高尚的编辑精神同样具有巨大的精神力量，是引领和激励编辑活动获得成功的精神支柱。编辑前辈的事迹证明了这一点，当代编辑的经验也证明了这一点"。③

致敬老一辈编辑学家！

（作者单位：河南大学学报）

---

① 邵益文、周蔚华主编：《普通编辑学》，中国人民大学出版社 2011 年版，第 13 页。
② 段乐川：《媒体融合与编辑理论创新》，社会科学文献出版社 2019 年版，第 18 页。
③ 刘杲：《编辑精神的嘹亮赞歌——〈编辑之歌〉序》，《出版发行研究》2009 年第 2 期。

学术期刊编辑引导职能的再造

付一静

2019 年 8 月，中国科学技术协会、中共中央宣传部、中华人民共和国教育部和中华人民共和国科技部联合印发的《关于深化改革培育世界一流科技期刊的意见》提出：到 2035 年，我国科技期刊综合实力跃居世界第一方阵。这一总体目标不仅给科技期刊绘制了发展宏图，也为所有的学术期刊指明了方向。学术期刊要为中华民族伟大复兴和建设社会主义文化强国发挥自己应有的作用。学术期刊肩负着推动社会文化、理论和科学技术发展的职业使命。学术期刊从诞生之时就承载着普及、提高社会大众的科技和文化知识，引领和推动科学技术和文化发展的职能。在新的复杂社会背景下，学术期刊更好地发挥其引导职能变得更加必要和迫切。

编辑活动是学术期刊出版过程的中心，在编辑活动主体（编辑者）、源体（作者）、客体（作品）、用体（读者）① 四个要素中，主体编辑对作者、作品和读者可以产生学术研究方向的引导。编辑主体的质量直接关系到学术期刊产品的质量②。对于具体的作品来讲，编辑起到了积极的、仅次于作者的决定性的作用。而在国家学术研究以及学术期刊的宏观层面，编辑是影响学术研究和期刊发展的首要因素。编辑不仅以他所编的出版物影响人、影响社会③，还可以通过培育自己的作者队伍来孵化优秀作品，引领学术研究。因而，学术期刊编辑在期刊发展、科学技术和文化发展过程中都是积极、能动的要素。发挥学术期刊编辑的引导职能就成为由期刊大国转型为期刊强国的关键所在。《出版管理条例》第四条规定："从事出版活动，应当将社会效益放在首位，实现社会效益与经济效益相结合。"在《出版专业人员职务试行条例》第七条编辑的主要职责中提到："搜集研究本学科的学术动态和编辑出版信息，提出选题设想，进行组稿。"这些规定是学术期刊编辑引导职能的法制层面的规定性要求。

一、学术期刊编辑引导的内涵与价值

（一）学术期刊编辑引导的内涵

学术期刊编辑引导职能是指编辑基于一定的编辑思想，对学术研究、研究成果的总结、受众阅读倾向以及学术期刊发展走向等施加影响的能力。编辑引导有广义和狭义之分。广义的编辑引导是指编辑活动引发的对社会、期刊社直接或间接的各种影响。有正面的，也有负面的；有编辑自发、无意识行为产生的，也有编辑在一定编辑思想指引下自觉行为产生的。狭义的编辑引导是指编辑在编辑思想指引下直接或间接产生的符合国家主流价值观，对社会文化、科学技术以及期刊社发展有积极意

---

① 罗紫初：《编辑出版学导论》，湖南大学出版社 2008 年版。
② 付一静：《论编辑权利及其规范行使》，《中国编辑》2016 年第 1 期。
③ 段乐川：《论编辑权利及其保护》，《河南社会科学》2011 年第 2 期。

义的影响。本文从狭义的视角探讨学术期刊编辑引导。编辑引导是超越编辑价值判断和加工校对等编辑基本职责的高级职责，是编辑在准确把握期刊定位和相关学科研究动态及发展前景的基础上形成的指导学术研究，推动、引导期刊和学科发展的行为。编辑引导可以通过选择、策划、交流指导等途径实现。这里的编辑可以是个体编辑，也可以是期刊社的编辑群体。编辑引导的形成以编辑思想和策划能力为基础，是编辑教育职责[①]的体现和编辑职业敏感成熟的标志。编辑引导包含以下两个方面的引导。

1. 对社会文化和学术研究的引导

编辑对社会文化和学术研究的引导主要是编辑通过组稿、对作者和潜在作者进行选题和写作指导，以及各种社交场合中阐释个人观点和刊物思想等对相关学科领域研究产生的影响。编辑视角与学者视角有相同之处，也有不同之处。编辑以其熟悉学者视点，又不囿于学者视点的角度阐发自己和刊物的立场，对学者研究和研究结果的表达产生牵引和推动作用，进而对受众产生放大的影响效果，最终表现出学术期刊编辑对社会文化和学术研究的引导。

2. 对期刊发展的引导

编辑对期刊发展的引导是指编辑通过期刊策划、组稿、作者队伍培育等行为对期刊发展产生的影响。期刊定位是办刊的根本出发点，首先，在期刊定位范畴中，编辑可以发挥自身的能动性和创造性，策划一定的阶段性栏目，约请相关专家为期刊撰文，从而对刊物发展产生积极的影响。其次，编辑也可以通过与作者的交流沟通以及举办编读研讨会、论文选题与写作指导讲座等形式培育期刊的作者队伍，以此提高作者队伍选题、写作的针对性，提高刊物在业内的影响力，进而促进其发展能力。再次，编辑是期刊社的核心要素，编辑能力决定期刊发展的能力[②]。编辑不断提升自

---

① 吴平编著：《编辑本论》，武汉大学出版社 2005 年版。
② 付一静：《论编辑权利及其规范行使》，《中国编辑》2016 年第 1 期。

己的编辑素养，促进刊物质量提升，势必对期刊发展产生最直接、最有效的促进力。

（二）学术期刊编辑引导的价值

学术期刊编辑对期刊出版产品的内容及其呈现形式具有深刻的影响。同时，编辑又是学术期刊最积极、最具能动性的要素。学术期刊编辑引导在多元层面会产生积极的意义。

1. 实现国家期刊发展战略目标的微观举措

到 2035 年，我国科技期刊综合实力跃居世界第一方阵，从期刊大国向期刊强国转型是国家期刊发展的总体战略。这一战略对学术期刊提出了跨越式发展的要求。对具体的学术期刊而言，要将自身发展纳入国家总体发展战略之中，提高自身实力，提高刊物载文的针对性、指导性、创新性是其不二选择。严格把关、突出编辑选择是保障刊物具有针对性、指导性、创新性的基础，而强化编辑策划及对作者的指导等编辑引导则是学术期刊提高刊物质量，实现期刊跨越式发展的具体抓手。

2. 有效推动学术研究和科学技术的发展

学术期刊与学术研究具有相互依存、相互促进的关系。学术研究成果需要通过期刊传播，并对社会产生影响；学术期刊需要刊发有创新价值的研究成果而实现其信息、宣传、教育功能[①]，完成传播先进文化和科学技术的天然使命。学术期刊编辑自觉地走进学术研究，了解、把握国家有关学术研究的指导方针，恰当地给学术研究作出期刊前瞻性的选题阐述，对学术研究和科技发展具有显著的推动作用。

3. 落实期刊办刊思想的有效途径

期刊载文是落实办刊思想的静态的精神和物质体现。编辑引导职能的发挥则是落实办刊思想的一个具体过程和途径。编辑活动是期刊出版过程的中心环节。编辑活动是编辑主体影响编辑客体及其外部环境的一种或若干种行为的方式，是编辑个体存在的基础，没有编辑活动就没有编辑，也

---

① 徐柏容：《期刊编辑学概论》，辽海出版社 2001 年版。

就没有编辑客体。① 编辑引导是编辑活动的范畴，编辑选择、策划、编辑指导等都是基于一定的办刊思想的行为，因而是落实办刊思想的行为。换句话说，编辑引导就是落实期刊办刊思想的途径。

4.学术期刊发展的内部动力源

学术期刊的发展包括学术期刊质量的提高、读者群的扩大、期刊评价指标的提升、受众的好评，以及期刊社内部管理水平和期刊编辑主体质量的提升。由此可见，期刊发展包括三个板块的发展，即蕴含有学术与物质二重性的期刊本身的质量及其相关的期刊评价、期刊社管理、编辑的能力和行动三个方面。在这三个方面中，编辑是最为活跃的起决定性作用的要素，编辑主体的质量越高，编辑引导越自觉、有效，直接的效果就是期刊质量和期刊作者队伍质量的提高，并且，能够在编辑主导下，形成作者队伍与期刊质量相互促进的良性循环。期刊发展动力有的源自国家政策的引导、法律的约束，也有的来自主管、主办单位的机制激励，还有的来自期刊社自身的发展。前两种是外力的范畴，其作用的产生与发挥依赖于期刊社的认识与态度，最终通过期刊社的核心要素编辑活动来实现。因此，学术期刊编辑引导必然成为期刊发展最为活跃与有效的动力源。

二、学术期刊编辑引导职能弱化

我国现有期刊 1 万余种。2014 年以来，原国家新闻出版广电总局先后两次认定学术期刊 6478 种，涵盖了各个学科方向。这些期刊肩负着推动和引领我国学科和技术发展的使命。但是，我国期刊起步较晚，学术期刊发展良莠不齐，很多学术期刊不能及时、准确反映国家对学科研究、发展的导向以及学术研究发展的前沿成果，更谈不上对学术研究的推动和

---

① 吴平编著：《编辑本论》，武汉大学出版社 2005 年版。

引导。某著名期刊编辑曾有"我是编辑我可耻,我为国家浪费纸"诙谐之说。这句话虽然饱受业界同人的诟病,但它却从一个角度折射出我国学术期刊学术价值含量低下的普遍性。

(一)没有形成编辑引导的思想基础

审稿是期刊编辑进行稿件选择的重要手段和途径,也是编辑引导思想产生的基础。三审制是对期刊的一般要求,不少学术期刊没有严格的三审制。某些学术期刊,收稿人简单审阅文章,选题范畴符合刊物定位、文章形式要件齐全即可,审稿人主要的工作是核算字数和版面费。有时作者投稿后不到一个小时即可收到录用通知。工作效率可谓超高,但期刊内容质量却令人担忧。另有一些高校主办的期刊由于编制少,编辑和审稿人员严重不足,可能是办刊经费所限致使审稿环节缩减,几乎成了一审把关。虽然我们不能将一审把关等同于刊物质量低下,但是,审稿环节缺失是导致刊物质量低下的重要原因。编辑活动仅限于选稿、加工校对等基本的工作层面;编辑追求限于刊物没有科学性错误、格式规范、语言通顺。编辑没有主动影响作者、读者的意识,与作者的交往仅限于文章是否可用、文章有哪些需要修改的内容等微观编辑内容。编辑在计划经济体制下,失去了主动提高自身素质的愿望,疏远了读者、作者,编辑工作在一个封闭性很强的系统中运行。[①]这样的期刊刊载的文章只能是迎合部分作者发文需求,期刊和编辑让渡自己的职责,漠视其引导职能,对学术研究和期刊发展都是有害的。

(二)没有形成编辑引导的素质基础

编辑引导是编辑具备良好职业素质的衍生能力,是编辑职业敏感成熟的标志。许多小而散的办刊状态的学术期刊既没有编辑引导的意识,也没有形成编辑引导的素质。编辑引导是编辑超越编辑基本职责向优秀编辑转化的标志性能力之一。编辑引导以形成编辑思想、准确把握期刊定位和相

---

① 陈小强:《高校科技期刊人才培养功能弱化致因的深度探析》,《编辑学报》2019年第3期。

关学科研究动态和发展前景为基础。我国绝大多数学术期刊规模较小，没有像德国施普林格出版集团那样有组稿编辑与案头编辑的细化分工，客观上需要编辑身兼两者的职能，而编辑人员的整体素质不高、高层次的编辑人才缺乏且流动性较大[①]，形成编辑引导的素质基础还较为薄弱。笔者访谈过数十家学术期刊，有双月刊、月刊、半月刊、旬刊。这些刊物的专职编辑均不超过 10 人，编辑分工多是横向的栏目分工，较少有类似施普林格的纵向分工。个别期刊社有较为松散的师徒制，也是业务指导而不是纵向的分工。身兼多职的编辑在超负荷工作状态下可以胜任文章的加工校对、形式规范等方面的工作，但绝大多数编辑缺乏指导学术研究的素质，没有形成编辑引导的职业素养。

（三）没有形成编辑引导的制度基础

编辑引导职能的发挥，一方面是编辑自身的工作态度和专业素养起到了决定性的作用；另一方面，期刊社（编辑部）的管理制度也是重要的影响因素。期刊社对编辑的考核评价要求是编辑工作方向的导向标。作者随机访谈的学术期刊中，大多数期刊对编辑工作有具体的工作指标要求，但仅极少数刊物有对编辑主动发挥引导职能的考核评价内容。某杂志社对编辑考核评价分规范性评价和引导性评价两部分内容。规范性评价是对编辑工作的刚性要求；引导性评价是激励编辑走向形成编辑思想[②]，了解学术动态和前沿，自觉引导作者、读者的导师型编辑的管理措施。

期刊社对编辑引导职能考核评价的要求的缺失，丧失了期刊出版单位对编辑专业发展的制度性约束，将编辑引导职能的形成和发展置于自发状态，无疑与学术期刊跨越式发展及建设期刊强国的总体目标相悖。

---

① 吴晓丽、陈广仁、史永超：《锻造一流科技期刊编辑队伍的思考——新木桶理论的启示》，《编辑学报》2016 年第 5 期。

② 付一静、白薇、金春平：《文化体制改革下学术期刊的编辑评价体系》，《编辑之友》2016 年第 6 期。

三、学术期刊编辑引导职能形成的影响因素

编辑引导是编辑在长期编辑实践中形成的对本刊物及其相关学科发展有引领作用的能力和行为，是优秀编辑的素质要件。其形成和发展受诸多因素的影响，有些影响是积极的，可以推动编辑引导职能的形成；有些影响是消极的，不利于编辑引导职能的形成。

（一）学术期刊外部因素

1.国家期刊发展战略

国家期刊发展战略是期刊发展的宏观指引，对期刊的办刊行为、发展规划有统领作用，可以间接、隐性地对编辑引导职能产生推动作用。国家期刊发展战略不同于行政管理，对期刊的约束力较为孱弱，对多数期刊仅是一种号召。国家期刊战略大多时候通过重点资助或特殊扶持政策来引导相关期刊实现国家意志。比如，2019 年，为落实《关于深化改革培育世界一流科技期刊的意见》，中国科学技术协会和中华人民共和国财政部、教育部、科技部以及国家新闻出版署、中国科学院、中国工程院七部门联合实施"中国科技期刊卓越行动计划"，对 280 种重点期刊、梯队期刊、领军期刊和高起点新刊和 5 个集群化试点项目进行了资助。这一行动计划对相关期刊和集群将会产生较大的促进作用，对其编辑引导职能也将会起到催生和促进作用。

2.期刊评价

现有期刊评价体系对期刊的影响超越了行政管理对期刊的影响。目前，国内影响较大的期刊评价体系有 5 个：中文社会科学引文索引（CSSCI）、中文核心期刊、中国人文社会科学核心期刊、中国科学引文数据库（CSCD）、中国科技论文统计源期刊。此外，国际三大科技文献检索系统 SCI、EI 和 ISTP，尤其是 SCI 对我国期刊和学术研究都产生了超乎想象的影响。被 SCI 收录、被 CSSCI 收录对期刊的发展产生的影响是深刻而广泛的，作者、稿源、社会声誉、主办单位的支持、期刊管理行政

部门的评价等都会发生巨大的变化。在期刊评价体系引导下，很多期刊会向着评价指标作出更多的努力，进而，对编辑作出更高的要求。动态的期刊评价对期刊是一个巨大的压力，也是其不断发展的动力。这种压力和动力都会衍生出催生编辑引导职能的促进力。

3. 学术评价

学术评价是深化期刊评价影响力的推手。许多高校博士毕业的必要条件是发表一篇或两篇 SCI 论文。一些学校还要求是 SCI 一区或二区论文，三区的论文则不受重视。教师科研考核也是追求 SCI 一区论文。一次偶然的访谈中了解到，我国某著名的研究院的研究员不了解我国的学术期刊，他们从来不向国内的期刊投稿，只投国外 SCI 刊物。原因是在国内期刊发表文章考核中分值极低。长期以来，我国高校、科研院所唯 SCI 论的考核机制导致大量国内高水平论文外流。少数被 SCI、CA、SA、CSSCI、中文核心期刊等收录的期刊被热捧，而大量的没有入选各类核心的期刊则备受作者冷落，稿源不足或优秀稿源严重不足成为常态，期刊在质量不高的来稿面前缺少了"挑剔"的底气，而选择"迁就"作者。期刊和编辑因此放松对编辑职业素养发展的要求，编辑引导职能的生发受到了抑制。

4. 期刊出版秩序

高校和科研院所岗位评价考核、职称晋升中对论文发表的要求一方面促进了学术研究的繁荣和发展，另一方面也催生了各种学术不端。近些年来，网络不断有学术不端爆出。一些专业代写、代发的论文堂而皇之地出现在各搜索引擎之中。百度搜索"论文发表"有数十页的网页检索结果，很多网站有不下十个的在线客服。这样"繁荣"的不当行业且不论其背后的因果，如果它们没有与真实的期刊社发生关联的话可能不会火热如此。一只看不见的手伸入学术期刊编辑出版工作之中，甚至控制了一些期刊的出版。这种情况使学术期刊编辑出版异化，抑制了学术期刊编辑引导职能的形成。

（二）学术期刊内部因素

与外部因素相比，期刊社的管理规定、考核评价指标与措施对编辑引导职能的形成与发展有更加直接的影响。期刊社的管理是对编辑专业发展具有引领作用的规约，期刊社对编辑引导的认识程度直接决定其制度对编辑引导的关涉程度。一个仅定位于"为什么作者提供成果交流的平台"的刊物，不可能产生推动、引领学术研究的理想，自然也就不会有引导编辑去实现这些理想的制度。而没有激励编辑生发编辑引导职能的期刊管理制度之下，编辑自觉形成编辑引导的动力仅源自其自身较高的职业追求。失去期刊社制度激励的编辑引导的生成是自发而缓慢的。

内部管理制度是国家层面的期刊战略得以落实的依附载体，也是期刊社自身办刊思想细化为日常编辑行为的工作守则。期刊社的内部管理制度就像一柄"双刃剑"，制度设计合理会产生积极的推动作用；制度不合理则会产生消极的阻碍作用。在期刊社的各种制度中，编辑考核评价制度是影响最为深刻、体现期刊社价值追求的一项根本制度。它对编辑引导职能的影响力远超期刊出版流程中的其他任何技术性制度。编辑评价考核的激励作用是内部制度中最为积极和有效的制度。所以，期刊社用好编辑考核评价制度是催生、发展编辑引导职能的关键途径。

（三）学术期刊编辑个人因素

编辑是编辑引导形成与发展中起决定性作用的要素。不管是外在的期刊发展战略，还是内部的期刊社管理条例，最终都是通过编辑产生作用。编辑个人因素中，编辑的工作态度、性格、编辑思想、编辑实践、编辑学科素养、编辑对国家期刊出版方针政策以及本刊物办刊宗旨的理解和把握都会对编辑引导职能的产生与发展起到一定的影响。在这些因素中，编辑的性格和工作态度是较为稳定的支配性因素，它对其他几个因素可以起到决定性的作用。认真负责、坚韧不拔、乐观向上的编辑会积极思考自己的编辑实践，以期刊发展总体规划指导、要求个人的编辑实践，不断提高自己的学科专业素养和编辑职业素养。良好的编辑个性品质对编辑引导的形成和发展具有催化作用。反之，则不利于编辑引导的形成。

四、再造学术期刊编辑引导职能的措施

（一）优化编辑继续教育

编辑的政治觉悟和敏感性、工作态度、性格、学科素养、语言文字功底、法制意识、编辑专业素养，对本出版单位宗旨和市场定位的理解与把握、学科动态的了解、国家相关政策形势的把握、编辑个人意志品质等构成了编辑主体的质量。[①] 编辑主体质量越高，编辑引导的能力越强。编辑继续教育是提高编辑主体质量的重要途径。目前，学术期刊从业编辑大多持证上岗，遵循《出版专业技术人员继续教育暂行规定》，每年完成 72 学时继续教育。但是，还有不少学术期刊编辑没有取得注册编辑资格，编辑专业学习仅限于宣传部组织的岗位培训，其他与编辑专业能力相关的学习机会很少。国家新闻出版管理部门主导的编辑继续教育对提高编辑主体质量有较大的作用，但与立足于催生、发展编辑引导职能的继续教育要求还有较大的差距，不能满足期刊社、编辑个性化的发展需求。期刊社需要在分析研判自身优势与不足的基础上，找出期刊和编辑发展的最近发展区，完成法规规定的编辑继续教育的前提下，开展切中期刊和编辑需要的编辑研讨和培训，强化社本编研[②]，优化编辑继续教育形式和内容，切实促进编辑引导职能的形成与发展。

（二）强化期刊出版管理与引领

1. 强化对学术期刊出版单位的管理

目前，我国对期刊的行政管理主要通过期刊年检和各种专项检查来实现。由于行政管理部门人力不足等所限，监管力度不能适应形势需要。强化期刊出版单位的管理要有效制止变相买卖刊号、出租版面的失当行为，让学术期刊编辑出版置于有效的监督之下。在守法依规办刊环境中，期刊编辑才

---

① 付一静：《论编辑权利及其规范行使》，《中国编辑》2016 年第 1 期。
② 付一静：《试论学术期刊开展社本编研的形式和途径》，《中国编辑》2017 年第 4 期。

可能将国家期刊战略与编辑工作相联系，才会有发展编辑引导职能这一更高的职业追求。1990 年以来，中国科学院、国家自然科学基金委员会、中华人民共和国教育部、中国科学技术协会、全国哲学社会科学规划办公室等多部门先后有 8 次期刊资助计划。各地方政府也启动了地方层面的学术期刊资助政策。但从刊物种类上看，还集中在少数刊物，"中国科技期刊卓越行动计划"资助期刊不足科技期刊的 7％；2020 年国家社科基金资助期刊不足社科期刊的 8％。尽管期刊资助覆盖面不够广泛，但依旧给学术期刊发展带来了曙光。2019 年推行的"中国科技期刊卓越行动计划"只直接惠及 280 种期刊，但这一计划给所有科技期刊树立了明确的目标和学习的榜样。所以，加强国家和地方政府资助学术期刊的力度和覆盖面，将会有力地推动学术期刊的发展，同时也会有力地促进学术期刊编辑引导职能的形成和发展。

2. 强化学术期刊出版内部管理

期刊内部管理是对生发编辑引导职能最为深刻的影响因素，能以制度激发编辑提高自身素质、形成编辑引导的内驱力。与编辑引导职能的形成、发展相关的管理制度涉及编辑专业发展的各个领域。比如，编辑考核评价制度、编辑职业道德规范、编辑研修制度、编辑参加学术会议制度、编辑继续教育制度、师徒合作制、编辑学术调研制度、期刊定点联系作者制度等，从具体的工作和整体上可以对编辑提出明确要求。首先，这些制度设计要合理，并且获得编辑的认可。其次，合理的制度要落实在编辑活动之中。良好制度的有效执行对编辑引导职能的形成和发展具有无可替代的促进作用，是最为直接的外部推动力。

（三）出台学术期刊编辑职责的相关法律、法规

中华书局创始人陆费逵先生曾说："我们书业虽然是较小的行业，但是与国家社会的关系，却比任何行业都大。"[①]学术期刊的编辑出版尤为甚之。而关乎学术期刊编辑和出版工作的法律条文却少之又少。相关的法

---

① 陆费铭琇：《我国近代教育和出版业的开拓者——回忆我父亲陆费伯鸿》，《编辑学刊》1993 年第 1 期。

律、法规只有《著作权法》《出版管理条例》《期刊出版管理规定》《出版专业人员职务试行条例》《出版专业技术人员职业资格管理规定》《出版专业技术人员继续教育规定（征求意见稿)》等。而这些法律、法规条文中对编辑人员的职业素养和道德没有明确的要求。法规缺失，学术期刊编辑实践中就失去了基本底线的要求。这对我国数量庞大的学术期刊编辑群体的规范和管理是十分不利的。学术期刊编辑引导职能是在良性出版环境之下的产物，出台学术期刊编辑职责相关法规有益于编辑引导职能的形成和发展，进而推进学术期刊和学术研究的发展。

（四）建立科学合理的学术评价体系

学术评价是对国家学术研究具有导向性的价值引导体系。上至国家层面的研究机构、高校，下至基层的中小学校，考核评价中论文发表都占据重要地位。唯 SCI 论、唯 CSSCI 论等评价体系不仅对我国的学术研究产生严重的负面影响，也助推了学术期刊发展的异化。在《国家中长期科学和技术发展规划纲要（2006—2020 年)》指引下，2012 年，中共中央、国务院出台《关于深化科技体制改革加快国家创新体系建设的意见》，为落实上述纲要和意见，2013 年教育部出台《关于深化高等学校科技评价改革的意见》，对高校科研学术评价提出了具体的指导意见。但这些意见并没有落实在论文评价的实践层面。2020 年 2 月，中华人民共和国教育部、科技部联合印发了《关于规范高等学校 SCI 论文相关指标使用树立正确评价导向的若干意见》的通知，明确指出破除 SCI 之上，审慎选用量化指标的要求。清华大学、广西大学等高校已经出台相应的措施，这是学术评价走向合理化的积极的一步。建立科学合理的学术评价体系不是一蹴而就的改革，需要在国家纲要、教育部意见的指导下立足于单位实际，建立有益于推动学术研究、人才培养的评价体系。彻底打破唯 SCI 论，从制度和情感上培育科研工作者对我国期刊的认同感[①]，科学合理的学术评价将会有

---

① 孙涛：《关于培育世界一流科技期刊首先需要解决的几个问题的思考》，《编辑学报》2019 年第 6 期。

力推动学术期刊理性化的发展和评价，进而有效促进学术期刊编辑引导职能的产生与发展。

（五）完善期刊评价

目前，核心期刊评价俨然成为学术期刊发展的指挥棒、方向标、荣誉榜，也成为学术评价的等级标准依据。我国现有的期刊评价体系对社会产生的影响大小不一。以社会科学期刊评价来看，影响最大的是 CSSCI、中文核心期刊。这些评价体系一定程度上促进了学术期刊的发展、编辑素质的提高。但期刊评价体系中缺少了读者评价这个办刊目的所在、期刊最终服务对象对期刊的评价。评价体系选用的指标不断优选，但依旧缺少系统性[①]。影响因子的异化，引导期刊偏离了学术期刊发展的正常轨道。完善学术期刊评价体系，将国家期刊发展战略思想、期刊服务对象的评价体现其中，形成科学合理、体现国家对学术期刊总体要求的期刊评价体系。对学术期刊的良性发展将起到巨大的推动作用，同时，期刊评价的传导力也会促进学术期刊编辑引导职能的形成和发展。

（六）推行首席编辑制

每种学术期刊都有其特定的学科服务对象。我国的学术期刊一般编辑部规模都不大。以科技期刊为例，1991 年 6 月 5 日由国家科学技术委员会和新闻出版署第 12 号令发布的《科学技术期刊管理办法》第三章第八条规定专职编辑季刊一般不少于 3 人，双月刊不少于 5 人，月刊不少于 7 人。虽然这个管理办法于 2008 年已被废止，但这个推荐标准仍有一定的参照价值。期刊编辑大都超负荷工作。某学术旬刊每月出版近 60 万字，仅有 9 名专职编辑。某学术期刊中心 13 名编辑办有 15 份月刊，编校量远超国家推荐工作量。这些情况不是个例，而是具有一定的普遍性。因此，我国的学术期刊编辑人员配置不足是常态，一般不具备形成施普林格那样的组稿编辑与案头编辑的细化分工的条件。在编辑人力资源严重不足的情

---

① 张志强：《高质量发展视域下核心期刊评价体系完善之我见》，《河南大学学报（社会科学版)》2020 年第 4 期。

况下，推行首席编辑制，有利于充分发挥激励作用，鼓励优秀编辑脱颖而出快速成长起来，形成编辑引导职能。首席编辑制是指在编辑中遴选出业绩最出色的编辑，冠以首席编辑荣誉的一种机制。首席编辑 3 年一个任期。编辑全员考核，3 年一周期，3 年考核最优者出任下一周期首席编辑。首席编辑实行流动退出机制。首席编辑制不仅对优秀编辑个人成长具有极大的推动作用，还会形成编辑积极的竞争态势，为形成和发展编辑引导职能创造有利的条件。

五、结束语

学术出版是认可学术成果、展开学术争鸣、推动学术创新的重要平台。[①]学术期刊编辑引导职能对学术期刊和学术研究都有着重要的意义。长期以来，受各种因素的影响，学术期刊编辑引导职能被忽视而弱化。新的历史时期，学术期刊要实现跨越式发展，实现期刊强国的目标，脚踏实地从再造学术期刊编辑引导职能做起，将会是关键举措。

参考文献：

1. 罗紫初：《编辑出版学导论》，湖南大学出版社 2008 年版。

2. 付一静：《论编辑权利及其规范行使》，《中国编辑》2016 年第 1 期。

3. 段乐川：《论编辑权利及其保护》，《河南社会科学》2011 年第 2 期。

4. 吴平编著：《编辑本论》，武汉大学出版社 2005 年版。

5. 徐柏容：《期刊编辑学概论》，辽海出版社 2001 年版。

6. 陈小强：《高校科技期刊人才培养功能弱化致因的深度探析》，《编辑学报》2019 年第 3 期。

7. 吴晓丽、陈广仁、史永超：《锻造一流科技期刊编辑队伍的思考——新木桶理

---

① 吴平：《学术出版的价值与意义》，《出版科学》2019 年第 6 期。

论的启示》,《编辑学报》2016 年第 5 期。

8. 付一静、白薇、金春平:《文化体制改革下学术期刊的编辑评价体系》,《编辑之友》2016 年第 6 期。

9. 付一静:《试论学术期刊开展社本编研的形式和途径》,《中国编辑》2017 年第4 期。

10. 陆费铭琇:《我国近代教育和出版业的开拓者——回忆我父亲陆费伯鸿》,《编辑学刊》1993 年第 1 期。

11. 孙涛:《关于培育世界一流科技期刊首先需要解决的几个问题的思考》,《编辑学报》2019 年第 6 期。

12. 张志强:《高质量发展视域下核心期刊评价体系完善之我见》,《河南大学学报(社会科学版)》2020 年第 4 期。

13. 吴平:《学术出版的价值与意义》,《出版科学》2019 年第 6 期。

(作者单位:太原师范学院期刊中心)

5G 互联网时代中国学术期刊出版的新趋势

索煜祺

　　移动通信技术在经历了前四代的发展变迁，数据传输在速率、质量和数量各方面都有了飞跃式的进步。2019 年 6 月，中华人民共和国工业和信息化部（简称"工信部"）向国内移动通信运营商发放 5G 商用牌照，中国移动通信进入了 5G 商用的时代。相比前四代通信技术，5G 的体验速率更快，连接数密度更高，空口时延更低。4G 互联网新媒体已经很大程度上影响了传统出版行业的发展，为传统出版业带来挑战和机遇。5G 技术结合移动互联网的应用，将会更大程度地改变媒体环境，对传媒领域尤其是传统出版业造成更大的冲击。学术期刊作为传统出版业的一个分支，是展示学术科研成果的平台，学术期刊出版活动是打造这个平台的过程。2019 年，我国学术期刊出版种类达 6449 种，在线出版共 3601 种。在 5G 移动互联网时代，学术期刊出版开始向媒体融合靠拢，数字内容生产出现的新变化促生了学术期刊出版新发展趋势。

一、5G 移动互联网时代数字内容生产新特点

5G 通信技术与移动互联网的结合，加上人工智能、大数据等技术逐渐成熟，让媒体呈现智能化、个性化、去中心化的趋势，新媒体步入智媒时代。智能手机、移动电脑、智能穿戴设备等移动终端将会成为信息传播的主要载体，成为人们获取信息的主要方式。5G 移动互联网时代数字内容生产呈现五大新特点。

（一）主体专业化

在互联网 Web1.0 时代，互联网内容主要依靠门户网站的机构化生产，用户很少参与到内容生产中去；Web2.0 时代，网络论坛、社交媒体兴起，用户使用互联网的成本降低，开始真正加入互联网内容生产中来；移动互联网时代，在 3G 和 4G 通信技术的加持下，智能终端结合应用软件，使用户生产内容成为主流。互联网主流的内容生产模式完成了由 PGC（Professional Generated Content）向 UGC（User Generated Content）的转变。北京大学新闻与传播学院胡泳教授认为，随着互联网使用门槛无限降低，用户生产的内容参差不齐，给相关部门和平台监管带来更大的压力，同时算法推荐造成的"回声室效应"，让人们开始怀念"把关人"，信息的真实性和可靠性已经成为巨大问题。他指出，5G 移动互联网时代的内容生产将会回归到 PGC 模式（胡泳，2020）。目前，专业化的内容生产模式已经相当成熟，与 Web1.0 时代门户网站内容生产不同的是，在移动互联网中，无论是社交媒体还是视频直播，机构化的专业生产逐渐占据市场主流。娱乐、体育明星的社交媒体账号交由工作室打理，如李佳琦、李子柒等网红都是团队化运作。相当数量的 MCN（Multi-Channel Network）机构控制着社交媒体、短视频、直播的头部账号，一些因偶然机会走红的网络红人也在向机构化转型。移动互联网时代，内容生产主体的专业化对

于"移动互联网 + 学术期刊"来讲既是机遇也是挑战，机遇在于相比各类 MCN 机构，学术期刊本身自带的专业化、学术化基因足以为内容的真实性背书。而挑战在于，如何将学术期刊真正地与移动互联网结合。

（二）内容形式多维度

5G 移动互联网时代，数字内容形式呈现多维度的特征得益于技术的进步，首先体现在技术推动内容形态多样化。电子书、电子期刊、数字游戏、数字动漫等出版形态日趋成熟，VR/AR 内容产品因受数据网络限制未能大面积占领市场，但在 5G 网络普及后，搭载 VR/AR 技术的数字出版物将会大放异彩。目前，AR 图书已经为"AR+ 图书出版"开了先河，AR 技术应用到了图书出版中，通过手机 APP 扫描图书内页，就能观看 AR 特效。目前，AR 技术结合儿童读物类、科普类、艺术类、IP 衍生类等图书较为广泛。VR 与出版的结合已经在视频和游戏产品中崭露头角，VR 视频 / 游戏搭配头戴式智能终端，将视频和游戏的观感体验放大到前所未有的程度。除此之外，数字内容市场还包括听书产品、在线知识付费课程、MOOC、数据库产品、电子阅读终端等数字内容出版。目前国内学术期刊采取的是纸质出版和数字出版"两条腿走路"，尽管数字化转型困难，但在数字出版形式上已经初见成效，如基于全文数据库的中国知网（cnki.com）、维普（Cqvip.com）学术出版和学术传播平台。

尼尔·波兹曼在电视、电影为大众媒体主要载体的时代，就预测了社会终将由印刷统治过渡到电视统治，娱乐至死的理念将取代理性、严肃的观念。尼尔·波兹曼的观点在互联网新媒体上体现得淋漓尽致，4G 网络中的社交媒体、网络节目、电子游戏等等互联网新媒体产品无一不透露着娱乐的精神。5G 商用普及后，互联网内容娱乐化将继续被放大。4G 网络下载一部电影需要 20 分钟，5G 仅需数秒；5G 网络中，大型电子游戏将变得像电影一样高清，VR 技术将广泛应用于电子游戏；4G 网络播放或录制直播节目会遇到卡顿、延迟、流量资费等问题，5G 网络将极大改善甚至完全改善这些问题。当一切信息变得极易获取，人的本性会驱使人放弃思考的习惯，从而转向唾手可得的娱乐。娱乐内容将会影响媒介环境，从而影响人的生活，被娱乐信息包围成为大众生活的常态。当大众成为娱乐内容的拥趸时，有深度的内容就会成为稀缺品。学术期刊（无论是纸刊、电子刊，还是网络形式出版期刊）无疑承载的是严肃、严谨、专业的内容，学术期刊出版是严肃内容生产的过程，在内容娱乐化面前，学术期刊出版将继续保持学术公信力。

（三）内容分发智能化

4G 网络中承载的信息量可以用"海量"来形容，5G 时代信息量用"巨量"二字形容过犹不及。对于普通互联网用户，如何在"巨量"信息流面前筛选和甄别有用信息？大数据和算法推荐技术让这一切变得简单。目前，互联网信息流平台多数采用"智能算法 + 人工运营"的推荐机制。算法负责对依据用户兴趣维度构建用户画像，根据不同用户的不同兴趣进行内容分发。算法推荐保证每个人看到的内容都是符合用户兴趣的独特内容。人工运营则以人工手段推荐热门内容，比起算法推荐更具有主观性，但效率也更低。5G 数据流量资费更便宜、视频播放更高清流畅，信息流内容数量会以指数级增长。算法推荐将会在 5G 技术的推动下，广泛应用于各类平台内容分发。搭建学术期刊网络资源平台，内容传递采用算法推荐机制，根据不同类型读者的研究兴趣，为他们精准推荐最新学术论文，提高学术期刊传播效率，提升期刊影响力。

（四）反馈即时化

5G 网络的最大优点之一就是高速率、低延时，这意味着在 5G 互联网中传播效果的反馈几乎是即时的。5G 移动互联网中的一次直播活动，不仅会变得更加流畅和高清，直播现场与观众看到的画面几乎同时发生。在传统学术期刊纸质出版中，读者、作者、编辑部、出版商四者之间很少有互动，最多的双向互动活动发生在作者与编辑部之间。在 3G 和 4G 移动网络中，得益于互联网平台的诞生，内容生产者与受众之间的双向互动越来越频繁。在组稿环节，近年来，各期刊编辑部约稿沟通的方式由电子邮件转变为 QQ、微信等社交媒体，社交媒体的互动及时性克服了时空限制，大大提高了约稿的沟通效率；在投审稿环节，线上投审稿系统的出现为作者和审稿人提供了高效沟通的平台。如国内的中国知网、国外的爱思唯尔（Elsevier）等平台，作者可以注册成为平台用户，通过上传稿件的方式在线发送到编辑部编辑手中，编辑部通过初审，交由外部审稿人审稿，外审意见及时传输到作者的账号中。整个流程都是透明的，到了每个步骤节点系统都会提醒作者，使作者能够随时看到稿件的审稿进度。在未来，用户将难以忍受高延迟、低效率的互动，反馈及时性将要求学术期刊有更高效的审稿流程、更快的出版和更低的沟通成本。

（五）运营规划化

互联网内容生产已经是一片红海，头部领域内容市场已被瓜分殆尽。市场规律仿佛"看不见的手"引导各类内容向垂直领域精耕细作。内容垂直化生产创造的价值链是内容生产市场化运营所依赖的商业模式。5G 时代智能化的内容生产只有落地到垂直领域才有实现价值增值的机会（陆朦朦、刘辉，2019）。在传统的学术期刊出版商业模式中，图书馆是其主要客户，学术期刊出版的盈利模式十分单一。爱思唯尔是全球著名的科技出版商，爱思唯尔旗下有 2500 余种科技期刊 47 万篇文章，2 万多名编辑和员工在各个生产环节工作。爱思唯尔科技期刊出版价值链可以概括为科研人员从事科学研究工作—撰写科技论文—投稿—同行评审—编辑—出版—营销—销售发行—阅读，结合数字出版平台即为作者注册为平台用户—平台投稿—平台编辑初审—同行评审—发至期刊编辑部账号—期刊录用或"OA（开放获取）出版"。2017 年，爱思唯尔出版 43 万篇论文，每篇论文平均产生 4089 美元的收入（练小川，2020）。爱思唯尔高达 37% 的利润率完全依赖其贯穿整个生产链的商业模式运营。

二、学术期刊出版的新趋势

作为出版的一个分支，学术期刊出版在一定程度上不同于图书、报纸、大众杂志的出版。学术期刊作为科研人员展示最新学术成果、传播学术观点的平台，本身具有内容严谨、受众面小、传播面窄等特点，这与大众新媒体娱乐性、分众化、传播广的特点背道而驰。学术期刊如何搭载数字出版/移动出版的快车，一直是业界普遍关注的问题。根据 5G 移动互联网内容生产的特点，可以看到学术期刊出版在 5G 互联网时代可预见的新趋势。

（一）在线出版成为主流，纸刊发行向按需发行过渡

目前，欧美国家出版商的学术期刊在线出版机制逐渐成熟，国内以中国知网为代表的在线出版平台也正在摸索中前行。当下的新媒体以更新速度快、传播成本低、内容形式多样等优势，倒逼传统纸质媒体转型。2019年，图书、报纸、期刊三大传统出版物销量均有不同程度的下滑，读者看电子书的时间远超阅读纸质书的时间。[①] 根据人民网摘自《青年记者》的数据显示，2018—2019 年全国共出版纸刊期刊 10139 种，总印数同比降低8.03%，利润同比降低 2%。学术期刊也正面临着纸刊发行量下降的困境，2019 年全国学术期刊发行总量同比下降 10%。同时，2019 年用户电子书阅读时长接近纸质书阅读时长的 2 倍。这表明，读者的阅读习惯正在随着媒介的变化而改变。学术期刊在线出版不等同于放弃纸质出版，在线出版目前的主要形式是 OA 出版和 online first 出版。OA 出版是指未能通过在线平台审稿的文章在作者授权下在学术出版平台上可公开获取发表；online first 出版是指文章通过在线评审后优先在线上发表。黄国春认为真正的在线数字出版应该是 e-only（黄国春，2016）。纸刊的出版发行并非没有受众，只是会越来越少，因此纸质期刊按需发行可能会成为趋势。借鉴图书市场，牛津大学出版社早在 2006 年就将旗下 20000 种图书中的 4000 种采用按需出版的形式。目前国内学术期刊受国内刊号等因素影响，按需出版短时间难以实现，但按需印刷、按需发行的方法是可行的。当 5G 技术应用到智能印刷行业，一批批智能印厂的诞生使按需印刷、按需发行成为

---

① 《2019 中国图书市场报告发布，读者看电子书时间远超纸质书》，见 https://baijiahao.baidu.com/s?id=1654036521189286539&wfr=spider&for=pc。

可能。

（二）学术期刊集约式出版，发挥出版主体专业化、规模化优势

目前国际著名学术期刊均采用集约式出版、集团化管理的模式，如斯普林格（Springer）、爱思唯尔（Elsevier）、德古意特（Walter De Gruyter）、泰勒–弗朗西斯出版集团（Taylor & Francis Group）等出版机构均整合了千余种学术期刊，集中出版管理，形成规模效应。集约式出版能够整合所有期刊资源，集中力量进行规范化、专业化、数字化管理，提高学术出版效率和学术传播效率。相比之下，国内仅有少数机构如外语教学与研究出版社、上海交通大学出版社、高等教育出版社等采用集约式出版管理模式，大部分学术期刊仍然采用的是一种期刊独立运行的模式，这种单一模式投入成本高、传播效率低，缺乏核心竞争力。此外，构建线上数字出版资源平台也必须有集约式、专业化的管理模式。单一期刊内容资源难以承担起构建资源数据库的大任，只有整合大量期刊内容信息，进行标签化、数字化处理，才能有效利用大数据技术完成平台搭建。

（三）内容呈现新形式：沉浸式阅读

在未来，5G 结合 VR/AR 技术很大程度上会在图书出版领域广泛应用，出版呈现形式将在目前"纸书 +APP+VR/AR"的基础上革新。2020 年 8 月 6 日，5G 新阅读体验中心落地国家图书馆，将联合打造基于 5G、全景视频、全息影像等新技术的沉浸式阅读体验。[①] 沉浸式阅读将会成为出版的重头戏。学术期刊出版形态向沉浸式阅读形态革新是历史趋势。无论是纸刊、电子刊还是数字出版，学术期刊本身的科研特性要求其内容呈现形式是以"文字 + 图表"形式为主，但在未来，学术期刊出版会出现"APP+ 沉浸式技术"的辅助出版形式。这将会首先运用到科技期刊中，尤其是医学、建筑、艺术等领域。期刊为每篇文章附上二维码，读者通过 APP 扫描二维码能够看到与该篇文章实验数据相关联的 VR/AR 影像展示。

---

① 《5G 新阅读体验中心将落地国家图书馆：引进全息影像等技术》，见 https://tech.sina.cn/2020-08-07/detail-iivhuipn7263303.d.html？vt=4&cmntg，1899，1899。

甚至，在未来的智能移动阅读终端上能够使用 3D 全息投影技术，呈现医学成果、建筑设计、艺术品等的 360 度全方位投影展示。

（四）精准传播与大众传播相结合

学术期刊的精准传播指的是期刊利用相关技术将期刊内容精确推送给目标用户群体，实现"某些内容给某些人看"的目的，极大提高学术期刊的传播效率，增加期刊在学术领域内的知名度。学术期刊的大众传播指的是期刊利用大众媒介无差别地向用户推送内容，学术期刊大众传播的目的一方面是为大众科普知识，另一方面是提高学术期刊的大众知名度和跨学科领域的学术影响力。学术资源的精准传播与大众传播相结合，是未来学术期刊传播格局发展的趋势。互联网内容垂直化趋势与智能化分发技术的成熟，为学术期刊的在线精准传播提供了可能性。国内维普公司开发了一套"学术期刊精准传播系统"，这套系统精准推送的逻辑是以期刊编辑部为主体，期刊潜在作者为客体，将维普全文数据库中提取的作者信息整合起来，期刊编辑部可以通过筛选的方式将精选文章通过电子邮件的形式推送给指定作者。这套基于数据库资源信息的精准推送系统为学术期刊传播提供了新思路。在大数据和人工智能技术成熟的条件下，内容筛选工作未必都要经过人工处理，标签化的内容可以由 AI 识别并做出筛选，按照设定好的条件选择数据库中的作者进行精准推送，推送完成后收到传播效果的及时反馈。此外，借助互联网进行无差别地大众传播同样重要，多种渠道的大众传播是未来发展的趋势。目前，学术期刊大众传播主要依靠纸刊发行和"两微一端"新媒体。未来学术期刊出版可以借助 PC、手机、移动阅读终端，甚至可穿戴智能设备等，结合软件应用技术广泛地传播给一般大众。

（五）编辑人员掌握"编辑功底 + 学术能力 + 运营能力 + 数字技术"

从 21 世纪编辑岗位的变化来看，Web1.0 门户网络时代诞生了"网络编辑"岗位，新媒体时代又催生了"新媒体编辑""知识付费编辑"等岗位，学术期刊独特性要求期刊编辑"学者化"，编辑既要有扎实的编辑功底，又能掌握一定的学术科研能力。在未来 5G 移动互联网时代，编辑将是复合型的人才，学术期刊编辑应该成为有扎实的编辑功底，掌握学科领域科研新动态，有一定学术科研能力，有运营思维和运营能力，掌握新媒体和数字技术的复合型人才。在线出版要求学术期刊编辑要有互联网运营能力，掌握一定的数据运营、产品运营、用户运营、项目运营能力。同时，学术期刊编辑掌握的"技术"并非指技术研发能力，而是指掌握技术工具的使用方法，例如学术期刊编辑无须掌握或了解 XML 语言，但要掌握 XML 格式文档的排版能力，并能在线处理 XML 格式的论文稿件。

三、结语

本文主要探讨了 5G 移动互联网环境下数字内容生产的特征，以及学术期刊出版在数字内容生产格局中呈现出的新趋势。学术期刊出版业要积极推进数字化革新、集约式发展。作为学术期刊出版工作者，也应该有放眼未来的智慧和魄力，去拥抱新的变化，不能固步自封、原地踏步。

参考文献：

1. 胡泳、周凌宇：《5G：互联网的又一个转折点——兼论移动通信技术迭代对文化传媒产业的影响》，《中国编辑》2020 年第 Z1 期。

2. 练小川：《爱思唯尔的价值链延伸》，《出版科学》2020 年第 2 期。

3. 陆朦朦、刘辉：《内容 2.0 的未来：智能化生产盈利模式探析》，《出版广角》2019 年第 7 期。

4. 黄国春：《在线发表：中国学术期刊数字出版迟来的曙光》，《出版广角》2016 年第 3 期。

（作者单位：外语教学与研究出版社期刊中心）

移动互联时代下专业出版数字产品建设与市场策略的协同发展

唐　亮　李　锋

专业出版与教育出版、大众出版是现代出版的基本组成结构[1]。专业出版是指与职业和行业有关的出版，从含义上比学术出版和科技出版更广泛，既突出强调了其所编辑出版的内容的专业性，又有为特定专业用户对象之含义，即专业出版的服务对象有十分明确的指向性[2]。因为目标用户比较固定，专业出版从业者容易在重视出版工作的同时轻视市场策略。进入移动互联时代，专业信息和内容资源的产出规模发生了爆发式的增长，知识消费市场逐渐从"用户找内容"向"内容找用户"转变，专业出版机

---

[1]　许洁、汪琨禹、马青青：《基于三大出版领域的出版学基础理论构建探索》，《科技与出版》2019年第10期。

[2]　李锋：《学术出版可持续发展之路——科学出版社做强主业出版的实践与探索》，《科技与出版》2016年第5期。

构纷纷转型升级开始建设数字产品 ①。本文主要论述在移动互联时代背景下，专业出版机构需要统筹协同数字产品建设与市场策略两项工作。

一、数字产品建设与市场策略相互协同的必要性

（一）移动互联时代下专业出版定位重心转移的要求

一方面，专业出版一直充当着"专业知识守门人"的角色②，通过专业编辑审校和同行评议，筛选出正确和高质量的专业知识、屏蔽掉错误和不正确的信息内容。另一方面，专业出版还是"知识服务提供者"，不断利用科技和产业进步所带来的变革提升知识传播和服务用户的效果③。在纸质时代，图书和期刊的印刷方式、装帧制作、发行途径无一不借助先进技术而持续进化，目的是将专业知识以更廉价的成本和更有效的方式送达读者常去的书店、图书馆和各类场所。

进入移动互联时代后，专业出版的把关功能不仅没有减弱而且还得到了增强，同时内容传播和服务成为与内容建设并重的另一端，促使专业出版从业者必须强化"知识服务提供者"定位，重点考虑如何通过数字产品的建设和运营，提高用户获取和使用知识来解决问题的效率。否则，用户想获得知识时，就容易先考虑那些二次传播内容，而非由出版社精心策划、由专业作者呕心沥血编写的优质内容。

知识服务中的"知识"即内容建设的重心，而"服务"的实现则需要与之匹配的产品化和市场化途径。以往专业出版社在完成内容建设即出版后，往往将传播交给已有的成熟渠道。现在出版社则需要深入分析专业用户群体的方位、特点、习惯等，建立与之相适应的市场规划和专业营销渠

---

① 王雪凝：《传统出版单位推动媒体融合纵深发展的思考》，《中国出版》2019 年第 13 期。

② 李红：《编辑如何做好"守门人"》，《传播力研究》2018 年第 19 期。

③ 林鹏：《科技出版向知识服务转型的探索与实践》，《科技与出版》2017 年第 6 期。

道，才能有效保证知识供给的精准性和有效性。

（二）科技革命背景下专业出版机构高质量经营的要求

专业出版活动自工业革命以来，商业经营的性质就伴随其发展过程。一提起商业性，人们往往想到的都是逐利的一面，而忽视了其作为市场经济中具有最高资源配置效率的组织模式，一直是各行各业发展、生产生活水平提高乃至社会进步的强大推动力[1]。以信息技术为特征的科技革命更加促进了专业出版业态的发展，同时加速了新型商业生态的形成和进化，出现了多家规模庞大的全球性科技出版商和更多各有特色的中小型专业出版机构，并在编辑出版业务之外衍生出投审稿系统服务、数据内容标准化加工、内容分发服务、数据挖掘服务、智能技术服务、内容集成运营服务等多种业务，在这些领域促生了一批优秀的创业公司，形成专业分工、高效合作的业态。

在这样丰富的产业生态中，专业出版机构必须在充分体现社会责任的前提下，不断强化其业务经营的质量，提升自身"造血"能力从而形成持续发展的机制。作为以"内容为王"的市场竞争主体，出版企业应从内容端和市场端两头出发，寻求两者的平衡点与结合点，从而塑造竞争力，而不能只顾着一头。如果只重视商业发展，可能会在内容建设上做出短视决策，从而影响品牌和长期效益；如果只重视内容建设，可能会在移动互联时代仍被固封于传统形态领地，容易被后发优势竞争者夺去优质资源，从而难以维持高质量发展。

专业出版的内容类别无非是图书、期刊、新形态内容等，每一类均有其相对固定的生产模式，因此以往专业出版机构的发展大多依靠规模扩张，无论是自主扩张还是兼并收购[2]。然而规模在一定时期内毕竟是有天花板的，而且其市场也比较固定，所以当产业链中的其他环节因为科技进步而成本降低、效率提高时，出版机构就不能只着眼内容建设，而是要从

---

[1] 李叶妍、姜楠：《市场竞争、"有形的手"与生产效率》，《宏观经济研究》2019年第12期。

[2] 王鹏涛：《国外专业出版集团运营管理模式巡礼》，《科技与出版》2019年第12期。

内容与市场协同的角度发掘新的机会和领地，才能享受产业链发展带来的红利。

（三）转型升级趋势下专业出版组织模式调整的要求

相对大众出版和教育出版而言，专业出版具有领域类别较多、专业要求较高、受众范围有限等特点，在以往知识内容生产和传播呈现集约化特征的时代，传统出版流程尚可以满足专业出版业务运转的需要。但当知识内容生产和传播进入以个性化、多样化为特征的移动互联时代后，专业出版必须进行业务组织模式的转型升级，以适应生存环境和发展趋势[①]。

国际上转型较成功的专业出版机构，不仅建立了先进的数字平台以便实时提供线上知识内容，而且大幅降低纸质出版物的印量，如今几乎全部的专业出版物均以按需印刷（POD）方式供应客户。这些都是以市场为导向进行转型的正确路径。如果罔顾市场和营销方式已经发生变化的事实，仍依赖传统的组织模式和编印发线性流程开展业务，那么将无法在如今数字时代的激烈竞争中与客户产生价值联系，从而难以生存和强大。

当前已经开展转型升级的专业出版社不可谓不多，但大多效果尚未显现。究其原因，就是业务组织模式的调整尚未充分考虑产品开发和市场发展的上下游协同。一些专业出版机构理解这种转型就是内容生产数字化、内容传播互联网化和移动化就行了，未从用户和市场角度出发，建立可持续的、供需精准匹配的商业模式，因此建设数字产品难度都不大，难的是在市场竞争中立足。

综上所述，专业出版机构既要聚焦于优质数字化内容和产品的建设，又要敏锐地捕捉市场中出现的各种信号，及时制订适于数字产品的市场发展策略，采取专业、有效的市场拓展和维护措施，将移动互联的快车作为创新发展和提升质量的工具。

---

① 秦绪军：《刍议移动互联网对数字出版发展的影响》，《出版发行研究》2016 年第 1 期。

二、两者协同发展的几个关键点

（一）内容定位与市场定位的协同

专业出版虽然限定于"专业"二字，其实范畴相当广，存在多个分类维度。不同的专业出版类别决定了不同的内容建设方向。对于不同类别的专业出版，其市场定位可能也是各异的。在移动互联时代，新技术的应用丰富了市场定位差异的维度，出版机构需要制订针对性强的营销和市场策略。

以科学出版社为例，作为综合性科技类出版社，在科学、技术、医学、教育、人文领域出版了大量优质专业出版物，拥有覆盖全学科、多种类的精品内容。这样的内容特点为移动互联时代下数字产品市场定位的灵活性和多样性创造了条件，既有针对研究机构的 B 端市场，也有针对教育用户的 C 端市场；客户既包括对专业知识有普遍性需求的教育机构，也包括对专业知识有特殊个性化需求的科研机构、专业团体、医院等。科学无国界，科学出版社图书的海外馆藏影响力一直排名前列，这也为其数字产品"走出去"创造了有利条件，中国生物志库、科学智库等载有专业内容的数据库产品在北美、欧洲、亚洲的多家著名高校和科研机构中开通线上阅读。

当数字产品推向市场后，其市场定位在各类反馈下不断微调，也反过来为内容定位提供了新的风向标。以中国生物志库为例，其内容主要来自《中国植物志》《中国动物志》等权威工具书内的物种信息，主要满足对权威物种信息查询和物种分类鉴定有需求的客户[1]。经过市场推广，发现上述定位所对应的市场比较局限，应将服务范围扩大至对新种信息、物种分类变化信息、生物科研理论和方法知识有需求的客户。产品负责部门立即

---

[1] 《〈中国植物志〉有了自己的数据库——5000 万字、9080 幅图版、3 万余物种信息皆化为"数"》，《林业科技通讯》2017 年第 8 期。

加强了相应专业内容的筛选和建设，加快上线物种分类学新版著作内容、创建科研进展模块、推出生物学理论知识和实验技术方法的专题库，较好地适应了市场范围扩展的需要。

（二）业务模式与商业模式的协同

传统专业出版的业务模式按照编印发流程设置组织架构，不同部门和板块负责各自业务范围，这种业务模式与出版行业"先有内容、后有市场"的总体规则一致。进入移动互联时代，这种规则仍然占据主导地位，即专业出版以内容价值为商业模式的核心，具体表现就是产品实现效益的方式仍是基于内容资源，而不是基于流量、广告或其他要素。这与出版行业在整个社会文明的前进发展中具有天然的先锋性和导向性有关，总是将先进的科技和文化成果筛选出来进行传播，因此其内容不能只限于完全迎合当下需求，而是要有一定的引领性和前瞻性。这一点并不因为数字技术是否出现或是否广泛应用而有不同。数字产品与纸质产品都是内容型产品，出版机构先进行内容策划、组织和建设，而后进行市场开拓，所以基本业务模式并没有变化，内容付费的基本商业模式也被延续下来。

不同的是，基于数字化技术的移动互联为商业模式带来了一定的变化。纸质出版物不仅有知识属性还有实物属性，因此不管是机构还是个人，购买（purchase）出版物之后就获得了相应实物的所有权。而数字形式的出版物没有实物属性，只有知识属性，随之而来的还有存储的无限性、获取的即时性和检索的便捷性，因此，用户购买的不是所有权，而是基于一系列线上技术的知识内容服务，因此，在数字产品消费场景中更常见的是订阅（subscribe）。

这种变化反过来对专业出版的业务模式也产生了一定的影响，因为用户对于其"购买"和"订阅"的产品赋予了不同的目标和期望。"购买"的产品在供需大致匹配的前提下只需要具备可交付性强的封装特征，可满足永久、随时使用的潜在需求；而"订阅"的产品则要突出规模、体量、覆盖度等反映全面性的指标，以使得用户在不具备产品所有权、只有使用权的订阅期内持续有效地获得价值和解决问题。因此，出版机构在上游内容建设方面要形成与之相适应的组织架构和运作机制，下游商业模式才能无缝对接和运转。

以科学出版社为例，传统分社早已适应纸质出版物的市场，但自从开展面向知识服务的转型升级以来，单靠传统分社的业务模式难以驰骋于数字产品市场。在充分调研专业数据库市场特点的基础上，出版社设立专业出版数字业务部，并采用多个部门目标一致、分工协作的项目组架构，发挥不同部门的各自优势，分社侧重专业内容资源聚集，数字业务部侧重技术体系、内容应用和市场转化，形成高效、专业的协作模式。合作建成的产品之一——中国生物志库打破了以书本为界限的知识封装形式，打造国内最全的物种信息库，有效支撑生物领域客户基于订阅的在线服务。客户以前购买的是书，现在订阅的是库。在此过程中，内容建设的业务模式顺应数字产品的商业模式进行了有效的调整，产生了很好的协同效果。

（三）产品设计与市场需求的协同

市场既是实现资源高效配置的方式，也是各类产品以交换来实现自身价值的场所，而产品得以交换的基础是供需匹配。一直以来，出版机构出版的书、刊等都是知识内容型产品，满足读者对知识内容的阅读需求、机构开展业务和培养人才的需求，乃至社会科技发展和知识文化传承的需求。进入移动互联时代后，上述需求依然存在，但又衍生发展出很多新的具体需求，比如对知识获取高效性和便捷性的需求、对知识进行挖掘和数据分析的需求、对专业研究工具服务的需求等。

将纸质出版物数字化后提供线上阅读，是大部分专业出版社在数字转型初期的措施，可以满足用户对于基本文献型内容的需求。然而从市场端看，即使电子书和电子期刊的知识封装形式等同于纸质出版物，如果出版内容规模和覆盖度不够，则市场接受度很有限，因为用户对使用数字资源的全面性、系统性需求远强于纸质资源。专业纸书可以按本使用，专业电子书则大多按库开通。因此可以看到一些专业出版机构的电子书是集成在第三方平台上，而像笔者所在科学出版社这样学科门类齐全的综合性出版机构，则依托自主设计开发的电子书数据库——科学文库，提供全品种在线阅读服务。

尽管专业类中文电子书的市场环境尚待改善，但科学文库已在诸多主流教育科研机构中得到采用，这是产品设计遵循了市场需求的结果。提到电子书产品，很多人认为技术含量并不高，用户需求也并不复杂，功能上无非是各类检索、按条件分类和筛选、在线阅读和下载、基本用户服务等。但就是这么简单的几项功能，专业用户使用一次就可体验出差别。科学文库在 V5.0 升级前，设计了详尽的在线调查问卷，在高校师生中开展有奖调研，收到数百份有效答卷，由此确定了学科分类、检索、在线操作、下载等更为具体的需求细节；另外由市场团队广泛调研了专业电子书最主要的图书馆客户的需求和建议。这样才能保证产品设计的方向和细节均与来自市场的实际需求是一致的。

如今移动互联网用户的需求更加立体化、多样化，单一形式的产品设计无法满足更多市场发展的要求。针对一些专业性强的领域，用户需要的功能超出了基本文献型数字产品所能提供的范围。比如在生物物种研究领域，虽然很多科研人员也会查阅《中国植物志》《中国动物志》这样的权威资料性丛书，但只有形成条目化、数据化、可视化的数字产品，物种信息查阅才能有便捷的体验。在充分调研领域专家后，我们将经典志书中的知识条目进行拆分、标引和组织，与后续新增出版物中的物种知识有机关联，并开发了基于文本挖掘的特征检索、智能检索表、分类系统比较等深入专业细分需求的功能。用户可以在各类工作环境下，用移动设备访问专业数据库，进行物种鉴定和分类研究。如今人工智能正逐步深入专业领域，基于语义技术的知识图谱能更有效地支撑专业知识的发现和推理[1]，是产品下一步发展的方向。这种出于市场需求的产品设计为打开市场奠定了基础。

---

[1]　唐亮、罗轩、王颖：《两类知识图谱差异辨析及其在科技出版中的应用》，《出版参考》2019 年第 1 期。

（四）运营方案与市场目标的协同

移动互联时代，数字产品不仅在内容传播的及时性、广泛性方面远远大于纸质出版物，而且不同于后者在推向市场后即从生产环节进入流通环节，数字产品需要持续运营才可能产生效益。产品建成类似于"出生"，产品运营则好比"养大"，如果只生不养就不可能发展。一般互联网产品的运营包括内容运营、用户运营和活动运营，而对于专业出版数字产品来讲，内容运营是最重要的，优质内容对于专业用户的吸引力永远比积分或促销强。

就其字面含义，内容运营似乎是比较简单的工作：出版社天然拥有内容资源，只要把好的内容放入产品，运营工作便水到渠成。其实不然，内容运营做得好不好，主要看其是否有助于实现市场目标，单纯为运营而运营的做法收效甚微。市场目标与商业模式息息相关，专业数据库主要的商业模式是机构客户对线上服务的持续订阅，因此内容运营要重点考虑产品如何持续体现其对于专业用户的价值。

推陈出新是内容运营的一项常规动作，每款专业数据库产品都会定期更新内容资源。然而如果只将"新"理解为新的内容资源，则未必真正抓住了内容运营的精髓。很多机构在试用专业数据库时，数据更新频率和规模只是其考量的一个方面，更重要的是，这些更新是否对机构内的专业用户有足够的价值和吸引力。

以中国生物志库为例，项目组从产品上线起就依据市场目标制订阶段性运营规划，先期以系统性强的经典志书资源撑起全物种类群的科学架构，以获得大量专业机构的试用准入；接着陆续上线各类物种彩色图谱资源，加强试用机构对数据库内容多样性的认知；然后针对专业界对于物种分类变更信息的需求，从新近代表性著作中将最新的物种分类系统提取出来并更新入库；后续又针对所推广客户的专业和研究特点，从全库中提取相关资源，建立了药用植物、栽培植物、"一带一路"沿线物种等专题性强的子库；加强对存量、增量资源研究价值的分析提炼，制作专题宣传文案，通过新媒体持续宣传；此外，在产品运营中逐渐积累了一些新的功能需求，通过迭代升级来使数据库在市场中始终保持较强竞争力。可以看出，内容运营中推陈出新的"新"不局限于新的内容资源，还包括新的内容组织体系、新的内容架构、新的产品功能、新的价值挖掘点等，只要有助于向用户传递产品价值、进而实现市场目标，这个"新"就有意义，这个运营就是有效的。

三、结语

综上所述，本文着重阐述了移动互联时代下专业出版数字产品建设与市场策略进行协同的必要性和关键点。在出版机构作为市场经济中的经营主体、按照市场规律开展业务的情况下，两者的协同对于高质量发展和转型升级是十分必要的。专业出版机构要抓住移动互联时代的机遇，以知识服务提供者的定位在知识经济中创造更全面且持久的效益。

（作者单位：中国科技出版传媒股份有限公司）

新时代做好总编辑工作的
思考与实践

张立科

出版行业的发展和国家的发展紧密相连，忠实地反映了国家经济社会发展的进程。党的十九大做出判断，我国社会的主要矛盾已经转化为人民日益增长的美好生活需要和不平衡不充分的发展之间的矛盾，中国特色社会主义进入新时代，我国的社会经济进程进入新阶段，出版行业也面临着新变化和新挑战。

总编辑是出版单位编辑工作的总指挥，是选题的总策划和出版内容的总把关，是编辑责任制度的总负责。总编辑的工作关系全局、举足轻重。面对新时代出版政策、出版市场、出版技术等发生的新变化，总编辑要善于识变应变，认清发展大势，把握好时代变革中的挑战和机遇，不断提升认识、转变思路、创新方法、完善措施，用改革创新应变局、开新局，不断提升出版工作的质量，推动出版业务持续发展，实现时代赋予的建设和发展新时代中国特色社会主义文化的光荣使命和历史重任。

一、新时代出版环境发生的新变化

进入新时代，我国开启了从出版大国向出版强国迈进的征程。出版行业所处的出版环境也随之发生了深度变革，出版政策主导了出版内容的方向、出版市场影响了出版盈利模式、出版技术引领了出版形态的转变，这三种因素交织与博弈，共同影响着出版生态格局。要做好新时代总编辑的工作，首先必须对所处的出版环境和出版形势有清楚的认识。

（一）出版政策提出新要求

出版作为政治活动，其核心功能是政治传播。出版物不仅仅是科学、文化、技术的转化成果，也是思想意识形态和核心价值观的重要表现载体，不论何种性质的社会、何种制度的国家，其出版物都有自己的核心价值观和基准思想意识形态。新中国成立以来，我国就确立了以马克思主义为指导地位的社会主义意识形态。我国的出版事业，始终担负着传播马列主义思想、宣传党的方针政策、坚持社会主义出版方向、坚持为人民服务宗旨的政治责任。党的十九大做出了我国社会主要矛盾发生变化的新论断，从而使我国出版的政治定位又有了新的内涵。中共中央在《中国共产党宣传工作条例》《关于加强和改进出版工作的意见》等多个文件中指出，新时代的出版工作要"坚持中国特色社会主义文化发展道路，坚持为人民服务、为社会主义服务""着力构建把社会效益放在首位、社会效益和经济效益相统一的出版体制机制"，出版业进入高质量发展的新时代，由数量规模转而走向质量效益的轨道。出版单位需要产出高质量、高水平的出版物来阐述中国思想、讲好中国故事、传播中国智慧，构建社会主义核心价值体系，而主题出版也因其在新时期舆论引导和文化建设中的重大作用，被提到了更加重要的位置。

总编辑在出版工作中发挥着不可替代的作用，肩负着把握出版导向、落实出版制度、保证出版物内容质量、培养编辑队伍等重要使命[①]。面对新时代对出版工作提出的新要求，总编辑要明确自己在新时代担负的政治责任和文化使命，坚定正确的政治方向和出版导向，坚持质量优先的原则，把社会效益放在首位，实现社会效益与经济效益相结合，推出丰富完善的精神文化产品，做好主题出版工作，弘扬好时代主旋律，这是时代赋予总编辑的新的使命要求。

（二）出版市场形成新格局

互联网开启了图书市场的新时代，受互联网经济热潮的影响，出版市场发生了巨大的变化。在互联网渠道初期流量红利和大量折扣活动的带动下，图书零售市场规模急速增长，图书市场从相对专业化逐渐走向大众化、细分化，出版业在一段时间内得到飞速发展。但是随着互联网发展进入"下半场"，图书市场的格局又有了新的变化。一是图书市场头部效应越加明显，销量前1%的图书码洋贡献不断增大。开卷数据显示，2019年网店销售码洋占据了全国图书零售市场码洋的近70%，网络渠道成为图书市场的主力渠道。随着用户规模增长的基本停滞，互联网的头部效应在图书市场的表现越来越明显。大多数读者的阅读和购买需求只集中在前5%的头部产品上，新书越来越难撼动头部产品的位置，畅销新书品种越来越少。二是渠道革命愈演愈烈，从传统"线下渠道＋线上渠道"的组合，向"社群、粉丝渠道引流，线上渠道销售"的方式转变。渠道通过对定向用户的精准匹配和推送，形成首批销售，继而带动各类电商渠道，形成持续的销量。渠道越来越向该领域内的金字塔顶端集中，能够实现有效引流、转化的头部渠道掌握了更大的话语权。

总编辑虽然不具体负责出版物的营销工作，但是出版市场的竞争本质

---

① 新闻出版总署：《关于进一步加强出版单位总编辑工作的意见》（新出政发〔2011〕5号）。

上就是出版物的竞争。产品的策划和生产是整个出版产业链的源头，因此总编辑应该关注从选题到营销、从产品到服务的全过程。面对出版市场的变化，总编辑要积极转变思路，做好社层面的整体战略规划，实施精品出版战略，紧抓优质作者资源，判断和把握市场的变化，做好与之相适应的生产经营活动。

（三）出版技术引发新变革

科技发展带动出版技术不断创新升级，伴随着计算机、互联网、大数据、人工智能等技术的更新迭代，出版业经历了从传统出版到数字出版，从数字出版到互联网出版的多次变迁。受外部技术环境的影响，出版单位不断调整出版形态，这种由技术引发的出版形态的变革经历了从"出版＋互联网"到"互联网＋出版"的渐进式发展历程。"出版＋互联网"形态是出版单位作为传统企业，适应互联网时代而对自身进行的转型升级。出版单位将互联网技术以及互联网信息技术理念融入传统出版产业中，推动产业创新，通过书网融合等形式为传统内容生产和出版物模式赋能，打造出满足用户阅读新需求的内容产品，但是出版主体以及出版社的角色没有本质上的变化。"互联网＋出版"形态是出版单位的一种颠覆性创新，出版单位重构出版理念和企业定位，用互联网的思维来打造出版物，促使整个出版产业链条、商业模式和行业生态系统都发生了根本性的变化，在这种模式下生产的出版物是真正的互联网出版物，出版单位的角色由传统的内容生产者转变为以用户为中心的内容产生、营销平台。目前，这两种出版形态在一段时期内还将在出版行业并存。

总编辑作为编辑队伍的总领队、出版社出版战略的设计者[①]，要及时掌握出版技术的变化，具备互联网思维，科学判断和分析不同出版形态对出版社发展的影响，做好出版社数字化转型的顶层设计和战略规划，科学布局、有序推动出版社融合出版业务的进程。

---

① 王化兵、万媛媛：《转企改制之后，出版单位总编辑工作更要加强——走访高等教育出版社总编辑张增顺》，《出版参考》2011 年第 12 期。

二、新时代总编辑应处理好的四种关系

外部环境的变化需要重新思考新时代总编辑的工作定位，如果继续照搬以前的工作思路来指导当前的编辑工作，很容易出现方向不明、重心不稳、节奏不协调等一系列问题。在推动出版业务在新时代高质量发展的过程中，总编辑需要正确处理好四种关系，即变与不变、内与外、总与分、稳与进。这四种关系相互影响，只有权衡轻重、厘清主次、看清本质、把握分寸、审时度势，才能更高效地履行好总编辑的职责。

（一）变与不变

政策的新要求、市场的新格局以及技术的新变革推动了出版行业的高速变化，这种变化在未来很长一段时间里还会持续发生。然而，在不断的发展变化中，出版所承担的"凝结智慧、传承文明"的历史使命不变。从纵向来看，在人类漫长的历史活动中，能够真正留存的只有两种东西：一个是文物，另一个是书籍，文物是以物质的形式存在，而书籍作为精神与文明的载体，是以文字等形态记录历史与文化并影响后人的。因此，在文明的代代传承中，出版业担当着无比艰巨的历史重任；从横向来看，当前人类正处于文化繁荣兴盛的新时代，出版业必然要以新的产品形态和服务模式将这个时代的声音、先进的思想和文化通过先进的技术手段传播开来。

变与不变就像事物的本体与表象，共同呈现气象万千的出版生态。如果只看到不变，认为出版业能够永远被社会所认可，那么可能会陷入固步自封的局面，无法与时代同行；如果只看到众多变化，被新时代所涌现的新技术、新思想、新模式所"迷惑"，而忽略了我们在多少年发展过程中传承的文化基因与沉淀的内容优势，则很容易陷入随波逐流、邯郸学步的困局，在万花丛中迷失自我。

因此，既要深刻认清发展中的不变，又要认真对待当前环境出现的变化，以"不变"为根基，充分调动并挖掘自身的优势，又能取长补短，将

227

新思想、新技术等变化的因素与不变深度融合，才能在每一次重大的决策中做出恰当的选择。

（二）内与外

任何事物的发展和变化，都是内因和外因统一的结果，内因是变化的根据，外因是变化的条件。正确处理好内与外的关系，才能在竞争的环境中取得优势，对内而言，必须不断提升能力，做到"胜人者有力，自胜者强"。对外而言，必须把出版社放在整个社会发展、党和国家发展的大局中去考虑，这样才能"好风凭借力"，把企业的发展和社会的需要结合起来。

作为总编辑，对内需要通过强化内部管理，推进业务矩阵规划、制度体系建设以及系统的人才培养，并根据业务发展的需要适时进行相应的变革，确保战略目标统一清晰、管理高效、人才梯队建设良性运转。对外则应保持开放的心态，强化与同业的积极交流，并充分调研行业发展的动态（尤其是互联网企业的动态），充分吸收先进的思想和发展模式为我所用。同时，还应当充分协调全社的力量来挖掘重要的政府资源、行业资源、专家资源与作者资源，将编辑的孤军奋战变为社层面的齐心协力，实现优质资源获取效能的最大化。

（三）总与分

总与分的关系，说到底是整体和部分的关系。从结构上说，出版社是总（整体），各组成部门是分（部分）；从层级上说，出版社总编辑在上面的一层，各部门领导在下一层。处理好总与分的关系，一方面要站在整体发展的角度来权衡，立足整体，达到整体功能大于部分功能之和；另一方面，要通过层级的传递分解整体目标，做到层层有责任、层层有重点，总是目标，分是手段。

总与分的矛盾在双效统一问题的处理上显得尤为突出。以社会效益为优先，实现社会效益和经济效益的双效统一是出版社开展相关业务必须坚持的基本原则。但在具体的执行过程中，也要承认一个事实：只有少量的选题才能真正做到双效统一，多数选题会出现双效的非对称，比如很多高水平的、用户面较窄的学术著作。选题的非对称性也导致策划理念的全然不同，如果此时将双效统一的目标无差别地分解下去，要求每一个分社、每一位编辑既能策划阳春白雪的学术著作，又能策划畅销的大众读物或教材，并且笼统地进行考核，反而会在一定程度上削弱编辑的核心策划能力，从而影响双效统一总体目标的实现。因此，在分解目标的过程中，不能无差别地拆解总体目标，而应当适时地做出改变，让部分编辑或部门侧重非学术出版并重点考核其经济效益，而让其他编辑或部门侧重学术出版并重点考核其社会效益，通过差异化的分解，最终实现部分之和大于整体，才是最妥善的解决方法。

从层级的维度来看，总编辑的主要工作精力应该放在统揽全局之上，制订好战略方案并规划业务矩阵，抓好体系建设和制度建设，做好重点项目的重点培育，而不应该事无巨细、事必躬亲。"主好要则百事详，主好详则百事荒"，抓大放小，通过规则和制度以及人才培养去开展具体业务，确保层层有重点，层层有责任，既能将自身精力有效集中办好大事，也能充分调动各分社编辑、各职能部门中层领导以及普通编辑的能动性。

（四）稳与进

唯物辩证法的发展观认为发展的实质就是事物的前进、上升，是新事物代替旧事物，无论是自然界、人类社会还是人的思维都是在不断地运动、变化和发展的，事物的发展具有普遍性和客观性。因此，在维持业务稳定的同时，也应当时时刻刻关注环境发展变化的趋势，调整业务结构和业务模式寻求进一步的发展空间。在实际的决策过程中，何时该稳、何时该进，是快速进还是慢速进都是出版社需要谨慎决策的问题。

正确处理好稳与进的关系，一定要站在战略高度来进行思考，评估风险取得最优化的解。有些稳不能动摇，其中最为核心的就是出版导向和出版质量。坚持正确的出版导向并推动高质量出版，就必须切实将社会效益优先的要求贯穿到各内容生产的流程环节，牢固树立质量第一的责任意识，坚决落实意识形态工作责任制，有效提高出版物质量。同时，我们也应该高度重视如何求进，通过创新来获得发展的新动能。稳是进的前提，没有稳就谈不上进；进是稳的保证，没有进就不可能有长久的稳。以稳为核，以进求变，通过不断地尝试来调整业务发展的逻辑，让稳更稳，让进更健康、更安全，是决策者处理稳与进关系的关键所在。

三、新时代做好总编辑工作的策略和实践

"明者因时而变，知者随事而制。"新时代为出版赋予了新的内涵，面对出版行业出现的新情况、新变化，总编辑要主动迎接挑战，创新发展理念，积极探索新时代出版工作的新策略和新方法，用新思路解决新问题。笔者从事总编辑工作三年多来，围绕新时代高质量发展的目标，以内容建设为根基、以质量建设为保障、以融合发展为路径、以改革创新为手段、以人才培养为核心，加强体系建设和机制引领，注重"建体系、搭平台、抓重点、谋创新、育人才"，为出版工作注入新的动能，找到新的发展之途，有力保障了出版工作的高质量、可持续发展。

（一）贯彻政策要求，健全业务体系

出版社要承担起新时代赋予的使命任务，更好地满足人民群众日益增长的精神文化生活需求，实现从追求数量规模向提高质量效益的转变，核心是要构建一套行之有效的出版业务运作体系。总编辑要将体系建设作为第一要务来抓，根据国家政策要求，围绕出版社发展战略，健全出版业务支撑体系，以保障出版工作的高效运行。

这几年，人民邮电出版社（以下简称"我社"）将业务体系建设作为支撑出版社高质量发展的重要工作来抓，重点建设了两大核心业务体系——"精品力作生产体系"和"质量保障体系"。精品力作生产体系对接"高峰""高原"精品力作生产，是保障社出版工作高质量发展的重要机制。该体系"以精品出版工程项目库为抓手，以各级出版奖项评选为载体，以核心专家作者团队为支撑，以出版社领导的支持为后盾"四位一体，规划、引导、培育、带动编辑部门打造高水平出版物，保障出版社双

效益精品力作的产出，形成了精品出版良性生产机制。其中，精品出版工程项目库每年评选一次，按照"策划一批、申报一批、实施一批"的机制有序滚动，在对接国家和行业重要奖项、规划项目方面，充分发挥了"蓄水池"和"孵化器"的作用；同时我社还构建了一个出版社、集团、社会多级评奖体系，多层次、分级别地筛选、推荐精品力作，极大调动了全社编辑产出精品力作的积极性；在这个过程中，总编辑发挥总协调的作用，整合出版社的领导、优质作者资源、专家顾问资源等一起参与到精品力作生产中来。近年来，我社荣获中国好书、中华优秀出版物奖和入选主题出版重点出版物、国家出版基金的图书几乎都来自精品出版工程项目库入库项目。精品力作生产体系对助力我社精品战略实施，推动我社出版工作高质量发展做出了重要贡献。

质量保障体系由两部分组成：一是质量管理规章制度，这是出版社质量管理工作的根本依据。我社依据国家颁布的《出版管理条例》《图书质量管理规定》等文件，以及相关的国家标准和行业标准，结合我社的实际情况，制订并逐步完善了一套完整的质量管理规章制度，并结集成册固化为成果。这些规章制度从内容质量、编校质量、印装和设计质量等多个方面，明确规定了每个部门、每个环节、每个岗位的质量管理责任以及奖惩原则，通过制度来规范质量控制流程。二是各类质量管理举措，这是出版社质量管理工作的落实手段。我社通过强化总编辑的一票否决权，对超出部门定位、需要具备相应出版资质等"超圈"选题，对存在质量问题的书稿，总编辑实行一票否决；实施"原稿质量提升工程"，以提升原稿质量为抓手，推动质量把关关口前移，促进出版物质量提升；加强质量把关力度，做好印前质检工作；开展质量管理专项工作，结合出版署的质量管理工作要求，我社制订了更为严格、细致的措施来落实专项工作。质量保障体系有效保障了我社出版物的质量，真正实现了"管好选题，管好质量，把好导向关"的质量管理目标。

（二）对接体系需要，搭建业务平台

通过优化出版单位的内部机制，建设高效的出版业务体系，能够有效提高出版业务的管理效率。但是要真正将出版规划落到实处，推动出版主业的持续发展，还需要结合体系建设需要，设立相应的出版业务机构，通过搭建业务支撑平台的方式，为出版业务体系顺利运行和取得成效提供坚强保障。

近 3 年以来，我社先后成立了质量检查部、学术出版中心、成都生产支撑机构等多个出版业务支撑机构，有效保障了出版社"精品力作生产体系"和"质量保障体系"的正常运行。2018 年设立学术出版中心，学术出版中心紧密对接国家战略、行业政策和创新热点，致力于开拓高等院校、科研院所和行业企业等优质学术出版资源。学术出版中心成立以来，对于助力我社更好地夯实内容建设基础，加强精品力作出版，打好"高原""高峰"攻坚战做出了重要贡献。为了加强出版物质量把关，于 2017 年成立了质量检查部，质量检查部是出版物质量把关部门，负责我社各类出版物质量检查的组织和落实工作，运行 3 年以来，社内质量检查实现了常态化。通过印前检查、年度成品书质量检查等多种形式，实现了对专业领域、责任编辑、重点图书检查的全面覆盖，有效提升了我社出版物的编校质量，牢牢守住了出版物的"生命线"。为了进一步提升编辑加工环节的专业化能力，于 2019 年设立成都生产支撑机构，目前，成都生产支撑机构已经建立了专业化程度较高的编辑加工队伍，对我社图书生产形成了稳定高效的支撑能力。

（三）围绕发展目标，抓好重点工作

总编辑既要做好总揽全局的工作，又要围绕出版社的总体发展目标，抓好关键重点工作。内容资源是出版企业的核心资源，内容生产对出版社发展全局起着至关重要的作用，因而总编辑要把选题规划作为抓好内容生产的重要手段，重点抓中长期选题规划的制订和落实、重大选题的策划和实施。同时出版作为文化产业，出版社的发展离不开改革创新，总编辑要不断提升创新能力，通过内容创新、制度创新和融合创新推动出版社实现持续发展。

中长期选题规划体现出版社的发展战略，总编辑牵头的编辑工作委员

会要在深入判断出版社发展战略和对出版社发展全局有基本把握的基础上提出选题规划思路。我社的中长期选题规划三年滚动制订，对上衔接国家出版政策要求和上级主管单位、出版社的发展目标，对下指导出版业务板块布局、产品线建设和重点项目规划，是指导我社未来三年内出版方向、发展目标、布局思路、落实举措的指导性文件，是把握正确出版方向、加强优质内容建设、出版精品力作、提升产品竞争力、推进出版高质量发展的有效途径。

重点选题能对全社编辑起到示范和引领作用，总编辑要亲自抓好重大选题的策划和实施，要善于发现有潜力的选题和选题方向，对于开拓性、创新性的选题和方向，要能做好开发和培育工作，最终把"好苗头"培育成"真风口"。2019 年、2020 年连续两年，我社策划、组织的科技类主题出版项目"科技改变中国"丛书、"中国科技之路"丛书入选中共中央宣传部主题出版重点出版物，就是笔者亲自抓主题出版选题开发和实施的成效。我社由总编辑负责主题出版工作的整体统筹规划，对主题出版工作的选题策划方向进行总体指导和把关，同时建立了"管理""评审""激励"三位一体的保障机制，严格项目的培育和遴选，确保主题出版选题的质量。

内容创新、制度创新和融合创新是我社适应时代需求，实现高质量发展的重要推动力。近几年，围绕出版社发展战略和产品线规划，我社不断加强内容创新，探索做大做强出版主业的新思路；通过制度创新，落实出版管理部门考核评价的新要求；致力融合创新，不断革新自身出版业态，谋求融合发展的新路径。

（四）紧跟技术变革，推动融合创新

在变与不变中寻找本位基因和潜在的发展动能是出版社业务创新的先决条件，以此为依托，充分吸收新技术与新思想，通过创新出版体制和出版服务模式，才能为后续的发展提供保障。作为总编辑，应当从战略角度来思考融合出版的重要性，并统筹资源进行优化布局，将其作为出版社在业务创新领域的重要支点。

为了确保在新环境中能够紧跟技术变革，我社由总编辑牵头，成立了融合发展工作领导小组来统筹全局，一方面在社内创新机制适应新业务发展的需要，另一方面保持了与互联网企业之间的常态调研，力争每一个新业务的决策都能做到充分调研并把控风险。通过内外并举，我社实现了从依托新技术为传统出版赋能的"出版＋互联网"阶段，向围绕用户开辟新知识服务的"互联网＋出版"阶段的转变，并在不同阶段均取得了一定的成绩。

在"出版＋互联网"阶段，我们依托新媒体技术对内容的生产进行重新诠释，通过内容的需求创新、形态创新进行产品优化，很早就开发了包括慕课版、微课版、移动学习版、AR 版等新形态图书，2019 年实现此类图书净发码洋 2.5 亿元，且一直保持高速增长态势；通过人邮学院的建设，既支撑了传统图书的增长，又具备了基础的在线教育服务功能，平台也获得了第四届中国出版政府奖网络出版物奖提名奖；在信息化建设领域，通过云码、云课、人邮教育社区等平台技术支撑，有力地支撑了业务的健康发展；通过异步社区等平台的建设提升了作者、用户与出版社的联动，开创了融合发展的新局面。

在"互联网＋出版"阶段，我们打造了人邮融智知识服务平台，在选题端、生产端、运营端做了大量的改革，以满足移动互联时代用户的需要。人邮融智知识服务平台顺利入选国家新闻出版署 2019 年度数字出版精品遴选推荐计划。

在生产端，编辑出版部门跳出了传统出版的范畴，围绕选题开发多元化载体的内容，实现了一种创意多种产品、一次创意多次使用。当前电子书、有声书、音频课程、视频课程、内容专栏等业务已经陆续开展。在组织端，为适应互联网环境下产品需求的变化，改变以往图书出版并上架就是服务阶段性结束的商业模式，我们对组织结构和业务流程进行全方位再造，各编辑部门根据自身产品的情况有意识地去探索和调整，设定相应岗位，改革考核机制。在运营端，开始建立了适应新时代所需要的数字化产品分销网络，以用户流量为中心，流量在哪儿，触手就伸到哪儿，从全局出发构建了 2B、2B2C 和 2C 三种运营模式。通过这些变革，在新兴出版的路上取得了一定的成果，2020 年全社的纯数字类新兴业务收入预期达到 3000 万元，实现超过 30%的增长。

（五）加强队伍建设，培育编辑人才

人才是出版单位的核心竞争力，而作为出版社核心的编辑队伍，对于出版单位的生存与发展尤为重要。总编辑肩负编辑队伍建设和编辑人才培养的主要责任。面对出版产业变化对编辑人才不断提出的新要求，总编辑必须能够不断解放思想、转变观念，用新时代的新要求来制订编辑人才标准，用发展的眼光来研究编辑队伍培育工作，以改革的精神来开展编辑人才的建设工作。

在 2018 年的全国宣传思想工作会议上，习近平总书记强调要"不断增强脚力、眼力、脑力、笔力，努力打造一支政治过硬、本领高强、求实创新、能打胜仗的宣传思想工作队伍"，这既是总书记对整个宣传思想战线提出的殷切希望，也指明了新型编辑出版人才应具备的基本能力。在这个新要求的指引下，我社近几年实施了"四力"提升工程，并逐步建立了"分层培育"人才培养机制，分层、分类做好出版社编辑人才培养工作。在全社范围内开展"四力"提升工程。"四力"提升工程将"四力"的要求具化为"一堂讲座""一次分析""一个报告""一篇文章"四个方面，围绕这四个方面搭建编辑学习、交流、锻炼的平台，组织编辑能力提升活动。"四力"提升工程实施以来，有效促进了出版社编辑脑力、眼力、脚力、笔力的提升，培养造就了一支政治过硬、业务扎实、本领高强、求实创新的出版融合发展队伍，为我社高质量发展打下了坚实的人才基础。

建立"分层培育"的人才培养机制。出版社结合不同层次、不同阶段编辑的个人特点以及成长需要，将编辑划分为骨干编辑（分社领导、编辑部主任）、成熟编辑、青年编辑三个层级。骨干编辑是出版社方向领域的领军人，成熟编辑是推动出版社发展的主力军，青年编辑是出版社持续发展的原动力。对骨干编辑注重对其宏观视野、市场洞察、策划思想、管理能力等的培养；对成熟编辑注重对其创新思维、市场意识、策划思路、业

务研究能力等的培养；对青年编辑注重对其编辑基本功、质量观念、营销思维等的培养。通过"分层培育"，结合人才激励机制，使各个层级的编辑都能获得发展通道，确保优秀编辑人才的不断涌现。

如何做好新时代的总编辑工作，没有统一的规律和方法可言，以上是笔者任人民邮电出版社总编辑以来对工作的一些思考、体会和认识。总编辑工作"永远在路上"，唯有不断提升自己的认识和能力，用新的策略和方法来指导、创新和优化出版工作实践，才能更好地履行时代赋予的文化使命，为中华民族伟大的文化复兴贡献力量。

参考文献：

1. 新闻出版总署：《关于进一步加强出版单位总编辑工作的意见》（新出政发〔2011〕5 号）。

2. 王化兵、万媛媛：《转企改制之后，出版单位总编辑工作更要加强——专访高等教育出版社总编辑张增顺》，《出版参考》2011 年第 12 期。

3. 刘杲：《新形势下的总编辑工作》，《中国出版》2002 年第 7 期。

（作者单位：人民邮电出版社有限公司）

场景重构：探索国内后疫情时期实体书店的破局之道

万安伦　季小涵

伴随移动互联网触角的细化与延伸，"万物皆媒"进一步强化了人类社会的数字化生存状态，促使商业发展逻辑转向渠道、终端与用户的联结，而"场景"无疑成为这一过程中的关键节点。不同于"情境"一词强调行为发生的情景或心理氛围，场景以特定的空间环境为基础，并与具体的实时状态、生活惯性及社交氛围紧密联系[1]，成为传统行业升级转型的关键要素。

在新兴媒介空间中，传统出版产业的整体萧条直接导致实体书店经营惨淡，然而书店作为城市文化空间的重要象征，存在意义非凡。以 2013 年中央财政给予实体书店以直接补贴为标志，书店业进入了长达 7 年的回

---

[1]　彭兰：《场景：移动时代媒体的新要素》，《新闻记者》2015 年第 3 期。

暖期。据《2019—2020 中国实体书店产业报告》统计，我国实体书店数量已超 70000 家，2019 年新开书店数量超 4000 家，关闭书店 500 余家，我国书店总量与增加量均居世界第一位。[①] 然而突发的疫情再一次将实体书店逼近寒冬，2020 年 2 月 24 日，曾经的爆款书店单向街发布众筹计划；25 日，中宣部印刷发行局调研组发布千家实体书店调研报告，结果表明，疫情导致超过 99% 的中小实体书店没有正常收入，而且有近一半的书店表示上半年营业收入将下降 50% 以上。[②] 昔日"书店 +"复合业态、"网红书店"、"最美书店"等商业模式在疫情面前不堪一击，仅仅作为空间形态的"场景"打造无法解决实体书店的根本痛点，实体书店转型升级及新型书店的打造，将从关注硬件阶段正式发展到技术推动阶段。落实场景思维，重构现实场景与虚拟场景互动共生的融合场景，在线上线下进行符合实体书店实际的融合，满足现代用户正在改变的消费习惯与日益增长的期望值，将通过此次疫情，成为广大实体书店最为关切并且实践的方向。

一、关于疫情期间实体书店"线上热"的冷思考

此次长达几个月、波及全球多个地区的疫情，对实体书店的经营掷下重重一击，同样也倒逼实体书店去探索迎战困境的转机与方法。疫情期间，不少书店纷纷转战线上，开展阅读打卡、直播带货、线上课程、好书福袋、同城配送、储值返赠、"云"逛书店等活动，将实体书店推上"线上狂欢"的新高潮，为未来书店的经营业态提供了新的可能性进路。然而热闹过后，实际成效究竟如何，"线上热"是否形式大于回报，日后如何形成持续良好的生态链条，才是值得业界思考的关键问题。

---

① 《2019 年实体书店报告：新开书店超 4000 家，关门书店超 500 家》，见 http://culture.gmw.cn/2020-01/10/content_33471494.htm。

② 《疫情笼罩下的实体书店呼声——超千家实体书店问卷调查分析报告》，见 https://mp.weixin.qq.com/s/LRY46nywNV-v4kERtGUaaQ。

（一）直播营销：或从"带书"转向"带店"

随着短视频媒介的迅猛发展，加之 5G 时代的到来，直播带货成为零售业的新兴营销模式。新冠肺炎疫情之前，已有不少实体书店加入直播行列，疫情发生之后，书店集体停业，逆境倒逼书店业加快直播营销的步伐。单向空间创始人许知远与"带货女王"薇娅合作直播，并连线先锋书店、晓风书屋等多家知名书店创始人，单场吸引 14.5 万观众，销售额超 70 万元，创造了书店行业的销售奇迹。此外，中信书店、蒲蒲兰绘本馆等 200 多家知名书店也集体变身淘宝直播间，书店店长就化身主播用手机带读者"云打卡"逛店、推荐新书。淘宝直播平台统计的数据显示，2020 年开通淘宝直播的实体书店数量同比增长近 6 倍，图书直播场次增幅接近 10 倍。[①] 当图书作者、编辑、书店店长从幕后走到台前，化身为带货主播，既节约了新书宣发与推广成本，也将内容传播者和接收者直接置于同一高频交互场景，拉近了传受距离，借助由屏幕内外打造起的互动仪式链，短时间内掀起图书狂欢的高潮，一定程度上缓解了实体书店的亏损状况，尤其是对一些自带流量的知名书店而言，不失为一种及时有效的自救手段。

然而，利用直播维持长期经营并获得稳定收益需要依赖诸多条件，比如人气主播或网红作者的光环、相当力度的折扣、主播娴熟的沟通技巧，等等。相比上述的知名书店，不少中小书店囿于流量匮乏直播赢利惨淡。因此，任何升级都要"因店施策"，盲目跟风很可能会导致书店在这个竞争异常激烈的市场中节节败退。此外，实体书店的价格优势很难与淘宝、京东、当当等电商平台所匹及，因此难以避免读者看完直播推荐转身就去电商平台搜索下单的尴尬局面。

实体书店的优势在于良好的空间体验感，如何利用新媒介技术提升品牌影响力，"云逛书店"、直播带货给书店业提供了极为可取的思路，不如将直播作为提升书店知名度的有效手段，把"直播带书"转变为"直播带店"，绕开电商平台的"价格战"，将书店的空间形态与文化价值传递

---

① 吕诺：《直播营销：实体书店营销新机遇》，《出版广角》2020 年第 8 期。

给观看者，从而将线上流量吸引至线下空间，进一步促进潜在客户的落地与转化。

（二）情感经济：或从"社群卖书"转向与用户的情感链接

在移动互联网空间中，每个个体都是社交媒体的重度用户，"虚拟社区"由此成为满足读者心理认同的"兴趣部落"，基于社交媒体的私域流量也因而成为实体书店在电商冲击下维持生存的重要筹码。

新冠肺炎疫情之下，也正是这些愿意守候的读者维持着书店的艰难生存：浙江余杭新华书店组建了十余个微信购书群，为数千名读者提供全天候、点对点的精准服务。沈阳离河书店组建的微信群，成立首日便创下 1 万元的销售业绩。先锋书店、单向街等知名书店则在社交平台上发起众筹活动。借助私域流量的社群营销和情怀渲染在短时间内的确为实体书店的突围垒砌了垫脚石，在特殊时期让书店业看到社群的稳固性与忠诚度。然而，仅仅靠"情怀"并不能帮助书店摆脱困境，未来书店应该关注的是如何通过社群提升读者的黏性。

社交媒体是一张纷繁交织的网，社群便是密密麻麻的节点，其优势在于情感与关系的联结，这种基于"趣缘"建立起来的虚拟社区往往具有强烈的心理认同感。显然，利用社交媒体大量发布销售信息不免狭隘，情感认同的构建需要以提升用户体验来实现，以读者的需求为核心，主动去思考读者在这种大环境下需要什么要比思考自身如何经营下去更有先见性，也更富有成效。譬如新冠肺炎疫情期间，北京"一个书店"化身为小型社科历史类读书打卡社团，开启线上阅读马拉松等社群活动；广西师范大学出版社联合全国 100 多家书店发起"书店燃灯计划"，将阅读和分享移至云端，通过线上互动打造虚拟"学习场"，让更多读者保持阅读的习惯，进而意识到书店的显在性，对于未来消费者与书店关系的维系是十分必要的。

（三）外卖送书：或从跨界合作转向社区服务

疫情期间，实体书店面对自身停业、关店、无客流的困境，创新经营路径，借助线上平台开展图书外卖服务。相比电商平台，书店具有"仓店一体"的现货优势，不易遇到网购畅销书缺货的问题，且店面分布更密集，能够提供更为便捷的社区服务。由此，多家书店与美团、饿了么等平台达成合作，提供"外卖点书"服务，将整个图书销售流程基本维持在30分钟左右。这种低投入高流量的营销模式，在解决受众紧急书目软需的同时，能够对实体书店线上成交、线下引流起到拉动作用，并有助于打通社区服务矩阵。

然而图书本身不是刚需产品，对配送时间并没有紧迫性、必然性要求。此外，外卖客群和书店客群有可能是两批人，而隐藏在微信社群中的私域流量和外卖平台又属于不同的"流量池"，由于客群属性混乱，营销团队选品能力无法充分施展。"外卖送书"作为实体书店线上自救的创新路径，仅适合资金、渠道实力相对雄厚的大型书店，大部分实体书店还需积极探索与自身发展规划、商业模式及品牌定位高度契合的最优项。[①] 然而，值得注意的是，这一营销模式对未来实体书店的业态重构同样具有不可忽视的启发意义，书店可以借鉴外卖平台的运营机制，自给自足，通过社群渠道，采取线上下单、线下交易的"预约制"服务，抑或线下下单、专属配送的"售后"服务，由此交易的场所既可以是书店亦可以拓展至周边社区，双轨并行，将购书这一消费行为便捷而有效地融入到用户的日常生活场景中去。

通过上述对疫情期间实体书店线上转型实践的思考，可以认识到书店摆脱线下运营的单一模式已是大势所趋，然而实现融合的过程绝不是一蹴而就的，盲目跟风亦不是明智之举，如何在取长补短的同时避免线上营销形式化，将"虚拟场景"的功用发挥到最佳，才是书店作为"文化消费"实体空间的关键进路，进而找到创新的最合理路径，化"危机"为"转机"。

二、纵横联动：国内后疫情时期实体书店的场景重构

移动传播的本质是基于场景的服务，即对场景（情境）的感知及信息

[①] 赵琬莹：《实体书店"外卖送书"服务业态创新初探》，《出版广角》2020年第9期。

（服务）适配。斯考伯和伊斯雷尔在《即将到来的场景时代：移动、传感、数据和未来隐私》一书中指出了与场景时代相关的五个要素：大数据、移动设备、社交媒体、传感器、定位系统，并把这五个要素称为"场景五力"[①]。彭兰认为，斯考伯的"场景"，同时涵盖了基于空间的"硬要素"和基于行为与心理的"软要素"，这种具体的、可体验的复合场景，与移动时代媒体的传播本质契合，也更加尊重了"人"作为媒介与社会的连接地位。同时提出了构成场景的基本要素应该包括：空间与环境、用户实时状态、用户生活惯性、社交氛围。[②] 场景理论为媒体融合发展开启了新思维，场景适配成为移动媒体服务的核心目标。

在新媒介技术带来的高度个性化的网络空间中，书店的转型升级其实就是一场争夺"场景"的竞争。实体书店 3.0 时代将以"品牌经营、融合发展"为核心，以大数据和人工智能的应用为主要特征，进而形成"融合业态＋渠道融合＋智能科技"的发展模式[③]，在这一生态图谱中，书店在整个经营过程中关注的是"人"，这与场景理论中以人为中心的理念相契合。实体的初衷是回归线下，但迫于网络渠道的冲击又不得不借力技术手段发端线上引流，"硬要素"与"软要素"对于实体书店而言，缺一不可，将线上与线下贯通融合，同时促进双轨道的纵向延伸与横向拓展，打造现实场景与虚拟场景的融合场景，将是国内后疫情时期实体书店破局的根本路径。下文将彭兰的四要素进一步简化为更加契合实体书店进路的三要素：社交氛围、用户画像、空间与环境，在此基础上对国内后疫情时期实体书店的场景重构做以探讨。

（一）借助社交氛围渲染关系营销场景

社交媒体作为"场景五力"中的关键一环，发挥着情感联结的作用，

[①] ［美］罗伯特·斯考伯、谢尔·伊斯雷尔：《即将到来的场景时代》，北京联合出版公司 2014 年版。

[②] 彭兰：《场景：移动时代媒体的新要素》，《新闻记者》2015 年第 3 期。

[③] 周晓艳、耿殿明：《城市公共阅读空间的智能化建设与发展模式研究》，《编辑之友》2020 年第 5 期。

具有典型的部落化特征。詹金斯曾在《融合文化》一书中提出"情感经济"这一概念，用来说明消费者在观看、选择和消费决策过程中的情感因素，有利于维持和巩固品牌忠诚度。[①] 移动互联网时代，社交媒体充当了人们交往的纽带，用户在网络空间中基于趣缘和心理认同构建起各种各样的"圈子"，并从中获得心理认同与情感共鸣。这种虚拟社区具有天然的"情感联动"能力，它能够在人与内容关系的基础上，构建人与人的情感交往关系，从而凝聚社群认同感，增强用户黏性。

当书店和电商在线上交锋，其显在优势便体现为它的私域流量，书店得以凭借自身的文化价值和影响力构建新型的网络社区。线上社群、网络直播作为实体书店融合转型的营销手段，为文化知识跨地域、跨阶层、跨迷群的传播提供了新的部落空间，在一定程度上满足了人们的精神需要。通过在线互动，用户进一步明确自己的喜好、所处的位置以及所寻求的目标，从以往产品销售过程中"商品与人的对话"转向了"人与人的对话"，以此缩短决策时间，提升消费效率，从而增强用户黏性。移动设备的普及尤其使得虚拟社交渗透进日常生活的方方面面，实体书店要做的便是借力这一营销场景，把"人"与"人"、"人"与"书店"的关系紧紧黏在一起，绕过电商平台的运作机制，通过社群空间中的用户维系以及直播场景中"云逛书店"的新模式，将自身品牌与读者联结在一起，通过提升用户忠诚度与品牌影响力将私域流量引至线下实体空间中，以此来带动书籍的关联销售。

线上引流，线下更要留得住人。解构静态"书"，转变为围绕"知识""阅读"等核心价值的动态阅读成为实体书店的突围之道。[②] 不少书店在售书的同时为顾客提供知识付费服务、开展阅读打卡活动、举行主题书展等。譬如有"最美书店"之称的钟书阁通过微信公众号平台发布线上

---

① 宋成、冯小宁：《出版行业直播营销的模式创新与方向探索——基于"准社会交往"理论视角》，《出版科学》2019 年第 5 期。

② 李淼：《"去"书店：基于场景的实体书店转型策略与实践》，《编辑之友》2018 年第 11 期。

活动预告与往期活动回顾，定期举行文化沙龙、新书分享会等。一年 500 余场活动将读者与读者、读者和作者、读者和书店紧密联系在一起，由此产生连带效应，与读者达成"约定"，将人、物、场放置在统一能量生态下进行资源和品牌的整体输出和再造，从"卖书"升级为"卖服务""卖场景"，在场者的具身空间体验又引发社交媒体分享，从而降低店铺用户的流失率。[①]

（二）依托用户画像打造技术购物场景

在彭兰看来，场景分析的最终目标是要提供特定场景下的适配信息或服务。而适配意味着，不仅仅要理解特定场景中的用户，还要能够迅速地找到并推送出与他们需求相适应的内容或服务。[②] 这就需要场景五力的相互配合，其中移动设备作为体验场景超级风暴的载体，聚合了社交媒体、大数据、传感器、定位系统这四种原力。当万物互联逐渐走向现实，终端如何接入用户便成为关键课题。回望过去，传统销售模式难以实现数据分析、精准满足用户需求的根本原因是传统书店的销售渠道无法与用户建立真正的关系，因此重视终端用户数据的积累和收集应成为未来实体书店的努力方向。

如今，在大型实体书店经营过程中，利用大数据整合用户信息，通过算法机制绘制用户画像已成为现实。如新华书店总店"城市书房"人脸识别导购系统能够根据读者的面部特征识别会员信息，根据其购买行为进行大数据分析，智能推荐读者感兴趣的图书，并通过图书定位系统告诉读者图书所在的具体位置，帮助读者顺利地找到自己需要的书籍。[③] 西西弗书店利用自主研发的商品流控系统及完善的单品运营管理系统时刻监控市场变化，将具有不同品质与销售属性的图书精准定位到最佳销售点，并实时

---

① 魏伟：《新零售背景下实体书店的转型探索——以茑屋书店为例》，《出版广角》2020 年第 6 期。

② 彭兰：《场景：移动时代媒体的新要素》，《新闻记者》2015 年第 3 期。

③ 周晓艳、耿殿明：《城市公共阅读空间的智能化建设与发展模式研究》，《编辑之友》2020 年第 5 期。

变换图书品类以适应市场需求，以此保持读者的新鲜感①。借助新技术设备的空间化、互联网基因的线下融入，用户场景体验感得以增强。

新媒介技术成为场景更新的驱动力。②随着人工智能、5G、VR、AR等新兴技术的成熟发展，自助购书、机器人导购、AI创新技术、电子阅读设备展示等，将进一步增强实体书店的新媒介化，营造更为个性化的技术场景。③实体书店应有意识地布局技术加持战略，培养工作人员的技术素养与应用能力，对实体书店书籍管理、顾客人群、物流供应链等三方有效融合，推进智能化书店管理，打破线上与线下供需信息不对称的壁垒，更好满足用户需求，进一步提供购书智能化、支付移动化、体验多元化的优质服务，通过技术重构购物场景，实现与消费者的深度沟通，使其甄选高附加值的商品，推动实体书店的高效运转。

（三）整合空间与环境营造生活服务场景

简单来看，移动场景中的空间与环境就是对人们从哪儿来、现在哪儿、要去哪儿的定位与判断。诸如"美团"等生活服务类平台，借助GPS定位系统，实时掌握用户的位置信息，并通过算法绘制的用户画像，对消费者的行为做出准确性预测，及时推送并提供用户需要或感兴趣的信息。从"吃""住""行"多个方面满足用户的生活场景需求。当然，"美团"类平台的高效运转重点在于其自身建构起的"蜂窝运营"模式。对于实体书店而言，不可能也不必要去建立起一个如此庞大的网络系统，实体书店具有自身独特的物理空间特性，与具有渠道优势的电商平台相比，它的优势在于在地化的书籍产品和阅读体验，因此，这个基础不能动摇，其他商业行为只是基于这个基础，保证书店能够长期永续经营的手段。

正是独特的地理方位和空间存在，为书店的差异化竞争提供了可能。

---

① 王芳、周盈：《基于SIVA视角的西西弗书店营销策略探究》，《出版广角》2020年第3期。

② 李淼：《"去"书店：基于场景的实体书店转型策略与实践》，《编辑之友》2018年第11期。

③ 王双双：《逆势而上 开创振兴实体书店新局面》，《中国出版传媒商报》2020年6月23日。

在电子阅读、网上书店的包围之中，如何挖掘在地化的潜力、深耕社区资源，才是实体书店突围的关键。实体书店要想突出在地化的特色，就应该打破千篇一律的空间形态与风格，现代实体书店的魅力在于故事、情怀和场景。体验作为底层逻辑，主导着书店转型升级的发生、发展、演化和变迁。①

书店作为实体的空间形态，必然要融入其所处的地理文化中，越来越多大型书店结合当地实际情况，针对门店所在地区主流客户需求来确定分店的定位，打造所属地域的独特标签。譬如，新华文轩通过细分市场与客群，深入推进多品牌建设，形成了"轩客会""文轩 BOOKS""Kids winshare""读读书吧"等多个实体书店品牌，用不同的品牌去服务不同的细分市场，改变了文轩"千店一面"的品牌结构。②此外，部分书店追求用户下沉，结合地域特色开设乡村书店，如湖南新华打造了紫薇村乡镇书店，海南新华通过火山书吧、溪边书屋铺设农村网点，等等。整合空间与环境，将在地化品牌化、立体化，将是书店"场景"重构过程中的基本要求。

近年来，作为公共阅读空间的高校书店、社区书店、乡村书店，在国家政策利好的环境下，如雨后春笋般纷纷建立，凭借在地化优势适应周边用户的生活惯性，打造社区服务矩阵，越来越融入当地民众的日常学习与生活中。2019 年中国实体书店创新发展年会上的一组实体书店发展数据显示，2019 年上半年的零售增长主要来自年销售额小于 800 万元的中小微书店③，这足以说明实体书店"在地化"的可行性与适用性。国内后疫情时期，在实体书店空间优势上叠加服务性功能，以满足社区公众日常生

---

① 曹子郁：《图书新零售：以用户思维和场景思维重新定义书店价值》，《出版发行研究》2019 年第 6 期。

② 王双双：《逆势而上　开创振兴实体书店新局面》，《中国出版传媒商报》2020 年 6 月 23 日。

③ 刘银娣、雷月媚：《我国实体书店发展特点及趋势预测》，《出版广角》2020 年第 5 期。

活需求，使书店成为激活社区生活网络的节点①，同时借助算法、大数据、定位系统等媒介技术，基于门店所在位置和读者画像打造社区服务员矩阵，创新"书店＋自习室书店＋二手书书店＋知识付费平台"的文化景观，将成为未来实体书店的主要发展趋势。

三、结语

疫情之后存活下来的书店，都将经历一次脱胎换骨的蜕变，传统的书店业态已经坍塌，迎接考验的将是如何围绕特定人群的文化服务，即"场景"的创新与再打造。国内后疫情时期，在电商平台与数字阅读的双重冲击下，实体书店必须认清自身的核心价值与优势，借助技术、政策与资本红利，联动线上线下多方渠道，打造关系营销场景、技术购物场景与生活服务场景，进一步延伸实体书店的时空触角，做好城市和乡村中"文化空间"的守望者，发挥好图书出版业态中的活水作用，进而反哺出版产业，推动出版产业的长远有序发展。

（作者单位：北京师范大学）

---

① 李森：《"去"书店：基于场景的实体书店转型策略与实践》，《编辑之友》2018 年第 11 期。

危机中蕴转机　破局中开新局

——《囧妈》带给出版业的新思考

曹海英

放眼当下信息化大爆炸的时代，对于传统出版业来说，我们面对的既是一次机遇，更是一次挑战。传统出版业既要坚守好的文化传统，更要有突破和创新，要用新思维、新方法，发展新业态，从而实现华丽转身。下面，本文从《囧妈》的破局，来谈谈对出版业的一些新思考。

一、不同的行业，一样的痛点

经过仔细分析后发现，传统出版业与传统电影业虽然是不同的行业，却在经验模式上有着很多相似之处。两个行业都是以内容生产方研发文化产品，产品成型后均面向市场，进入市场这一环由传统的发行方（发行渠道）进行线下的发行和销售，从而获取一定的利润，保证行业的正常运转。然而，受新兴媒体的冲击和多媒体的融合发展，传统的出版业和电影业均受到重创，尤其是2019年底到2020年初，受新冠肺炎疫情的袭击，放眼整个文化传媒领域，基于"人头流量"逻辑的产业链受到疫情的影响尤为明显，传统出版业和传统电影业受到很大冲击。出版业作为一种智力密集型行业，运营成本低，生成周期长。疫情期间，出版业产业链上下都受到严重影响，印刷、物流等业务处于半停滞和停滞状态。复工之后，一些中小型图书公司出现了经济的大幅度下降、资金流转困难的局面，甚至有些公司倒在了复工的前夜，有的小型公司不得不宣布破产。电影业也是如此，受疫情的影响，线下实体电影院的收入几乎为零。如《爱情公寓5》《唐人街探案3》《姜子牙》《囧妈》等贺岁档的电影遭受严重危机，很多印片方延缓上映，有的甚至纷纷宣布撤档。

二、完美双赢，《囧妈》华丽转身

据有关数据显示，2020年春节档时期，《囧妈》的预售并不是很理想和可观，预售票的首尾和拍片率与《唐人街探案3》差距较大，没有受到观众的高度关注。针对这个情况，《囧妈》在营销上改变了策略，将受众的时间提前了，从2020年的大年初一（1月25日）提前提档至大年三十（1月24日），但提前播放并没有取得预期的效果。面对拍片方与影院方签约的协议，双方有着前所未有的压力。面对压力，《囧妈》选择了破局，做出惊人动作，实行完全免费网播，从而实现了华丽转身。从欢喜传媒官方网站发布的公告来看：欢欢喜喜公司与北京字节跳动网络技术有限公司签订了合作协议，字节跳动按交付授权内容的进度向欢欢喜喜支付人民币6.3亿元作为使用授权内容的代价，在线视频将在多个领域开张合作。通常，片方（制片公司和发行）公司的票房分配比例只占40%，而《囧妈》

的这个大动作，让传统的商业模式与新流量渠道出现叠加效应，不仅片方口碑和好评直线上升，而且为出资方字节跳动带来的收益也颇多，随之带来较好的利益分成。《囧妈》打破格局，实现了华丽的转身！

三、《囧妈》破局，带给出版业的新思考

《囧妈》成功的破局，为电影业打开了一扇新天窗，作为传统出版业的我们，是不是可以考量当下，也实现华丽的转身？

（一）重塑自我，实现转型

1. 直播和视频：出版界的新流量

随着大数据时代的应用，各行各业的形态和内容也会随之发生巨大变化，一些新媒体不断涌现，如快手、网络直播、字节跳动备受大众青睐和喜爱，这些新媒体在不断打破传统格局时引入一些新的文化生态优势，从而成为流量巨头。作为传统的出版业也面临着市场急剧缩减、数字化转型又很困难的这种双重格局，那么，该如何打破这种格局？我们该从营销模式上实现一定的转型。因此，直播就成为一个势在必行的营销模式，于是编辑和作者纷纷坐在镜头前，开启直播生涯。如，《妈妈总是有办法》就实现了营销大热，此书的责编陈慧娜和姚晶晶在营销模式上下足了功夫，采用短视频拉近读者、作者、出版者之间的距离，从而打破了编读之间生硬竖立起来的纸张竖屏和壁垒，推广了营销新模式。通过《妈妈总是有办法》这本书，我们醍醐灌顶，发现主播有多强，图书就会有多强！仔细分析，发现背后潜藏一定的商机：正是张丹丹成为流量寡头，所以才带红了这本书。可见，短视频、抖音已然成为出版业宣传图书的一种新形式，在营销模式上我们必须转型。作为传统的出版业，要将线上与线下完美结合，打造好读者群，丰富和活跃线上活动，这样才能给产品的发展提供强而大的理论支撑和宣传渠道。尤其是新书的出版，万万不可错过直播和视频的宣传和推送，从而将图书推向市场，面对读者。

2.平台合作：线上营销新模式

在新冠肺炎疫情中，线下书店受到重创，为了自救，很多书店将工作的重心转移到线上。在这一方面，京东图书推出的"安心书店保障计划"给我们很多启发：第一，京东通过"物竞天择"项目的合作，让线下书店在京东自营开店，客户下单后系统按照就近原则自动匹配订单，为线上书店做了引流，从而带动了线下书店的销售。第二，开展"京东到家"服务项目，京东聚拢了一批线下品牌教辅图书，通过"京东到家"，代理商根据覆盖范围实行就近配送，实现了数据化管理。第三，线下书店可以入驻京东图书的第三方平台，通过第三方平台加快线下图书的销售。出版业要紧跟信息技术的步伐，利用好第三方平台，方便和快捷用户需求，将自己的产品通过多渠道多形式发散到读者的手中。

3.有声图书：阅读的新宠儿

从读纸质书到读电子书再到听电子书，已经成为新一代年轻人获取碎片化知识的一种新方式。现在越来越多的人没有时间去读完一整本书，手机成为人们接触阅读的主要来源，更多的人会选择上班路上或晚上临睡觉前听书，因此，从纸质书到电子书，再到有声图书，是传统出版必经的转型。如，陕西师范大学出版社积极响应党中央和省委的号召，在"抗疫"最艰难时期快速行动，从关乎人民群众生命安全和身心健康出发，尽可能减轻疫情对民众心理的干扰和可能造成的影响，第一时间公益出版《新型冠状病毒感染的肺炎疫情下心理健康指导手册》，给民众普及疫情知识，让民众正确认识、理性面对疫情，教会民众正确防范。与此同时，在各大网站迅速推出有声读物，方便各年龄段的人群学习。为了给众多在华外国留学生及国际友人提供防疫读物，免费阅读，增强共同"抗疫"的信心和决心，陕西师范大学出版社又迅速行动，组织中外翻译家将《新型冠状病毒感染的肺炎疫情下心理健康指导手册》翻译成英文版、俄文版、日文版和韩文版四个版本。这些新举措，既方便了不同年龄、不同阶层人们的学习，也是传统纸质出版业向有声图书迈步的一种新尝试。

（二）减量增质，去粗存精

1. "内容为王"：决定取胜的法宝

出版业要永远树立"内容为王"的理念，好的内容一定会有好的价值，编辑要静下心来精心打磨内容，坚信"内容为王"这句话永远不会过时，在多媒体时代，纸质书依然有着巨大的市场。作为现象级的超级畅销书"哈利·波特"在中国畅销了 20 年，任时间怎样的流淌，"哈利·波特"始终沉稳从容地守着自己的市场，这无疑是中国市场上最亮丽的一抹色彩。20 年前，人民文学出版社的聂震宁先生为何会选中"哈利·波特"？20 年后，这套书为什么依然是常青树？这套书缘何成为"超级畅销书"？这一系列问题，不得不引发我的反思：唯有好的内容，才能在市场上立于不败之地；唯有好的内容，才能弥久长新；唯有好的内容，才能让读者爱不释手。因此，出版业在进行选题策划时，对图书的内容要进行慎重选择，只有好的内容才能经得住时代的变迁和市场的考验。如，陕西师范大学出版社出版的《余映潮阅读教学艺术 50 讲》，非常实用，确实给一线语文教师带来了很多备课的资源，是语文教师案头备课的必备资源，值得一线语文教师拥有。此书，由于各种原因，没有再版，目前已绝版。对于一线教学来说，写作教学是学生和教师面临的难题，我们试想一下，若选取整理出版我国历代名家写作方面的理论书籍，聚焦新时代写作教学名家出版名师写作课，也会像《余映潮阅读教学艺术 50 讲》一样被一线语文教师所青睐。

2. 读者需求：选题策划的切口

线上教育是当下人类接受教育的另一个渠道，尤其在疫情下，受《教育部办公厅 工业和信息化部办公厅关于中小学延期开学期间"停课不停学"有关工作安排的通知》（教基厅函〔2020〕3 号）的影响，在线教育火了起来，在线教育已然成为人们接受教育的不二法门。虽然线上教育已成为常见的培训方式，但线上教育对一线教师来说却是一个新事物，线上教育的教学质量到底如何？我们要打上一个大大的问号。对线下教学轻车熟路的教师，面对线上教学，教师线上教学设备的使用、线上课件的制

作以及线上课堂教学的互动与检测评价等亟待出版社出版相关的专业书籍
予以指导。经过调查，发现市场上这些书籍还是非常空缺的，这也许是编
辑选题切入的一个新突破口。

同时，为了顺应时代的潮流，传统的出版业也要转型，开拓和发展线
上教育。作为编辑的我们，研发产品和申报选题策划时要以读者的需求为
切入口，精准对准读者的胃口，要下市场，多方参加调研。笔者作为《中
学语文教学参考》的一名编辑，不得不思考：针对新课标、新教材、新高
考，各学科的核心素养如何培养？各学科的核心素养如何在命题中予以
体现？新教材、新高考如何落地生根等？这些应该是一线学校和教师迫
切需要的专业书籍，是出版社"内容为王"的具体落脚点，类似图书的出
版迫在眉睫。我们从选题的研发、课程的设计和服务平台的多样化、产品
形态的数字化等多个角度切入，从而真正为读者服务。

教育市场的规模是巨大的，而且是刚需。陕西师范大学出版社出版的
都是一些教育教辅类的图书，针对的社会群体是教师和学生，怎样做出适
合读者胃口的产品来，值得我们反思。据分析和调查，目前线上课程热度
很高，但师资力量没有充分挖掘出来，导致线上教学效果很不理想。如何
打破这种不平衡的状态，我们可从以下方面寻找契机：（1）找准切入口，
策划一线教师喜欢的产品。（2）改善产品的内容，将粗糙的内容进行优化
整合，从而打造出自己的品牌。（3）聚焦名师，整合优势教师资源，将国
内某一方面顶尖的专家聚拢在一起。如，笔者所在的部门，《中学语文教
学参考》编辑部，就可以在这方面有所作为。上海市语文特级教师、正高
级教师余党绪和北京教育学院人文与社会科学学院院长、中文系教授吴
欣歆，多年来一直致力于研究"整本书思辨阅读"系列，配合统编本教材
和高中新课标，这两位名师为名著阅读提供了"整本书思辨阅读"的很多
方案。因此，我们就可以聚焦在"整本书思辨阅读"方面有研究的国内知
名专家，开展"整本书思辨阅读"，策划适合一线教师可以借鉴和参考的
"整本书思辨阅读"范例。走访市场调查研究后，笔者发现一线教学存在
很多困局，如语文任务群教学如何设计？批判性阅读如何实施？写作教

学如何培养学生的写作素养？写作教学如何实现创意表达？高考命题的方向和趋势，特别是高考命题的技术研究，这些都是一线学校和教师的迷茫和困点。作为一线教学类学术期刊的编辑，我们要有责任与担当，力求为教师破解难题，给他们的教学提供有力的助手，策划选题时，以一线教师迫切需要和解决的问题为切入口，策划出他们真正需要的图书来。

3.边读共情：贴近读者心灵

共情，是编者和读者心灵感应的高度契合，只有读者和编者达成了共情，书的灵魂才会被真正的复活，这本书的价值也才真正实现。如《讲了 100 万次的故事为什么还要再讲一次？》这本书，我们发现其包装盒上印有这样的字样："只要人类还在讲故事，我们就还是我们"，这样温情的字眼让每一位打开这套书的人，都做好了回到故事童年的准备。这本书最大的特色就是采用"共情"的方式，将古老的故事现代化了，出版者采用从内向外的方式呈现。故事集是古老的也是厚重的，但是编辑在策划的时候，不论是从外观还是内容的设计上都尽量让系列图书轻盈、亲切，用贴近读者心灵的方式进行呈现。翻开《讲了 100 万次的故事为什么还要再讲一次？》这本书后，你会发现书中的每一个插图都很值得考究，古老的故事中蕴藏现代性链接，孩子们通过插图可窥得故事的点滴，他们会用艺术想象出自己心中的故事，从而多一分理解，情不自禁融到故事里去。

我们要对读者划分类型，出版有针对性的书籍。在中国传统文化方面，需要用共情的方式，实现文化的传承与理解。如丰子恺、朱自清等作家作品，要加入古色古香的插图，让读者在阅读作品的同时，体验作家的闲情雅致。从图书的封面设计到文字的排版以及阅读的体验，编辑要充分做好定位，心中始终装着读者，让读者在看到书时有一种心灵的震撼，从而从心灵深处走进这本书。

让我们拨开迷雾，忘掉焦虑，从危机寻找转机，从破局中开新局，从《囧妈》的华丽转身反思传统出版业的转型，心中始终树立以质量为王的理念，利用新技术、新媒体，开拓新渠道，寻找新业态，从而重塑自我，实现传统出版业的新转型。

参考文献：

1. 李洁：《讲了 100 万次的故事为什么还要再讲一次?》,《出版人》2020 年第 6 期。

2. 张艾宁：《魔法少年的东方旅程》,《出版人》2020 年第 6 期。

3. 杨帆、张艾宁：《实体书店的绝地求生》,《出版人》2020 年第 3 期。

（作者单位：陕西师范大学出版总社）

浅论移动互联网时代大众渠道电子书的营销推广策略

——以漓江出版社为例

张津理

近年来，随着移动互联网渗透到日常生活和经济活动的方方面面，其便携性、即时性、交互性等特性也影响着大众的阅读习惯，例如数字阅读越来越受到读者的青睐。大众渠道电子书作为数字阅读的重要消费内容，"移动互联网的发展又进一步为电子书的畅销带来新的可能"[①]。作为传统出版从业者，如何打造本社的优质电子书内容、整合内外部优势资源、制订契合时代背景的营销推广策略，是值得我们深入思考的问题。本文以笔者所在单位漓江出版社（以下简称"我社"）近年实践为例，探讨了移动互联网时代的大众渠道电子书的5种营销推广策略。

[①] 朱娅蕾：《电子书对中国传统出版业的挑战》，《社科纵横》2020 年第 4 期。

一、站在大数据肩上：人工推送的"高参"

作为移动互联网的流行词汇甚至关键词，"大数据"代表了传统出版业与当代高科技的融合趋势，而提起出版业中与大数据走得最近的，很多人都会想到电子书。基于大数据，平台一方面可以将电子书文本处理为流式文档，使其"被数据文件替换为离散的实体，与互联网接轨，由此产生了环绕于电子文本周边的诸多链接，它们成为数字媒体中的新型类文本要素"[1]；另一方面可针对读者的阅读倾向和阅读兴趣，采用诸如机器学习、知识标引、交互数据、分析算法等一系列智能化技术手段，进行数据统计、追踪、关联、匹配，据此绘制"用户画像"，进而做出精准推送。

在大众渠道电子书营销推广领域，除了各平台人工智能主导的"热搜""猜你喜欢""××榜""大家都在读"之类智能化推送，也需要进行"小编推荐""出版社热销"之类人工推送。这就需要出版社专业人员适时发挥主观能动性，如能在大数据的协助下开动脑筋，站在"数据巨人"的肩膀上，则在向平台申请推荐位、制订营销推广活动的时候，可能达到事半功倍的效果。

以漓江出版社电子书在掌阅平台的营销推广为例，我们基于掌阅平台提供的大数据，构建了一份监控表格，如表1即为我社电子书《我减掉了五十斤！》的部分监控数据。由于涉及商业机密，平台只能向出版社提供部分数据，表中黑色数据即为电子书平台提供的原始数据，蓝色数据为利用Excel表格计算得出，以此作为我们进行人工推送的"高参"。如其中"折扣率"一栏反映促销力度，其计算公式为：

折扣率＝单本分成金额÷电子书定价÷55%（分成比例）

折扣百分比越低，即表示该书在此前的促销活动中让利越大，基于这

---

[1] 郭建飞：《影视作品及数字媒体文本-类文本共生叙事研究》，《西南民族大学学报（人文社科版）》2020年第6期。

一数据，我们可以根据需要及时调整电子书的优惠折扣。又如"全本购买占比"一栏为全本购买收入占总收入的比重，其计算公式为：

全本购买占比 = 单本分成总额 ÷（单本分成总额 +VIP 分成金额）×100%

该数据反映读者购买全本的意愿，其比例越低，则表示我们用单本打折促销的营销策略获取的收益越低，在此情况下可考虑加大对 VIP 推广活动的投入。

表1　电子书《我减掉了五十斤！》掌阅监控数据（部分）

书名	电子书定价（元）	人气（万）	单本销售总额（元）	单本分成总额（元）	单本销量（册）	单本分成金额（元）	单本销量转化率（%）
《我减掉了五十斤！》	10.00	21.70	7735.37	4254.45	1006	4.229	0.46
VIP 销售金额（元）	VIP 分成金额（元）	总收益（元）	折合总销量（册）	年度分成预测（含 VIP）（元）	年度人气增量预测（万）	折扣率（%）	全本购买占比（%）
2410.35	1325.70	5580.15	1319	3646.88	11.84	76.89	76.24

2020 年 1 月，电子书《我减掉了五十斤！》获得掌阅"品质阅读年榜"2019 年知识类优秀作品奖，这让我们坚信：用好大数据这个"高参"，"挖掘读者阅读行为的浅层意义在于指导具体的电子书营销、售卖活动，而其深层意义则在于构建数据平台并为出版产业或第三方提供预测性建议"[①]。

二、结合时事热点：链接时代与大众

"即时性"是互联网的一大特性，而移动互联网则将此特性发挥到了极致，大众获取信息的速度和规模都空前提升，每当社会生活中出现新的

[①]　秦艳华、孙琳、段泽宁：《大数据出版视域下的电子书盈利模式分析》，《科技与出版》2017 年第 12 期。

时事热点、网络爆点，都极易受到广泛关注。因此我们应时刻保持高度敏感性，紧跟时事，有的放矢地"蹭热点"进行电子书营销推广。具体说来，我们要在立足本社资源优势的基础上，及时跟进国内外社会时事热点，挖掘热点事件内涵与我社某一种或多种电子书内涵的相似或共通之处，或挖掘电子书读者对该时事的关注角度，找准切入点，选择契合时代主题和正确价值观导向的图书进行推介。

2020 年上半年最重要的时事热点，莫过于席卷全球的新冠肺炎疫情。为阻断疫情传播，我国大部分民众响应号召居家防护，同时"图书零售实体店闭店和图书网店发货物流不畅通导致民众难以及时获取纸质书，因此转而寻求电子书，这使得电子书的需求量明显增加"①。于是大众渠道的电子书等线上内容产品成了"宅"的必需品，在抗疫的人文战场发挥了重要作用。

早在 2020 年 2 月春节的新冠肺炎疫情暴发初期，漓江出版社就已快速响应，与各大众渠道电子书合作平台紧密联系，紧贴时事热点开发了疫情期间免费阅读专区，上线了多种免费电子书和有声读物。如与"易阅通"平台合作，开展了"战疫限免"活动，我社有《我们，医与患：相爱，还是伤害？》《生与死的故事》《幸存者》等电子书参与；与"中图主题书柜"平台合作，开展了"战'疫'书柜"活动，我社有《小宇宙：细菌主演的地球生命史》《鼠疫》等电子书参与；等等（见图 1）。这些电子书丰富了疫情期间的线上内容，基本满足了因疫情留守家中的全国读者的精神文化需求。

在此期间，我们注意到，"读者对电子书的题材选择上也更加倾向于与疫情相关的小说和传记"②，为贴合这一个性化需求，我们将与新冠肺炎疫情有关的电子书营销推广重心从"做广度"转移到"做深度"上来，选定了我社抗疫新书《医路长行》。该书是一本关于抗疫医院院长自传性质

① 周蔚华、程丽：《2019—2020 年中国图书出版业报告》，《出版发行研究》2020 年第 4 期。

② 王丽楠：《掌阅科技：发挥平台优势，助力战"疫"胜利》，《新阅读》2020 年第 3 期。

图 1　"战'疫'书柜"与"战疫限免"活动页面截图

的行医故事，其叙事内核与情感诉求都契合当下新冠肺炎疫情期间的大众电子书阅读倾向。4 月 23 日世界读书日来临之际，我们邀请作者拍摄了"我为你推荐——来自各行各业的读书人"视频，参与"世界读书日：各行各业的读书人共荐好书"活动，并荣列该活动书单第一位。荐"我为你推荐——来自各行各业的读书人"视频在《光明日报》（见图 2）、中国快讯、中图、我社微信公众号等平台发布后，广受好评。

新冠肺炎疫情期间的各种营销推广，固然只是特殊历史时期的特殊应对措施，但究其内涵，仍然是通过电子书这个桥梁，连接时事热点与大众需求。《医路长行》后来入选广西壮族自治区党委宣传部思政读书会推荐书目、广西全区出版系统防疫抗疫优秀出版物、百道网推荐好书、中国知网推荐好书等线上、线下榜单，可看作对我们营销推广策略的肯定。

世界读书日：各行各业的读书人共荐好书

光明日报客户端 光明日报全媒体记者陈雪 04-22 20:14:16

"我为你推荐——来自各行各业的读书人"视频精选

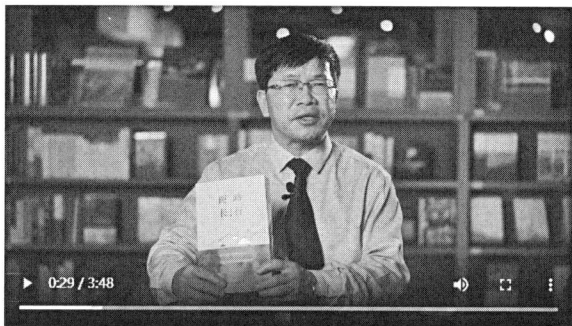

图 2 《光明日报》活动页面截图

三、微信公众号的另一面：不只是荐书推文

作为移动互联网时代应用最广泛的即时通信工具，微信有户早在 2018 年就已突破 10 亿大关，而微信公众号平台自 2012 年推出后，迅速因其庞大受众面的媒体属性而被各种媒体和个人所重视。如今微信公众号平台不仅成为用户进行移动阅读的重要入口（如关联至"微信读书"等小程序），也成为出版社等传统媒体进行移动传播、融合发展转型的崭新平台。在推介本社图书、与读者互动、增强用户黏性、培养潜在受众、构建出版社的品牌形象的过程中，我们需要考虑一些针对大众的营销推广策略。

微信的阅读方式具有典型的移动互联网阅读特性，如碎片化、时效性、互动性等，对传播形式的生动性要求比传统媒体更高。利用公众号来进行大众渠道电子书营销推广，要应用编辑创意和传播技巧，进行内容、形式的大胆创新，即"一方面要充分发挥母媒体传播优势，如纸媒要发挥其文字、图片优势；另一方面就是要与传统媒体形成优势互补，利用微信平台弥补母媒体的传播短板"①。

2019 年 4 月，针对漓江出版社电子书在中国知网大众电子书平台"品得书院"的受众，我社与知网合作，在其微信公众号"CNKI 知网文化"上发布了电子书营销推广活动——《"是时候暴露你的才华了"：猜书大作战》（见图 3）。

图 3　微信公众号活动页面截图

有别于常规的图书推介类推文，此次活动精心挑选了我社图书《苦行记》《墓园樱桃》《生与死的故事》等 10 余种（其电子书均已授权在知网平台上架销售），将它们的相关图片与文字内容（引文或简介）打造为谜题，其书名则作为谜底选项，引导微信公众号读者进行有奖竞猜。如图 3 中的谜面为美国西部牛仔相关图文，据此可推理出该书是奠定马克·吐温

① 王海燕：《传统媒体微信公众号编辑与运营策略分析》，《编辑之友》2015 年第 2 期。

幽默大师地位的早期成名之作、描写美国西部淘金生活的《苦行记》，即截图中 D 选项。由于谜底的 4 个选项分别为我社图书《苏霍多尔》《剧院情史》《黑骑集·仁战集》《苦行记》的封面图，读者在这样的互动中，就会潜移默化地加深对我社图书的印象，在之后浏览知网或其他平台上的电子书时，便有可能被"引流"成为我社电子书的消费者。

此次活动改变了传统的微信图文内容编排形态，信息承载量大，形式活泼，内容生动，推出后反响较好，收获了 1.3 万人次的阅读量，同时让目标读者更广泛、更深入地接触了解了我社的电子书。从留言区读者们的踊跃互动中也可看出，此次活动可谓利用微信公众号进行大众电子书营销推广的一次较为成功的尝试。

四、创意短视频：一种新的营销语言

从 2016 年的"短视频元年"到 2019 年上半年，我国短视频用户已达 8.21 亿人。得益于移动互联网环境，短视频突破了传统影视媒体单向沟通的局限性，能在互动中扩散和渗透；相比一般的图文媒介，短视频整合了动态与静态，调动了视觉与听觉，更具有感染力和冲击力；短视频传播速度更快，传播周期更灵活。短视频这一新兴媒介，因其快速、生动、轻量、精准、社交化等契合移动互联网用户需求的营销优势，正逐渐成为传统出版融合发展的重要战场。

我们注意到，短视频与电影、电视等传统视频产品的文化基调有一个最大的区别："短视频是从民间文化走向公共传播的，它从一开始就是以'生活化'为其底色，进入公共化传播后，生活化也是一种基本的表达策略，而以人为本将是其持久的文化基因。"① 所以在打造短视频时，必须牢牢根植于"民间生活"这一土壤，用贴近老百姓日常的"微叙事"作为核

---

① 彭兰：《短视频：视频生产力的"转基因"与再培育》，《新闻界》2019 年第 1 期。

心，辅以秒级响应、临场浸入、高光细节、情感唤起等叙事技巧，并"借助充满节奏、动感、潮炫、魔性的背景音乐以及听觉类符号元素使受众快速进入沉浸体验状态"①，来抓住大众眼球，并进一步将他们的注意力、记忆点导向我们所推介的电子书。

2018—2019 年跨年"双旦"之际，漓江出版社与掌阅平台合作，通过拍摄短视频《2019 带上书不会输》中的分段内容"多看书，菜场大妈也是辩论狼人"，将大众渠道电子书营销推广融入跨年短视频（见图 4）。作为创意素材及视频道具，我们特意选取了我社的《叔本华的辩论艺术》这样看似非常严肃厚重的"小众"图书，拍摄了短短 20 余秒的另类创意

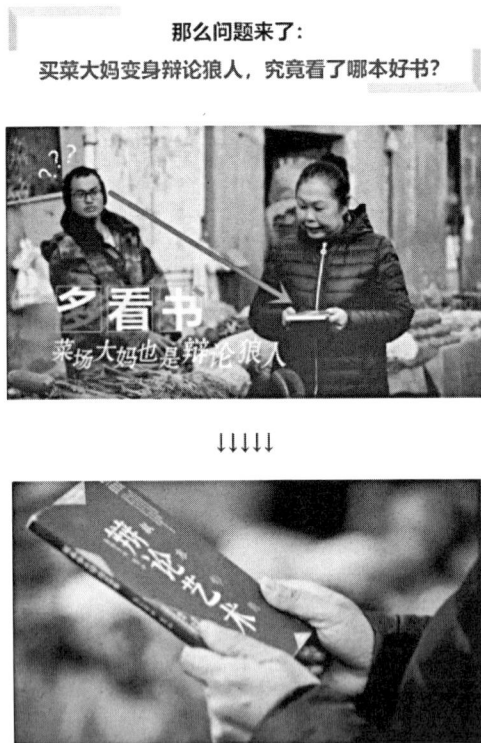

图 4　微信公众号上的短视频截图

---

① 林峰：《移动短视频：视觉文化表征、意识形态图式与未来发展图景》，《海南大学学报（人文社会科学版）》2019 年第 6 期。

视频，用一则诙谐故事，将"买菜大妈讨价还价"这一日常生活场景与叔本华的 38 种辩论招式巧妙关联起来，制造"反差萌"。我们在短视频中创造了诸如"辩论狼人"等易于传播的新词汇，目的是把读书这件事"拉下神坛"，让接地气的视频段子触及更多年轻的用户，用轻松潮酷的方式，消解以往营销推广中阅读给人带来的厚重感。

该短视频拍摄制作完成后，随即投放在腾讯视频、优酷、抖音等各大视频媒介及掌阅、我社微信公众号等相关平台，并在 2019 年初即达到了 13 万 + 的播放量（腾讯视频），产生了良好的营销推广效果。更进一步说，抓住短视频这个流量入口进行营销推广，目的不仅在于推广单品种图书，更重要的是为我社品牌打造一种新的营销语言和传播路径。

五、跨界营销：多渠道融合的共赢之路

跨界营销是基于优势互补、资源整合而形成的异业合作。在经济全球化的大潮中，市场竞争的日益加剧随着"合作共赢"的价值日益凸显，"单打独斗"愈发显得力不从心，品牌与品牌、行业与行业相互借力、融会贯通已成常态，投射到出版领域，如新媒体与传统媒体之间的融合发展，互联网和物联网之间的融合发展，都极大地拓展了市场，提高了自身的竞争力。在移动互联网时代的背景下，越来越多的出版机构开始借助跨界营销，寻求强强联合的品牌协同效应。

从大众渠道电子书营销推广的角度来看，跨界营销"大致可以分为产品跨界、渠道跨界、文化跨界、营销跨界"四种方式，① 分别有不同的目标侧重及实施策略，所选择的合作平台也有其行业倾向，试举例见表 2。

---

① 付伟棠：《我国数字阅读业态的变化：市场、平台与用户》，《图书馆》2019 年第 7 期。

表 2 四种跨界营销方式在大众渠道电子书平台上的实际应用

跨界营销方式	实施策略	活动案例	合作平台
产品跨界	借用同行业或另一行业已成型的概念、功能来实现产品研发或功能上的跨界合作	《全职高手》主题收藏邮品及主题周边（2018）	阅文 × 上海邮政
渠道跨界	基于渠道的共享进行的跨界合作	元气读书计划（2019）	掌阅 × 肯德基
文化跨界	对产品进行文化借势以达到增值的跨界合作	独家冠名、技术支持《汉字风云会》（2017）	咪咕 × 浙江卫视
营销跨界	实现产品在另一类行业和市场突围的跨界合作	遇见恰好的书（2019）	京东读书 ×15 位明星领读人

2019 年 7 月，漓江出版社联合掌阅、厦门航空，开启了"天际悦读"空中阅读服务项目（见图 5）。这一跨界合作是国内民航业首创的沉浸式航旅阅读体验服务，利用多元化的电子书阅读形式充实阅读场景，让阅读无处不在，触手可及，推动全民阅读。我们精选了我社《时尚简史》《爱是需要学习的》等电子书进入该项目，在其机上书吧配置了纸质样书，厦门航空各航班的所有乘客在书单上浏览我们的图书简介后，即可扫描书单上的二维码进入掌阅 APP，应用"天际悦读"阅读卡免费阅读相关电子书。

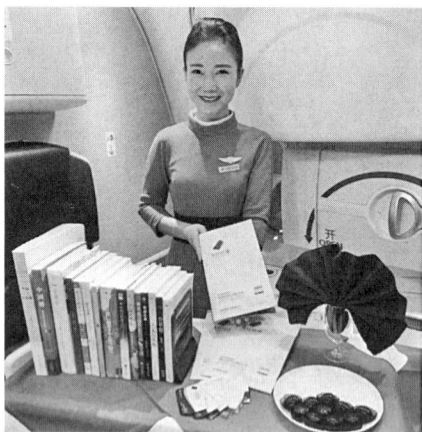

图 5 厦门航空"天际悦读"机上书吧

跨界营销可谓"在市场结构相对固化、产品同质化日趋严重的竞争环境中拓展品牌传播空间、扩大用户群体范围的有效途径"[1]。通过这样的跨界营销推广合作，我们完

---

① 陆朦朦、方爱华：《移动阅读品牌跨界营销探析：概念、元素与模式》，《出版广角》2018 年第 19 期。

善了以用户为中心的营销理念，达成了电子书在大众渠道的扩展和出版社品牌符号的渗透。

六、结语

移动互联网的普及，再次推动了电子书市场的发展，而任何时代的营销推广，都是伴随技术进步、媒介形态进化而进化的。电子书本身并不属于新兴媒体，但与纸质书相比，大众渠道的电子书具有更多新媒体特征，自然更有机会走上移动互联网的"快车道"。上文列举的 5 种营销推广策略，非常适合"两两搭配"或"多管齐下"协同作战，也可与其他线上、线下营销体系联动，有望在"组合拳"中产生更大的社会效益与经济效益。

综上所述，近年来漓江出版社在大众渠道电子书营销推广领域做出的一系列实践，或许能给传统出版业带来一些启发，并推动已在进行数字化探索的传统出版社更好地深化融合发展转型。

（作者单位：漓江出版社有限公司）

未出版网络文学作品有声出版
运营探析

——以青岛出版集团有声读物《九皇叔》为例

刘耀辉　　刘　倩

引言

我们知道，有声阅读作为移动互联网时代的全新阅读方式，有力地促进了作品版权运营的多元化。这一点对"未出版网络文学作品"而言，尤为重要。所谓"未出版网络文学作品"，顾名思义，系指已在网络文学网站公开发表，但尚未以纸质图书形式正式出版的网络文学作品。

当前，活跃的市场为该类作品的有声传播孕育了良好的用户基础——头部矩阵中的喜马拉雅 FM、懒人听书等有声阅读平台注册用户过亿，且月活跃用户数量呈上升趋势，其中活跃度最高的喜马拉雅 FM 在 2020 年

5 月活跃用户数达到了 9930 多万人 ①。随着听众付费习惯的养成，从版权输出到主播经济、再到 MCN 机构 IP 孵化，有声出版产业链已然成形。其中，作为版权输出的源头，网络文学作品成为有声出版最主要的内容来源。"IP 孵化，有声先行"正在成为一些网络文学作家探索 IP 运营的新模式，从有声阅读平台脱颖而出的网络文学作品越来越多。

那么，未出版网络文学作品的有声变现路径何在？其面临着怎样的机遇与挑战？传统出版单位该如何从有声出版方面切入该类作品的全版权 IP 化运营？本文试图以青岛出版集团出品的有声出版物《九皇叔》为例，回答这些问题。

一、未出版网络文学作品的有声变现路径

有声出版如今已经成为未出版网络文学作品的重要出版方式，经常发挥引爆点的关键作用，为其后期的纸质图书正式出版、影视改编等 IP 化不断赋能。兹举两例予以说明。一是网络文学作家安宁的原创小说《温暖的弦》，早在 2007 年即于晋江文学城首发，此后一直未能实现其他版权转化，直到 2016 年 3 月，其同名有声双播剧在喜马拉雅 FM 上线后获得好评如潮（其点击量现已超过 2400 万次），这才引发影视版权受让方的关注，得以在 2018 年被改编为电视剧，并取得了开播数日收视率双网破一、网播量突破 70 亿大关的骄人成绩。二是网络文学作家酒小七 2018 年在晋江文学城首发的《冰糖炖雪梨》，于 2019 年 2 月以周播剧的形式在喜马拉雅 FM 独家上线同名有声出版物，短期内积聚了超高的累计播放量，引起了出版单位和影视公司的瞩目，其同名纸质图书遂由青岛出版社于 2019 年 10 月出版，同名电视剧亦于 2020 年 3 月起在江苏卫视、浙江

---

① 前瞻产业研究院：《2020 年中国网络音频行业市场分析：市场规模将近 180 亿元 喜马拉雅用户规模位居首位》，见 https://xw.qianzhan.com/trends/detail/506/200821-9e2edd17.html。

卫视、优酷网等播出，并发行至俄罗斯、日本、泰国、韩国、新加坡、西班牙、美国等多个国家，成了中国文化"走出去"的一个典型代表。

由上可见，以有声出版先行来引发纸质图书出版和影视改编的 IP 孵化存在着巨大的商机，且有助于提升出品方的社会效益。有鉴于此，传统出版单位亦开始纷纷试水有声出版。这其中，青岛出版集团的表现令人印象深刻。早在 2016 年 6 月，该集团上市主体——青岛城市传媒股份有限公司就与深圳前海兴旺投资管理有限公司签署协议，出资 6000 万元间接投资上海证大喜马拉雅网络科技有限公司，从公司战略层面布局有声出版行业。[①] 紧接着，2016 年 9 月，青岛城市传媒股份有限公司宣告成立子公司——青岛匠声网络科技有限公司，从公司业务层面正式进军有声出版市场。随后，该公司所开发的有声读物陆续进驻喜马拉雅 FM、懒人听书、蜻蜓 FM、掌阅听书、微信读书等有声阅读平台。青岛出版集团借此实现了音频内容与纸质图书出版共生、传统出版与新媒体科技互融的全新生产模式，在 IP 资产开发、产业转型升级、打造"内容 +"产业链方面迈出了重要一步。

在青岛出版集团出品并运营的有声出版物中，未出版网络文学作品《九皇叔》因系全流程运营而颇具典型性。该作品先后经历了版权签署、文学改编、有声制作、渠道运营等四个流程，折射出了未出版网络文学作品的有声变现路径。

（一）版权签署

在这一阶段，考虑到尚未经过传统大众阅读检验的未出版网络文学作品存在一定市场风险，青岛出版集团凭借多年积累的选题策划与运作能力，在对《九皇叔》进行研读、几度与作者沟通的前提下，着力在研判市场效益方面下功夫，以反向思维描绘用户画像，挖掘选题价值，较为准确地预测出了投入产出比，最终以双方都能接受的条件顺利签署了有声出版合约。

---

① 《青岛城市传媒股份有限公司关于对外投资的进展公告》，《中国证券报》2019 年 9 月 30 日。

（二）文学改编

有声出版合约签署后，青岛出版集团迅即安排有声读物编辑进行文学改编工作，要求严把内容质量关，以纸质图书出版标准对《九皇叔》的文本进行编辑加工。在保持故事主体脉络不变的情况下，编辑对冗长的情节及不符合出版标准的内容进行删减，最终将作品字数由原先的 119 万字删改到了改编剧本后的 37 万字，原先的 278 个小章节也被合并成了 79 个大章节，章节名则参照五言律诗的格式加以润色。这些改动使得故事更具张力和吸引力，为作品推出后取得成功提供了基础保证。这可从后来听众留言中"故事紧凑""不拖沓""吸引连续收听"的评价屡见不鲜中得到验证。

（三）有声制作

完成文学改编后，青岛出版集团在投入有声制作时，基于作品特点与受众分析，前瞻性地选择了多人演播。基于参与演播人员的多少不同，有声出版物可划分为单播剧、双播剧、多播剧（不含广播剧）。2017 年前后，有声多播剧并非常见的演播方式。这主要是因为采用单播或双播，录制费用较低，有利于版权受让方控制成本。而参与演播人数少，制作流程就会简单很多，生产效率会更高，有利于快速投放市场和资金回流。《九皇叔》的制作团队坚持精品意识，决定采用多达 25 人的多人演播来录制，堪比广播剧标准。应该说，这一决定保证了作品的艺术水准，为作品推出后取得成功提供了技术保障。

（四）渠道运营

完成制作后，考虑到不同平台间受众重叠度较低，青岛出版集团采取了全网非独家方式上线，在包括喜马拉雅 FM、懒人听书、蜻蜓 FM、掌阅听书、微信读书等在内的音频平台进行授权分销。为了加速资金回笼，录制过半时便以每周更新三集的周播剧连播方式上线。自上线始，运营团队便在互动性、社群化的原则下发起了推广工作：在连播期间，安排专人回复评论，与粉丝互动，不断增加专辑热度和粉丝黏性；在专辑详情页加入参演主播的超级链，与流量主播形成粉丝互通，以增加专辑曝光度；还在网络文学作品首发网站若初文学网给书迷留言上线信息，以获取书迷支持，形成原始流量积累。

经过一系列紧张有序的工作，2017 年 7 月 7 日，有声出版物《九皇叔》成功在喜马拉雅 FM 首发。截至 2020 年 10 月，累计播放量已达 625 万次，作品完播率达到 76%，专辑留存率最高值达 19.85%，订阅数达 7 万余人次，单集最高播放量达 55 万次，单集最高用户评论数达 1100 多条，各项数据均大幅高出有声出版行业同期平均水平。与此相映成趣的是，截至 2020 年 10 月 1 日，《九皇叔》在首发网站的点击量累计仅为 106 万次，远远不及其在有声出版市场的表现。

据青岛匠声网络科技有限公司总经理于海鹏先生告知，《九皇叔》有声出版物不仅收获了听众的口碑好评，也已获得了可观的经济效益，投资回报率高达 60%，因而被作为新业态年度亮点出现在了青岛出版集团上市主体青岛城市传媒股份有限公司的年度财报 [①] 中。

二、未出版网络文学作品有声出版面临的机遇与挑战

随着科技与出版的不断融合，有声出版正在蓬勃发展。但是相比兄弟行业的同期规模，仍存在较大差距：2018 年我国视频内容行业市场规模超 2000 亿元，移动游戏行业超 1600 亿元，而网络音频行业市场规模仅有 175.8 亿元，这当中还包括了网络音乐行业。[②] 这说明我国有声出版行业尚有很大的上升空间，可以预见，未出版网络文学作品的有声出版市场在未来几年间必将持续快速增长。该行业的各参与方，特别是传统出版单位，实有必要认识、把握这一机遇，从而拓宽出版路径，增强出版活力，在激烈的市场竞争中占据先机。

[①] 城市传媒年度财报：http://www.sse.com.cn/assortment/stock/list/info/announcement/index.shtml?productId=600229。

[②] 易观分析：《中国大众阅读市场年度综合分析 2019》，见 https://www.analysys.cn/article/detail/20019398。

当然，机遇与挑战总是如影随形。虽然未出版网络文学作品有声出版正在蓬勃发展，以《九皇叔》为代表的一大批有声出版物在市场上取得了很好的收益，且成为口碑佳作，在经济效益之外也为出版方带来了社会效益，但是该类出版物相对于数量庞大的未出版网络文学作品库来说，仍未形成大的气候，未来发展面临着巨大的挑战。对位于 IP 变现前端的有声出版市场来说，未出版网络文学作品已成为最大的内容来源，其行业内的挑战主要集中于如何促进作品版权的转让并规避其内蕴的风险。而尽快统一制作标准、有效降低生产成本等，也已成为版权受让方、内容制作方、平台运营方亟须共同面对的问题。具体说来，当前未出版网络文学作品在通往有声出版的道路上尚须面对以下 4 个障碍。

（一）版权投资的市场风险

未出版网络文学作品因尚未正式出版，没有经过大众阅读市场的检验，其在文学网站形成的各项数据难以形成有效的决策参考，使得出版单位对其进行投资时存在较高的市场风险。这些风险集中表现为三点：第一，UGC 模式下网络发表的门槛较低，造成鱼龙混杂、作品资源过剩但质量却参差不齐，且存在作品抄袭现象；第二，网络文学平台仍然延续着多年前的作品字数与评论量累加积分的评价机制，难以体现作品内容质量；第三，网络文学平台与有声阅读平台之间，无论是在用户画像还是阅读场景上都存在一定的差异，使得有声阅读出品方难以形成准确的市场预测。

（二）传统出版单位获取优质版权受困

当前国内多数网络文学平台已实现上下游融合发展，优质 IP 作品全版权运营成为常态，优秀作者常被网络文学平台要求签订独家代理协议，作者资源被视为竞争壁垒，作者的联系方式等成为商业机密，其他机构无法直接接触作者，造成头部资源被网络文学平台独家自持的局面，传统出版单位很难从其手中获得优质内容。而随着数字阅读行业上下游之间的交流越来越频繁，有声阅读平台已不再满足于单纯地做销售渠道，同时还参与到了签约、制作、销售等各个环节中，推出了一大批高质量的平台官方自制剧。在这种情况下，一般的传统出版单位即便能够甄选出优质作品，也要面对资金实力强大的各大平台的竞争压力。

（三）行业缺乏统一的制作标准

当前有声出版行业虽然在版权保护、盈利模式、定价机制等方面已达成共识，但是在内容制作上却始终难以形成统一的行业标准。毋庸讳言，内容生产模式的不同，造成了收录门槛存在很大的差异。以喜马拉雅 FM 为例，该平台的内容生产模式是将有声出版物基于平台下进行运营，在内容来源上则是 PGC 和 UGC 并存。PGC 模式下的专业有声内容生产者对其制作有一定的质量要求，并且入驻平台门槛相对较高，但在 UGC 模式下，注册用户上传内容没有门槛限制，平台运营方也无法有效实施事前监管。客观来看，这样面向全网开放的内容上传机制，对始终坚持"内容为王"的传统出版单位来说是不公平的，对它们进入该领域造成了不小的障碍。

（四）有声出版物的生产成本逐年飙升

传统出版单位介入有声出版业务的主要成本为版权费和制作费。就版权费而言，随着有声出版行业的蓬勃发展，在过去被低估的有声版权使用费，现下已成为作者重要的版权收入之一，造成作者群体对有声出版收益的期望过高，因而导致版权使用费水涨船高。就制作费而言，随着主播经济的发展，越来越多的"声优"等有声主播在数以万计甚至千万计的粉丝追捧下，逐渐呈现出明星化的现象，其参与录制的报酬标准亦随之大幅上涨。这些成本的飙升，都对传统出版单位深度介入有声出版领域构成了障碍。

三、未出版网络文学作品的有声出版运营策略

面对未出版网络文学作品的有声变现所面临的机遇与挑战，传统出版单位理当基于自身拥有出版权的优势，着力在市场判断与内容呈现两个方面下功夫，深度切入版权贸易链后端，争取从各大网络文学平台上"虎口夺食"。而在取得有声版权授权后，传统出版单位更应在出版运营层面采

取精品化运营、IP化运营等多种运营方式，从而争取实现两个效益双丰收。

（一）精品化运营

随着听众的审美力不断提高，在单播逐渐被淘汰、双播表现乏力、多播向广播剧标准看齐的情况下，有声出版物内容制作日趋精良，形式创新层出不穷，精品化运营已成为大势所趋。如2020年7月上线的有声出版物《歌剧魅影》，便由歌剧演员阿云嘎担纲男主角、国内顶级配音团队729声工场多位主播集体献声，后期制作则以影院版音效为特色，从而开启了专业歌剧演员献唱、专业配音演员集体配录有声出版物的序幕，使得该类出版物有了质的飞跃。[①] 有声出版物制作一般需经过改编剧本、策划导演、主播演绎、后期制作、审听返音、修改审核等环节，传统出版单位理当树立精品意识，在每个环节都严把质量关，从而实现精品化运营。

（二）IP化运营

眼下，通过IP全版权运营实现作品经济效益最大化已经成为出版界的共识。未出版网络文学作品可谓IP的最原始发表状态，其借助有声出版市场的粉丝红利，可以大幅提升作品的综合权重，为实现IP化全版权运营助力。很多作品凭借在有声出版方面的优异表现而获得影视公司的投资，这使得有声出版逐渐成为出版物版权贸易中的重要一环。然而，相较于影视化所产生的巨额经济收益，有声出版的收益只能算是太仓稊米。传统出版单位应抓住未出版网络文学作品的原始红利，发掘并培育有潜力的有声出版物，以其为试金石，通过投资等方式深度介入影视改编等，进行全版权开发，从而实现经济效益和社会效益的最大化。

（三）垂直化运营

当下，无论是个人主播号还是机构主播号，出品内容都日渐垂直化。如在喜马拉雅FM平台上，主打古代言情小说剧的机构主播号"代客泊书""掷地有声"，主打都市青春小说剧的个人主播号"莱兮""云天河""雪

---

① 澎湃新闻：《阿云嘎献声，音乐有声剧〈歌剧魅影〉正式上线》，见 https://baijia-hao.baidu.com/s?id=1673799035620032434&wfr=spider&for=pc。

夜潇潇"，主打悬疑类小说剧的个人主播号"有声的紫襟"，主打玄幻类小说剧的个人主播号"暮玖 Ayla"，主打历史类小说剧的个人主播号"谢涛听世界"，均选择聚焦单一的某种类别的有声内容。之所以会出现这种现象，一方面是因为听众有偏好——受到演播效果和收听体验的影响，听众通常会对某一具体类别的有声读物产生偏好，从而长期选择收听该类别作品；另一方面，则是因为主播自身条件有限——由于受到先天声音条件的限制，主播通常会瞄准某一特定类型打造自己的声线。一般来说，传统出版单位在有声出版领域打出一个机构主播的旗号后，往往会基于自身庞杂的内容而四处出击。实际上，这种做法是不利于垂直化运营的，效果自然也就令人遗憾。市场数据告诉我们，内容垂直化运营的主播粉丝黏度更高，作品完播率更高，转化率也更高。有鉴于此，传统出版单位不妨多打造一些个人主播和机构主播，对内形成矩阵，对外则都相对独立，让他们各自都做到垂直化运营。

（四）标准化运营

当前，整个有声出版行业都面临着在很多方面尚未形成标准的困境。无论是各大有声阅读平台，还是版权受让方和出品方，还是机构主播和个人主播，都应树立标准化的意识。标准化运营始于标准化制作。这方面青岛出版集团的做法值得业界参考：在打造有声出版物《九皇叔》时，该集团将出版标准应用于有声出版物制作流程中，大大提升了原作的内容质量。而在有声出版物的版权运营过程中，传统出版单位亦应大力推进标准化运营，在确定版权有效期、版税结算方式、利润分成等方面均形成一套合理的标准，以团结优质作者和平台合作方，并维护、提升自身的专业形象。从长远来看，标准化运营或将成为有声出版行业长期繁荣发展的一块基石。

（五）品牌化运营

针对听众的审美需求，传统出版单位宜基于自身多年积累下的品牌形象，尽快确定在有声出版领域的品牌定位、品牌形象、品牌价值，对旗下有声出版物进行品牌化运营。具体说来，就是要以形象标识、广告语等为抓手，坚持不懈地开展长期宣传，以形成口碑吸引力，加强目标用户的认知，培育粉丝黏性，并不断吸引潜在用户，从而像滚雪球似的将品牌的价值越滚越大。

（六）社群化运营

与纸质图书出版相比，有声出版更容易与读者建立双向关系。有声阅读平台的用户不仅是有声出版物的消费者、收听者，同时也是有声社群的参与者——他们通过订阅、点赞、评论、打赏、围观主播直播、参与主播圈子讨论、发帖等方式，与主播账号进行在线互动。目前，包括喜马拉雅FM、懒人听书、微信读书等在内的有声阅读平台大都已上线交流互动区。通过播听互动，传统出版单位有望建立起以旗下主播为中心、以出品作品为触点的社群交流生态圈，从而为精准把握读者心理、精准投放新品广告等打下基础。

四、未出版网络文学作品有声出版的发展建议

在为版权运营方特别是涉足有声出版的传统出版单位提供了以上6条运营策略之后，为促进有声出版行业进一步繁荣发展，这里我们还拟向平台方和监管方给出以下4点建议。

（一）建议平台方建立新作者培养机制

发掘新作者新作品是平台方的社会责任之一。由于出版业长期以来对成名作家的仰仗和依赖，新作者尤其是"90后"年轻作者的冒出机会不多。而有声阅读平台的使用者以年轻人居多，年轻作者的作品与听众的审美更为契合。此外，由于纸质图书出版门槛高、影视制作投入高，新作者更容易通过有声出版获得关注。因此，为了让更多的未出版网络文学作品走入大众阅读视野，各网络文学平台和有声阅读平台应联手建立新作者培养机制，从而为全行业的发展不断提供源头活水。

（二）建议监管方加强对正版有声出版物的保护

随着移动终端设备的迭代更新，先进的刻录技术让音频抓取、复制等

变得更为简单，盗版成本越来越低。虽然版权方通过加强区块链技术等在有声出版领域的应用，可以有效降低被盗版的风险，但在巨额利润的刺激下，当前各大电商平台上打包低价售卖盗版有声出版物、未注册备案的有声阅读网站销售盗版有声出版物的现象屡禁不止。这对平台运营方、版权受让方和作者的利益都造成了损害。因此，建议监管方重拳出击，积极推进版权登记制度，加强版权贸易规范和法律规范，加大对盗版违法犯罪分子的经济处罚，提高其违法成本，从而切实加强对正版有声出版物的保护。

（三）加强主播职业教育培训

在有声出版物的录制环节，当前仍是专业人才和业余素人共存。这一情况显然不利于行业长期发展。要解决专业技能人才不足，帮助业者提升职业技能，加强职业培训是不二法门。有鉴于此，建议监管方建立相关专业职业资格考试制度，加强主播职业道德与技能教育培训；建议平台方在平台内提供主播技能培训服务，通过积极开设职业培训网络课堂等，提升旧有主播的专业度，并通过与高校联合开设播音主持专业学位班、培训班等，培养新的专业人才，并从而满足行业持续繁荣发展对人才所提出的需求。

（四）加强评优评奖激励

如今，国家新闻出版署每年都会举办全国有声读物精品工程项目评选活动，国家广播电视总局则每年举办优秀网络视听作品推选活动。自2019 年起，国家新闻出版署还实施了数字出版精品遴选推荐计划，对包括有声出版物在内的数字出版物的精品化发展起到了很好的引领作用。这些奖项都有力促进了有声出版行业的发展。不过，相较于纸质图书出版领域的各种评选和奖励、基金支持，有声出版领域尚有很多工作亟待开展。就此，我们建议监管方联合平台方、版权方，探索建立有声小说剧评奖、儿童有声出版物评奖、知识付费类有声出版物评奖等相关评优评奖机制，并择机设立网络文学有声出版产业扶持基金，以切实促进未出版网络文学作品有声出版的进一步向好发展。

五、结语

从出版新业态到成为版权变现过程中作者的必选项，有声出版仅仅用了 5 年多的时间。虽然有声阅读当前正面临着短视频等行业的冲击，但是从作品变现的角度看，有声出版仍是帮助作者实现短期内增收的重要法宝。"IP 孵化，有声先行"的版权变现路径，既值得未出版网络文学作品的作者优先考虑，也值得传统出版单位先行试水。拥有数亿用户群体的有声阅读平台，可以帮助他们直面市场、形成品牌、培育读者，并以此为基础进一步进军影视改编。而对传统出版单位来说，有声出版方式不啻全版权 IP 运营的试金石。其市场表现左右着传统出版单位是否与作者进行全版权签约。展望未来，传统出版单位如欲做好未出版网络文学作品的有声出版工作，就要坚持对内容进行精耕细作，灵活运用多元化的版权运营策略，并联合监管方和平台方，共同将行业推向新的高度。

（作者单位：青岛科技大学）

努力打造高水平的原创性作品

——《当代新疫苗》两版出版记

李冰祥　殷　鸽

《当代新疫苗》(第2版)这部260余万字的疫苗学扛鼎之作,编写历时10年,于2020年1月正式出版。距2001年10月第1版的出版已近20年。这两版书的策划与出版,体现了出版人为满足国家需求出版高水平原创性作品的情怀和担当,也见证了我国科技的发展。

一、以填补国家学科发展空白为使命,发掘优秀原创性选题

20世纪90年代末,我国科技学术著作出版工作取得较快发展,对学

术传承、创新和交流起到重要作用。同时，科技学术著作出版数量多、质量参差不齐，尤其是项目成果汇编类作品应接不暇，面临着学术价值不高、缺乏原创性等突出问题。提高学术著作出版质量，是我国科技发展的需要，也是打造出版社品牌的迫切需要。

正是在那时，高等教育出版社启动了《当代科学前沿论丛》出版项目，旨在通过组织学者撰写高水平科技著作，为我国教育事业和科学技术的发展服务。丛书要求反映学科前沿，介绍世界一流的科学技术，属于填补国内空白性质的论著。对书稿内容不求全面而求新颖，要反映作者自己的工作，突出原创性。《当代新疫苗》一书的策划就是时代的需求和出版人愿望碰撞的结果。疫苗在防治许多疾病中的功绩已为世人公认，在人类抗击传染病的斗争中，疫苗接种是最有效、最经济、拯救生命最多的卫生措施之一。我国是最早使用人工方法预防传染病的国家，也是疫苗生产和使用大国。20 世纪的最后 20 年，分子生物学的发展迅速推动了传统疫苗的革新和新疫苗的研发，许多高效、安全的新型疫苗相继问世。国际上已经有多本疫苗学方面的优秀著作，而国内尚无一本较准确、全面地反映疫苗学最新进展的论著，因此非常有必要组织一本疫苗学方面的优秀中文著作。《当代新疫苗》应运而生，旨在反映疫苗学的机理、疫苗研究的最新进展和开发现状，以及相关管理规范等。该书的出版正值疫苗学发展方兴未艾之际，不仅满足了市场需求，为相关专业的学者和从事生物高科技专业的研究人员提供了一本系统、权威的参考书，也为疫苗学这一新兴学科的发展与完善作出了一定的贡献。

第 1 版出版近 10 年后，之前设想的疫苗有些已进入临床试验和产业化阶段，我国自主创新研制的新型疫苗逐渐走向世界前列。鉴于我国疫苗事业发展的实际需要，有必要对《当代新疫苗》进行修订，以体现疫苗学的现代性与前沿性。第 2 版与第 1 版相比在内容上变化很大，在保留第 1 版精华的基础上做了大量修改和扩充，埃博拉疫苗、SARS 疫苗等最新内容也都加入进来，增加了近 1 倍的全新内容，篇幅达到了 61 章，已经是一本全新的论著。但由于第 1 版的影响已深入人心，也为了体现传承关系，决定沿用《当代新疫苗》这一书名。新版定位于为中国疫苗的研发和使用提供重要指导，使从事疫苗研究与生产、相关临床、疾病预防与控制的工作者以及参与疫苗领域政策和法规制定的相关人员对疫苗的新趋势、新思维、新概念和新技术有一个全面而深入的了解，为我国疫苗事业发展作出更大的贡献。

二、以独特视角和开阔视野，遴选优秀作者队伍

没有一流的作者就不可能有一流的图书，两版《当代新疫苗》作者队伍的遴选，体现了时代大背景下编辑的独特视角和开阔视野，也体现了我国科技的快速发展。

20 世纪 90 年代末，我国的科技发展取得了长足进步，但在不少领域与国际先进水平相比还存在不小差距，编辑随即产生了在海外华人科学家中组稿的想法。那时改革开放后到国外学习的学者，在国外经过 10 多年的发展，已有不少人在大学和研究机构拿到了副教授或相当于副教授的职位，有的获得了终身教职，还有的在大学院系担任了领导职务，在学术界有了相当的影响力。他们对国内研究生、中青年学者的成长，怀有直接而天然的殷切希望，出版中文论著便是报效国家的最便捷途径。

第 1 版的作者以海外学者为主。主编李忠明博士当时在美国食品药品监督管理局疫苗评审和研究中心已工作 12 年，副主编张延龄、徐德启、杨晓明博士长期在美国国家卫生研究院工作。他们是长期在国外从事疫苗研发的华人学者，学术水平自不必说，在国内外华人学者中也有一定的号召力。怀着对推动中国疫苗事业发展的强烈责任心和使命感，他们联合国内外 34 位从事疫苗研究和开发的专家和学者组成编写队伍。其中，有25 位作者在美国、加拿大等著名的研究机构或医学院工作，当时在国内工作的作者仅有 9 位。

第 2 版的作者则以国内学者为主，更多的中青年一线骨干学者加入

作者队伍中。而很多在国外工作的学者已经全职回国,如主编杨晓明研究员、副主编李忠明和徐德启研究员。第 2 版共 103 位作者,来自中国生物技术股份有限公司、美国国家卫生研究院、中国食品药品检定研究院、各级疾病预防控制中心以及相关高校和研究机构,其中包括 6 位中国科学院院士和中国工程院院士。在海外工作的作者只有 3 位。这百余位作者都是国内外各种疫苗研发和生产机构的学科带头人和(或)一线工作人员,具有丰富的研究和开发经验。2020 年新冠肺炎疫情蔓延全球,作者团队中有一半以上的人都投入了新冠疫苗的研究中,并取得了令人瞩目的成绩:杨晓明研究员挂帅的攻关团队研发的新冠病毒灭活疫苗进入临床 III 期试验,并在 2020 年 9 月亮相中国国际服务贸易交易会,引起轰动;陈薇院士带领团队研发的重组疫苗取得专利授权;秦成峰研究员团队研发的 mRNA 疫苗获批进入临床试验等。这些国内外一流的专家学者作为撰稿人可确保该书能代表国内乃至世界疫苗学领域的先进水平。

三、向国际学术出版同行学习,严把学术著作内容关

在国际学术出版机构中,科技学术图书的出版依靠同行专家进行写作计划书与样章评审是惯用的做法,而 20 多年前在国内出版界采用这种做法的比较罕见。

疫苗学方面选题策划之初曾有两个写作意向,一个是李忠明博士的《当代新疫苗》,另一个是美国国家卫生研究院一位研究员的有关疫苗制造工艺方面的论著。由于编辑本身对学科了解不深,对选题的判断能力不够,遂决定采用国际学术出版惯例,即"匿名评审"机制。两名专家评审后都倾向李忠明博士的写作计划。其中一名评审专家写道:"该书撰稿人李忠明、顾新星、陆金华、杨晓明等人,我深知他们的工作成就,知悉他们在美国疫苗开发研究的前沿领域上做了深入研究,对研制新疫苗的最新信息了如指掌,甚至可以说新的信息来源主要就来自他们所在的学校和研

究机构。"同时，评审专家也建议，邀请另一个选题意向的作者加入《当代新疫苗》撰写，在书中充实疫苗制造工艺方面的内容。后续主编采纳这一建议，同时也帮助出版社较好地解决了两个类似选题不能同时出版的矛盾。评审专家对论著的选题方向和作者遴选给予了充分的肯定，让我们对选题充满信心。

　　为保证图书内容质量，对于成稿，没按照高等教育出版社大学教材出版中通常采用的召开审稿会审查书稿的方式，而是借鉴国际学术期刊论文质量控制的经验，对稿件以章为单位进行了同行评议。第 1 版时由于绝大多数的作者在国外工作，他们熟悉国际学术出版界的操作流程，也非常乐意接受同行评议这一做法。书稿由主编 / 副主编初审、同行专家评审、作者修改、主编 / 副主编再审、作者修改定稿。在同行专家评审过程中，每章都经过至少两位国内疫苗研制方面的专家审阅，共有 19 位教授、院士参与审阅了原稿。这些专家都是相关领域的同行，他们就自己非常熟悉的领域审阅稿件，提出了很多建设性的意见，比如内容的繁简与错漏等，尤其是指出了请作者补充国内亟须了解的内容，这些都大大提升了原稿的质量。同时，他们也对稿件的原创性、新颖性给出了充分的肯定。例如，上海市免疫学研究所原所长周光炎教授指出："藏敬五教授的文章写得很好，在基础和应用方面有很好的深度，内容也新，不愧是国际 T 细胞研究的领先者，使我学习了很多东西。"国际防痨和肺病联合会原秘书长张立兴教授指出："该文（结核疫苗部分）反映当前结核病疫苗最新研究进展水平，全面细致，叙述结核病疫苗的主要成就与存在问题，说明作者在结核病及疫苗研究方面具有深刻造诣。"

　　《当代新疫苗》（第 2 版）2010 年在出版社立项，由于篇幅大、参与撰写的作者多，遂决定按照大部头学术书编写的惯例，召开编委会。由编委会讨论确定：书稿的写作大纲，保留的第 1 版内容和计划新增的内容，内容呈现方式等。尤其是成立了由 9 人组成的主编团队，每位主编 / 副主编按照各自专业所长，负责对相关稿件进行审稿，确保稿件质量。例如，书中有一章由于是海外学者撰写，叙述逻辑以及语言和国内学者不同，在整本书中显得有些"格格不入"。副主编李忠明博士对全章进行了修订，大大增加了文章的可读性。

另外，作者还配合编辑的编前审读，对内容不断修订，几易书稿。虽然各章由不同作者撰写，但由于书稿体量太大，主编整理稿件、编辑编前审读时间都比较长。而学科发展日新月异，在修订过程中又有了新的科研进展，新型疫苗不断面世。考虑到学术著作的时效性并不像期刊那么强，即使不把这些内容写进去，书稿的科学性以及权威性并不会受到太大影响。但是作者并没有就此作罢，为了充分体现书名中的"新"字，保证书中的科学内容处于科技前沿，他们不断增删内容，加入最新的研究进展，引用新的参考文献，力求突出疫苗的"新"。正是作者这种绝不敷衍、力求完美的精神，才使得该书在内容上胜于同类书，在疫苗学出版物中脱颖而出。

四、充分发挥国内出版社优势，严把出版质量关

高等教育出版社作为以长期出版高校教材为主的出版单位，有严格贯彻落实"三审三校"制度的优良传统。在学术出版中，这种优势得到充分发挥。尤其是《当代新疫苗》（第1版）以海外华人学者为主要作者，他们在国外学习和工作时间很长，对中文的表达有些生疏，文字上直译之处较多，对中文的名词术语用法很不统一，对一些提法不敏感。编辑在一审、二审和三审中对书稿内容质量、政治导向、学术性、科学性等问题进行了严格审读，对发现的实质性问题，整理后传给主编处理，主编若有疑问，再与作者确认。从1998年底开始做选题，到2001年出版，历时3年。这期间编辑与主编、作者和审稿人等来往的邮件有近500封、信件近百封。

第1版出版时我们请到人民卫生出版社原副社长郭有声编审担任三审，他在审读报告中写道："该书全面系统地阐述了关于疫苗学科的历史、

研究、临床应用和最新进展，可以称为论述疫苗的权威之作，够新、够学。"他建议责编与作者商讨，将书名改为《疫苗学》，但作者非常严谨，认为该书以新颖为特色，系统性上稍显不足，没有采纳。

第 2 版作者以国内学者为主，书稿的语言流畅性倒是问题不大。但稿件专业性强、内容繁杂、篇幅大、作者多，为提升稿件质量，出版社加强了编前审读工作，即编辑对拟交稿的每章稿件都进行初步审读，提出意见请作者修改。由于编写周期长，其间疫苗研究又有了很多新的进展，为确保稿件内容的权威性和科学性，作者对书稿不断进行修订，会引入新的问题。因此，交给出版社的终稿在名词术语表述、格式体例、参考文献引用等方面仍存在不同程度的不统一，不同章节在内容上也有部分重复。编辑在一审和二审时针对这些问题，对书稿进行了大量细致、认真的修改。鉴于该书篇幅巨大，很多改动"牵一发而动全身"，所以编辑在这项工作上着实下了很大功夫。三审时，我们请了社里的资深编辑进行全书通读，对书稿进一步把关。

另外，主编团队在编辑审读书稿及校样时，对编辑工作的支持与帮助，更为书稿质量提供了进一步的保证。编辑发现的具体问题，整理后均交给主编团队，由主编再分别联系各章作者；作者返回修改意见后，主编审核后再转给责编。

五、以高水平原创性作品收获良好的社会效益和经济效益

两版出版时间相距近 20 年，而且在内容、作者队伍、篇幅等方面都有很大的不同，但出版后都获得了良好的社会效益和经济效益。说明满足国家和时代急需，出版精品力作，是科技学术出版的永恒主题。

《当代新疫苗》（第 1 版）理论联系实际，对我国疫苗学的发展及新疫苗的研发、生产和临床应用，都具有较高的理论和实用价值。书的内容

新、科学性强等特点得到专家和读者的充分肯定。侯云德院士指出："这是国内第一部充分反映现代生物技术进展的疫苗学专著，它较准确、全面地反映了疫苗学的最新进展，在内容和质量上达到国际水平。"兰州生物制品研究所王秉瑞研究员评价说："（这本书）质量好，内容侧重于阐明机理，而不拘泥于叙述方法，使人读后有豁然开朗之感，如对某一疫苗为何较好、为何较差，以至为何用某法而不采用别法研制可有一明晰的了解，很有特点，不可多得。该书的参考资料多是近年发表的文章，且由于出版及时，所以能赶上时代的要求。国际上虽已出版多种介绍疫苗的书，但该书较之美国疫苗发展中心（CVD）主任 Levine 主编的 *New Generation Vaccines*（2nd ed.，1997）及法国 Pasteur-Mereux 公司的 *Vaccine*（1999）等书，内容更新更多。"

第 1 版于 2001 年 10 月刚刚出版，台湾五南出版社就购买了其中文繁体版的版权并出版。该书作为《当代科学前沿论丛》（第 1 辑）5 本书之一，获中国版协等评选的"2001 年度输出版优秀图书"。2003 年获得第 11 届全国优秀科技图书奖二等奖。《光明日报》《中国图书商报》《中国生物制品学杂志》都对该书进行了报道。特别是，有关介绍该书的电视片《健康的保护伞》于 2003 年 5 月 2 日在中国教育电视台正式播出，对于当时在防治 SARS 时期，向观众普及了什么是疫苗、新疫苗、疫苗的作用等知识，社会反响良好。

第 2 版在出版社列选后，于 2014 年获得国家科学技术学术著作出版基金封顶资助 10 万元。出版仅 8 个月，已经销售 3000 多册，并两次登上"京东药学书榜"第一名，经济效益也超出了我们的预期；并入选《中国出版传媒商报》2020 年度影响力图书推展。该书出版时有幸请到中国科学院陈竺院士作序，并得到赵铠、舒红兵、徐建国、饶子和与王福生 5 位院士的联袂推荐。陈竺院士认为："该书的出版将为我国疫苗的研发和生产提供权威、全面和实用的参考。"饶子和院士认为："疫苗接种是最有效、最经济的公共健康措施之一。……《当代新疫苗》（第 2 版）的出版必将为疫苗的研发指明方向。"

最后，希望该书的出版能够为抗疫"战士"们提供助力，为我国疫苗事业的发展作出贡献。

参考文献：

1. 曹建、杨晓方：《"三审三校"提升学术出版质量策略研究》，《中国出版》2018年第 10 期。

2. 陈金川：《图书出版：走出三个误区》，《中国出版》2000 年第 8 期。

3. 陈硕：《信息时代背景下科技图书出版的改进与转型》，《科技传播》2020 年第 3 期。

4. 葛玉丹：《对学术图书编辑定位的重新思考》，《出版参考》2018 年第 3 期。

5. 金月华：《论图书出版质量的提升》，《科技与出版》2017 年第 12 期。

6. 林青山：《社会效益优先，对图书内容质量实行全过程管理》，《科技与出版》2018 年第 9 期。

7. 卢海君：《论作品的原创性》，《法制与社会发展》2010 年第 2 期。

8. 秦茂盛、赵文娟：《高校出版社做好学术出版工作的几点思考》，《出版广角》2017 年第 2 期。

9. 张自然：《精品战略——提升原创科技图书质量的根本途径》，《科技与出版》2017 年第 1 期。

10. 赵添：《新形势下出版工作中图书出版使命的思考》，《传媒论坛》2019 年第 24 期。

11. 钟小族：《大学出版社如何做活学术出版工作》，《新闻传播》2018 年第 16 期。

（作者单位：高等教育出版社）

台版科普博物类图书审读报告案例

——《菜市场鱼图鉴》审读报告

雒 华

一、稿件整体评价

海洋为我们的日常饮食提供了大量食材，人们对于这些鱼类和海鲜可能所知不多，但都懂得怎么吃。以往人们想要认识海洋生物，大多只能前往海洋博物馆、海洋公园或水族馆。殊不知我们身边的菜市场和海鲜市场也是认识海洋生物的好去处——这里的鱼鲜种类繁多，各有所长，但人们往往熟视无睹，或购买时"知其然，不知其所以然"。因此，一本适合普通大众阅读、可"按图索骥"的菜市场鱼类图鉴很有必要。由吴佳瑞、赖春福所著，潘智敏负责摄影的繁体版《菜市场鱼图鉴》（2004 年台湾远见天下文化出版公司出版）正好满足了台湾地区图书市场的这一需求。这本繁体版的《菜市场鱼图鉴》立足于台湾地区的常见水产生鲜，囊括了几乎所有常见的淡水鱼、海水鱼、虾蟹螺贝，以及头足类海产，很大程度上帮助了普通民众了解自己餐桌上的美食，以及美食背后的科学知识。因此，一经面世即热销不已。直到现在依然是台湾地区博物类图鉴最热门的书籍之一。伴随着海峡两岸更多的交流以及物流供应链的日渐完善，水产生鲜同样成为大陆家庭餐桌上的美食，深受普通老百姓的喜爱。因此，我们决定引入繁体版《菜市场鱼图鉴》，并在此基础上对其内容进行各方面的调整，以便更加适合大陆读者的阅读及生活习惯。

全书精选近 200 种菜市场和海鲜市场常见的水产生鲜，分为白色鱼族、银色鱼族、红色鱼族、黄色鱼族、褐色鱼族、黑色鱼族、虾蟹一族、贝类及其他等 8 章，并在文前配有鱼类形态简易图解，在附录中列出了鲈形目常见食用鱼的科别、学名一览表，以及中文正名索引，有利于读者快速、清晰地了解到身边常见的鱼鲜水产的生物学知识，为读者在菜市场、餐桌和生物学之间搭起一座沟通的桥梁，使鱼鲜不仅仅作为食物，更是作为海洋生态系统的重要一员。生活中对鱼鲜的认识，也有助于拉近我们与海洋之间的浩瀚距离。

书中介绍了每一种鱼的正名、别名、拉丁学名和外文名称（在世界各地的名称），还详细记录了每种鱼的分类、生活习性、营养价值和常见的烹饪方式，并在海鲜市场为每种鱼拍摄了照片，便于读者快速鉴别、把菜市场当成了解海洋生物最便利的课堂。通过日常的生活经验和观察，去认识常见的鱼类及河海生鲜，把对自然的观察和学习融入到日常生活中。认识大自然不仅仅是走出户外，深入人迹罕至的野外，我们的生活就是大自然的一部分，处处都值得学习。

二、编辑加工所涉及的问题

由于原书稿为繁体字，因此在开始编辑加工前，责编先请排版人员将书稿转换为简体字，在此基础上再进行加工。书稿整体结构完整，行文较为流畅，体例较为统一，但由于同一种鱼类的正名、别名在台湾地区和大陆有所不同，在大陆不同省区市间别名也有差异。同时，由于台版书出版时间较早，部分鱼类的种或属的命名有所变化，拉丁文名也需要修正。责编将这些问题向编辑室主任汇报后，决定邀请一名国内的鱼类学者对全书物种的正名、别名及拉丁学名进行统一的修订。其他较为明确的细节性问题由责编根据查证结果来进行编辑加工，然后供专家和二审、三审编辑老师审核。这些问题主要包括正文中涉台用语的修改、鱼类正名的异体字核查、拉丁文名的初筛、科技名词规范形式的修改以及少数语句不通、数字及标点使用不规范和知识性错误等。

（一）涉台用语改为大陆规范用语

（1）根据《关于正确使用涉台宣传用语的意见》规定，不直接使用台湾当局以所谓"国家""中央""全国"名义设立的官方机构名称，对台湾方面"一府""五院"及其下属机构等可变通处理。因此将文中的"台湾是个海岛国家"改为"中国台湾是个海岛"；将"因此市面上所见的皆是自中国进口的"改为"因此市面上所见的皆是自大陆引进的"；将"行政院卫生署"改为"台湾卫生机构"。

（2）根据《关于正确使用涉台宣传用语的意见》规定，不得将台湾民众日常使用的汉语方言闽南语称为"台语"。因此将文中的"台语"均改为"闽南语"。

（3）将部分台湾惯用语改为大陆规范用语。如将"纽西兰"改为"新西兰"；将"澳洲"改为"澳大利亚"；将"世界农粮组织"改为"联合国粮食及农业组织"；将"料理"改为"烹饪"。

（4）将民国纪年改为公元纪年。例如，第31页中将"虹鳟是民国46年引进台湾，至民国50年开始大量生产并推广"改为"虹鳟是1957年引进台湾，至1961年开始大量生产并推广"。

（5）将原稿中书名及作品名竖排所用的双引号改为横排的书名号。

（二）将鱼类的台湾正名、别名改为大陆正名、别名

（1）台湾版本的"水晶鱼"，别名为"小银鱼"；在大陆简体版中，其中文正名为"太湖新银鱼"，别名为"银鱼"。

（2）台湾版本的"丁香鱼"，别名为"日本银带鲱"；在大陆简体版中，其中文正名为"银带圆鲱"，别名为"丁香鱼"。

（3）台湾版本的"白力鱼"，别名为"鳓"；在大陆简体版中，其中文正名为"鳓"，别名为"力鱼、曹白鱼"。

以上述为例，对全书鱼鲜品种进行了正名和别名的修正。

（三）更新拉丁文名

（1）横带髭鲷的老版拉丁文名为 *Hapalogenysmucronatus*，更新为 *Hapalogenysanalis*。

（2）台版罗氏沼虾的拉丁文名 *Macrobranchiumrosenbergii* 拼写错误，多了一个"n"，订正为 *Macrobrachiumrosenbergii*。

（3）日本对虾在分类学上的种名发生了变化，将原有种名 *Penaeus* 变更为 *Marsupenaeus*。

以上述为例，对全书鱼鲜品种进行了拉丁文名的核查。

（四）图片勘误

（1）台版书中为双线若鲹所配的插图有误，原图中的品种为高体若鲹。

（2）台版书中为深海骨鳂所配的插图有误，原图中的品种为日本骨鳂。

（3）台版书中为小黄鱼所配的两幅插图均有误，原图中的品种为大黄鱼。

（4）台版书中为远海梭子蟹仅配了一张图，但由于此品种雌雄体色差异较大，因此简体版中为雌雄体分别配置了图片，方便读者对比确认。

以上述为例，简体版针对繁体版图片共完成 7 张图片勘误，便于读者获得更加准确的知识。

（五）修改科技用语中用法、大小写、上下标使用错误的地方

（1）表示能量的"Kcal"中的"K"应该为小写"k"。

（2）维生素名称中的数字如"维生素 B12"中的 12 应统一排为下标"维生素 B_{12}"。

（3）"菸硷"应改为"烟碱"。

（4）"组织胺"应改为"组胺"。

（六）其他问题

（1）将引用错误的古文进行修订。如将"另外李时珍曰：'昌美也，以味名，或云鱼游于水，群鱼随之，食其涎沫，有类于娼固名'。"改为"另外李时珍曰：'昌，美也，以味名；或云：鱼游于水，群鱼随之，食其涎沫，有类于娼，故名'。"

（2）由于食用未烹饪熟的淡水鱼容易使人感染寄生虫，因此将文中关于虹鳟的做法中"也可做成生鱼片"等内容删除。

（3）将中国团扇鳐和路氏双髻鲨中关于鱼翅的做法删除。

（4）修改语句不通的地方。如第 67 页中将"身体散布着暗色边缘的淡蓝灰色小斑点"改为"体表分布着暗色边缘的淡蓝灰色小斑点"。

三、与作者及审校者沟通情况

本书稿的总体质量不错，但因为生物学及基础鱼类分类学知识较多，对于很多内容责编把握起来比较困难，所以，责编常常通过微信、电话和电子邮件与负责审校的鱼类专家学者周卓诚老师交流沟通。同时也通过台湾出版社同仁向作者求教。有关标准、参考资料的更新多依据《关于正确使用涉台宣传用语的意见》，鱼类学术资料库等文件和专业数据库进行修订。对于好几种鱼类在菜市场拥有同一个别名，或者外表接近的不同鱼类经烹饪后使用同一种别名的复杂情况以及许多具体的细节问题，周老师都会耐心地解答，或与其他专家进行协调和确认。同时，周老师及二审、三

审的编辑老师也指出了责编所提的不正确意见以及遗漏的部分问题，从而全面保证了本书编辑加工的质量。

综上所述，本书以其天然的选题亲和力、丰富直观的图片和科学准确的内容表述，将知识性、趣味性和美食融为一体，引导读者通过日常的生活经验和观察，去认识常见的鱼类及河海生鲜，把对自然的观察和学习融入到日常生活中，从而引发读者探索身边自然博物的好奇心和求知欲。

（作者单位：商务印书馆）

图书短视频传播学视野实证分析

——以小红书读书 Vlog 为例

栾天飞

从纸质阅读到数字阅读、从深度阅读到碎片化阅读，从族群"泛"阅读再到个人精准化阅读，新 5G 技术时代的到来，催生着人类阅读文明的不断延宕。正如翁贝托·艾柯所说："透过书的历史，我们可以重建文明的历史。书中自有教义，书不仅是容器，储藏所，更是'伟大的拐角'，从这个拐角出发我们可以观察一切，讲述一切，乃至决定一切。书是起点和终点。书是世界的戏剧，乃至世界的终末。"[1] 与传统文字阅读方式相比，短视频的视觉冲击力、场景适应性以及情感唤起度都更有说服力，

---

① 转引自〔法〕让-菲利浦·德·托纳克编：《别想摆脱书：艾柯、卡里埃尔对话录》，吴雅凌译，广西师范大学出版社 2010 年版。

艾瑞 User Tracker 数据显示，截至 2019 年 6 月，中国数字阅读用户年轻受众占比成为主流，泛 "90 后" 人群成为阅读主流。越来越多的年轻用户群体选择依赖移动端来获得阅读方面的使用与满足。

短视频 Vlog（也称 Video Blog，视频网络日志）作为当前一种新的传播形态，拍摄者或创作者多以第一人称视角记录日常化的生活，短则一分钟、长则十几分钟，是一种简单、真实、自然的自我表达。最初于 2010 年在 YouTube 视频平台兴起，是由美国视频博主 Casey Neistat 创作并上传而成的，这引发了短视频在数字时代的潮流和风尚，也深受年轻用户群体的喜爱和追捧。

一、研究背景

根据 CNNIC 数据统计，截至 2020 年 3 月，我国网络视频（含短视频）用户规模达 8.50 亿人，其中短视频用户规模为 7.73 亿人，占网民整体的 85.6%，网络短视频已成为仅次于即时通信的第二大互联网应用类型。[①]

目前，在中国知网搜索相关词条共有 487 条：其中会议论文 5 篇，占 1.03%；学位论文 17 篇，占 3.49%；学术期刊 409 篇，占 83.98%；报纸及其他 56 篇，占 11.5%。

从总体趋势分析来看，关于短视频 Vlog 在中国境内的学术研究自 2018 年伊始有所增长，于 2019 年达到研究峰值逐渐趋缓。短视频 Vlog 在学术研究的课题中占有重要比重（见图 1）。

从主要涉及的学科领域来看，新闻与传媒研究占比最大，计算机软件及计算机应用、信息经济与邮政经济、戏剧电影与电视艺术、贸易经济、教育理论与教育管理等其他学科也有所涉猎（见图 2、图 3）。

---

① 中国互联网络信息中心：《第 45 次中国互联网络发展状况统计报告》，见 http://www.cac.gov.cn/2020-04/27/c_1589535470378587.htm。

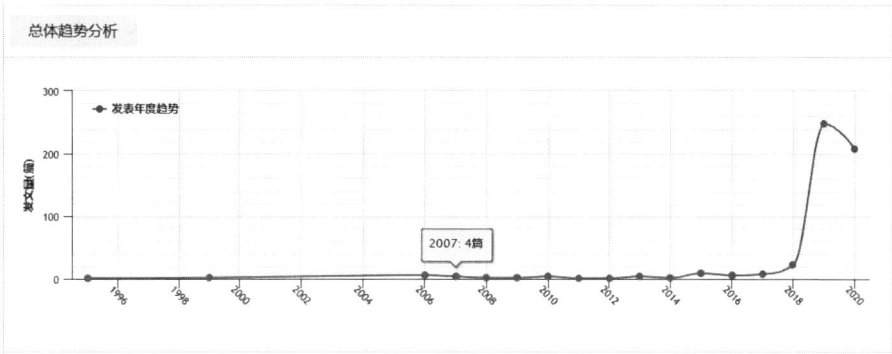

图 1　可视化文献表 1

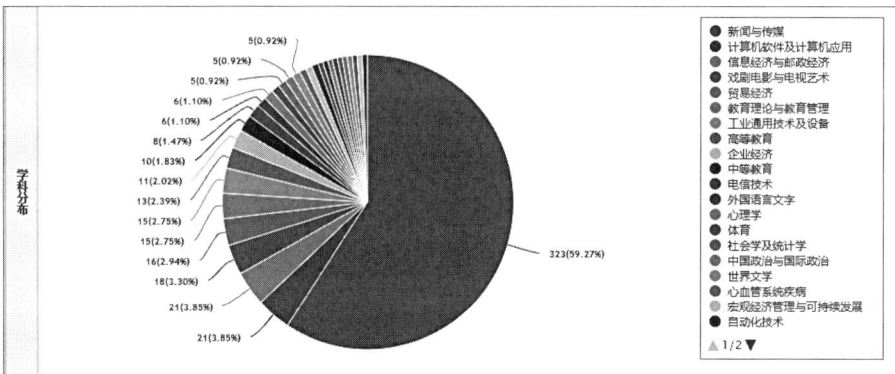

图 2　可视化文献表 2

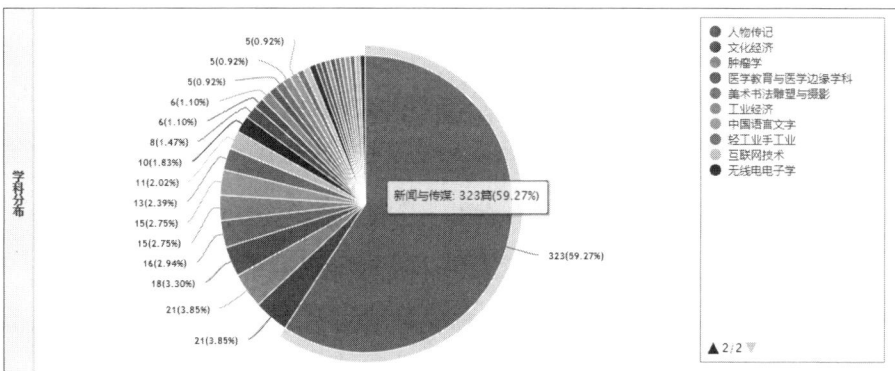

图 3　可视化文献表 3

从主要主题研究内容来看，学术研究更着眼于短视频、Vlog 广告、视频博客两会报道、主流媒体以及时政新闻等媒介融合方面的论述（见图 4）。

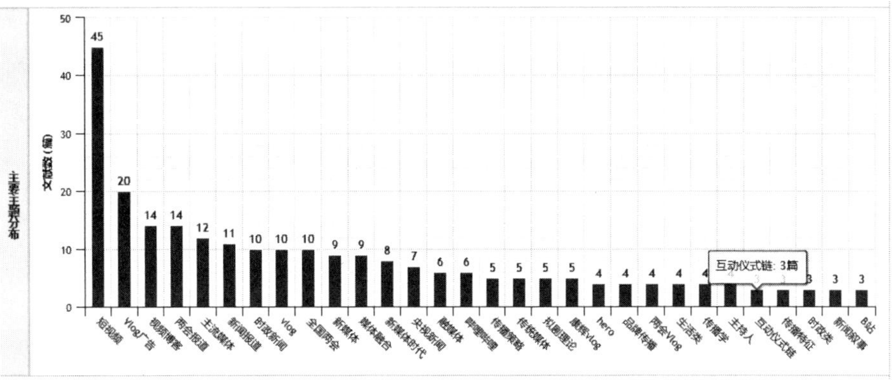

图 4　可视化文献表 4

目前国内关于短视频在出版领域的研究，存在出版机构的短视频图书营销探析[1]，短视频对用户图书购买意愿的影响[2]，图书短视频营销的现状、问题与建议[3]，出版机构短视频传播实证分析[4]以及图书短视频发展业态探析[5]等，但对读书 Vlog 短视频的研究比较匮乏。以微博平台为例，已认证的 Vlogger 用户为 20.8 万人，阅读量已达 107.2 亿次，就笔者研究对象小红书平台 Vlog 短视频流有 254.6 万条，仅读书打卡 Vlog 话题就有 6.4 万人参与，浏览和阅读量已达 5927.8 万次。

本文对小红书平台 258 个读书 Vlog 进行实证性分析，通过对视频数

---

[1]　郭栋、李丹阳：《出版机构的短视频图书营销探析》，《科技与出版》2020 年第 2 期。

[2]　隗静秋、王翎子、刘彦玥：《短视频对用户图书购买意愿影响因素研究》，《中国出版》2020 年第 6 期。

[3]　楚晓倩：《传统出版社图书短视频营销的现状、问题与建议——以抖音 APP 为例》，《视听》2020 年第 8 期。

[4]　丛挺、杨圣琪：《移动场景下出版机构短视频传播实证分析》，《中国出版》2020 年第 6 期。

[5]　王翎子、张志强：《"情境"视角下图书短视频发展业态探析——以"抖音"APP 头部账号为例》，《科技与出版》2020 年第 8 期。

据与内容的分析比对，发现短视频 Vlog 在阅读传播机制、视频内容、传播主体以及用户阅读态度等方面都有所改变，并对短视频在出版领域的发展进行分析。

二、数据分析与研究方法

（一）数据分析

本研究以月活跃度 8000 万人的小红书为主要研究对象，以"读书 Vlog"为关键词，搜索出 278 条读书 Vlog 短视频，以用户点赞数和收藏数降序排列的方式对所有样本进行筛选，通过三个月的观察与分析比对，实际有效且内容符合国家法律规定范畴的有效样本为 258 条，从博主身份、视频内容、传播形态、用户阅读态度等多个维度展开分析，平均点赞值为 2199、平均收藏值为 9909、读者用户平均收看视频时长为 108（秒）/1分 48 秒，读者每条视频平均评论数量为 75 条，可见随着移动传播时代的到来，短视频已经成为传播信息内容的主流阵地。

（二）研究方法

本研究主要运用文献分析法、调查研究法以及参与式观察法等从定量和定性双重角度来看待研究对象，根据调查研究的主要结果，以传播学研究视野来探析读书类短视频存在的数据特征和问题。

三、数据特征及分析结果

（一）沉浸式传播：重塑短视频阅读传播机制

随着新媒介技术的引入，以算法推进机制引入的视频流逐渐受到网民用户的喜爱。截至 2019 年 12 月，短视频应用时长占比同比增长 2.8 个百分点，短视频用户使用率已达 85.6%。用户使用时长的稳步上升也与用户阅读本身所具有的沉浸式特点密不可分。

"身处其中＋亲身体验"成为移动场景下短视频用户关注的重点，借助算法推荐机制的新技术，短视频可以在信息内容、互动传达以及"微"叙事等方面即时、适时、精准地传达给用户群体，让更多观看视频流的用户主体获得当下适时的满足感、参与感和认同感，无一不与短视频的沉浸式传播模式息息相关。"移动与固定并存，虚拟与现实同在；传播无所不能：娱乐、工作和生活边界消失，云计算整合一切；传播以人为中心：个性化定制，回归人的本质。可以说，互联网建构的这个世界，让人们沉浸在其中，满足自我需求及提升自我，是一种超越时空的泛在体验。"①

沉浸式传播是一种能够让传播对象达到沉浸状态的传播模式，主要特征是通过特定的媒介手段，使用户沉浸在特定的认知空间，进而产生出自我表达和自我满足感。而随着科学技术的进步，尤其是虚拟现实技术的进步，这种沉浸状态在短视频中更容易实现，并且能够持续更长的时间。

传统的阅读传播机制一般是遵循拉斯韦尔经典的 5W 模式：传者（出版机构或出版者）通过媒介平台将信息（图书出版物）传达给受者（读者），读者的需求（包括对信息的反馈）需要接受传播外部环境的"洗礼"，信息传播过程中的"噪声"（消息冗余）随之而来。

区别于以往的阅读传播模式，依赖于沉浸式传播环境的短视频，信息传播的一方既是视频的创作者也有可能是视频的发布者，媒介平台多为UGC+PGC 社区，信息接收者的一方多为视频的观看者（用户），视频信息的即时性、精准性以及视频内容的丰富性都可以以信息回馈（评论）的方式传达给传者。信息传播过程中的"噪声"被逐渐消弭，在技术更迭与市场需求的双向驱动下，沉浸式短视频满足了受众从低阶到高阶的文化需求。但与此同时，读者用户群体在信息互动过程中存在"信息茧房"现

---

① 陈力丹、丁文凤、胡天圆：《沉浸传播：处处是中心　无处是边缘——对世界互联网大会的总结与思考》，《新闻爱好者》2015 年第 1 期。

象，容易对后期达成图书的实际购买意愿造成影响。

（二）"体验型"意见领袖开始显露头角，视频内容体现教化功能

本文以小红书读书 Vlog 为主要研究对象，通过调查研究发现实际有效的 258 个读书类短视频，其视频内容主要涉及图书推荐、自律打卡、心灵鸡汤、阅读分享、学习方法等，其中阅读分享、图书推荐占比较大，分别是 32% 和 30%；自律打卡和心灵鸡汤内容也成为当前读者用户比较关注的方向，均占总数的 14%；与读书相关的学习方法在 Vlog 内容主题中占比最低，只有总数的 10%。除去传统图书推荐内容之外，读者用户更为关注自律打卡机制和读书学习方法等，"获取知识内容、强化自我约束机制、热衷图书分享以及掌握更多的学习方法"已成为读书类短视频重要的社会教化内容。在拓展视频知识内容的同时，读书 Vlog 拓宽了图书领域的知识创新渠道，让更多读者用户群体愿意浏览和观看此类视频内容（见图 5）。

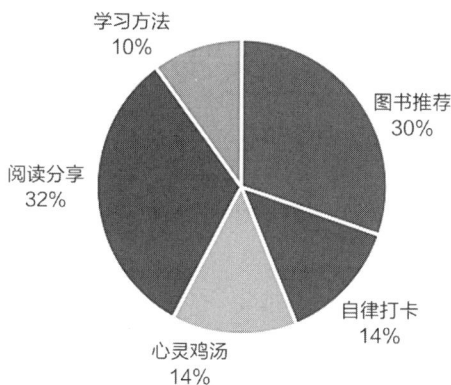

图 5　读书 Vlog 短视频内容（主题）情况示意图

除此之外，本文经过调查研究发现，在调查研究的 258 个数据样本当中，"读书博主"标签占据最大比重，是本次调查研究对象中的峰值群体，占总比重的 36.8%；生活治愈类博主、学习博主以及自律治愈博主也是短视频平台的重要传播主体，分别占有 8.1%、8.5% 和 5.0% 的比重，此外，官方账号、官方媒体，自媒体运营账号也在短视频发布的主体之列（见图 6）。

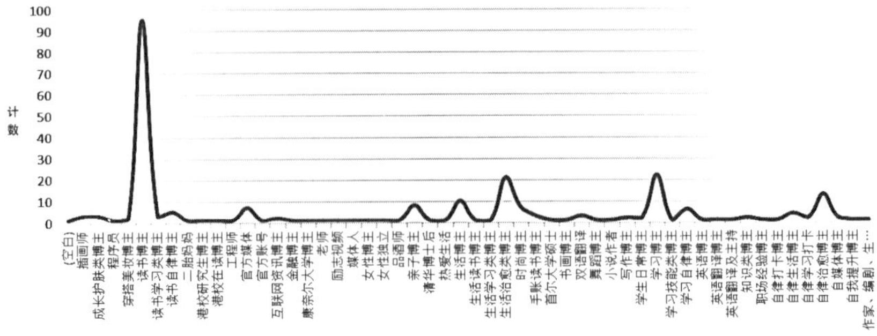

图 6 读书 Vlog 短视频传播主题情况示意图

在本次调查研究中比重最大的"读书博主"，其 ID 账号是掌阅科技下的都靓 Amber 读书频道，仅小红书平台就有 20.4 万粉丝数量，获赞与收藏数量已达 41.2 万次，截至 2020 年 7 月，都靓 Amber 在抖音平台已有 108 万粉丝。在相对传统的阅读传播机制中，传播主体多为官方媒体或是官方账号这类的意见领袖，在传播知识内容的过程中"议程设置机制"也暗含其中，以知识内容传达的方式在主导着受者的意见和态度。而短视频加速追求"快"时代的背景下，除去考虑传统图书的卖点之外、畅销程度以及以往销量的同时，Vlog 阅读已悄然成为一种泛生活化的方式，是当下所有读者用户更为关注的焦点所在。在都靓 Amber 看来，"阅读并不是一件有门槛、很高级的事情，也不需要把这件事情看得高不可攀，阅读其实跟我们平时吃饭、喝水、睡觉甚至看场电影没有太大的区别，从某种角度上看，阅读只是我们当下所需要的一种娱乐方式"。

而在短视频传播的过程中起主导的则是"体验型"意见领袖，"意见领袖"最初由拉扎斯菲尔德在《人民的选择》中提出，通过分析总统选举中某地民众的投票行为发现，他和同伴发现，社会生活中的信息大多是先从大众媒介流向意见领袖，然后再次进行传递，从意见领袖群体流向舆论场中不太活跃的受众，也就是说，信息的传播方向存在"大众传媒—意见领袖——一般受众"这样的通用模式。

相较于其他平台或形式的垂直领域，Vlog 平台内容的开放性、信息传达的精准性以及视频主题的丰富性，会催生读者用户找到"身份认同、群体归属以及自我表达的相似感"，加剧了粉丝社群由下至上的凝聚感和 Vlogger 在垂直群体领域中的权威性。在这种特别的场域中，"体验型"意见领袖自然产生。①

以 Vlogger 形式存在的"体验型"意见领袖营造的场域中，在内容生产中会主动附加话题、与视频用户热衷分享甚至会以视频用户的反馈和评论决定知识的内容生产。在以 Vlogger 为主导的场域中，读者用户的参与程度、反馈机制以及话语权高低都是共存且双向流动的。

（三）情绪抚慰、情景式互动等因素促使用户阅读态度趋于正向

当碎片化的生活方式越来越挤占人们的生活时，Vlog 短视频的出现已经成为人们消磨闲暇时间、消费媒介资源的主要生活方式。

根据中国网络视听节目服务协会发布的《2019 年中国网络视听发展研究报告》，2018 年 6 月之前，长视频日均使用时长领先；2018 年 6 月之后，短视频日均使用时长反超长视频，并持续领先。

除了生活化记录、模仿式表演之外，更具创作性质的纪录片以及虚构性创作（如微剧）也会成为用户生产视频中的新潮流，知识类视频生产也会因时长的放开而有更多发展。②

读书类 Vlog 的出现不仅属于知识类视频生产的范畴，也从某种程度上促进新图书业态的营销和发展。读书类 Vlog 作为短视频的一种业态形式，其传播的核心始终是用户情感体验的满足。从智能算法对读书类 Vlog 的推荐——发现用户点击此类视频流——重复性的查找或播放读书 Vlog——关注读书类 Vlogger 的主页——与 Vlogger 的评论和直播互动，这一传播过程不仅引起读者用户对短视频最初的兴趣和共鸣，当读者用户从最初的"体验者"变成对 Vlog 的长期依赖群体时，基于读者用户兴趣点的 Vlog 内容，势必会引起读者情绪上的共鸣、情感上的认同以及情绪抚慰。

---

① 张宇昭、唐颖、陈好：《"体验型"意见领袖的崛起——基于视频博客 Vlog 的实证分析》，《中国传媒科技》2020 年第 4 期。

② 彭兰：《移动视频：一种手段、多种表达》，《传媒观察》2020 年第 7 期。

就笔者参与式观察的 50 位读者用户，85.4% 的读者用户认为在观看这类读书 Vlog 过程中会得到压力的释放或情感上的愉悦，78.9% 的读者用户认为在观看这类读书 Vlog 时会受到情绪上的鼓励和安慰。情绪管理理论也认为，面对纷繁多样的信息，受众总是本着寻求愉悦体验的动机，选择那些能加强或延长积极情绪，以及能削减或转移消极情绪的内容，因此情绪抚慰对于读者用户观看 Vlog 的动机具有强烈的促进作用。

此外，在本次调查研究的 258 个有效范本中，观看读书类 Vlog 的用户视频时长是呈上升趋势的，排名前十的视频时长均在 4 分 50 秒至 5 分钟之间，读者用户的评论数量和评论负面分析也随着视频时长的递增趋于稳定且以正向方式的发展。

读者用户的点赞、收藏、留言、关注、评论以及直播间的互动等模式，形成了读书 Vlogger（视频内容的创作者或发布者）与读者用户之间的良性沟通，由短视频内容建立的情景式活动关系趋于良性，逐渐建立起较为成熟的景观社会关系。当情景式活动越来越频繁，读者用户关注的信息得到回馈与满足，读者用户转向购买和消费的可能性也就越大，读者用户的阅读态度和互动机制也就越积极良好。

当读者用户突破"圈"或"层"的界限，情绪上的共鸣和情感上的认同以及情景式互动势必会将"视频"变成一种现实生活，读书视频作为一个重要的"桥梁"连接起了现实世界与虚拟世界，现实生活可以作为灵感源泉与素材转化为视频，而人们在视频中制造的戏剧性或幻象，也可能最终变成现实。

四、结论及问题

Vlog 作为一种新的传播形态，从最初生活化的简单记录到读书类内容知识的共创和分享，沉浸式传播方式在视频流环境的引入，塑造了短视频的阅读传播机制，但在读书类 Vlog 视频传播的过程中，"信息茧房"会引起读者用户的知识窄化和信息壁垒。重复性图书内容的推送和播放只会引起读者用户群体的反感和厌恶，不仅会降低读者用户群体的实际购买欲望，"信息茧房"也容易引起用户流量的丢失。

当"体验型"意见领袖充当传播主体时，读书类 Vlog 的视频内容也是被"筛选和过滤"的，其教化功能和知识共享功能会愈加明显，以传播正能量的方式进入更多公众的视野。但 Vlog 媒介化加速了媒介本身与社会文化互动速度，带来日常生活行为模式、意识形态、生存表现的被操纵。①

基于读者用户的兴趣点以智能算法推送的读书类 Vlog 短视频，不仅满足读者用户的求知欲、分享欲以及互动欲，由点赞、收藏、评论甚至是直播间的实时互动会激发用户情绪上的共鸣，借助 Vlogger 与读者用户的双向互动，由此建立的景观社会会逐渐趋近于真实社会。但对媒介内容的过度依赖也会引起读者用户话语权的丧失和网络的过度沉溺，这不仅影响人类传统社会真实性的社交方式，也会对青少年世界观、人生观、价值观及对现实社会追求造成影响等。

（作者单位：北方联合出版传媒（集团）股份有限公司、辽海出版社）

---

① 江凌、严雯嘉：《主体与对象：媒介逻辑主导下视频博客媒介化分析》，《中国编辑》2020 年第 4 期。

三 等 奖

切实担负起新时代赋予编辑的
文化新使命

佟　笑　凌桂霞　赵春杰

　　党的十九大报告明确指出："经过长期努力，中国特色社会主义进入了新时代，这是我国发展新的历史方位。"[1]"满足人民过上美好生活的新期待，必须提供丰富的精神食粮。"[2]中国特色社会主义文化的日益繁荣，标志着中国特色社会主义新时代的成功开启，是新时代中国特色社会主义文化事业发展的重要组成部分。编辑工作者是现代社会文化传播的主体，承担着重大的历史使命，对于新时代对文化发展提出的新要求、文化引领作用赋予的新内涵，每一位编辑都应深刻领会文化引领作用的新特性，因

---

　　①　习近平：《决胜全面建成小康社会　夺取新时代中国特色社会主义伟大胜利——在中国共产党第十九次全国代表大会上的报告》，人民出版社 2017 年版，第 10 页。

　　②　周国清、朱美琳：《新时代编辑主体的核心素养与使命担当》，《中国编辑》2018 年第 4 期。

事而化、因时而进、因势而新。

一、新时代赋予编辑的首要使命：用习近平新时代中国特色社会主义思想武装头脑

党的十八大以来，党中央始终紧密围绕着"新时代坚持和发展什么样的中国特色社会主义、怎样坚持和发展中国特色社会主义"① 这一具有历史特点和划时代意义的课题，有计划、有目的地提出了一系列有利于中国特色社会主义发展的创造性观点，同时有步骤地采取了一系列卓见成效的重要举措，逐步形成了习近平新时代中国特色社会主义思想。新时代背景下，期刊编辑肩负着比以往更加重大的社会责任与文化传播使命，这就要求我们必须时刻坚持以习近平新时代中国特色社会主义思想来武装头脑，真正做一名文化成果与学术信息的传播者，将新思想贯穿编辑出版活动过程的始终，深刻学习领会其博大精深的文化精髓与使命，明确工作要求、在实际工作中真正践履，树立正确的文化价值观、科学的编辑理想和职业精神，以确保编辑工作的导向性，这是做好编辑工作最根本的政治要求。

习近平总书记在党的十九大报告中，以高瞻远瞩的视角、立意深远的定位和坚定宏大的使命担当，从时代背景、文化立场、使命、主体内容发展战略等方面，更加深入系统、与时俱进地诠释了新时代的文化自信，将文化自信的概念和理论提升到一个新的高度。② 期刊编辑是文化工作的推动者、是唱响时代主旋律和担负文化正能量的信息传播者，在习近平新时代文化自信思想的时代背景下，编辑工作者应充分理解领悟"新时代"代表着中国由文化大国走向文化强国的深刻内涵，以文化手段助力强国梦想

---

① 习近平：《决胜全面建成小康社会 夺取新时代中国特色社会主义伟大胜利——在中国共产党第十九次全国代表大会上的报告》，人民出版社 2017 年版，第 18 页。

② 刘波：《习近平新时代文化自信思想的时代意涵与价值意蕴》，《当代世界与社会主义》2018 年第 1 期。

的真正实现，用高价值的文化产品的文化服务回应人们日益增长的美好精神生活需要。

二、新时代赋予编辑的本位使命：做好文化传承、铸就中华文化新辉煌

（一）植根深厚文化沃土，创造性做好文化传承

习近平总书记在党的十九大报告中强调要"坚守中华文化立场"，"坚持创造性转化、创新性发展，不断铸就中华文化新辉煌"。中华文化历史悠久、博大精深、源远流长，承载着数代中国人的精神梦想、积淀着中华民族的精神追求。编辑工作者是文化传承的主要责任人，应强化文化传承责任意识、担负起继承中华民族丰厚文化土壤、发扬中华民族独特精神标识的重任。编辑工作应以中华优秀传统文化为资源和根基，弘扬和发掘中华传统文化中蕴含的人文精神、价值因子、道德素养和思想觉悟，在将优秀传统文化融入日常生活的同时，还要结合时代要求与特色来进行继承和创新，精心策划能够提高民众思想道德水准的优秀选题，发表反映全社会文明程度、弘扬中国特色社会主义和中国梦的优秀作品，让中华文化展现出永久魅力和时代风采，引领广大人民群众积极继承和弘扬优秀文化传统和时代精神。

（二）弘扬践行"工匠精神"，培养编辑精益求精的工作理念

党的十九大报告明确提出要"弘扬劳模精神和工匠精神，营造劳动光荣的社会风尚和精益求精的敬业风气"。对于编辑工作者来说，践行工匠精神是指在自己所热爱的编辑领域或业务方向上，始终坚守传承中华文化的责任与使命，在工作过程中不忘初心，运用自己的文化知识储备，坚持不懈地做下去的职业选择 ① ；是热爱文化、崇尚真理、敬畏科学的职业坚

---

① 郝振省：《倡导工匠精神　做学者型编辑》，《出版发行研究》2016 年第 11 期。

守；是咬文嚼字、刻苦自励、追求完美的敬业精神。

编辑工作是日复一日、年复一年的组稿、审稿、校稿、对文章进行文字加工的重复性工作。中文摘要的提炼、英文摘要的润色、表及量和单位的规范表达、参考文献的准确著录，甚至小到标点符号的正确使用等，每一个环节都需要精雕细琢[①]，其工作性质相对枯燥乏味，所扮演的角色也是默默无闻的幕后英雄角色，辛勤的付出难以受到关注和赞赏。这要求编辑凭借自身对文化的追求和热爱，坚持不懈、兢兢业业、客观严谨、一丝不苟，于细微之处见精神、于细微之处见境界、于细微之处见水平。

（三）"走出去，请进来"，以国际视角讲好中国故事，铸就中华文化新辉煌

随着中国国家实力持续增强、国际影响力不断提高、文化传播理念进一步创新，积极推进对外文化交流、将中华文化内涵和价值展示给全世界成为中国文化产业的必然要求与进步趋势。社会主义先进文化是中国 70 年社会主义实践的沉淀与积累，是中华民族的宝贵成果，中华文化"走出去"是提升国家软实力的重要途径，是中国由文化大国迈向文化强国的必由之路。随着人类科技、知识、文化与文明的进步发展，全社会乃至全世界都在践行着"走出去，请进来"的方式原则，用以促进国家间和行业间文化与信息的共享、交流、传承和发展，构建彼此间友好交往、互相学习、共同进步的桥梁。

新时代的编辑在文化传承中所起的作用和价值，不仅仅体现在对社会历史和发展进程进行鉴别、求实、整合和记录，在对一些物质文化产品的创造上，更要站在国际的视角兼收并蓄，"把跨越时空、超越国度、富有永恒魅力、具有当代价值的文化精神弘扬起来，把继承传统优秀文化又弘扬时代精神、立足本国又面向世界的当代中国文化创新成果传播出去"。通过整合、比较中国文化和世界文化，借鉴吸收人类优秀文明

---

① 刘飚：《论学术期刊编辑的"工匠精神"》，《编辑学报》2017 年第 4 期。

成果，着力提升国家文化软实力，担负起新的文化使命，主动积极地宣扬倡导文化产品中所蕴含的中国精神、中国价值、中国力量，让各种文化精品成为世界人民了解中国的一个重要窗口和分享中外文化的重要途径。

三、新时代赋予编辑的基础使命：重视编辑素养建设与知识技能水平的提高

（一）新时代的编辑应具备高尚的职业道德

近 20 年间，新闻出版署相继颁布了《中国出版工作者职业道德准则》《出版专业技术人员职业资格管理暂行规定》等规章制度；1999 年 2 月，中国科学技术协会与其所属 102 家全国性学会主办的 231 种科技期刊共同签署了《全国性学会科技期刊道德公约》①。这充分说明随着社会的进步和发展，编辑的职业道德建设越来越受到国家和社会的高度重视。现如今，面对互联网的不断冲击，新媒体挑战日益加剧，科研浮躁和学术不端问题频频发生，我们更应秉承编辑行业中提倡的"工匠精神"，努力培养实事求是的科学态度，在处理稿件过程中，公平、公正地取舍来稿，严厉杜绝抄袭、剽窃行为，以严肃认真的学术态度秉公评价稿件质量与价值，遏制不良学风、净化文化领地。

（二）新时代的编辑应具备基本的文化修养和文化创造力

中国编辑学会会长郝振省认为，当代编辑要着力从文化修养的角度培育六性，即"文学的感性，史学的智性，哲学的悟性，艺术的灵性，科学的理性，伦理的德性"②。对新时代的编辑在文化修养素质方面提出了明确的要求。

---

① 刘飚：《论学术期刊编辑的"工匠精神"》，《编辑学报》2017 年第 4 期。
② 李长月、陈莹：《媒介融合时代高校编辑出版专业人才培养——基于出版人职业生涯发展的视角》，《现代出版》2016 年第 5 期。

期刊作为一种文化产品，承载着文化交流、知识传播、文明积累的使命。每篇文章在经历由"糙"到"精"的过程中，都凝聚着编辑的辛勤劳动与汗水。而作为一名优秀的文化产品的传承与传播者，需要具备三种文化创造力，即（1）发现的能力；（2）组合文化的能力；（3）创新呈现方式的能力。①

（三）新时代编辑需要有扎实的编辑功底、精深的专业知识，掌握现代化的出版手段

作为一个编辑，最基本的工作要求就是要清楚掌握新闻出版工作的相关法律、法规，以及严格按照排版、校对工作的各项准则与要求进行精准的校对与文字加工，这就要求我们需要具备扎实过硬的编辑功底。

时代的进步和发展，要求编辑的角色发生相应的转变，从文字加工者到编辑学者进而成为编辑学专家，是编辑工作对我们的最新要求，也是时代赋予我们的基本责任。除编辑出版的知识外，还应对刊物所属的专业理论有精深的认识和把握，具备较强的鉴审选择能力。

互联网现已打破传统媒体时空界限，成为最为普遍的大众传媒载体，传统的编辑出版业态也发生了深刻的变革，新的现代化的出版技术随着时代和科技的发展应运而生，"互联网＋"的战略模式，推动了编辑行业的转型发展。采编系统、微信公众号平台等在为用户和读者提供了新的体验的同时，也对编辑提出了新的、现代化的技能要求。新兴学科的不断涌现以及日益更新的高科技现代编辑出版手段要求每一位编辑时刻都要保持对新技术的敏感性、不断更新知识技能，积极掌握先进、现代化的编辑技能，调整知识结构去适应科技与时代的发展要求。同时放眼于整个行业和其中的佼佼者，变被动为主动，才能更好地应对编辑出版业的巨大变革。

---

① 贺圣遂：《如何成为一名优秀编辑——谈编辑的职业修养》，《现代出版》2010 年第 5 期。

四、新时代赋予编辑的中心使命：以人为本、为人民服务、为科学服务、为铸就中华文化新辉煌服务

从经济学层面理解，编辑职业是社会文化发展到一定阶段的"产物"，是社会成员不断提出更高层次文化需求的必然结果。编辑工作本质上讲是一种推动信息和文化的传播，搭建学术交流平台的桥梁性工作，它联系着文化运动形式的接收方和生产方。[①] 编辑的根本任务是协调社会精神文化供应与社会成员需求之间的矛盾，努力促进文化的交流与发展，满足广大人民群众在视听和阅读等方面的精神需求。由此我们可以看出，在编辑工作的每一个环节，其实都是在与人（即作者、读者、审者）打交道。在新时代环境下，"以人为本"是指以奉献和服务意识为基点，为社会"立心"，为人民"立命"。在编辑工作中，体现为"重视作者来稿、重视专家审核、重视读者感受"，以作者和读者的利益为中心，始终坚持把社会效益放在首位、社会效益与经济效益相统一，坚持先进文化的前进方向，培养高尚的职业精神、道德情操和行业荣誉感。

每一篇优秀稿件作品都是作者、读者、审者之间观点互染、视界融合的过程，好的期刊除了编辑的辛勤工作外，更少不了作者、审者和读者的大力支持。一本没有读者的期刊，刊物便没有了灵魂、失去了存在的价值；没有作者，编辑便只能沦于"巧妇难为无米之炊"的尴尬境地；而审稿专家则担负着控制把握全文思想方向、保证文章学术水平的重任，三者缺一不可。每一本期刊的办刊目的与宗旨都与为国家、为社会、为民众服务分不开，刊物的存在即是为科研工作者的研究成果提供一个学术交流的平台，而编辑理应努力把这些新观点、新成果、新理论展示给全世界。

新时代背景下，编辑工作者应该认清时代赋予我们的新的要求，以人

---

① 魏永贵：《浅析新时代编辑的角色认同与价值取向》，《新闻研究导刊》2018 年第 7 期。

为本、不忘初心，坚定文化自信、提升文化自觉、弘扬主旋律、传播正能量，以高质量的研究成果繁荣学术、服务社会，以符合出版标准，易于读者阅读并理解的方式将中国的特色文化展示给全世界。

（作者单位：沈阳药科大学期刊编辑部）

新时代编辑的历史意识、
时代意识与自我意识

朱金波　　胡　瑾

"人事有代谢，往来成古今。"在历史的沧桑变幻中，承载着人类文明信息的文化典籍，虽屡遭兵燹火焚，仍薪火相传，绵延不绝。千百年来，无论书籍的形式如何变化，其产生终离不开编辑活动。作为社会历史发展主体之一的编辑，在开展选题策划、组织和整理稿件等工作时，要更好地记载历史、书写现实以及展望未来，就必须强化历史意识、时代意识与自我意识。本文从辩证唯物主义认识论出发，探讨三种意识对编辑工作的作用，并就新时代编辑如何强化这三种意识进行论述。

一、认识论视域下的三种意识

被恩格斯称为"地球上最美的花朵"①的"意识"，是指对客观物质世界自觉的反映。客观存在是主观意识的前提，但意识对客观存在的反映是能动的，能够指导人们的行动，使行动具有目的性、方向性和预见性。

（一）历史意识：依据与意义

习近平同志指出："历史是最好的教科书。"对于客观存在的、不能改变的历史而言，其意义是让人们总结过去，以史为鉴。历史意识即是在一定的历史认识或历史知识的基础上凝聚、升华而成的一种主观经验形式，包括历史情感、历史思维和价值观等。作为一种独特的思维方式，历史意识是在观察、思考以及处理现实问题时表现出来的，其基础是一定的历史认识或历史知识。对中国历史上辉煌灿烂的文化、近代以来中华民族经历的沉重苦难，以及党领导人民进行革命、建设、改革伟大实践的认识与理解，成为我们历史意识形成与发展的源泉。"欲知大道，必先为史。"历史意识是指向未来的，我们通过历史意识认识历史发展的逻辑，从而对国家、人民甚至个人的前途命运进行判断。"'我们从哪里来，我们是什么，我们将去向哪里'，对于这个问题的回答将被称为'历史意识'。"②只有在不断的追问中强化历史意识，我们才能顺应中华民族伟大复兴这一无法改变的历史大势，我们为之而进行的奋斗便有了历史依据与现实意义。

（二）时代意识：机遇与挑战

时代意识是人类对自己所处历史时期的物质生存条件或客观环境的直觉、理性的体认。和历史意识不同的是，时代意识形成的基础是一定历史时期的客观存在。目前而言，我国已进入发展全新阶段的新时代，面临的内外形势也是前所未有的。一方面，我们的政治、经济、文化、教育、医

---

① 恩格斯：《自然辩证法》，人民出版社 1971 年版，第 24 页。
② 范为：《赫勒的历史意识理论评述》，《求是学刊》2012 年第 3 期。

疗卫生、社会保障等区域发展不协调，贫富差距过大。另一方面，随着我国国际地位提升以及国际环境深刻复杂变化，贸易保护主义和民粹主义抬头，全球经济治理体系正面临理念、规则和机构等各个层面的深刻变革和重构。由于根本利益立场和价值取向的不同，我们势必与日渐衰落的西方势力展开广泛的较量。强化时代意识，就是要求我们立足于当代中国现实，在把握我们所面临问题的基础上，常怀忧患之思，从"百年未有之大变局"中把握机遇，用变革和开放精神，去迎接属于我们的挑战。

（三）**自我意识：使命与境界**

"自我意识（self-consciousness）是人类所具有的一种重要的意识形式。在最一般的意义上，自我意识是指个人对自己存在的意识、对自己以及自己与周围事物关系的意识。社会心理学意义上的自我意识通常指个人对自己身心状况、人—我关系的认知、情感以及由此产生的意向（有关自己的各种思想倾向和行为倾向）。"[①]自我意识包含三个成分：自我认知、自我情感、自我意向（又称自我调节或自我控制）。其形成与发展的前提是人对自己成长过程中社会文化环境的感知，以及在与他人互动过程中对自己的认识。自我意识的养成，使我们能够积极地认识自我，客观地评价自我，进行自我监督、自我鼓励等，自觉为实现个人理想追求，承担时代责任与历史使命去准备和努力，并最终达到自我意识的最高境界——成为一个自我实现的人。

二、三种意识对编辑工作的作用

在编辑工作中，尽管我们也会强调各种意识的作用，如政治意识、质量意识、市场意识、读者意识、传播意识等，但大多是从方法论意义上展

---

① 全国 13 所高等院校《社会心理学》编写组编：《社会心理学》，南开大学出版社 2016 年版，第 92 页。

开的。而编辑除了具体的一些基础性工作外，策划、组织、审读、选择和加工作品应属于思维性工作，是在意识的作用下进行的。新时期编辑的历史意识、时代意识与自我意识，强调的是从历史、现实、未来三个维度来把握编辑工作，是从辩证唯物主义认识论角度进行的。这三种意识对编辑工作的作用，首先就表现在出版物的选题策划上：历史意识、时代意识与自我意识都是在对客观存在一定认识的基础上形成的，与之相关的内容都能成为出版物的主题内容，如面向重大现实问题、重大理论问题的主题出版等。总体而言，这三种意识对编辑工作的作用表现在以下几个方面。

（一）在历史文化的认同中打造传世经典

无论什么时候，出版业都会强调要打造经典力作。经典之所以成为经典，是因为经历了时间的沉淀和岁月的洗礼，是历久弥新的。因此，当我们通过这些经典去了解历史，建立历史意识的过程中，对图书的经典化以及编辑活动在其中起到的作用自然深有体会。因而，编辑工作中的历史意识，就是要将自己的事业置于历史的发展之中，用历史的眼光去看待问题。一方面，我国历史上优秀传统文化为我们打造经典提供了直接资源。历史的经验告诉我们，对经典的普及、解读以及演绎等，如儒家学者对"六经"的阐释，也会产生一个又一个的经典。另一方面，历史上众多名编辑在出版活动中的实践经验和理论成果，以及从中所表现出来的精益求精、勇于创新的工匠精神，为我们从事编辑工作、打造传世经典提供了诸多有益的启示。

出版机构在创造经济效益之外，更重要的是承担着价值观引导、文化环境塑造、文化传承与传播等社会责任。处于出版工作核心的编辑，自然要在这些方面发力。传统价值观作为观念和意义的抽象存在，需要我们从历史知识中进行主观提炼和加工，展开更生动的传播，在激活历史记忆的同时，增进历史文化认同，进而变为国家认同。"欲立人者先立己，欲达人者先自达。"编辑只有具备强烈的历史意识，才能将个体的文化认同扩大到群体认同，才能将历史的经验传递给更多的人，使历史真正产生借鉴作用，传世经典也就由此而生了。

（二）在理解现实社会的基础上服务大众

与文学艺术"笔墨当随时代"的创作理念相同，出版也应在观照现实中走向世界。出版业是为人民群众生产和提供精神文化产品的主渠道，其发展的根本目的就是不断满足人民群众日益增长的精神文化需求。这就要求编辑必须关注身边的大小事，关注现实社会的发展变化以及国家民族的前途命运。编辑工作中的时代意识，就是要准确把握所处时代的历史方位，以更宽广的视野分析、解决现实问题，推动社会发展。我们不仅要策划一批"胸怀大局、把握大势、着眼大事"的图书，服务于我国当前发展战略，而且要在时代大背景下选取大众视角，注重贴近生活、贴近实际，出版一批优质、高效和面向群众的图书。

沧海横流，方显英雄本色。客观实际的变化，要求我们必须有新担当、新作为。身处新时代的编辑们，自然不愿居于人后。在对现实社会理解基础上建立起时代意识的编辑们，能准确把握历史方位，常怀忧患之思，勇于创新，敢于担当，锐意进取，甘于奉献，通过自己的工作，努力为新时代营造出良好的社会氛围，去引导广大人民群众积极投身于社会主义现代化强国建设，这不仅是由出版的政治文化功能所决定的，也是时代的选择。

（三）在不断的实践反思中提升完善自我

如果说历史意识、时代意识让我们不会迷失于历史发展大势以及客观现实条件，那么，自我意识便会激发出我们探索与前行的动力。当我们回顾过去，展望未来，深入认识历史进步、时代发展和个人追求的关系时，自我意识会促使我们自觉担负起新时代编辑的文化使命。首先，就我们所从事的出版工作而言，中国已经居于世界出版大国之前列，这主要是就数量而言，但能被称为传世之作的图书又有多少呢？要实现高质量发展还需要我们共同去努力。其次，要在新形势下打造精品图书，编辑个人应该具备怎样的素养？与历史上或当下的优秀编辑相比，我们还存在哪些差距，又该如何去提高？

自我反思是自我意识生成的逻辑支撑，决定自我意识的自觉程度，只有在工作实践中不断进行自我反思，我们才能不断成长。新时代的编辑不仅要有正确的政治立场、精湛的业务技术以及崇高的职业操守，还需要有积极的人生态度、远大的理想抱负以及对编辑职业的高度认同。良好的自我意识，使得编辑既能正确评价自我，认识到自己的优势与劣势，又能将这种认识与自我控制相协调一致；既能积极自我肯定，又能进行深刻的内省，最终实现理想自我与现实自我的统一。

三、新时期编辑三种意识的强化

随着科学技术的进步，媒体融合正朝向纵深处发展，给社会各个行业都带来了不同的契机，传统出版业也面临着不小的考验。对于行进在中华民族伟大复兴之路上的中国而言，内外部环境也发生了较大变化。新时期的编辑们如何在历史转折和时代诉求下突破自我，打造更多的传世经典，需要不断强化历史意识、时代意识和自我意识。

（一）从历史的回望中追悟初心

历史是关于过去的记忆，是我们遗留在过去的碎片。随着时光流逝或环境改变，我们的记忆会褪色、扭曲，这就是我们需要不断回望的原因。追溯过去，知道我们从哪里来，才能更加坚定该往何处去。不忘初心，方得始终。总的来说，新时期的编辑应当从以下来强化历史意识。

历史意识的强化需要我们把握好历史重要节点及其重要意义。习近平主席在博鳌亚洲论坛 2015 年年会上的主旨演讲中说道："历史，总是在一些重要时间节点上更能勾起人们的回忆和反思。"[①] 从中国共产党的成立，到遵义会议的力挽狂澜，再到党的七大的召开，以及七届二中全会后的

---

① 习近平：《迈向命运共同体　开创亚洲新未来——在博鳌亚洲论坛 2015 年年会上的主旨演讲》，新华网，见 http://www.xinhuanet.com/politics/2015-03-28/c_1114794507.htm。

"进京赶考",之后又经历艰辛探索（党的八大）、拨乱反正（党的十一届三中全会）以及继往开来时期，直至党的十九大的召开——中国特色社会主义进入了新时代。新时期编辑只有把握住每一个历史重要节点，将其重要意义注入自己所编辑的图书中去，才能激发人们铭记历史、鉴往知来，并积极投身于新时代的建设中去。

历史意识对编辑工作的能动作用表现为编辑对图书的政治把关。因而，确保出版物政治质量，坚决抵制历史虚无主义，是编辑强化历史意识的最有效途径。当今中国的经济社会发展成果，是建立在五千年中华文明基础上的，是几代中国共产党人带领中国人民艰难探索而取得的。出版物作为宣传思想工作的重要载体，要坚持以习近平新时代中国特色社会主义思想为指引和目标，努力把好图书政治质量关，对否认历史发展规律的认识要予以警惕与抵制。

（二）讲述变革时代的中国故事

党的十九大报告提出："讲好中国故事，展现真实、立体、全面的中国，提高国家文化软实力。""诗为情为作，文为时而著。"新时代编辑要做到与时代同频共振，就是要通过出版物反映时代主题、彰显社会价值、回应人民期盼。首先，编辑要主动宣介习近平新时代中国特色社会主义思想，主动讲好中国共产党治国理政，以及领导中国人民开拓进取、全面发展的波澜壮阔的奋斗历程，主动讲好中国坚持和平发展合作共赢的故事。其次，在传统政治题材之外，编辑还要多关注科学技术前沿、当代中国现实社会等选题，既要有宏观角度，也要有以普通人生活为代表的微观角度。再次，编辑时代意识的提升，还表现在对新技术的运用上。在融媒体时代，出版物的外在展现形式发生了变化，"纸"和"电"的结合更为紧密，新时代编辑要善于选择不同渠道，多元化地，用丰富的形式更好地去传播信息，抓住更多受众的目光。

（三）新媒体时代下的自我实现

作为一名新时代的编辑，我们应该具备怎样的素质，我们的使命是什么，如何适应时代发展、现实需要？能够从这些方面认识自己，明白自己的职责并解决自身存在的问题，努力将自己打造成新时代合格编辑，都需要我们有很强的自我意识。编辑工作中自我意识的提升，需要做到以下几方面。首先，在媒体融合的实现路径还不是很明朗的情况下，除了过硬的政治素质与大局意识外，编辑必须在锤炼自己的基本功，必须具备良好的组稿策划能力和审美能力，也要有扎实的文字功底。其次，必须具备一定的创新能力，要主动尝试运用相关数字技术，如将有关数字资源运用到图书编辑审读加工中去等，同时要学会丰富传播形式，有效利用现有的新媒体平台。再次，编辑更要有时代所呼唤的工匠精神，一丝不苟，精益求精，永葆热忱。每一本好书的推出，编辑工作看似"为他人做嫁衣"，实则是自己亲手打造了一种为社会认可的精神产品。

"只有坚持从历史走向未来，从延续民族文化血脉中开拓前进，我们才能做好今天的事业。"[1]新时代编辑的历史使命就是多出好书。只有为社会为人民奉献更多精品力作，我们才能无愧于历史、无愧于时代、无愧于未来。作为文化传承创新的基本载体，只有做到了把握时代、直面现实，编辑出版工作才能落到实处。要做到这一点，历史意识、时代意识、自我意识缺一不可。

（作者单位：武汉大学出版社、湖北教育出版社）

---

[1] 习近平：《在纪念孔子诞辰 2565 周年国际学术研讨会上的讲话》，新华网，见 http://www.xinhuanet.com/politics/2014-09/24/c_1112612018.htm。

新时代对出版物质量管理的思考

——以接力出版社为例

陈晓溪

出版物质量管理是个系统工程，出版单位必须坚持把树牢"四个意识"作为根本要求，把正确导向作为首要责任，把内容建设作为第一要务，把"双效统一"作为基本遵循，把队伍建设作为长远之计。接力出版社诞生于出版资源欠发达的广西壮族自治区南宁市，但其图书产品不断推陈出新，从满足少儿读者多元化阅读需求、推进整个民族主流文化构建，以及贯彻落实新闻出版"走出去"战略的角度来考虑和规划，在国家需求、市场需求和企业自身发展需求三个维度找到契合和交汇点，使接力品牌经过 30 年的发展，成为精品图书和优秀出版物的代名词。这与接力出版社长期以来坚持制度化、精品化理念，坚持编校分工、过程监控、落实反馈，强调出版管理的规范化、制度化、科学化密不可分。该社通过建立完善的出版管理制度和措施，建立健全的质量监督体系，实行以质量考核为中心的绩效管理措施，构建出版物管理责任及保障体系，保证管理制度落实到出版的全流程。

一、管书：实施全流程管理模式

接力出版社对图书质量的管理，从选题论证与审核做起，贯穿出版流程始终。而且，编校分离、编校互补，这样的原则在接力出版社从来没有动摇过。

（一）管选题

1. 坚守三级两次选题论证制

早在 2001 年，接力出版社就建立了选题的三级两次论证制，近年来更进一步要求审读人员参与选题论证会，着重审核选题的出版导向、思想价值和文化内涵，从源头把关。在严格把关下，接力出版社拒绝了一些不适宜青少年阅读的热点选题，对于政治导向有问题或有政治风险的选题，以及一般化、平庸化选题，提出明确处理意见，比如《柏林墙》《金枝》《世界地图集》《中国历史地图大图鉴》等 6 种图书就是在选题论证后，确定停止引进或出版。

2. 坚持专业化出版方向，控制品种规模

近年来，接力出版社确立质量效益发展观，全力把控出版规模。近三年，该社的新出图书品种分别是 2014 年种、2015 年种、2016 年种，每年品种的增幅较小，由过去的品种码洋的粗放增长转向质量效益的精细增长。

深化组织架构，坚持按照专业分工范围出书。2016 年，该社北京出版中心更是专业化地细分编辑部门，一般图书由原来 4 个事业部，调整为 6 个事业部，为每个事业部配置专业对口的编辑人员，并将按专业分工出书纳入选题论证和编辑部门考核的重要内容。

［案例1］社本部严格控制出版品种和质量，非少儿类图书不做，有双效的选题才考虑，同时对少儿类选题的字数也有严格要求，尽可能减少出问题的风险。社本部还要求选题尽可能做到纸质图书、网络出版、阅读活动结合，探索多种形式、多种载体、多媒体的复合出版模式，实现选题最大双效。

3.狠抓原创，控制引进比例

从2015年开始，接力出版社全力抓原创，控制引进版图书品种，提升原创图书选题比例和质量。在今年上报的年度选题中，接力出版社一般图书原创和引进选题的比例进一步优化，比例更趋于合理均衡。

［案例2］2017年接力出版社尤其强化原创选题的开发力度，从多方面发力，力争把接力出版社打造为国内优秀原创图书基地。第一，对每一个事业部都进行原创选题数量和质量的考核；第二，对发行部、推广部和设计部都针对如何做好原创选题进行了考核，例如原创选题的销售量考核，宣传力度的考核，原创封面和质量的考核。该考核制度实施半年多以来，接力出版社北京出版中心的内部员工反响较大。编辑不仅更加重视图书的社会影响，把图书当作"大教育"的理念越来越深入人心；而且将更多的精力放在原创上，实现了过去由编辑独立完成图书原创工作，到目前编印发宣等各个出版环节协同作战的转变。

（二）管校审

无论市场如何变化、出版如何变革，接力出版社始终坚持设置独立的审校部对图书质量进行全面管理，2014年更设置专职副总编负责图书质量的管理。

"内容和导向存在问题，可以一票否决"，这是接力出版社社务会赋予审校部的"尚方宝剑"。

1.事前控制，增加审读前移环节

［案例3］近年，接力出版社北京出版中心除了严格遵守"三审三校"制度外，还增加了"审读人员在选题论证初期提前介入，增加

一次审读稿件"的制度。在审读环节中，《仔仔打拐记》因内容敏感，停止出版。甚至有两本外版书在签下版权后，因涉及敏感问题难以处理，最终也选择放弃。

对于审读中发现的局部性、敏感性等必须处理的段落和语句，及时与编辑部沟通，待选题引进、书稿进入编辑流程后，配合编辑做技术处理。比如：《奥比的多重世界》《给我的儿子们》《西奥律师事务所》《黄口罩的逆袭》《寻找阿拉斯加》《好妈妈真有好办法》6 种。

2. 选题或特殊选题提醒送审、备案跟踪

对需要作为重大选题备案或者送上级部门审查的书稿，均在审稿意见中明确写明意见，提醒编辑送审，并对编辑送审、备案情况进行后续跟踪。比如：《仔仔打拐记》《敌我之间》《帝国崛起》《暮色重生》4 种。

社本部凡是涉及地图的教材教辅全部往测绘局报送审读，如不行就坚决不出，或经过处理规避才出。接力出版社北京出版中心要求一般图书中，能不出现地图的尽量不要出现，以减少风险。

3. 事中监督，对于不符合三审要求的稿件退回重新处理

首先是对书稿中有政治性、敏感性问题，涉及封建迷信、恐怖、血腥、色情等不利于少年儿童成长的问题，一律要求编辑修改完善后重新送审，审读确认后方可发稿。比如：《彼得·潘》《波西·杰克逊与希腊诸神》《奥比的多重世界》《给我的儿子们》《黄口罩的逆袭》《寻找阿拉斯加》6 种图书都是处理好敏感问题后才予以发稿。

其次，审读人员对图书编辑加工质量进行初步评估，对编辑加工不充分、原稿或译稿质量不高的品种，或者审稿意见与实际稿件不符等问题，及时返还编辑人员，要求重新进行审稿与文字加工。比如：《波西·杰克逊与希腊诸神》《热热闹闹的数学》《仔仔打拐记》《小熊帕丁顿和奥运会》《尖叫镇的怪物街（第二辑）》《奇境猫王系列（第二辑）》《孩子，你该如何保护自己》《寻找阿拉斯加》《三个问号·网络黑客与猛虎行动》《悦妈手绘日记系列·1.5 米的四口之家》《婴幼儿养育大全》等图书。

（三）管制度

接力出版社实施全方位、系统化的出版管理，保证管理制度辐射到出版的全过程，建立健全了比较完善的图书质量保障体系。先后出台和完善修订了《选题三级二次论证制度》《编辑出版选题竞标制度》《项目主管制度》《出版内容联席小组会议制度》《编辑责任制度与三审责任制度》《重大选题备案制度》《图书编校质量抽查制度》《三审责任制度实施细则》《一般图书全流程监督奖罚管理暂行办法》《图书质量保障体系》《图书印装质量管理规定》《北京出版中心优秀编辑质量奖的评选标准和办法》《一般图书获奖图书奖励办法》等。同时，根据工作中出现的新情况、新问题，补充、完善或优化相应制度。如：2016 年，重点针对接力出版社新媒体领域里的中国青少年多媒体阅读推广平台天鹅阅读网、微信公众号及数字出版部出台了相应的质量管理细则。

二、管人：打造一支高素质的出版人才队伍

人才是提高出版质量、提升出版双效的根本保证。出版社拥有一支高素质的编校队伍，才能有一流的产品诞生。目前出版队伍的普遍现状是：人才资源匮乏、领军人物不足、专业骨干缺失、新老青黄不接。建设一支具有良好的职业道德、扎实的专业基础、丰富的生活阅历、熟练的文字水平、勇于开拓创新的编校队伍，解决人才队伍的梯队培养，成为接力出版社近年发展进程中着力解决的首要任务。

（一）树立"人才兴社""人才资源是第一资源"的理念

坚持质量效益发展观，控制规模，增加人力，提高质量。应对编校审队伍"青黄不接"问题的挑战，我们采取的主要举措是：牢固树立人才是第一资源的观念，在评价考核机制和人员招录上向编校审人员倾斜，充实一线编校审人员的同时，加强培训，探索实施短期培训、项目培训、交流培训、岗位培训相结合的人才培养机制，充分发挥"传、帮、带"作用，

使年轻的编校审人员尽快成长起来。

根据接力出版社编校业务能力水平和编辑校对个体劳动承受能力把控出版规模，把思想统一到压品种、提质量、增效益上来，由过去的品种码洋的粗放增长转向质量效益的精细增长。

强化薄弱学科，发挥编校人员的专业优势。2018 年，接力出版社适度增加了编校人员，有针对性地加强力量薄弱学科的编辑、校对力量，保证一线编校人员尽可能按专业配备，发挥编校人员的专业优势，从而提高工作效率，确保出版物质量。

（二）优化培训机制，创设成长通道，为编校人才提供事业发展平台

接力出版社制订计划，支持职工参加各种类型的短期进修班、培训班、学术讲座、学术研讨会，邀请出版和相关业界的专家来社讲座。新员工入社，先要接受入社培训，学习社规和业务基础知识。对各部门、各类别出版专业人员，特别是从事编校工作、出版印制工作及业务管理工作人员，进行专业化培训，提高思想、政策、职业道德、专业技术水平，提升他们对敏感问题的判断力以及解决实际问题的能力。2018 年 5 月底，接力出版社全体编校审人员参加了广西壮族自治区新闻出版广电局组织的全区编校考试，编校基本业务知识的通过率在全区出版单位中排名第一，多数编校审人员展现出比较扎实的基本功，但最低分也出现在接力出版社，说明队伍参差不齐。

创设通道，规划好职业发展空间，鼓励优秀人才快速成长。通过考试选拔入社的编校人员，我们一般先放到校对部门锻炼考查，表现优秀、能力全面，或者通过职业资格考试取得编辑资格的人员，被优先选入编辑部门担任编辑。

鼓励并选送符合条件的编校人员参加中国出版协会和广西出版协会举办的"韬奋杯"青年编校技能大赛，参与全国和全区的优秀审读报告评选，参加中国编辑学会每年的优秀论文评选等，并给予获奖者奖励，让年轻的编辑校对人员快速成长成熟起来。

（三）建立合理的考核激励机制，将图书质量管理当作社会效益考核的重要内容

通过健全完善人才引进、激励约束、考核评价、薪酬分配机制，增强编校审人员的荣誉感、归属感、事业心和忠诚度。对编校审人员的考核，接力出版社强调过程管理，把导向管理、质量要求纳入社会效益考核重要指标，要求编校审人员把好各个关口环节。首先是坚持正确政治方向和出版导向，严格坚持出版物的三审制度，要求全年出版物不出现政治方向和出版导向问题。编辑部门已复审完毕的稿件在送交终审时，如果书稿仍然存在政治导向、价值导向、思想导向、情趣导向或者民族、宗教等方面的敏感问题，出现以上任意一种情况，即该考核条款不能得分。其次是把好选题审核备案关、书稿三审关、新书发稿关、成书质检关等。

接力出版社北京出版中心在社会效益具体的考核办法上，分为图书质量、原创、社会影响、精品出版和管理责任 5 个维度。在图书质量考核项中，加大思想导向、内容质量、编校质量等方面的考核比重；在原创考核项中，细化了考核内容和实现方式；在社会影响考核项中，明确了宣传营销活动效果的考核方式，首次提出了对媒体融合发展的考核，并通过明确的数据考核提供了实操办法；在精品出版考核项中，强调了权威机构、专家、读者、媒体的评价；在管理责任考核项中，

社本部及广西出版中心考核以社会效益为主，兼顾经济效益。结合社本部及广西出版中心实际情况，以部门为单位，签订了《双效考核目标责任书》，设优秀、良好、及格、不及格 4 个级别，明确将社会效益纳入编校部门年度考核，考核评级情况与部门奖金挂钩。

（四）规范用人标准，坚持职业资格准入制度，执行持证上岗的执业规定

按照接力出版社规定，凡是在编辑校对岗位工作的人员，必须尽快通过考试、考核并取得相应的资格证书。2017 年，接力出版社出台了《接力社出版专业技术人员职业资格管理制度》，第三条明确规定：凡在我社担任责任编辑的人员必须在到岗前取得中级以上出版专业职业资格，并办

理注册手续，领取责任编辑证书。通过制度规范，尽量让编校业务人员的职称、资格与其岗位及职务相匹配。

三、管网络：不断适应形势完善监管

近年来，融合发展、新媒体出版成为接力出版社转型升级的重要突破口，该社专门设立了数字出版部和天鹅阅读网事业部，目前已出版各类数字产品 200 余种，随着业务的不断拓展，新媒体内容把关成为新的管理课题。

（一）建立健全完善的规章制度

（1）从制度上做到在新媒体内容上严把政治导向，严控新媒体内容质量，坚持社会效益第一原则，参考国家《网络出版服务新规》，针对接力出版社天鹅网、微信公众号、官方微博等网络平台制订了内部管理制度。

如《接力出版社新媒体内容三审三校制度》《接力出版社微信微博运营规定》《接力出版社视频制作规范》等。确保数字出版内容可管可控，建设绿色健康的童书数字出版产业链。

（2）做好新媒体项目的进度、质量、资金管理。接力出版社目前有两个项目——"中国青少年多媒体阅读推广平台""接力少儿主题复合出版工程项目"被列入国家文化产业发展专项资金资助项目，获得了国家财政厅资金支持，这两个项目都属于新媒体融合项目。为了保证该类项目按时完成，资金规范合理使用，制订了相应的规章制度予以规范、监管。

如《接力出版社有限公司专项资金使用管理规定》《"中国青少年多媒体阅读推广平台"项目专项资金使用管理办法》《"中国青少年多媒体阅读推广平台"质量和进度管理办法》《"中国青少年多媒体阅读推广平台"项目管理廉政保障措施》等。

（二）严格的新媒体内容管理

近年来，接力出版社着手完善了中国青少年多媒体阅读平台天鹅阅读网、接力出版社微信公众号等的运营机制，制订了新媒体信息审核、发布等管理规范等。

除了部门设置和新技术人才的引入，融合发展也已经融入了接力出版社的选题策划环节，例如重大项目选题论证会、策划会、确认会等，都会要求数字出版部、天鹅阅读网和编校部门共同参与，一起头脑风暴。

（1）坚持原创内容的"三审三校"制度。所有的新媒体内容，包括微信公众号文章、电子书、网页专题等都要经过严格的"三审三校"，保证了较高的内容质量和编校质量。比如，按照制订的电子书审读基本原则，使电子书的审读工作得以顺利开展，严格执行天鹅阅读网用户评论内容及时审核制度，即每个工作日 5 次审核，每个休息日 2 次审核。

（2）按图书审查的标准做好数字出版稿件的审读。有的涉及民族、宗教或我国国防建设、军事、历史等问题，按照规定需要作为电子出版物重大选题备案，并送上级审核，我们给出"不予上线"的审稿意见。

（3）对微信公众号及新媒体的编辑提出"原稿"留错率要求，以培养新媒体编辑的把关意识、责任意识。

（4）进行敏感词库建设并及时更新。天鹅阅读网的敏感词库于 2015 年 8 月 31 日网站正式上线时同步完成建设。鉴于天鹅阅读网的行业属性，天鹅阅读网借鉴了当当网、亚马逊、京东读书频道、豆瓣读书等出版类别的网络电商和平台的敏感词库。该版词库录入约 700 个常用敏感词。

（三）从技术角度对新媒体管理

为了保证网络环境安全，接力出版社北京出版中心去年进行了网络改造，安装了上网行为监控系统，防止社内人员在社内网络环境里浏览非法网站，发表敏感内容。

资源管理平台进行了五级权限设置，保证资源安全。天鹅阅读网进行了三级权限设置，制订了内容审核制度，实施了敏感词库筛查，保护用户上传内容的安全。

（四）强化网络出版培训

国家《网络出版服务管理规定》出台后，接力出版社南北两个出版中心及时组织全员学习新的规定及网络出版相关知识，北京出版中心根据新规深入探讨天鹅阅读网、接力出版社微信公众号内容质量管理办法，形成天鹅阅读网、接力出版社微信公众号的原创文章、引用文章编排和发布的一些基本规范，制订微信公众号审核细则，并明确三审责任人，建立微信公众号审核责任制。如 2016 年，接力出版社以《网络出版服务管理规定》等为考试内容，组织了一次全社的编校知识竞赛。

四、管党建：发挥引领和骨干作用

党建方面，整个企业实施一盘棋管理，社里按照上级党委要求南北两个出版中心同步开展各项党建工作，及时召开党总支会议，开展各项党小组活动和学习，保证全体党员不断提高政治理论水平和政治意识，在思想上始终同党中央保持一致，切实发挥党组织在企业的核心作用。

如，每月组织党员学习，在册党员和流动党员统一进行管理，学习当月党和国家政策；党支部的活动，除了正式党员参加外，还邀请年轻编辑旁听；除了正常的党课、理论学习外，还以党员为核心骨干，将理论与生产实践紧密结合起来，成立了若干个学习研究课题小组，如阅读推广课题研究小组、生产流程再造课题小组，新媒体融合发展研究课题小组等，将党小组活动融入生产实践，让党员带领员工共同学习、共同提升。

五、管企业文化：让精品理念融入品牌血脉

对于出版业来说，高质量发展的根本要素就是高质量的图书。而"高质量图书"这个词，早在建社之初就深深地烙印在接力人的心里，"追求卓越"的企业文化理念从未动摇和改变。接力出版社始终秉承责任意识，高标准、严要求，追求卓越，帮助少儿构建健康的人格世界和情感世界。

"出版物如果没有质量保证，所有营销、包装都是没有意义的。""童书出版，质量为命！""质量有问题的图书，赚一个亿都不能做！""像珍爱生命一样珍视质量"……这是接力出版社总编辑白冰的质量观，这样的企业文化理念也影响着每一位接力人。

向中国孩子提供全球最好的童书，让孩子们和世界同步阅读，是接力出版社的企业愿景。追求着这样的目标，每一位接力人也在精心呵护着自己的品牌。

六、结语

在图书出版的接力赛中，既需要爆发力，也需要持久力。如果说接力出版社近年来取得的成绩源于童心澎湃成就的爆发力，我想，我们对出版质量的严格以求则是维持永续发展的持久力。在这场接力赛中，每个接力人都是永不止息的奔跑者。

参考文献：

1. 孙海悦：《白冰：童书出版　质量为命》，《中国新闻出版广电报》2015 年 5 月 19 日。

2. 刘蓓蓓：《发展：唯有高质量才能可持续》，《中国新闻出版广电报》2018 年 5 月 8 日。

3. 李明远：《黄俭：质量是接力品牌生命线》，《中国新闻出版广电报》2015 年 5 月 19 日。

（作者单位：接力出版社）

疫情之下，如何转危为机？

武丛伟

2020 年春节期间，突如其来的新冠肺炎疫情打得人们措手不及。新冠肺炎疫情给全球经济都带来重创，疫情暴发之初，只有基本生活物品的生产与消费还在维持，其他产业的生产与消费几近于停滞；疫情更挫败了人们的信心，不少人戏称，"2020 年，最高目标就是活着"，"疫情过后，不要报复性消费，要报复性存钱"。

在这种情况下，出版行业也不能例外地受到严重影响。由于疫情影响，不少实体书店长时间关门，读者线下消费的时间、空间被严重压缩；相当一段时间，物流运营不畅，导致线上消费亦受到阻碍；大型书展，如伦敦书展、巴黎书展均已取消，国际交流受阻；从业人员无法正常流动、沟通，导致编辑、发稿、排版、印制等环节均受到影响，生产发行流程大大减缓……

那么，在这场全球都概莫能外的重大疫情面前，出版从业人员何以可为，方能直面危机，甚至将这次困境转化为难得的机遇呢？本文将尝试通过梳理出版业同仁已有的作为并对之作出反思，以及对出版业发展大趋势的预测，作出解答。

一、出版业应对疫情的行为

（一）反应迅速，积极出版防疫抗疫书籍

出版防疫、抗疫相关书籍，普及防疫、抗疫知识，是出版行业抗击疫情最常见的方式。一般而言，图书具有生产周期较长、时效性较弱的特点，但此次疫情暴发期间，不少出版社反应极其敏锐。如 1 月 23 日，广东科技出版社率先推出了《新型冠状病毒感染防护》，这是第一部国内疫情防护新冠肺炎疫情防护手册，从选题到出版仅耗时 48 小时，速度比起网站、报纸等强调时效性的媒体亦不遑多让。年初处于疫情重灾区的湖北出版人在艰难困苦中，依然策划出版了相当多与新冠肺炎疫情相关的选题，如湖北科技出版社的《新型冠状病毒肺炎预防手册》《图解新冠病毒肺炎预防手册学生读本》等，湖北人民出版社的《封城纪事》《武汉保卫战》《立春的味道》等。据相关统计，自 2020 年 1 月 21 日至 3 月 16 日期间，正式申请出版的与抗击新冠肺炎疫情相关书籍，已达到 570 种，大致可以分为抗疫指导手册类选题，抗疫纪实、抗疫宣传类选题，抗疫童书、中小学抗疫教材类选题，抗疫心理辅导与居家防疫类选题，抗疫法律与政策指导类选题，疫病与抗疫历史、医学学术类选题，复工、复产、复市、复学指导类选题。[①] 这些图书的出版，引导了读者全面、系统、正确地认识新冠肺炎，普及了科学防护知识、法律，讴歌了一线人员的奉献精神，并对

---

① 刘兵、隅人：《570 种抗击新冠肺炎疫情图书选题分析》（上），《中国新闻出版广电报》2020 年 4 月 13 日。

复产复工等具体操作方法提供了详尽指点，对抗击疫情以及保卫战斗成果起到了至关重要的作用。

（二）拥抱新技术，数字出版表现亮眼

在此次防疫、抗疫行动中，数字出版可谓贡献卓著。

首先，疫情防控初期，公众对病毒的特征、传染性等知之甚少，主要通过网络查询相关资讯。由于恐惧、未知、信息不准确等，产生了巨大的焦虑。广东科技出版社率先推出《新型冠状病毒感染防护》电子书及有声书，并通过天猫、京东、当当、掌阅、博库等电商平台供公众免费下载；而后，上海科学技术出版社的《张文宏教授支招防控新型冠状病毒》、北京大学医学出版社的《新型冠状病毒肺炎全民心理健康实例手册》、人民卫生出版社的《新型冠状病毒肺炎公众防护指南》等电子书及有声书相继出版，并经微信公众号、各大网络平台和数字阅读平台广泛传播，为公众全面、系统、准确了解新冠病毒，消除恐慌情绪，最终战胜病毒打下了坚实基础。

其次，不少出版机构还免费开放自有平台，提供优质电子资源给公众。例如，上海交通大学出版社首批开放自有平台"慕知悦读"平台上的 300 多本电子书资源；中信出版社免费提供 3000 多种电子书及 600 多种有声书，还面向全国医务工作者免费提供全年的"好书快听"权益[1]；长江文艺出版社"长江乐读"APP 开通线上资源免费获取功能，为公众提供小说、散文、诗歌等大众出版类数字资源；社会科学文献出版社免费开放其自有平台"先晓书院"数字化学术服务平台，供读者免费阅读和下载学术资源等。这些都为丰富人民群众的精神文化生活，帮助大家更好地"居家抗疫"提供了有力保障。

再次，针对各个年龄阶段的学生无法正常返回学校学习这一问题，响应教育部"停课不停学，不停教"的号召，教育类出版社充分发挥资源优势和专业特长，助力在线教学。主要体现为：首先，通过将春季教材的电子版

---

① 《上海交大出版传媒研究院发布报告：新冠疫情对数字出版行业影响几何？》，见 https://news.sjtu.edu.cn/zhxw/20200217/120003.html。

及时免费上线，为学生提供基础性的教育服务；其次，通过开放录播课程、视频音频资源等，帮助学生更好地学习；再次，通过直播等手段，帮助实现在线授课、在线答疑等，以达到最大限度地还原课堂学习效果的目的。

（三）立足全球，助力中国抗疫经验国际推广

由于全球经济一体化，人员、商品、服务等流动频繁，新冠肺炎疫情在全球迅速扩散，席卷了几乎每一个国家和地区，这更显示出，人类已经成为实实在在的命运共同体。

面对疫情，中国出版人在本国情况逐步得到控制的情况下，将我国抗疫经验、我国人民抗疫的英勇事迹，以出版物形式推介到世界，推广中国抗疫经验，为全球抗疫贡献中国智慧。例如，我国译研网平台应伊朗出版人要求，将天津科学技术出版社的《新型冠状病毒肺炎防控指南》（漫画版）、广东科技出版社的《新型冠状病毒感染防护》以及上海科学技术出版社的《张文宏教授支招防控新型冠状病毒》在伊朗出版；应塞尔维亚要求，将江苏凤凰教育出版社的《新冠肺炎防护手册（工作场所)》在塞尔维亚出版。[1] 集中我国科学防护手段的《新型冠状病毒肺炎预防手册》，到 3 月为止，已经成功面向 17 个国家和地区进行了 12 种语言版本的版权输出，其中包括英文版、韩文版、德文版、法文版、意大利文版、西班牙文版、葡萄牙文版、波兰文版、希腊文版、泰文版、中文繁体版等。[2]

这些图书的版权输出，为全世界人民战胜新冠病毒提供了中国经验，彰显了中国作为负责任的大国的担当。

二、对出版行业应对疫情行为的反思

出版行业针对疫情所作出的努力确实是可圈可点，然而，也未尝没有

---

[1] 《伊朗出版人求助中国"抗疫良方"始末》，《国际出版周报》2020 年 4 月 6 日。
[2] 赵强：《让更多的抗疫出版物走出国门》，《中国新闻出版广电报》2020 年 3 月 19 日。

值得反思之处，本文将尝试对之作出检讨与反省。

（一）抗疫图书的同质化严重

截至 2020 年 7 月 22 日，以"新冠"为关键词在当当网搜索，并以"当当自营"作为筛选条件，排除重复图书，符合条件的图书达 1753 种，其中，以大众防护疫情为主要内容的图书占三分之一以上，例如《新冠肺炎防控科普指南》《新冠肺炎防控指南》《新冠肺炎防控手册》等，不仅书名雷同，且在核心内容、编排体例上也都大同小异。究其原因，一方面由于疫情暴发迅速，各出版社不得不独自迎战，导致火力分散；另一方面，也不免有出版社一拥而上，推出跟风之作的问题。这导致了出版资源的极大浪费。

（二）深度反思性内容的欠缺

"书籍是人类进步的阶梯。"图书作为知识的重要载体，不能仅满足于提供信息，更需要成为记载科学探索的痕迹，累积文明成果，不断丰富、创新人类知识框架的重要介质。较之网络、报纸、期刊等载体，图书体量更大，更有助于系统性、深入的知识与内容的展开，亦更能够满足人们更进一步了解事物的需求。

此次新冠肺炎疫情的暴发，不仅是一次突发事件，亦引起了人们对人类历史上暴发过的大瘟疫、人与自然的关系、人类生存的本质价值等深层次问题的关注与思考。疫情期间，加缪的《鼠疫》、马尔克斯的《霍乱时期的爱情》、贾雷德·戴蒙德的《枪炮、病菌与钢铁——人类社会的命运》等经典图书销售量激增。无独有偶，在 2003 年"非典"暴发时，这些与疫情相关的经典老书亦达到了销售高峰。但两次疫情期间都没有深度反思疫情、反思人性的新书出现。不能不说，在深度反思，以推动社会进步方面，出版行业还有很长的路要走。

（三）数字出版暴露严重不足

此次疫情暴发期间，相当多的出版社在第一时间推出了电子书、有声书等数字出版产品，极大地满足了公众获取疫情知识、在居家隔离期间缓解焦虑等需求。但必须指出，此次疫情亦暴露出大多数出版社在数字出版建设方面的严重不足。

首先，出版机构自有平台传播力度不够。不少出版机构都建设了自有的数字平台，并在疫情期间开放平台，为读者免费或廉价提供电子书等大量数字产品，但由于平台自身知名度不够，不少读者根本不知道有此类平台。

其次，自身硬件建设不足。疫情期间，不少出版机构自有平台，尤其是教育类平台，访问量激增。由于平台从未应对过这样大规模的访问，出现大量卡堵乃至崩溃现象，严重影响用户体验。部分平台因处于起步期，用户体验、亲和度较弱，且管理体制落后，未能及时调整改善，错失发展用户的良机。

再次，面对第三方平台严重缺乏议价能力。目前，数字出版除自建平台外，主要盈利方式还是通过第三方平台实现内容盈利。具体表现为用户通过第三方平台直接单次购买电子书、课程等数字出版产品，或点击购买第三方平台推出的 VIP 阅读、会员包月等服务，享受一段时间内的平台提供的数字出版产品，出版机构作为内容提供方，与第三方平台分成。疫情期间，不少知名第三方服务平台推出限时免费专栏，极大地吸引了流量，为吸引潜在客户、增强用户黏性奠定了良好基础。但作为内容提供方的出版机构，其内容生产，如组稿、编辑、排版等，必然需要一定的成本，免费专栏推出期间，出版机构将无法从中获利；并且，用户在享受内容的同时，往往知平台而不知出版机构，出版机构并不能从中获得流量红利。出版机构可谓是"赔本而赚不来吆喝"！

三、新时代出版行业可能迎来的机遇

新冠肺炎疫情的冲击，给人们的价值观念、行为方式、生活方式等带来的影响将是全方位的。出版作为与社会同频共振的行业，既不可避免地受到冲击，亦前所未有地迎来了新的机遇。

2020 年 6 月，东莞图书馆一名农民工的留言火爆全网："我来东莞十七年，其中来图书馆看书有十二年，书能明理，对人百益而无一害的唯书也……"[①] 网友们无不为留言者孜孜不倦的求知精神所感动。这也从另一个侧面说明，读书已经成为相当一部分人的生活方式。

新冠肺炎疫情导致人们对外出、聚集等心有余悸，在相当长一段时间，人们将变得越来越"宅"。休闲时间的增多，将导致对图书需求的旺盛。出版行业如果能够抓住此次机遇，满足读者的需求侧，必将迎来一次利润的高峰。

（一）从内容角度满足读者需求侧

首先，人类对未知事物的认识，由浅入深，人类的求知欲望，亦使得人们愿意不断深入认识事物。在疫情暴发之初，人们急切地需要了解如何预防病毒，保存生命；在疫情得到有效控制后，人们更希望深入了解疫情来源，人类的行为对自然的影响等更加深入的问题。疫情期间，反思埃博拉病毒的图书《血疫——埃博拉的故事》即受到了读者的广泛关注。如果出版机构能够有意识地组稿，推出反思新冠病毒的图书，可以想见，必定会受到广大读者的欢迎。

其次，由于疫情影响，许多人的工作、生活都发生了巨大的变化，许多人终于"有机会停下来，思考一下什么是生命中最重要的"，人们将前所未有地关注健康问题，运动、健康等生活类书籍将受到读者喜爱。

再次，由于疫情带来的全球经济的萧条，许多人不得不重新面临就业问题，职业技能培训类书籍或将迎来更大的热潮。

（二）线上线下深度融合满足读者需求侧

重大的历史事件往往能够推动产业的极速变革。2003 年"非典"暴发，催生了当当网等电商的崛起。今天，电商已经占领了图书销售渠道的半壁江山。这次新冠肺炎疫情凸显出由"人传人"的传染与传统图书行

---

① 《农民工东莞图书馆留言，感动全网》，见 https://xw.qq.com/cmsid/20200704A0FPDZ00?pgv_ref=baidutw&ADTAG=baidutw。

业"人对人"服务之间的矛盾，只能通过数字出版和融媒发展的技术手段解决。[①]

在此次疫情中，有良好数字出版基础的出版机构推出了相当多的优秀产品，有效满足了人民群众的精神文化需求，亦收获了美誉度；而往日不重视数字出版建设的出版机构，则只能面对着良好的机遇徒呼荷荷。这必然倒逼广大出版机构更加重视数字出版的纵深发展。

此外，如前文所述，疫情暴露出广大出版机构在数字平台建设上力量分散、对第三方平台过度依赖的问题。在未来的发展过程中，出版行业需要"两条腿走路"。一方面，出版机构依然需要依赖优质的第三方平台传播、分发产品；另一方面，出版行业需要建设数字出版方面的产业联盟，以更好地集中力量，增强出版行业本身的议价能力和盈利能力。

（三）将有更多的图书"走出去"

党的十八大以来，习近平总书记反复强调要"讲好中国故事"。近年来，我国越来越多的图书走出国门，被译介到更多国家，产生广泛的国际影响力。新冠肺炎疫情期间，中国将本国抗击疫情的经验、故事等，以图书的形式分享给亟须抗疫的国家，这成功塑造了中国协和万邦、有容乃大的形象，讲好了抗击疫情的"中国故事"。可以想见，在未来，传播中国智慧、分享中国经验、富于中国气派的图书，将在国际图书市场受到关注与好评，将有越来越多的图书"走出去"。

综上所述，新冠肺炎疫情既给我国出版业带来了极大的挑战，又给我们带来了莫大的机遇。出版行业的从业者们如果能够直面危机，时刻保持敏锐的职业嗅觉，时刻敞开胸怀拥抱新的技术与产业形态，必将转危为机，迎来出版行业更好的未来！

---

① 郝振省、宋嘉庚：《疫情防控阻击战中的数字出版与融合发展》，《现代出版》2020年第2期。

参考文献：

1. 刘兵、隅人：《570 种抗击新冠肺炎疫情图书选题分析》（上），《中国新闻出版广电报》2020 年 4 月 13 日。

2.《上海交大出版传媒研究院发布报告：新冠疫情对数字出版行业影响几何?》，见 https://news.sjtu.edu.cn/zhxw/20200217/120003.html。

3.《伊朗出版人求助中国"抗疫良方"始末》，《国际出版周报》2020 年 4 月 6 日。

4.《让更多的抗疫出版物走出国门》，《全民阅读导报》2020 年 3 月 20 日。

5.《农民工东莞图书馆留言，感动全网》，见 https://xw.qq.com/cmsid/20200704A0FPDZ00?pgv_ref=baidutw&ADTAG=baidutw。

6. 郝振省、宋嘉庚：《疫情防控阻击战中的数字出版与融合发展》，《现代出版》2020 年第 5 期。

7. 于殿利：《后疫情时代的出版》，《出版发行研究》2020 年第 6 期。

（作者单位：人民出版社）

新时代行业期刊编辑素质
提升路径探析

刘乔莉

  党的十九大报告指出，中国特色社会主义进入了新时代。在新时代，当今世界正经历百年未有之大变局，国际形势风云变幻，中国与国际社会的互动更加频繁；国内改革持续推进，社会主要矛盾也发生了变化，这构成了期刊出版大的时代背景。同时，由于技术的发展，新媒体兴起，给传统的期刊出版带来了机遇与挑战。对于行业期刊编辑来说，编辑如何在新时代提高自身素质，让期刊出版更好地为人民服务、为社会主义服务，就成为亟待讨论的问题。

一、行业期刊编辑及其素质的界定

  从 CNKI 数据库的文献来看，对于编辑定义的研究主要集中在 20 世纪 90 年代末到 21 世纪初。叶向荣在《编辑概念诸说之辩证探析》一文中将编辑定义为"组织、审阅、编选、加工原创作品以在整体上构成新作品（编辑作品）的著作活动"[①]。当今时代，编辑工作的本质没有发生变化，但是编辑的内涵和外延日益丰富，对编辑素质的要求也更为具体和多元。比如，根据媒介形态的不同，可将编辑划分为多种类型，包括报纸编辑、广播电视编辑、图书编辑、期刊编辑、网站编辑、新媒体编辑等，不同类型的编辑具有不同的特点。

行业期刊按照行业属性及定位可以划分为多种类型，比如机关期刊、学术期刊、新闻类期刊等，以及一些政府机关、高校、企业等供内部交流的未公开发行的期刊。除此之外，一些上市公司、传媒公司等也有行业类的期刊。这些类型的期刊又可以划分为多种类型，比如学术期刊可以按照学科类别、期刊级别等进行划分，新闻类期刊可以按照行业类别分为政治类、财经类、国际关系类、人文历史类、地理类、艺术类等。本文所研究的行业期刊主要界定在传统出版单位公开发行的聚焦于某一行业的理论类刊物。

行业期刊编辑的编校质量要求远高于网站编辑、新媒体编辑等，需要编辑具备较高的素质。本文认为，编辑素质是指"编辑在文化、科技成果传播与出版活动过程中作为实践主体所表现出来的，直接决定出版物质量，并对社会文化积累、社会发展、科技进步产生直接影响的特殊品性，是编辑在知识、品质、禀赋、感悟等方面综合能力的集中体现"[②]。具体体现为政治素养、专业知识水平、编辑出版业务知识、文字处理水平、组织协调能力、创新意识和学习能力等几个方面。

---

① 叶向荣：《编辑概念诸说之辩证探析》，《编辑之友》1995 年第 5 期。
② 孙生才、宋鸿、熊博晖等：《努力提高质量　扩大国际影响》，《中国科技期刊研究》2000 年第 2 期。

二、新时代行业期刊编辑面临的新情况

（一）当今世界正经历百年未有之大变局

新闻出版工作与国际国内形势的发展密切相关。新时代，国际形势风云变幻，最突出的是，当今世界正经历百年未有之大变局，这构成了新闻出版大的时代背景。习近平总书记在 2018 年中央外事工作会议上发表重要讲话时指出，当前中国处于近代以来最好的发展时期，世界处于百年未有之大变局，两者同步交织、相互激荡。大变局主要体现在以下几个方面：（1）非西方国家的群体性崛起以及其导致的东升西降成为不可阻挡的趋势。进入 21 世纪之后，尤其是 2008 年国际金融危机之后，以金砖国家为代表的发展中国家群体性崛起，经济发展前景受到期待。"现在，非西方国家的经济总量已经占世界经济总量的 40%，对世界经济贡献率达 80%，而且实力对比还朝着有利于非西方国家的方向推进。"①（2）美国霸权相对衰落，美国搞"美国优先"，承担国际责任的意愿降低，导致全球治理中的领导权缺失、治理赤字。其表现就是美国在国际组织中"退群"，与中国进行贸易战、科技战，让盟友承担更多国际责任等。（3）当今世界正经历第四次科技革命，人工智能、区块链、大数据、互联网等技术正深刻改变着人类的生产、生活方式，也影响着国家实力的对比变化。（4）中国的崛起引人注目，成为近百年来第一个走近世界舞台中央的非西方国家。中国积极承担大国责任，推动构建人类命运共同体，为国际社会的和平与发展贡献中国智慧、中国方案。

（二）新技术、新媒体的发展给传统行业期刊带来挑战

互联网使得多种媒介得以相互融合，数字媒体的应用、智能手机的推广，催生出更多的媒体形态。由于社交媒体、移动媒体具有便捷性、互动性等特点，很多人倾向于从微信、微博、抖音获取信息。据中国互联网络

---

① 严文斌主编：《百年大变局》，红旗出版社 2019 年版，第 148 页。

信息中心发布的第 45 次《中国互联网络发展状况统计报告》，"截至 2020年 3 月，我国网民规模达 9.04 亿；我国手机网民规模达 8.97 亿，我国网民使用手机上网的比例达 99.3%；我国网络视频（含短视频）用户规模达8.50 亿，占网民整体的 94.1%"。[①] 这给传统媒体带来了严峻的挑战。

传统期刊一般具有稳定的发展基础，其发展思路、发展观念也趋于传统化。很多传统期刊不可避免地固步自封，难以适应新的发展模式。在传统期刊工作的编辑人员受到整个媒体氛围环境的影响，编辑人员自身的工作能力得不到提高。虽然传统期刊仍保留着"内容为王"的优势和多年来累积的公信力，但是不能适应时代变化，编辑岗位吸引不了优秀的青年人，甚至还会流失一些优秀的人才。

（三）新时代的期刊编辑形态从"受众"理念向"用户"理念转变

在传统媒体占主导地位的时代，信息传播的单向特征使得受众处于被动地位，20 世纪早期"魔弹论"的受众观认为，受众被动接受媒体"制造的"一切信息。20 世纪中后期美国传播学者卡茨提出"使用与满足理论"，他将研究焦点转移到受众身上，指出人们在使用媒介时可以主动获得满足，媒体的受众意识逐渐转变，受众可以表达自己的需要，但受众仍不能参与到新闻生产的流程中去。新时代互联网的兴起再次改变了传统意义上的受众观。互联网为受众提供了开放、共享的平台，受众逐步参与到信息生产的流程中，逐步转为信息内容的生产者、传播者、消费者，传统的"受众"思维开始打破。

"用户"理念将受众看作"信息的消费者"的角色，强调了信息生产的服务性。从受众理念到用户理念的转变，意味着信息传播的主导者从传播者转向了受众，信息生产模式发生变革，在信息内容的编辑形态上也呈现出新的变化。在新的媒介生态环境中，"用户"获得了极大的便利。读者的阅读习惯发生了改变，可以通过社交媒体选择自己感兴趣的内容予以

[①] 中国互联网络信息中心：《第 45 次中国互联网络发展状况统计报告》，见 http://www.cac.gov.cn/2020-04/27/c_1589535470378587.htm。

关注，并且可以随时选择放弃某一信息发布平台转向另一个平台。然而，传统的行业期刊编辑缺乏收集读者的反馈和及时互动，使得其与读者的贴近性不足，在与新媒体的竞争中处于被动地位。

（四）传统行业期刊编辑创新意识缺乏，思维受限

在传统的传媒出版环境下，受众接受信息渠道单一，作者的发声渠道只能通过传统的报刊、广播电视、图书等方式，对于传统的期刊编辑来说，只要把准内容质量就可以在行业竞争中制胜。但随着各类媒体的层出不穷、市面上期刊数量越来越多，选题策划、组稿环节在扩大期刊影响力上起着更加重要的作用。对于某一行业而言，行业内的专家、学者、政企管理人员等可以选择的发声、发稿渠道很多。因此，能不能获得优质的作者资源、信息资源、技术资源就成为各大期刊在竞争中能否取胜的重要因素。行业期刊编辑往往形成依赖固有资源的历史惯性，在选题策划、组稿等环节缺乏主动性，与作者沟通中也有高高在上、放不下架子等问题，不能与时俱进，形成服务读者、服务作者、服务国家发展大局的意识。

传统期刊编辑创新意识的不足还体现在运用新技术的能力上。传统期刊编辑队伍中青年人员所占比重不高，且普遍缺乏创新意识。很多传统期刊的主管单位为传统的出版社和报社，在公司制改革前属于事业单位，编辑队伍里中年、老年编辑占较大比例，这些编辑人员资历较深，对内容把关非常严格，但是接受新技术的能力不高。传统期刊编辑工作者对新媒体、新技术的认识和理解能力有限，导致编辑素质的提升空间有限。

三、新时代行业期刊编辑素质提升路径

新时代行业期刊编辑面临着新情况，对期刊编辑素质也相应地提出了新的要求。期刊编辑素质建议从以下方面予以提高。

（一）加强政治理论学习，提高政治素养

2018 年，习近平总书记在全国宣传思想工作会议上指出，要加强党对宣传思想工作的全面领导，旗帜鲜明坚持党管宣传、党管意识形态。要以党的政治建设为统领，牢固树立"四个意识"，坚决维护党中央权威和集中统一领导，牢牢把握正确政治方向①。

在期刊的各项业务工作中，要将政治意识放在第一位，贯穿期刊出版工作的全过程。要深入学习习近平新时代中国特色社会主义思想，将其贯彻落实到期刊编辑出版工作之中；要在期刊内容上，坚持政治导向，重大主题宣传不缺位，解读分析中央大政方针。期刊编辑需要时刻保持高度的政治敏锐性，提升政治素养。政治素养提升的过程也是业务能力提高的过程。在政治学习中，可以学习到政策性、专业性、行业性的权威表述。随着很多新政策的产生和发展，一些表述也会发生变化。这就要求期刊编辑要紧跟形势，加强对国家重大事件的了解，加强对政策性文件和中央精神的学习，只有这样，才能让期刊内容保持正确的舆论导向。

（二）加强规章制度学习，强化责任意识

针对与行业期刊出版的整个流程相关的业务工作都要制订严格的管理制度，并严格遵守。行业期刊编辑不仅要严守党的政治纪律和政治规矩，还要切实提高保密意识。在采编工作中，行业期刊编辑要遵守新闻工作者职业道德规范和廉洁从业规定。在期刊稿件质量管理方面，严格遵守三级审核制度；在期刊稿费管理方面，严格遵守出版单位的财务制度。

将"用户"作为"消费者"的理念让很多新媒体编辑的信息生产将服务局限于迎合受众的层次上，忽视了媒体应当承担的社会责任。尤其是传统媒体本身的事业化管理和企业化经营与微博、微信等社交媒体本身的商业化相冲突。传统媒体要服务于党和人民，将社会效益放在首位。社交媒体是民营企业开发的应用程序，其与生俱来的商业化基因会渗入信息生产的流程当中。要解决这一矛盾，不仅要靠政策、法规的"他律"，还需要期刊编辑工作者的"自律"，强化责任意识；要把社会效益放在首位，追

---

① 《习近平出席全国宣传思想工作会议并发表讲话》，新华网，见 http://www.xinhuanet.com/2018-08/23/c_129938245.htm。

求社会效益和经济效益的统一。

（三）继承优良传统，提高基本业务素质

内容是决定新闻出版工作生存与发展的关键所在，更是其安身立命的根本。行业期刊编辑要继承优良传统，坚持内容为本，不断增强"四个意识"、提高"四力"。要加强编辑专业基础知识学习，练好基本功，熟练掌握编辑应知应会的基本知识，包括文字、词语运用、标点符号使用、图片使用等；要有情怀和奉献精神，在工作中高标准严格要求自己，不能一味追求内容的数量，要重视内容的质量，拒绝粗制滥造，要保持对文字内容最本真的热爱和敬畏，不忘初心，不仅仅将编辑当作一项简单的工作，更将其看作一项伟大的事业。要不断提升学习能力，也就是学习新鲜事物和专业知识的能力，可以通过参加学术会议、选题调研、编辑评价工作等活动提升自身的专业能力和学术水平。新时代知识迭代更新的速度加快，不同期刊类型需要不断学习相关行业知识，遇到新问题时要及时查缺补漏，例如文学类期刊编辑需要阅读大量的文学作品，提高文学素养；财经类期刊编辑需要掌握各种经济政策，把脉经济形势。

（四）注重选题策划，提高统筹协调能力

编辑需要具有开拓精神，突破传统的编辑方式，充分发挥编辑的组织作用，以优质内容提高期刊的影响力。期刊编辑人员需要具备良好的沟通能力、策划能力，并增强约稿意识。根据期刊定位和栏目内容需求，加大策划和组稿力度，要高质量地进行精确约稿。首先，要明确约稿主题。围绕党和国家的大政方针，以及行业的热点、难点、焦点问题，比如党代会主题、两会热点问题，进行多角度多层次解读，同时把握好思想深度与可读性的关系，力求用通俗易懂的语言解读深奥问题，让读者读后能入耳入心。要明确行业期刊的读者需求，有针对性地为读者工作和生活解疑释惑。其次，要拓宽约稿途径。除了借助常年积累的作者资源外，还可以通过行业资源介绍、举办重要会议、借助各类媒体等方式进行约稿。行业期刊过分依靠主管单位系统内的专家约稿，会造成行业期刊只是聚焦于系统内的资源，期刊编辑的视野和平台也会有较大的局

限性，期刊的品牌度和知名度也难以提升。最后，要重视文章的影响力扩散。期刊出版之后，一篇文章的影响力与编辑后期努力相关。要运用微信公众号、微博等媒体渠道，对文章进行二次扩散；要推选优秀文章给《新华文摘》等摘编类期刊，扩大影响力；要对读者的反馈意见认真阅读，分析文章在宣传上是否达到目的、读者还有什么需求等，实现编辑与读者的良性互动。

（五）学习借鉴人工智能等新兴科技，由策划编辑向全能编辑转变

云计算、大数据、人工智能、工业互联网、区块链等多种技术的联合运用已经成为各行各业发展的一大趋势。期刊编辑要善于了解、学习、认识各类技术的发展和应用，新时代优秀全能期刊编辑应该全面掌握信息技术能力，并提高自身的技术素养。利用各大网站、资讯类客户端、社交媒体、智能媒体等各类媒体搜集信息、整理信息、传播信息，也成为期刊编辑必须具备的素质。例如，很多媒体采用的网络采编平台也需要期刊编辑具备电子化办公的能力；一些传统期刊开通的公众号，是期刊编辑兼职在做，需要编辑具有新媒体编辑的基本素养。

因此，期刊编辑要尊重信息传播规律，积极学习使用各种媒介手段，打造适用于不同媒介新闻传播规律的信息产品，推动纸质期刊与数字媒体融合发展，运用新技术，将视频、图文、H5 等多种元素融入传播当中，让内容发挥出强大效力；要增强合作意识，比如可以向同行业期刊互送刊物、与"学习强国"APP、"学习小组"公众号等新媒体加强合作，扩大信息的传播范围，提升宣传舆论的传播力、引导力、影响力；要利用依托期刊创办的公众号，加强与作者、读者的联系，重视读者的反馈信息，及时互动，努力做到贴近生活、贴近实际、贴近读者。

四、结语

传统行业期刊编辑工作面临着新的机遇与挑战，国际形势的风云变幻以及西方国家对我国的意识形态渗透让期刊编辑必须加强政治意识，新技术、新媒体的发展让传统行业期刊竞争更加激烈，也极大影响着受众获取信息的方式和阅读习惯，行业期刊编辑的角色正在转变。行业期刊编辑要不断增强"四个意识"、坚定"四个自信"、做到"两个维护"，遵循职业道德，把社会效益放在首位，追求社会效益与经济效益相统一。最关键的是，行业期刊编辑要适应科学技术的发展变化，在继承优良传统的过程中增强开拓创新的意识，灵活运用新媒体、新技术，为作者和读者提供最好的服务，提高对全局的策划、把关、推广能力。

参考文献：

1. 叶向荣：《编辑概念诸说之辩证探析》，《编辑之友》1995 年第 5 期。

2. 孙生才、宋鸿、熊博晖等：《努力提高质量，扩大国际影响》，《中国科技期刊研究》2000 年第 2 期。

3. 严文斌：《百年大变局》，红旗出版社 2019 年版。

4. 中国互联网络信息中心：《第 45 次中国互联网络发展状况统计报告》，见 http://www.cac.gov.cn/2020-04/27/c_1589535470378587.htm。

5.《习近平出席全国宣传思想工作会议并发表讲话》，新华网，2018 年 8 月 23 日，见 http://www.xinhuanet.com/2018-08/23/c_129938245.htm。

6. 中国社会科学院新闻与传播研究所主编，唐绪军、黄楚新、吴信训副主编：《新媒体蓝皮书·中国新媒体发展报告（2020）》，社会科学文献出版社 2020 年版。

（作者单位：中国时代经济出版社有限公司《审计观察》杂志社）

认知学徒制：新手编辑培养的组织与实施探讨

——以学报编辑为例

刘火苟

在不少高校学报编辑部，很多新手编辑入职都是"零基础"。有的是从所在高校其他岗位调入，有的则是高校对外招聘的年轻毕业生。他们也许写过很多学术论文，但进入编辑岗位之前从未做过学报编辑出版工作，在心态上很难实现从作者（或读者）到编辑角色的快速转换。这就要求高校学报编辑部有计划、有系统地加强新手编辑的培养，使之有效适应编辑的岗位，迅速成长为"来之即用、来之能用"的合格的学报编辑。

一、传统的"师徒制"新手编辑培养模式存在的问题

由于编辑工作的实践特性，传统的新手培养一般采取"以老带新"师

徒制模式，即由编辑部指定经验丰富的老编辑指导新手编辑，采取"传、帮、带"的办法，新手编辑跟岗老编辑做"影子培训"。当老编辑从事编辑任务时，作为新手编辑则像影子一样在观察、询问、模仿等过程中逐渐学得编辑技能。这种师徒制模式在编辑部的新人入职培养中代代相传，长期以来培养了很多编辑人才，至今仍发挥着重要作用。然而，这种新手培养模式的不足也是显而易见的。

首先，这种方式至少在效率上和专业性上难以适应当代高校学术出版的复杂要求。一则编辑出版工作所需的许多技能，如专业内容的审改、协调沟通、融媒体的整合实践等难以仅凭简单的观察和口传心授的方式掌握。二则当代学术出版对学报编辑人员提出了新的要求。随着对前瞻性科学研究和原始创新的日益重视，国家对科研的投入不断加大，各类学术期刊对优秀科研成果的争夺日趋激烈，当代高校学报已从主要刊载本校教师科研学术成果扩展到刊载校内外高水平教科研成果的重要平台。新时代学报编辑的职业责任已不单单是编校稿件，还要求具有较高的学术判断能力，更要求能"编"会"研"。高校对学报编辑的考核也要求有一定的学术研究成果。由此可见，传统的"编辑匠"已越发迫切地向学者型编辑转型。①

其次，这种师徒制培养模式一定程度上也抑制了新手编辑的主体性。在师徒制"传、帮、带"模式中，以观察、模仿老编辑的编辑实践为主要学习方式，是一种单向度的、以操作技能和缄默知识学习为主的人才培养模式，存在学习对象单一、学习效率低下、培养时间漫长等问题。这种模式往往缺乏规划，随意性强，甚至枯燥乏味。有的师傅以不放心让新手编辑审稿为由，让其帮忙做一些诸如接打电话、外联跑腿、核红校对等杂活，使新手编辑成为其私人助手，由此导致新手编辑的主体性受到抑制，缺乏身份认同感和归属感，等等。

以上问题一定程度上制约了新手编辑专业成长的速度与高度。当新手

---

① 蒋宇：《"编辑学者化"论争与"学者型编辑"的构建》，《宁夏大学学报（人文社会科学版）》2011 年第 6 期。

编辑置身于真实的工作情境中，难以将随师跟岗中获得的碎片化知识用于解决实际编校中遇到的问题。事实上，传统师徒制培养模式已越来越难以适应流动的、高度分工的、日益复杂的现代信息社会，已经逐渐被现代认知学徒制所取代。认知学徒制是一种适用于情境学习的人才培养模式，通过使学习者获得开发和使用真实活动领域中的认识工具来支持特定领域的学习。① 鉴于编辑认知的实践性特征，认知学徒制具有清晰的培养思路和有效的培养载体，经过一定时期的系统培养，能有力地帮助新手编辑度过职业生涯的关键适应期，为其专业成长打下良好基础。

二、认知学徒制与编辑工作的实践性

认知学徒制由情境学习理论发展而来，它既吸收了传统学徒制从"做中学"的核心技术，又吸取学校教育知识与情境相脱离的教训，主张学习者"像专家一样"，以解决问题为导向，以共同体的方式学习，在专家、同伴的指导下在真实的任务情境中实践，逐渐学得专家的专长，并习得专家工作中不可言传的缄默知识。② 美国学者柯林斯、布朗、纽曼等人提出了认知学徒制的四个要素，即内容、方法、序列和社会性。在学习的内容上，围绕学科领域知识，强调学习有效解决问题的认知策略和元认知策略；在学习的方法上，主张为学习者提供学习支架，在学习中以讨论探究为主，注重比较和反思；在学习的序列上，强调整体把握学科本质，而后循序渐进，实现学习的复杂性和多样性；在学习的社会性上，主张情境学习，通过加入专家实践共同体的合作互动而学习。③ 学习者通过实践共同

---

① 刘路：《从手工学徒制到认知学徒制——关于变革我国编辑出版专业培养模式的探讨》，《出版发行研究》2005 年第 6 期。

② 胡峰光：《走向真实情境：认知学徒制导向下的新教师培训探索》，《中小学管理》2019 年第 4 期。

③ 陈家刚：《认知学徒制研究》，华东师范大学博士学位论文，2009 年。

体在真实情境中开展互动性学习是认知学徒制的显著特征。由此可见，认知学徒制超越了传统手工学徒制的不足，为职业新手的快速成长构建了有效学习的环境。

编辑学是一门实践性很强的学科，编辑的知识主要是实践性知识。实践性知识是应用于实践操作过程中的整合性知识，主要包括内容知识、过程知识与技巧、信仰与价值观、缄默知识等。实践性知识是在实践情境中学习到的与合法化的，是实践的、动态的、整合的、主观的。[①] 实践性知识具有情境性、复杂性、过程性等特征以及需要通过"做中学"的方式获得。认知学徒制的培养模式契合了实践性知识的学习特点，成为实践性知识学习的有效方式。

为此，我们探索开展基于认知学徒制理念的新手编辑培养：将新手编辑纳入学报编辑部共同体，并为之提供学习支架，使其像专业编辑那样在真实的任务情境中学习，在与共同体的交流互动中获取解决复杂实践问题的显性知识和缄默知识。其间，新手编辑逐渐从模仿走向独立和创造，不断建构作为编辑的实践性知识体系，最终成长为一名合乎学报出版要求的专业编辑。

三、认知学徒制导向下新手编辑的培养实践

（一）共同体的接纳：参与、共享与互助

以维果茨基为代表的社会文化建构主义者认为，知识是社会建构、个体与社会意义协商的产物，学习是一种"以对话为媒介的交互作用的文化实践活动"。[②] 认知学徒制强调学习的社会属性，提倡在共同体的平等对话

---

① 费菲：《基于认知学徒制的实践性知识的建构》，《河南科技学院学报》2016 年第 4 期。

② 钟启泉：《知识建构与教学创新——社会建构主义知识论及其启示》，《全球教育展望》2006 年第 8 期。

中彼此分享学习的兴趣、困惑和收获，实现个体发展的生长跳跃。"共同体"最初是由德国社会学家滕尼斯提出，用以指称的以血缘性和地域性为纽带而联结的社会群体。在现代，"共同体"一词被应用到不同文化领域中，泛化为一种文化隐喻，指依靠规范、目的、价值观、专业人员、合作精神和自然的、相互依赖的团体。① 编辑共同体是一种集编、校、研于一体的学习型组织，客观上形成了认知学徒制所强调的社会性学习环境。在学报编辑部的日常工作中，由主编和普通编辑构成的实践共同体，承担了学报选题策划、约稿组稿、审稿加工、出版发行等各项工作。新手编辑入职时，学报主编作为共同体的领导者，应主动将其纳入实践共同体，而不再像以往那样交给某位老编辑作为师傅负责培养。这就意味着，新手编辑获得了"属于"组织的身份认同，并享有在组织中学习的权利。作为学习实践的主体之一，新手编辑通过和主编及同伴的互动，实现更高层次的成长。

1. 主编引领，同伴互助

编辑共同体由学报编辑部全体编辑组成，旨在打破横亘在编辑部中不同学科、不同专业、不同角色岗位之间的壁垒，促使具有不同风格特点和思维方式的编辑互相交流、合作与分享，激发创新和发现，从而获得共同成长。编辑共同体对新手编辑的敞开、接纳、尊重与关怀，使其感受到集体的温暖，积极地参与到集体的理解和同伴的互助中。当然，作为共同体中的首席，主编要起到统筹指导的作用，即指导新手编辑完成编校任务、促进实践反思、改进编校效率等。共同体中的编辑同伴则与新手编辑共享工作中的经验得失、思想和价值观，遇到问题和困难，则共同寻求解决思路和方法。在认知学徒制的共同体中，鼓励"自然而然"地求助和"若无其事"地相助。对于求助的回应，不是高高在上的"这个都不懂，我来教你"，而是商量探讨地"你这个问题，是不是这样"。② 这种互助文化构筑

---

① 舒悦：《基于学习共同体的中小学组织文化变革探讨》，《中国教育学刊》2014 年第 9 期。

② ［日］佐藤学：《学校的挑战——创建学习共同体》，钟启泉译，华东师范大学出版社 2015 年版。

了一种亲密和谐的人际关系，促使新手编辑学会提问、敢于提问和善于提问，使其随着问题讨论和解决而获得专业成长。

2.由边缘性参与到成熟实践

实践共同体是基于知识学习和分享的社会结构，主张"学习即实践参与"。作为新手编辑，正是在实践共同体中"合法的"边缘参与，逐渐由边缘走向中心，由编辑初学者走向专家型编辑。在编辑共同体中，由主编引领成员围绕工作中存在的问题开展对话性交互和研讨。一是共同体成员轮流主讲（分享）。结合文稿编校中存在的各种问题，如选题、拟题、核心观点、论文结构、参考文献、意识形态、学术伦理等，将其凝练成研讨主题，并订立相应的研讨计划，利用编辑部的业务学习时间，由编辑轮流主讲。编辑可以根据各自的兴趣进行选择，并为轮流主讲而进行准备。新手编辑前期只需观摩和适当参与讨论，即边缘性参与，作为新手的学习者部分地、不充分地参与共同体的活动。[①] 中后期则选择某个主题尝试性主讲，分享对相关主题的理解与心得。二是共同体成员进行编校展示活动。通常是，主编选择某篇隐去姓名和单位等信息的稿件发给新老编辑，在事先不讨论的情况下，要求提出各自的书面审稿意见，在研讨展示环节供大家品评比较。三是邀请名刊名编给共同体成员做分享。一般来说，著名编辑不但具有丰富的编校经验，独具个性的编辑思想，而且其对出版事业的执着热爱、待人接物的亲切谦和态度，会给编辑特别是新手编辑留下深刻的印象。编辑共同体的上述活动还有很多，在此不一一列举。新手编辑参与共同体互动的过程，即如莱夫和温格所说，学习历程是由周边开始，不断向核心推进，逐渐深入参与真实的活动，最终成为一个成熟实践的示范者（实践活动的专家）。[②]

---

① ［美］J.莱夫、E.温格：《情景学习：合法的边缘性参与》，王文静译，华东师范大学出版社 2004 年版。

② ［美］J.莱夫、E.温格：《情景学习：合法的边缘性参与》，王文静译，华东师范大学出版社 2004 年版。

3. 在解决实践问题中形塑主体性

学习者主体性通常为真实任务中待解决的问题所塑造。首先，活动情境中的真实问题有力地激发了学习者内在的驱动力、能动性和创造性，促使其积极主动地解决问题。例如，面对一篇文稿学术价值的判断，新手编辑可能十分困惑地发现自己的看法和专家审稿意见大相径庭。为此，共同体挑战新手编辑，激发他去大量阅读相关文献，并进行交流讨论，努力寻求问题的症结所在。新手编辑在学习中对自己的思维过程、思维结果进行再认识，从而实现理解的深化和认知结构的不断完善。其次，共同体也给新手编辑足够的空间为解决问题而主动表达、自主探究、自我展示，满足其自由生长和自我实现的需求。再次，在问题解决中，新手编辑通过在与共同体同伴的工作风格、研究方向的比较中发现自我价值，从而找到自我发展定位，为形成个性化的编辑风格乃至编辑思想发展奠定基础。

4. 关注研究能力，培养学者型编辑

长期以来，编辑习惯将自己的工作比作"为人作嫁衣"，然而这只是对编辑默默工作少被关注的一种自我解嘲。事实上，由于编辑在文化选择和文化传播上的特殊角色，大多数编辑不但善于编校稿件，而且自身也懂学问，能作出斐然的学术研究成果，有的甚至还是某些领域的顶尖级专家。因此，鉴于编辑工作的性质，从入职起，新手编辑即被要求能编会写，会做研究。为此，编辑共同体十分注意引导新手编辑选择学术研究方向，朝着学者型编辑去努力。

（二）"真实任务"指向：让新手编辑在实践中学习

新手编辑在入职初期面临需要尽快解决的多个问题，如涉及稿件的处理有审稿、组稿、沟通、加工等，这些问题可凝练成真实的任务主题（如表 1 所示部分主题）。在完成真实任务中，共同体帮助新手编辑诊断审稿中存在的问题、原因，探究任务主题，并协助新手编辑寻找解决问题的方法和措施。

表1　新手编辑在实践中学习任务主题示例

序号	学习主题	学习观摩重点
1	什么是一篇优秀的编校研究论文	选稿标准的理解和把握
2	如何撰写修改意见	修改意见的可操作性和可接受性
3	如何就论文的修改与作者电话沟通	言之有据，态度谦和
4	遇到外审专家给出不同意见如何处理	综合把握，审慎传达
5	如何深度加工有缺陷的过审论文	对论文逻辑结构的梳理和形式规范的校正

认知学徒制主张通过多种任务情境的呈现，让学习者循着知识产生的脉络去准确把握学习内容。在处理不同任务时，认知困难及认知冲突随时可能发生。为此，应尽量使实践性知识外显和思维可视化，使学习者能顺利实现有效认知迁移。对编辑培养而言，一方面，让新手编辑参与学报出版的各个环节，使其受到多方面的锻炼；另一方面，尽量让编辑工作可视化，这样，新手编辑能够全面细微地观察共同体成员的编辑处理情况，如文稿编辑中的专业知识的呈现、编辑策略的使用、修改意见的撰写及与作者沟通技巧等，从中学习执行编校任务时可迁移的知识、情感、态度和价值观。在此过程中，共同体的作用是示范、引导、提供学习支架，新手编辑在观察和参与中像"专家编辑"一样表达、反思和探究，成为编辑实践问题的解决者。

（三）情境学习：从模仿走向创造

认知学徒制重视学习情境的创设，使学习成为一种自然而然的实践过程。通过聚焦共同体成员的实践示范，新手编辑借由观察、模仿和练习，逐渐熟悉之后便超越模仿走向独立和创造。

1.提供学习支架，模仿练习

学习支架是认知学徒制的重要构件，是共同体为学习者搭建的借以成长跳跃的学习框架。它们可以是相关的建议、策略、技巧或者学习资源，如提供栏目选题论证范本、审稿意见范本、专家约稿范本等。例如：大部分新手编辑在提修改意见时，往往不知道如何抓住修改重点、提出修改建议，沟通时采用何种措辞，使作者乐意接受并及时修改发回。面对新手编辑的这些问题，共同体可提供一些相对成熟的范本、审改样本作为参考，新手编辑抓住范本中的重点，依据实际情境对范例进行修改而后编辑处理。主编作为共同体的主持者，要充分考虑新手编辑的学科背景和实践经验，设计不同种类的学习支架。理念层面的学习支架主要为新手编辑提供思路，打开视野，如推荐一些编辑学、传播学领域的经典著作，如《编辑人的世界》《天才的编辑》《理解媒介》等，还需提供国家新闻出版法律法规和有关行业标准让新手编辑学习。在策略层面，可以为新手编辑提供诸如思想政治把关、学术价值考量、文稿标题修改、篇幅版面控制、核红校对、退稿处理等层面的技术指导。新手编辑借助学习支架认知情境，并加以实践练习。例如，在遇到确实需要向名家退稿的情况时，应做到委婉有礼而有理有据，即使退稿也能做到"留人"。

2. 走向独立操作，实现迁移转化

编辑共同体通过学习支架把真实任务逐渐交给新手编辑，使后者掌握、建构、内化那些能使其从事更高认知活动的技能。然而，当发现新手编辑在编校工作中基本熟练后，就应及时收回学习支架，鼓励其超越之前给予参考的各种模板和范本进行独立思考和独立操作，由此赋予其更多的编校责任。这一时期，共同体对新手编辑的工作给予分析、诊断、鼓励和支持，促使新手编辑能够在工作情境中接受指导、获得直接经验，为独立解决复杂问题打好基础。

3. 开展反思探究，发展创造能力

在独立编校阶段，新手编辑通过工作反思，分析自己的编校实践，与主编或其他成员的工作方法进行比较反思。在反思中，考察自己的编辑思路，说明对具体文章编校、修改的依据，听取主编和同伴的不同意见，重构对问题的理解，使实践理性得到发展。同时，共同体鼓励新手编辑研究工作及编辑学界中存在的热点、难点问题，通过创造性思考和实践促进专业成长。

四、认知学徒制助力新手编辑专业成长

在传统新手编辑培养中，大多数情况是随"师傅"跟岗学习。所谓"师傅领进门，修行在个人"，新手编辑在职业适应阶段，只能靠自身的努力和悟性慢慢摸索。这种费时低效的培养模式越来越难以适应当今快速发展的编辑出版新业态。认知学徒制扬弃了传统学徒制的培养模式，围绕编校工作中的实际问题，提倡新手编辑像"专家编辑"一样参与编辑共同体互动。由主编和普通编辑构成的共同体在新手培养过程中，一方面，扮演着帮助者、指导者的角色，为新手提供各种学习支架和辅助资源，并协助其参与真实的审稿编校实践，帮助新手编辑实现更好更快成长；另一方面，编辑共同体自身的组织文化也在开放有序、互助交流中得到培育、巩固和持续健康发展，从而赋予共同体更大的凝聚力和发展力，反过来惠及所有成员的专业成长。总之，基于认知学徒制组织的新手编辑培养，有效地发挥了共同体的作用，使新手编辑在组织关系中找到归属，在工作实践中找到信心，在职业生涯中找到方向。

（作者单位：福建教育学院杂志社）

新时代学术期刊编辑
如何利用大数据

史拴拴

计算机和互联网技术的快速发展，深刻地影响着人类生产生活的各个方面，特别是信息获取的渠道和方式——人们越来越多地通过网络获取信息。面对外部环境的变化，近年来以传播学术为主要职能的学术期刊不断积极探索，纷纷通过自建平台网站、加入期刊数据库、发行电子刊、开通官方微博、创办微信公众号等形式进行数字化转型。作为学术期刊的中坚力量，新时代广大期刊编辑应与时俱进，不断提高自身能力素养，助益期刊高质量发展。

当今时代是大数据的时代。"互联网和移动互联网所产生的海量数据为观察用户行为和信息传播过程提供了宝贵资源。"[1]学术期刊的用户主要

---

① 陈铭、徐丽芳：《大数据时代编辑智能化路径分析》，《出版参考》2020年第5期。

是期刊作者和期刊读者。这两大群体对学术期刊生存发展的重要性不言而喻。学术期刊编辑要具备大数据思维，利用大数据做好选题策划、文章编辑校对、服务作者读者、宣传推广期刊等工作，为提高刊物学术影响力和品牌力作贡献。本文主要探讨大数据思维对学术期刊编辑的内在要求以及编辑利用大数据做好期刊工作的策略方法。

一、大数据思维对学术期刊编辑的内在要求

思维是行动的先导，要想利用好大数据，必须树立与大数据思维匹配的思维模式。大数据思维内在地要求学术期刊编辑转变传统的思维方式，建立新思维。

一是数字思维。现代社会是信息爆炸的社会，但海量信息的呈现形式与过往有很大的不同。过去，信息主要是静态的、直接呈现的，而现在，信息多被转化为计算机语言或者说抽象数据，然后借助图像显示和交互技术实现抽象化数据的可视化。可以说，数据成为信息的基本单元。因此，在大数据时代，人们思考和解决问题，必须具备数字思维。对学术期刊编辑而言，工作理念要由经验主义向数据主义转变。即一方面树立用数据分析问题、解决问题的意识；另一方面增强对数字数据的敏感性和理解能力，掌握大数据信息处理的内在原理。

二是精准思维。大数据时代数据的基数巨大，并且在以惊人的速度增长着，但由数据构成的信息却往往是碎片化的、无序化的，且良莠不齐、缺乏针对性。虽然数据中蕴含着富有价值的信息，但是对应人们特定的需求，单位数据的价值就相当之低了。另外，有价值的信息从来不会自动呈现，需要人们探寻挖掘。这就要求我们具备精准思维，在庞杂的信息中找到准确、真实、有用的部分。面对海量数据，学术期刊编辑应充分意识到，数据是资源而非答案，答案的获得需要其用批判的眼光、缜密的逻辑对信息进行处理，做到择优选取。

三是协同思维。当今社会专业分工越来越细，各行各业的相互协作成为必然。对学术期刊的编辑而言，要在大数据时代树立协同思维。一方面，与具备较高数字素养、数字能力[①]的伙伴加强协作。大部分学术期刊的编辑，一般都熟练掌握所在学科的专业知识，但很可能不擅长数据的挖掘和分析，需要与他人开展合作弥补不足。另一方面，与具备不同学科背景者加强协作。在当今以知识生产为目的的学术研究中，不同学科之间彼此学习借鉴，学科交叉成为一种普遍状态。交叉的结果是产生了大量不单个独属于某一特定学科的数据。这意味着处理分析此类数据仅靠个人或者单个学科是不能胜任的，需要进行跨学科合作。

四是创新思维。创新是学术期刊不断获得高质量发展的重要动力，学术期刊编辑在运用大数据的过程中一定要有创新思维。一方面，创新对数据的挖掘、分析。大数据技术下的数据挖掘、分析，追求的不是被人熟悉的知识，而是获取新的具有特定价值的知识。这就需要学术期刊的编辑摆脱传统纸本时代的陈旧思维，创新对数据认知和理解，对数据进行创造性重组，发现其中蕴含的新价值。另一方面，创新对数据的使用。不断拓展大数据技术的应用范围，将其用于学术期刊编辑出版的全流程，包括选题策划、遴选作者、稿件外审、编辑校对、排版设计、宣传推广、出版发行等各个环节。

二、学术期刊编辑利用大数据的策略方法

大数据时代，面对较低价值密度的数据洪流，学术期刊编辑要立足刊物实际，主动出击，利用大数据技术做好选题策划、编辑校对、对外传播等重要工作。

---

① 王佑镁、杨晓兰、胡玮、王娟：《从数字素养到数字能力：概念流变、构成要素与整合模型》，《远程教育杂志》2013 年第 3 期。

（一）掌握学科动态，做好选题策划

高质量的选题策划是学术期刊保持学术水准和竞争力的关键，而做好选题策划的前提是全面掌握学科发展动态。无论是综合性期刊编辑还是专业性期刊编辑，都必须在明确本期刊定位的基础上，掌握所负责栏目或者版块学科的研究动态和前沿趋势。大数据工具在此方面大有可为。

一般来说，文献计量分析法是现在学术界和期刊界进行数据分析的主要方法，其中使用频率和应用价值最高的是共词分析。共词分析的基本原理是先对目标文献提取共词并形成相关矩阵，之后利用网络分析、聚类分析、关联分析等，最终达到掌握学科研究聚焦点以及演进过程的目的[①]。虽然共词分析法可能会因受到低频关键词的影响出现精准性问题，但依然是学术期刊编辑做好选题策划工作重要的辅助工具和方法。

具体而言，首先，就是利用网络平台（主要是大型学术期刊数据库）对文献进行信息整合，包括提取、统计和分析文献发表量、刊发期刊、高产作者以及高被引文章的信息；其次，借助共词分析方法，统计被处理过的关键词的出现频次，形成共词矩阵；最后，结合网络分析方法绘制网络知识图谱和聚类图谱，实现学科热点的可视化和直观化。学术期刊编辑可结合自身经验和大数据结论深入分析学科热点研究的具体情况，有针对性地策划具体选题和组稿约稿。也可以根据分析结论，及时调整期刊栏目设置，打造特色专栏。

（二）借助智能分析，提高编校效率

编辑校对工作是学术期刊的基本工作内容，借助依据大数据发展而来的各类智能编辑平台提高编校质量和效率对学术期刊具有重要意义。

学术期刊刊登的论文首先要"干净"，即是原创的而非抄袭的文章。随着大数据技术的进步，文献查重系统越来越成熟。数据库文献的海量以及相关比对技术的进步使得查重结果的可信度大大提高，初级的颠倒顺

---

① 钟伟金、李佳：《共词分析法研究（一）——共词分析的过程与方式》，《情报杂志》2008 年第 5 期。

序、同义替换、简单增减很难逃过查重系统的"法眼"。可以说，查重系统是学术期刊编辑重要的辅助工具。编辑不仅要掌握查重系统的设计原理和使用方法，还要能够科学鉴定查重系统给出的结果。一方面要拓宽阅读的广度，熟悉学科研究动态，看出某些文章虽然重复率不高，但却是高超"易容术"的产物。另一方面对待高重复率文章，要能区分开是引用不当还是恶意抄袭造成的。对待引用不当但学术水平较高的文章，要积极帮助作者修改完善。

另外，学术期刊编辑要善于利用编辑软件提高工作效率。例如，使用黑马校对软件、凤凰智能校对系统等帮助自己对文章的字、词、标点进行初步校对；使用善锋软件、NoteFirst 参考文献编校系统等对文章参考文献的著录格式以及准确性进行整体把关。可以说，善用基于大数据技术的智能分析软件会在很大程度上让学术期刊编辑从烦琐复杂的错字筛查、格式订正、文献查重等基础工作中解脱出来，腾出更多时间投入跟踪学术动态、策划高质量选题、与作者沟通修改稿件、宣传推广优秀文章等更富创造性的工作中来。

（三）了解用户需求，实现高效传播

虽然俗话说"酒香不怕巷子深"，但学术期刊在刊发学术价值较高、编校质量优良的文章后，如果不重视宣传推广，仅靠读者来主动发现，文章很可能就被淹没在巨大的数据库中了。虽然如今许多学术期刊都创建了自身的宣传推广平台，但这些平台的普遍状态是未被充分重视和利用，甚至建而不用。为提高学术期刊的影响力和品牌力，必须重视平台的作用。学术期刊编辑要积极利用大数据、了解用户需求，实现高效传播。换言之，就是对读者和作者进行全面分析，进而做到内容精准推送和个性化服务。

在操作层面，就是依托大数据技术，对目标群体的活动情况进行分析。具体而言，就是要分析过往在平台上所推文章的阅读量、访问时间、点赞、转发以及评论互动等情况。通过分析，掌握读者最关注哪些内容、最需要哪些服务以及其活动规律。在此基础上，对目标群体进行画

像，制订针对性强的推广策略。可结合社会热点和理论热点，通过电子邮箱、QQ群、微信群、微信公众号等平台大面积推送本刊所发表的相关文章。也可以根据读者的阅读习惯和偏好，选取文章的核心段落或者梳理主要观点、创新点进行精准个性化推送。另外，为提高用户黏性，学术期刊编辑要想办法提高所推送内容的展示度和趣味度。例如，积极融合视频、音频、动画等技术进行内容推送。当然，这要求编辑人员具备相应融媒体能力。

三、结语

在新技术日新月异的当下，我们只有不断学习、不断提高，才能立于时代潮头。作为学术知识的传播者，学术期刊编辑要积极顺应数字化浪潮，培养大数据思维方式，自觉学习大数据基本原理和应用技术。在期刊工作中，要主动运用共词分析等方法跟踪学科发展动态，策划优质选题；要熟练掌握查重软件、智能编校系统等智能工具提高工作效率；要认真分析作者和读者阅读行为习惯，实现精准推送和高效传播。其实，大数据技术的应用范围不限于上述内容，还可在作者和审稿专家遴选确定、出版发行等环节发挥积极作用。除此之外，学术期刊编辑要积极思考与大数据密切相关技术的发展对学术期刊和编辑工作的影响。例如，基于互联网、大数据和深度学习技术的人工智能对学术期刊编辑出版可能造成的颠覆性影响①。总之，主动学习、苦练内功、积极应对是我们期刊人在新时代面对新挑战的不二选择。

（作者单位：江苏省社科联江苏社会科学杂志社）

---

① 张勇、王春燕、王希营：《人工智能与学术期刊编辑出版的未来》，《中国编辑》2019年第4期。

新时代传统出版社数字化
转型方向与突破浅谈

万莉立

随着大数据、云计算、人工智能等科学技术的快速发展和普及，传统出版机构（主要指出版社）向数字化转型已成必然趋势。但结合笔者的从业经验，目前整个出版行业的转型仍然存在方向不明、重点不准、切入点无从下手等问题，属于"雷声大雨点小"。为促进出版行业健康持续稳定发展，现将笔者对新时代传统出版社数字化转型方向与突破重点所做的思考做简要阐释。

一、明现状：传统出版社存在的问题及现状浅析

客观地说，传统出版机构在向数字化转型升级的过程中，是取得了一

定成绩的，应当予以肯定。但是，作为从业人员，还是要清醒地看到，转型升级的过程中，依旧存在诸多问题，限制了转型升级的快速发展。综合来看，传统出版机构在数字化转型的过程中存在如下问题。

（一）转型升级过程的战略规划待清晰

在由传统出版向数字化转型的过程中，有一系列的问题需要厘清，如转型的模式和方向、生产的流程、相关人才的培养和使用等，这些问题是传统出版向数字化转型过程中的战略性问题，亟须解决。从实际出版行业的现状来看，不少传统的出版机构，确实缺乏战略意识和战略高度，缺乏清晰完整的战略方向。

传统出版机构缺乏清晰完整战略方向主要体现在：一是转型方向不清晰。虽然整个行业都在"声称"转型升级，但究竟向什么方向转、具体怎样转、通过什么流程去实现，依旧是"摸着石头过河"，甚至连过得是什么河都不清楚。在这种情况下，因为战略的规划不够清晰，所以转型的方向就不确定，导致在转型过程中涉及的数字化产品的选题、生产、发行、营销、售后等一系列的流程全部"脱节"。二是数字化转型的具体模式不清晰。要想实现数字化转型升级顺利进行，必须要确定转型的具体模式。产品盈利方面，需要明确是产品加服务来盈利还是产品加广告来盈利；转型的方向性上，是选择内部挖掘潜力，主动创新整合的"内涵式"转型还是走主动联系渠道、技术服务机构合作的"外向型"转型，这些问题都是需要尽快清晰的。只有清晰了这些模式上的选择，才能在转型过程中，结合本单位的实际情况，进行内部组织机构调增与设置、核心人员就位配置、岗位职责制订、绩效考核具体方法制订等。如果模式不清晰，整体流程环节将无从谈起。三是人才培养的思路或者方向不清晰。需要注意的是，无论出版行业如何转型，"人"都是其中的核心决定要素。编辑一定在出版业数字转型升级的过程中扮演相当重要的角色。如果编辑不具备相应的能力，那么数字化的相关工作将无人会做、无人可做。所以，怎样培养数字化编辑、怎样实现现有编辑的有效转型，在什么样的维度上进行转型，都是亟待解决的问题，必须明确思路和方向。①

（二）转型升级的力度不够

根据市场调研及官方数据，经对比查看，不难看出，虽然传统出版机构纷纷向数字出版转型尝试，适时推出了数字化的相关业务，但是因为业务单一，导致转型升级的力度不够。从内容呈现来看，仅仅是将已出版的纸质读物进行了简单的碎片化、数字化处理，由传统编辑抽调组成的数字中心操作完成，对接联系民营数字出版商来进行发行出售，产品质量不高，发行码洋不多，缺乏整体规划设计，后续发展乏力。

（三）转型升级中的产品创新较少

传统的图书、期刊、报纸等纸媒产品，仍然是传统出版机构的主打业务，所以从综合测评来看，其开发出来的数字化产品的创新含量不足，模仿、跟风的产品较多，究其原因，是传统出版机构对数字化产品的认识不足、开发不够、数字化技术匮乏导致。

（四）转型升级中的数字版权授权缺失

从目前出版行业的现状来看，传统出版机构在与作者签订出版合同的时候，往往并没有约定出版图书、期刊所对应或衍生的图片、视频、音频、动画等资源的数字化版权所属为出版机构。依据《中华人民共和国著作权法》，传统出版机构在对现有出版物进行动画、视频等整合与开发时，容易受到严重制约。这意味着转型升级中的数字版权授权缺失，这也影响了数字化转型的进程。

二、知趋势：数字化时代出版行业的发展趋势

日新月异的时代，科学技术发展更是一日千里。大数据时代真的已经来临，大数据的广泛应用，正在深刻地影响着我们生活的各个方面。具体

---

① 乔瑞雪：《数字时代编辑的传播理念和媒介素养探析》，《中国报业》2012 年第 2 期。

到图书出版行业，尤其是图书出版的数字化时代，已经不再遥不可及。图书出版数字化势在必行，这对传统出版行业带来严重的冲击和挑战，同时也蕴含机遇和机会。作为出版行业的从业者，我们应该审时度势，把握趋势，在大数据时代，抢抓机遇，做好图书出版的数字化转型。我们应基于大数据技术，为出版数字化提供方向，提供预测。下面，根据笔者的实践经验，结合行业的现实情况，研究在大数据前提下，数字化时代出版的发展趋势。

（一）大数据为出版的选题策划提供支持

大数据，根据其实质来看，其根本在于通过纷繁复杂的数据信息，深刻洞悉消费者的真正需求。恰恰是依据大数据技术，能够从潜在用户在互联网上留下的种种浏览痕迹中，进行进一步的深入挖掘，从而全面掌握潜在用户或者潜在读者的阅读偏好、阅读方向及范围、购买习惯等与出版息息相关的重要数据。在掌握数据的基础上，结合读者需要，预判读者的"阅读期待"和阅读兴趣，就可以适时筛选出合适的选题，以此作为数字出版的重要依据。可以说，大数据的"强大"之处，就在于能从海量的信息中找到核心要素，为选题提供依据，为数字出版提供助力，加速运用大数据技术，是出版或者是图书出版的重要方向，也是选题策划的重要发展趋势。

（二）大数据为出版的精准营销提供支持

正如前文所言，大数据的重要核心功能之一就是预测。出版机构通过查阅所有的阅读终端，进而掌握读者在数字阅读领域的兴趣、行为、关注点，形成初步数据。通过进一步地分析这些大数据，就可以实现精准"锁定"目标潜在用户群，进而实施对潜在读者的一对一、点对点个性化的精准营销，实现出版的创新增值。将大数据用于出版的发行营销上，因为推送的信息较为精准，客户的接受性强，出版机构与读者的黏合性强，不但可以节省发行和营销成本，还能实现销售的效益最大化，为出版机构创造更多的经济利益。大数据技术运用于出版物的发行领域，也是未来数字化时代出版相关工作的一大趋势。

（三）大数据为实现个性化需求助力

大数据的出现，为服务、满足读者的个性化阅读需求提供了无限可能。同时，在大数据时代，或者在任何时代，读者的需求永远是出版机构应该摆在第一位的。在大数据时代，就是要充分发挥大数据的精准分类作用，更好地满足读者的个性化需求，这也是代表数字化出版的一种方向和趋势。作为出版机构，必须要结合大数据的有效运用，努力开拓创新，不断开拓思路，将潜在用户或潜在读者进行更专业、更精细的分类，针对不同类型的读者、不同层次和需要的读者，策划和出版相应读物，给读者以"量身定做"、满足个性化阅读需求的消费体验。大数据可以为实现阅读个性化助力。

（四）大数据为构建数字化平台提供支持

在大数据的语境下，出版机构着力打造、构筑数字化的平台，为读者更好地服务，满足读者的个性化需求，也是未来数字化出版的重要趋势之一。在数字化平台的正常、有序运行下，各类在线支付的渠道畅通，方便读者在线购买阅读数字化产品，数字化平台承载的产品、服务、信息等，都是可以满足读者对信息的个性化需求的，基本趋向于定制。这是符合当下阅读内容碎片化、消费时间碎片化的发展趋势的，也是符合大数据深入掌握读者的阅读需求，更好、更快深入挖掘数据信息背后需求的，可以说，加速构建数字化平台，是趋势，也是双赢的局面。[①]

（五）大数据将推动出版业与科技的加速融合

在"互联网 +"的加速推动下，大数据、人工智能、云计算等普及运用，体现在图书出版行业上，就是出版业与高新科技的融合程度更加紧密，科学技术对出版行业的影响和作用不断加强。推动出版业与科技的更好加速融合，能够创新出版行业的发展模式，实现图书数字化出版的格局早日形成。

---

① 　王岚、张含晶、李耘：《浅谈大数据时代数字出版的发展趋势》，《科技与企业》2015 年第 3 期。

三、找方向：媒介融合背景中传统出版社的转型方向

在现今媒体融合的大背景下，我国传统的出版行业面临在传播内容、传播方式、生产方式、展现终端等多方面、深层次的转型变化。

那么，在媒介融合的大背景下，传统出版社的转型方向又是怎样的？具体应明确如下要点。

（一）媒介融合传播过程中要做到"内容为王"

所谓"内容为王"，就是要在媒介融合背景下着力打造符合读者需求的内容，用内容吸引和留住读者。这对出版的标准和方向提出了更高的要求。具体做法是将内容作为所有媒介传播工作的起点和标准，将内容作为核心，其实质是版权的二次运用，即出版机构将所出版的、拥有版权的纸质图书的内容资源适时转换为电子书，进行出售。这是目前最常见、业界普遍公认的做法。在"内容为王"方面，在媒介融合背景下，还可以将文献资料、古典书籍等进行电子化处理，将其存储至互联网的云平台上，通过授权或进行开放存取。这同样是着力打造内容，较为实用和便捷的出版发行的创新方式；体现在小众书或者绝版书上，可以实现按需印刷，这种结合数据处理技术、数字化技术、网络信息技术等的高科技印刷方式，具有一定的灵活性，可以结合实际，根据市场的实际需要，来控制印刷的数量。

（二）媒介融合传播过程中要做到"传播为要"

在媒介融合背景下，传播是核心要素，即终端产品要通过渠道或平台，实现与读者的"见面"，最终实现价值取得。基于此种认识，在传统出版转型的过程中，着力构建起独立的、第三方传播或者发行的平台就显得极为重要。可以借鉴的是，许多海外出版机构，就已经抓住趋势，善于借力，与亚马逊、苹果等具有搭建平台实力、运行技术成熟的第三方建立起广泛的合作关系，助力自身的数字化内容转型，有助于数字化产品的生产和发行。

（三）媒介融合传播过程中要做到"技术为主"

综合来看，在媒介融合传播过程中，对出版行业最大的影响体现之一就是在流程上实现了更新与再造，与传统的编、印、发的出版流程不同，在媒介融合背景下，出版的流程逐渐清晰地体现为采、集、编、传四大环节，在这四大环节之中，无论是相关数据的采集与剖析，还是出版资料的整理与上传，甚至是最终产品的编辑与传播，都离不开现如今普及的、基于互联网的诸如大数据、全媒体等各种技术，都以此为依托，才能逐步开展图书的出版工作。更为令人欣喜的是，虚拟现实及增强现实技术取得突破应用，此项技术可以实现静态文字或图片与动态画面的有机结合，运用于出版行业之中，具有极高的发展潜力，有助于更好实现出版行业与读者用户之间的良性友好互动。

四、抓付费：传统出版社知识付费发展思路探讨

知识付费模式，是时代发展的产物，已经形成巨大的浪潮，对出版行业而言，身在其中，不可避免受到冲击，但也充满机会，如果能够开拓思路，及时搭上知识付费的"高速列车"，又将会是不一样的结果。

（一）思路明确，打造知识付费产品

"思路决定出路"。知识付费的浪潮下，"内容为王"依旧是核心竞争力所在。传统出版社因其文化积淀、历史积累，最擅长的领域是精品内容的生产和打造。具有了内容过硬的"先天优势"，就可以打开思路，在垂直化、细分化的知识领域中打造属于独具特色的知识付费产品，在知识付费的环节上赢得机遇。具体来说，传统出版机构还是要从自身优势着手，从具备优势的专业知识入手，提供知识服务项目。比如全社会关注的教育方面，已经有专业教育出版机构，结合学生在实际学习中出现的易错知识点，适当设计了"游戏闯关"环节，让用户在游戏中玩有所得。再如，商务印书馆开发出一款 APP，将《商务馆小学生写字手册》模块开发出来。

在这款 APP 中，用户查阅每一个字，都会有配套的文本和图片讲解这个字在田字格里如何分布，这就顺利、直观地解决了小学生书写规范的问题，用户反馈良好。由此可见，传统出版机构通过整合优势资源，细化市场，做到了服务的垂直化、精细化，是可以抢占市场并不断实现更新迭代的。[①]

（二）特色突出，打造知识付费产品

知识付费的要点在于：学习者或者叫作客户，有学习需要，但因为时间、精力等客观因素，存在学习"障碍"，而某机构或平台恰好能够迅速帮助学习者顺利解决这些"障碍"，从而实现出现需求—了解需求—开发产品—满足需求的良性循环。

在了解了知识付费的要点后，就要针对节省时间、方便好用的特点，来开发具有特色的知识付费产品。例如基于图书阅读的不同需要，开发设计出适合泛读、精读、通读的不同层次的阅读产品，满足不同层次、不同需要的读者"阅读期待"，通过定向、定标、定量、定时等附加服务，细化学习过程，让读者用得好、记得住、有实效、还想用。只有定位准确，突出特色，才能吸引客户主动付费，更好留住读者，培养忠实客户。

通过明现状、知趋势、找方向、抓付费等四大层面的深入剖析，我们逐渐明晰了传统出版机构在数字化转型升级过程中的注意事项。针对传统出版机构的数字化转型升级，还要注意：

一是目标要明确。数字化出版转型是一项艰巨复杂的系统工程，需要编校研发多部门的全员的参与，而非一两个部门可以独立完成的任务。基于此，要制订清晰的战略规划，明确转型的方向、模式和目标，并在实践中予以逐步实现。据笔者掌握的资料看，浙江大学出版社、北京理工大学出版社、东北师范大学出版社等各级传统出版机构，在结合自身特点的基础上，均适时明确了数字化转型升级的发展战略。

二是创新要培养。加强创新能力的培养，不断实现技术革新，尽早造

---

① 方军：《付费：互联网知识经济的兴起》，机械工业出版社 2017 年版。

出线上线下融合发展的一体化服务平台，更好地服务于读者。[①]

三是人才要开发。注重编辑队伍、专业技术人才的开发和培养，多维度、多层次进行培训，让人的因素发挥更大的作用。

总之，传统出版机构的数字化转型之路任重道远，任务艰巨。在抓好顶层设计的基础上，还要把握趋势、完善机制、结合自身实际，不断探索进取，才能在数字化的时代浪潮中抢抓机遇、有所斩获，立于不败之地。

（作者单位：大连东软电子出版社有限公司）

[①]　尚春明、张莉英：《专业出版社在数字化转型道路上的思考与探索》，《中国出版》2017 年第 2 期。

出版业的大数据发展趋势

张礼庆

近几年来，大数据发展来势汹涌，美国政府对此保持了战略性关注和高度敏感性，"数据是未来的石油""将数据作为资产进行管理"体现了美国政府的"数据观"。美国政府的数据开放行动获得了系统性的价值，对大数据时代的国家竞争力将产生深远影响，值得借鉴。

2019 年 10 月 31 日，党的十九届四中全会提出"健全劳动、资本、土地、知识、技术、管理、数据等生产要素由市场评价贡献、按贡献决定报酬的机制"，首次将"数据"作为生产要素提出，对于大数据产业的发展前景更值得期待。

"数据"作为生产要素必然需要有增值的表现，"数据"如何增值也是各行各业考虑的重点。大数据应用在各行各业正呈现越来越热的趋势，出版行业也不例外。那么，出版行业如何结合自身实际和特点，做好大数据应用，进而推动行业更好更快发展？这是出版业需要认真研究并积极进行实践探索的急迫课题。结合国内外的实践和探索，笔者有以下思考。

一、出版数据

（一）销售数据

十几年前，开卷公司开始通过新华书店的渠道，收集各出版社图书销售数据，并用收集来的数据服务于各出版社。这个渠道收集来的数据对于做大众消费群体的出版社很有借鉴意义，而对于有自己独立专业销售渠道的出版社则不够全面。中国建筑工业出版社（以下简称"建工社"）在那时主要销售还是依靠自己的建筑书店连锁销售体系，所以开卷的数据在建筑图书方面不能全面反映，甚至还可能有误导，因为从那些数据来看，当时走新华书店系统发行图书的机械工业出版社的建筑类图书占有率是偏高的。即使这样，建工社的领导还是决定购买开卷的数据用于选题和营销决策，是因为这样至少能知道其他出版社开发的是什么书，销售情况如何。然后根据这些数据再结合建筑书店连锁销售体系的数据，分析市场的需求和销售情况，做出选题决策。正是因为开卷数据本身不具有全领域销售情况，所以只是说"销售数据"，而不是说"销售大数据"。

（二）选题数据

前些年图书市场上的同类图书太多，造成了一定的浪费，甚至有些公版图书有许多出版社在重复出版，更有的出版社自己会出多个版本，对图书市场的发展产生了极坏的影响。

几年前，时任国家新闻出版总署信息中心副主任刘成勇主导的"国家数字复合出版系统工程"中的"图书选题及发行分析系统"，用于提供给各个出版社辅助选题决策。其提供对出版社自身信息监测功能，帮助出版社各职能人员在海量信息中搜集定向信息，为出版社选题提供强大的数据支撑。但是还需要从各出版社得到选题数据，这样才能了解某个方面的选题重复情况，在选题阶段给出避免或减少重复出版的建议，更主要的是对热点提供出版的建议及相关支撑数据。

（三）资源数据

出版涉及的资源有作者、排版、印制、纸、装订、物流、书店、图书馆等数据信息，这些数据是外部数据，可以形成对出版社支持的大数据（目前还只是数据）。而这些大数据能对出版社的出版形成有力支持，善于利用这些大数据可以为出版社获得更好的市场和利润。

二、出版数据的变迁

（一）读者变成用户

出版原来的数据路径是：由销售图书的数据分析出哪类图书好卖，进而开发相应图书；由图书中的数据提供给读者，读者获取这些数据支持自己的工作；读者购买图书留下具体的消费偏好，获得读者数据。

现在在读者的数据上获得的不仅仅是购买图书的信息，专业的大数据分析及数字产品将读者的画像勾画得越来越完整，进而将读者变成了用户，这个时候的用户数据就产生了大作用：通过专业的筛选，获得某个同类用户可能对某类图书的需求而直接开发相关图书，而且还能通过大数据分析知道哪个作者或团队能胜任，在合理时间内将图书编写好，及时上市，满足用户需求。同时还可以根据用户数据将图书信息传递给这些潜在用户。

现在数据最大的价值是读者信息变成用户数据。以前的图书信息只能获得哪些图书卖得怎样，但是卖给谁了，读后效果如何，阅读书的时间和频率，利用书中信息的情况等等这些都没有。现在经过数媒融合产品的开发和销售，我们可以掌握该书销售给了谁，他什么时间阅读，阅读的频率，阅读的兴趣点更集中在哪里，他还读其他哪些相关图书……还有更细致的是他做什么工作（甚至是具体单位、职位、职称），兴趣爱好等等这些都是可以获得或分析出来的，进而通过系统可以精准推荐读者需要的图书和其他知识信息。

（二）从图书到数据

数据在纸质图书中是死的，做成数媒融合产品后就可以活了。每年我们出版各种皮书和行业发展报告提供各个专业方向的数据和信息。但是多少人能记住上年的数据，甚至是通过叠加的数据发现规律，进而加以利用，产生新的价值？大数据出版物就能产生这种新的价值：在阅读今年新数据的同时，可以调动历史数据，做出各项用户需要的比对，进而与用户工作结合分析出有价值信息。

大数据出版物可能是一个连续的出版物，这个出版物可能不收读者费用，但是广告和购买推荐将使得出版社获得更多，而产品销售效果也将更好。出版社未来的空间就看能掌握多少用户数据，这些数据本身如何变现，如何扩充对读者的服务，都是大数据出版的价值所在。

当初京东图书上线的时候，就是想通过低价图书获得用户及用户数据，那时这个营销策略直接让当当图书无招架之力，因为京东要的是这些用户向京东的 3C 产品转化，而不是要在图书上获利，所以京东上图书就没有打算在图书这块赚钱，甚至如果赚钱了反而转化效果不够。现在京东图书目标还是不指望赚钱，而是希望能获得用户的完整数据，精确引导其他消费。

现在互联网科技公司都是从用户数据入手。当初小黄车和摩拜单车竞争时，背后互联网公司都在介入，要的就是用户的更完整数据。从共享单车到外卖，饿了么、美团和大众点评又是一阵竞争，要的还是用户数据。如今的抖音和快手直接推送的短视频就是用户数据的反映。完整的数据链让互联网巨头们在开发某个方面的应用时能做到精准投放，推广成本降低，而效果却很好，即使有失败的可能也会尽快发现，及时止损。

（三）数据是现代服务业的关键

数据显示，全球服务贸易中有一半以上已经实现数字化。而中国2019 年数字贸易进出口规模为 2036 亿美元，仅占全国（进出口）服务贸易总额的 26%。

可以说，新冠肺炎疫情让相关高层认识到了数字化贸易的迫切性和必要性。下一步，就是要进行一系列的经济政策调整，打造出一条进出口贸易的数字通道。2020 年 9 月上旬在北京市召开的 2020 年中国国际服务贸易交易会就是高层重视的体现。

出版业的数字化转型不是口号，数字化转型已经是高质量发展的必由之路，数据本身已经成为现代服务业的关键，数据的出版、收集及应用是出版业可以服务于其他行业数字化转型的抓手，而这个服务过程正将出版引向大数据出版。

三、大数据出版

（一）数字出版转型对大数据出版的意义

十几年来，我国出版业一直推进数字出版，现在更是强调各出版社需要进行数字化转型。但是内容的数字化只是数字化转型的第一步，更至关重要的一步是出版流程的数字化。只有出版流程实现数字化，出版社才能达成数字内容生产的标准化，从内容开始生产时收集数据，同时进行结构化处理。这里所说流程数字化不仅仅是出版流转的过程，还有内容生产的流程。目前，在内容生产流程的数字化方面还很不够，这需要培养一批掌握数据分析能力的出版编辑。编辑需要通盘考虑每一篇稿件适合以什么样的形式展现给读者，并策划在未来营销过程中，同一稿件以不同的展现形式准确地提供给读者。

有了数字出版物，才能更方便收集到数据，而数据的完全闭合才能形成大数据。大数据应用在各行各业正呈现越来越热的趋势，出版行业也不例外。

亚马逊利用大数据改变营销方式的案例值得借鉴。亚马逊曾经专门成立一个由 20 多名书评家和编辑组成的团队，通过撰写书评、推荐新书的形式，充作传统评论人，对促进书籍销售产生了巨大的影响。当亚马逊发现数据的作用后，通过对用户的大数据分析，建立了亚马逊的购书推荐系统。这个系统能自动向用户推荐经大数据分析后其极有可能会购买的书籍，而且推荐系统比书评团队的效果更好，最终书评团队只好解体。亚马逊将书评的被动方式，变为自动推荐系统的主动方式，关键是因为系统通过大数据分析已经掌握了读者的兴趣点，从而能精准推荐。

施普林格——全球领先的学术科技期刊和专著出版商通过大数据提升决策效率。施普林格出版发行了 2000 多种学术期刊和十几万种学术专著。施普林格借助大数据分析，发现全球学术、科研、政府、企业机构对期刊形式的需求发生了重大变化，结果显示近九成的机构只需要数字期刊，只有一成多的机构表示仍需要纸质期刊。于是施普林格察觉到了从纸质出版向数字出版发展的巨大变化，它借助分析结果进行决策，加速整个公司数字化出版的进度。

实际上，目前著名的期刊《科学》《自然》《柳叶刀》等都是电子期刊先行，这个就是数字出版的优势，但更主要的是能汇聚数据，掌握用户的阅读偏好，并有效针对用户提供延伸内容。

目前，国际大出版集团正在从数字出版向大数据出版发展，数字出版是大数据出版的基础，而大数据出版才更有未来。

（二）大数据在出版系统中的应用

1. 选题阶段

在 5G 网络时代，高节奏的社会发展背景下，市场需求瞬息万变，原来单纯依据经验进行选题决策的风险度加大。在大数据尚未建立的情况下，市场调研往往采用随机抽样问卷调查的形式（现在已经用上电子问卷）。随机抽样式调查固然有一定的科学性和可参考性，但其数据支撑的天然缺陷是始终存在的，尤其是难以形成大数据支撑。

现在可以通过软件系统获取和分析出版物市场动态信息，并根据分析结果推送定向关注内容和预警内容；根据历史选题信息、所存储的出版物市场监测系统获取并分析结果信息进行选题推送，以便根据所述推送的选题确定当前选题；根据所述确定的当前选题完成的出版物的类型，并基于营销特征数据库确定该类型所匹配的营销模型，可对当前选题形成的出版物的营销策略进行决策；通过系统还能获取并分析不同类型读者对当前选题完成出版物的反馈信息。这是出版业大数据时代选题决策阶段应能达到的效果。

字节跳动公司研发的"今日头条"客户端，通过海量信息采集、深度数据挖掘和用户行为分析，为用户智能推荐个性化信息，从而开创了一种全新的新闻阅读模式。因其通过大数据分析，对用户的准确把握，使得其推送内容没有多少违和感（说明选题对路），所以取得了极大的成功。后来孵化的抖音又取得极大的成功，这还是得益于大数据分析所掌握的准确的用户信息。

如果，出版人在做选题策划的时候，能掌握用户的完整信息，就能把握市场需求，策划出更多畅销品种。

2. 组稿阶段

知道用户的需求，如何组稿也十分重要。这就要掌握作者资源。

建工社早在十几年前就想建立全社的作者资源库，但是基于传统模式下编辑将作者信息作为自己的独特资源，不愿意主动贡献，所以作者资源库一直没有建立好。如今，从使用 ERP 系统后，作者资源逐步汇聚，慢慢使数据库形成。但是就目前看，这是一个数据库，还没有达到大数据的效果。

作者大数据的建立将使得组稿精确，效率提升。作者大数据不但要将已有作者作为数据，还要将行业内的专家资源引入；不但要将作者已经出版的出版物作为数据，还要将作者正在研究的课题作为数据，甚至包括作者关注的方向作为数据；不但要将高端专家作为资源，还要将实干能人作为资源；不但要将作者专业信息作为数据，还要将作者的时间作为数据……这样，当依托选题系统提供的数据策划出一个出版物时，便能从作者大数据中迅速匹配到合适的作者。

3.编辑加工阶段

编辑加工阶段需要比对的是内容，如果有大数据支持，对内容和已有出版物（需要已有出版物大数据支撑，目前杂志论文方面已经有了，而图书方面还没有形成）对比查重，能有效减少侵权的可能。在大数据应用方面，编辑可以就内容的热度和市场的热度来判断稿件内容是否能获得更好的市场。另外，编校系统也是大数据应用，能有效提高编校效率。

4.内容制作阶段

作者、读者和出版社三者之间需要交互，融合出版时代使交互变得容易，评论和点赞等也变得更频繁，但是想要让交互更有效果，内容制作方面需要做好铺垫，至少能有相关端口，让读者、作者积极参与进来，出版社才能更了解市场需求。

一旦有大数据的介入，对内容制作的要求必然更高，大数据的获取、分析和应用也将有更明显的效果。

出版社通过大数据了解到用户的产品偏好，也包括阅读形式的偏好，这样就可以定向策划、生产出符合用户潜在需求的出版物。可以通过数字出版，利用各种终端呈现给用户，在用户使用过程中再不断抓取用户的阅读特征，不断更新后续内容。用户观看内容都是他想看的，而且不需要他另外再搜索，这时即使弹出一个广告（这是盈利模式）他也是能耐心等待的，如果这是抓取到他最近的需求而提供的广告，则其购买的可能性自然就更高（广告效果好，广告业务就会多）。另外，利用数字出版的优势，可以将读者需要的延伸阅读一起做到内容里面，这样读者想浅阅读就从资讯上了解，就某个兴趣点还可以点击进入深度阅读；也可以切入一个相关专业视频来延伸，甚至还可以是一个相关专业产品的广告，让读者换换脑子，放松大脑，也使得阅读过程更加科学，读者黏性更强。也因为这样的技术引入，使得出版社能掌握更多数据，形成更准确的市场判断。当然，这种内容制作和灵活的收费方式是结合在一起的，低价、免费或年费等形式都可以尝试。

还有一种大数据出版物能解决实际问题，比如在工程建设领域，施工现场发现了可能存在的质量隐患，拍摄现场照片，通过大数据及人工智能分析出这个质量隐患是什么？怎么形成的？如何处理？处理之后的经济和法律问题？开发这样的大数据出版物就能辅助解决这些实际问题，从而有很好的市场。

5. 印制与营销阶段

印制是与营销相结合的大数据应用。比如传统出版的首印量一直是出版社重点考虑的，往往是根据同类书的销量来确定的。这种方式存在的问题多多，因此对新书首印量的大数据分析有助于首印数的科学决策。

销售领域本来就是大数据的长项，可以为精准营销提供海量的数据，并以此建立起更加精确的市场定位与分析，高效地寻找客户。出版社可根据读者的用户行为、偏好取向等进行全面分析，利用推荐算法，出版社可以为每位用户提供个性化出版物。今日头条的成功，包括后来的抖音和快手等短视频平台的快速发展，都得益于此。

6. 增值服务阶段

大数据的思维不仅仅可能影响传统出版业的以上各个产业链环节，还可以为出版社提供新的商业盈利模式。

在大数据时代，数据本身就是重要的资产，但这种资产需要深入挖掘才能发现其潜藏的巨大价值。当然，获取这些数据也需要合适的途径和方法，多形式的增值服务会使得数据收集更加高效。出版社原有的庞大内容资源，首先需要数字化，这样可以通过庞大的内容资源获得更多数据，由内容数据获得用户数据，进而根据用户数据开发更适合的出版物。

未来，通过深挖每一个数字出版物的价值，结合大数据分析提供的用户画像，能为每一份内容找到合适的新受众。不仅如此，因为多数读者碎片化的阅读习惯使得很少能通篇阅读一部完整的专著，这就可以利用大数据技术结合人工智能对图书内容进行更精细的处理和改编，把图书变成音频、视频，把语言叙述变成图表，由浅入深，把出版物内容以恰当的形式送到用户手中。

"知识服务"是增值服务的一个重要形式，也就是以后的出版，提供的不是一本本图书，而是对相应的客户提供知识服务。励德爱思唯尔集团首席战略官白可珊认为："未来专业出版的方向就是整合我们的优质内容，将这些内容数字化，然后通过技术进行分析，为专业人士提供解决方案和重要见解。"但是她之前的一段说明，值得我们认真思考："过去的 10 年里，励德爱思唯尔集团经历了一次巨大的转型，从纸质出版转型到数字出版，向 21 世纪的客户提供现代化的内容和服务。这一转型使我们从一个传统的出版公司转型为一家大型的数字出版公司，10 年前，我们的数字出版产品只占产品总数的 20%，现在纸质出版物所占总收入的比例已不到 20%，数字产品以年均 5% ~6% 的速度增长。"

四、结语

正当笔者撰写本文时，有两个事件值得关注和思考。

第一，当外界认为 TikTok 的收购谈判已进入尾声时，我国调整发布《中国禁止出口限制出口技术目录》，其中限制出口部分的"基于数据分析的个性化信息推送服务技术"条款，被媒体解读为直接针对 TikTok 算法技术。而美国政府为何处心积虑地逼迫"字节跳动"低价让美国企业收购 TikTok？

第二，苹果的操作系统 iOS14 将要求开发人员必须通过提示询问用户："你希望分享你的 IDFA（广告客户标识符）吗？"需要注意的是：苹果这样做，其实已经是在鼓励购买苹果手机的消费者远离广告客户了。在美国近两年有两个关于用户数据的所有权讨论：一是我的数据到底能够给谁用？——决定权。二是我们在所有这些商业公司平台上创造的数据，目前，都默认为是归大公司所有，然后，大公司们拿着这些数据去赚钱。但是人们普遍认为，如果要使用我们的个人数据，互联网公司必须给我们经济利益，并以此作为激励我们不断给出数据的方式——收益权。而现在苹果公司说：用户应该完全控制自己的数据。那么他们怎么发展？这也是

2020 年 8 月初苹果表示没兴趣收购 TikTok 而微软竞购 TikTok 的原因吧？

我们怎么做，数据隐私权和大数据出版，这是一对发展的矛盾，如何处理好界限或将是未来大数据出版重点考虑的问题，也是发展空间，因为未来可能你就只需要一个"大数据出版物"，这个界限也决定了你的这个"大数据出版物"具体的形式和内容。

（作者单位：中国城市出版社）

智能时代场景下的知识服务
观察与出版转型思考

贾晓巍

随着数字互联网技术的发展，人们获取知识更为方便快捷，同时知识生产数量也呈几何量级增长。可是对于个人来讲，能够用于学习的时间是有限的，在学习效率没有提升的前提下，知识数量增加并不能提高人们获取知识和解决问题的能力。人们更为迫切的需求是，从海量的知识中按照实际需要有针对地提炼知识和信息，搭建知识网络，为所提出的问题提供相关知识或解决方案，从而有效支持知识应用和知识创新的服务——这就是知识服务。[①]

2017 年 5 月，在中国乌镇围棋峰会上，阿尔法围棋（AlphaGo）以 3

---

① 张晓林：《走向知识服务——寻找新世纪图书情报工作的生长点》，《中国图书馆学报》2000 年第 5 期。

比 0 的总比分战胜了世界围棋冠军柯洁。围棋界公认 AlphaGo 的棋力已经超过人类职业围棋顶尖水平。这让人工智能代替人类智能的可能性受到世界瞩目。于是，人们在不同领域尝试使用人工智能替代人类工作。例如，人工智能在新闻传播领域已经应用于新闻采写、编辑、分发和评论，并为用户摄取信息提供推荐支持。[①] 在临床医学领域，医学专家与技术人员共同开发了临床决策支持系统（又称：专家系统），利用人工智能帮助临床医生提高医疗决策水平。[②] 人工智能源于对人类智能的模仿，是通过对已有知识和经验的学习，从而形成认知、决策及工作能力。为人类提供知识是我们对知识服务的惯常认知。而为人工智能提供用于学习的知识，提升其认知和决策力，是一种新知识服务模式，需要我们认真观察并思考其对于当今出版业，尤其是科技出版的深远意义。

一、数字时代知识服务模式演进

产业革命是技术革命的结果。从第一次产业革命到第四次产业革命，内在的推动力是机械、能源、计算机、移动互联网、大数据、云计算等新技术的相继出现。产业发展一般会经历机械化、信息化、数字化、智能化等 4 个阶段。

传统出版业是在机械化时代应运而生的，是以纸媒作为内容载体的文化产业。在数字互联网时代，由于传播媒介的革命性变化，传统出版业受到了强烈冲击，开始由以产品为中心的书、刊、报出版，逐渐向以用户为中心的知识服务模式转型。与传统出版比较，知识服务从满足消费者需求方式、价值链构成、应用场景等方面都发生了巨大变化，并伴随着数字互

---

① 何嫘宁：《个性化新闻推荐系统中算法把关的思考——以"今日头条"和"一点资讯"为例》，《新闻爱好者》2019 年第 9 期。

② 贾晓巍、张太平、叶欣等：《临床决策在实践中的维度与迷失》，《中华临床营养杂志》2019 年第 3 期。

联网技术的发展，经历了信息化、数字化、智能化 3 个阶段。① 总结目前所能见到的知识服务模式，笔者认为共有 7 种类型。

（1）信息化阶段第一类是数据库模式，例如"万方"数据库；第二类是电子书模式，例如"亚马逊"电子书平台。这一阶段，知识服务是将出版物进行数字转化，并通过互联网进行营销，属于知识服务转型的过渡阶段。

（2）数字化阶段第三类是知识分享模式，例如"微信"公众号；第四类是开放共建模式，例如"知乎"知识问答；第五类是知识订阅模式，例如"得到"知识订阅。② 这一阶段，以数字互联网作为传播媒介的内容产业价值链初步形成，并诞生了一批"内容＋科技"的创新企业。

（3）智能化阶段第六类是智能推送模式，例如"今日头条"智能信息推送；第七类是智能辅助决策模式，例如人民卫生出版社推出的"中国临床决策辅助系统——人卫助手系列知识服务数字平台"的智能辅助诊疗。这一阶段，人工智能被引入到知识服务中，通过数据分析，设定算法规则，给不同用户或针对不同问题，推送特定的知识或者解决方案（决策建议），提高了人们应用知识的效率。智能时代的知识服务更接近于其本质特征。

综上所述，尽管知识服务模式很多，但都可以看作是内容的数字化和传播的互联网化。需要关注的是，在信息化、数字化这两个阶段是"人找知识"，但到了智能化阶段已经转变为"知识找人"，人在知识服务中的主动性大大降低。尽管知识使用的效率得到提高，但是知识来源成为其使用安全性的最大风险。

---

① 贾晓巍：《全媒体时代下的学术出版转型融合发展实践——以"人卫助手系列知识服务数字平台"为例》，《中国编辑》2019 年第 12 期。

② 郭亚军、刚榕隈、黄圣洁：《大数据环境下数字出版知识服务主要模式研究》，《现代情报》2018 年第 11 期。

二、智能时代场景下的知识服务观察

智能时代的知识服务是将知识与技术深度融合而创造出的一种新模式。这种模式是近些年兴起的，已经应用到信息服务、医疗服务、物流服务、企业管理等多个行业领域，不仅给知识服务带来更高的价值，同时也创造出了新的巨大市场空间。

（一）技术在知识服务中的作用

知识服务是伴随数字互联网技术发展而诞生的。随着计算机算力、算法的不断增强，大数据、云计算、人工智能等技术的出现，技术在知识服务中的作用不断增强。在信息化阶段的知识服务，技术用于将内容转化为可在电子设备上阅读的电子文本。在数字化阶段，技术应用于搜索、数据库管理和用户管理。到了智能化阶段，人工智能基于计算机技术、统计学知识，将数据、算法、人机交互有机结合，建立用户和资源的个性化关联机制，在信息过载时代，为用户的知识获取提供决策支持。[1] 例如，临床辅助决策系统利用人工智能为医生提供临床决策的证据和意见，可以弥补医生的知识盲区，改善其临床决策水平。但需要注意的是，单个临床决策仅对病人个体有影响，而所有临床决策的总和却与国家医疗资源的合理配置使用息息相关[2]。智能时代的知识服务对用户的影响更为隐秘，更为广泛，也更为深刻。因此，国家政府机构应对其服务的安全性和可控性提出更高要求。

（二）人工智能与机器学习

人工智能是对人类智能的模仿。人工智能训练又称机器学习，与人类学习有相似性，但又不完全相同。目前，我们对人类神经系统工作机制了

---

[1] 何燚宁：《个性化新闻推荐系统中算法把关的思考——以"今日头条"和"一点资讯"为例》，《新闻爱好者》2019年第9期。

[2] 贾晓巍、张太平、叶欣等：《临床决策在实践中的维度与迷失》，《中华临床营养杂志》2019年第3期。

解还很肤浅，现有的人工智能只能简单地模仿人类智能的逻辑判断能力，并不具备对人类高级判断能力，例如对伦理、情感、社会价值判断等进行模仿。因此，用于机器学习的知识与人类学习的有所不同。对于人工智能来讲，其优势是强大的逻辑运算能力。而准确地逻辑运算的前提必须要有精确的知识本体、规则和模型，而这些知识都隐含在人类学习的知识文本和视听材料中。但这些学习的材料并不适合用于机器学习。因此，从用于人类学习的材料中不断挖掘、整理和优化知识本体、规则和模型，为人工智能提供学习材料将成为智能时代知识服务的巨大市场需求。

（三）智能时代知识服务的属性

知识服务与传统出版相同，属于与内容相关的文化产业，同样具备文化属性、意识形态属性、技术属性和产品属性；但与传统出版不同的是，还具备有数字互联网的技术属性。

（1）文化属性。文化是人类创造物质财富和精神世界的总和，包括知识、信仰、艺术、道德、法律和习俗等。知识作为文化的主要载体之一，是文化的重要表达方式[①]。目前，西方发达国家借助积累的内容资源和技术能力，在文化传播主导权方面仍占巨大优势。在知识服务这一领域，也有更为成熟的模式和理念，利用完善的服务平台和高质量产品在全球范围布局。尽管我国在知识服务领域发展也很快，但是一直存在内容生产与技术服务不能很好融合的情况。习近平总书记在庆祝中国共产党成立95周年大会上明确提出：中国共产党人"坚持不忘初心、继续前进"，就要坚持"四个自信"即"中国特色社会主义道路自信、理论自信、制度自信、文化自信"。他还强调指出，"文化自信，是更基础、更广泛、更深厚的自信"。[②] 和平时期，大国之间的竞争，从表面看是军事、经济、制度的竞争，而其底层却是文化传播主导权的竞争。因此，对于与数字互联网技术高度结合的智能知识服务，要认识到其与文化传播的

---

① 杨叔子：《知识是文化的载体》，《发现》2005年第2期。

② 冯鹏志：《从"三个自信"到"四个自信"——论习近平总书记对中国特色社会主义的文化建构》，人民网，见 http://theory.people.com.cn/n1/2016/0707/c49150-28532466.html。

高度关联性。

（2）意识形态属性。意识形态是与一定社会的经济和政治直接相联系的观念、观点、概念的总和，包括政治法律思想、道德、文学艺术、宗教（神秘特殊的意识形态）、哲学和其他社会科学等意识形态，从不同侧面反映现实的社会生活，具有现实性、总体性、阶级性、相对独立性和依赖性的特征。[①] 知识服务与人类社会生活的方方面面密不可分，无疑也会受到意识形态的广泛影响。对于智能时代的知识服务，我们要从以下三个方面去考察意识形态的影响。

①解决为谁服务的问题：我国是人民当家作主的国家，知识服务应该坚持为人民服务，为社会主义服务的方向，以社会效益为先，不断满足人民群众日益增长的文化需要。

②解决由谁建设的问题：参与智能知识服务系统建设的主体应该是中国专家及内容创作者，使用中国技术、标准和数据，用中国语言文字表达，要符合中国应用场景。

③解决服务安全性的问题：智能知识服务系统的内容及数据来源应受到国家行政部门的管理和指导，把维护国家安全战略放在首位，确保发布内容的安全、产生数据的安全、资源使用和管控的安全。

（3）技术属性。智能时代的医学知识服务最为显著的特征就是数字互联网技术的深度应用。内容质量已不再是影响知识服务优劣的唯一因素。数字互联网技术在知识服务过程中发挥优势，通过设定的算法，帮助人类对知识内容进行分类、查询、推荐、分发。人工智能在知识服务中的应用，大大提高了用户对知识的使用效率，并对业务流程的质控发挥了巨大作用。

（4）产品属性。产品属性是指产品本身所固有的性质，是产品在不同领域差异性（不同于其他产品的性质）的集合。也就是说，产品属性是产品性质的集合，是产品差异性的集合。对于智能时代知识服务具备异于其

---

① 俞吾金：《意识意识形态：哲学之谜的解答》，《求是学刊》1993 年第 1 期。

他产品和服务的特质，受到如下几个方面的影响：①知识来源及质量；②技术服务能力；③应用场景适应性；④服务价格水平。

三、智能时代场景下的知识服务与出版转型思考

在信息化阶段，由于内容对技术的依赖较少，传统出版单位将积累的内容进行数字转化为数据库、电子书等形式进行营销，对早期的知识服务转型有所贡献。而在数字化阶段，由于知识内容的组织和运营方式的变革，重新构建出以数字互联网为传播媒介的新价值链体系。而以纸媒构成价值链体系的传统出版单位，原有组织体系很难适应新的变革。这一时期，诞生于数字时代的公司，如百度、腾讯、新浪等，纷纷参与了知识服务。与此同时，一些专门以知识服务为主业的新公司，例如得到、知乎等创新企业也应运而生。互联网去中心化的内容生产模式，降低了内容生产者的门槛，同时也拉低了内容的品质。海量内容的出现，一方面让用户有更多自由和选择；另一方面让大量劣质内容也大行其道，使用户承受着巨大的筛选压力。在智能化阶段，人工智能可以根据用户画像为用户提供个性化的知识和信息。因此，人工智能所推荐的内容品质决定了知识服务的品质。综上所述，在数字化时代的知识服务中，内容组织和运营模式占主导地位，内容品质的重要性地位下降，导致传统出版单位在知识服务领域影响力日渐削弱。而在智能时代的知识服务中，由于内容品质的重要性再次凸显，给传统出版单位带来了一次大的机遇，要充分重视。以下笔者根据自身的认识浅谈一下传统出版单位的应对之策。

（一）拥抱数字互联网技术

传统出版社都是以内容为核心，以纸媒为载体的知识生产单位。纸质出版物为其主要产品，也是价值源泉。在传统出版企业谈到的技术，更多是印刷技术。以纸媒为载体形成价值链的组织体系，延缓了数字互联网技

术在出版行业的发展和应用。尽管有一些出版单位进行了卓有成效的改革，但是与依托数字互联网成长的企业相比，仍有很大差距。

因此，传统出版单位在向知识服务转型时，不应仅对原有的价值链体系进行简单的修改或依附。而是要以数字互联网为中心重新构建新的价值链体系。这需要建立新的组织保障、制度保障、人才保障等体系。如果依靠出版单位自身力量难以实现，也可以与数字互联网公司进行深度合作，可以采用业务合作、项目合作，甚至资本合作的方式，快速搭建技术平台以支撑知识服务转型。

（二）做机器学习的知识

综上所述，人工智能可以在逻辑运算和推理方面模仿人类智能。而逻辑运算和推理的底层是需要有准确的知识本体、规则和模型。在人工智能出现之前，只有可供人类学习的知识文本。人工智能虽然可以从海量的人类知识文本中初步抓取知识本体、规则并推导知识模型，但由于人类知识文本所含内容信息的复杂程度高，人工智能抓取的准确度有限，需要专业人员进行审核、整理、校正。传统出版单位拥有专业的编辑和编者队伍，完全具备这种能力，能够为人工智能做出精确的知识本体、规则和模型，并能够不断优化更新，持续提高人工智能的决策能力。

（三）更加注重内容质量

由于智能时代知识服务是通过人工智能的算法来为用户推荐知识，所以知识来源必定会成为人工智能算法的重要权重。因此，对人工智能的算法进行调整和优化，可以改变知识服务的价值取向。这要求人工智能推荐的知识内容必须具备质量高和价值导向正确的特点。传统出版社在多年的知识生产和文化传播过程中，已经积累了大量的高质量内容，锻炼形成了一只优秀的作家队伍，打造了知名的内容品牌。同时，我国出版单位还肩负着维护国家文化安全、意识形态安全的责任。这些方面都让传统出版单位在智能时代的知识服务中大有用武之地。这也要求在智能时代的知识服务中，要比以往更应注重内容生产的品质。

四、结语

2019 年 1 月 25 日，中共中央政治局在人民日报社就全媒体时代和媒体融合发展举行第十二次集体学习。习近平总书记在学习讲话中指出："从全球范围看，媒体智能化进入快速发展阶段。我们要增强紧迫感和使命感，推动关键核心技术自主创新不断实现突破，探索将人工智能运用在新闻采集、生产、分发、接收、反馈中，用主流价值导向驾驭'算法'，全面提高舆论引导能力。"[①]从中可以看出，中央决策层已经深刻认识到人工智能技术在信息传播领域中的重要作用，为新闻传播指明了方向。同时，这一论断对智能时代的知识服务也有极高的借鉴意义。

有鉴于此，传统出版单位应该在智能时代抓住新的历史机遇，通过机制体制创新，为内容与技术的深度融合创造良好的环境和氛围，打造智能时代的新知识服务体系，为提升我国在智慧时代场景下的知识服务能力，增强国家文化传播主导权做出应有的贡献。

（作者单位：人民卫生出版社）

[①]　习近平：《加快推动媒体融合发展　构建全媒体传播格局》，中国政府网站，见 http://www.gov.cn/xinwen/2019-03/15/content_5374027.html。

文摘类期刊数字化转型的困境与对策

——以《新华文摘》的探索实践为例

李　震

　　文摘类期刊是专门转载、摘编、辑录已发表的文献作品，定期出版的连续出版物。我国最早的文摘类期刊是 1897 年在上海创办的《集成报》旬刊，它主要摘编当时各个报刊上的优秀文章，内容包括政治、经济、科技、历史、地理等多个方面。我国改革开放后，"百花齐放，百家争鸣"，一批文摘类期刊纷纷创办，如 1979 年创刊的《新华月报（文摘版）》（后改名为《新华文摘》）；1981 年创刊的《青年文摘》和《读者文摘》（后改名为《读者》）。这些文摘类期刊后来都发展成为较有影响力的刊物。

　　目前，我国有文摘类期刊近百种，虽然大约只占我国期刊总数的 1%，但发行总量却占到了约 10%。文摘类期刊在我国一直拥有一定的市场空间。随着数字网络技术和新媒体的发展，不少文摘类期刊受到冲击，市场日益萎靡，文摘类期刊进行数字化转型，实现融合发展变得尤为迫切。《新华文摘》是我国较有影响力的哲学社会科学文摘类期刊，面对新媒体环境的冲击，刊社也积极进行数字化转型，推进融合发展。新华文摘杂志社于 2016 年正式开始建设《新华文摘》数字平台，经过几年的建设，推出了新版网站、网刊、在线数据库、微站点等新媒体产品。本文以《新华文摘》数字平台的建设为例，分析文摘类期刊在数字化转型过程中面临的困境，并试图从《新华文摘》的探索实践中提炼出可能的破局之道。

一、文摘类期刊数字化转型的必要性

近年来，国家高度重视传统媒体的数字化转型升级、融合发展工作，出台了一系列政策和规划。2014 年 8 月，中央全面深化改革领导小组第四次会议审议通过了《关于推动传统媒体和新兴媒体融合发展的指导意见》。2016 年，"十三五"规划提出"加快发展网络视听、移动多媒体、数字出版、动漫游戏等新兴产业"，这是"数字出版"首次列入国家五年规划纲要。2020 年 9 月，中共中央办公厅、国务院办公厅印发了《关于加快推进媒体深度融合发展的意见》，强调推动传统媒体和新兴媒体在体制机制、政策措施、流程管理、人才技术等方面加快融合步伐。

随着信息社会的不断发展，新兴媒体的影响力越来越大。截至 2020年 3 月，中国网民规模为 9.04 亿人，网民使用手机上网的比例达 99.3%。新闻客户端和各类社交媒体成为很多人特别是年轻人的第一信息源，而且每个人都可能成为信息源。当前，纸质期刊受到了数字化、网络化阅读的冲击，发行量在萎缩。与 2017 年相比，我国 2018 年纸质期刊的平均期印数下降 5.76%，总印数降低 8.03%，其中综合类期刊，总印数降低10.4%。[①] 面对这种形势，纸质期刊必须主动适应环境、条件的变化，加

---

① 段艳文：《2019 年中国期刊业观察》，《青年记者》2019 年第 36 期。

快数字化转型升级的步伐。文摘类期刊也不例外，数字化环境下人们的阅读习惯、阅读载体都在发生巨大变化，面对日益分化的广大人群，特别是面对代表、形塑国家民族未来、熟悉喜爱新技术的年轻读者群体，文摘类期刊加快进行数字化转型升级和融合发展工作迫在眉睫。

二、文摘类期刊数字化转型面临的现实困境

文摘类期刊在数字化转型过程中，普遍面临着定位之困、版权之困、盈收之困、技术之困等现实困境。

（一）定位之困：信息量优势弱化，新媒体环境下功能定位模糊

文摘类期刊是从大量已发表文献中挑选出优质的内容，进行选择、加工后的二次摘编，内容丰富、信息量大是文摘类期刊的主要优势。帮助读者在少量时间获取大量优质信息（内容）成为多数文摘类期刊的功能定位之一。例如，《新华文摘》在 1981 年第 1 期"编者的话"中提到希望为广大读者提供一个浓缩的小型阅览室。在信息网络技术不发达的年代，订阅一本杂志能够获得丰富全面的信息，无疑对读者有很强的吸引力。

但随着数字网络技术的发展，人们获取信息的渠道大大增加，文摘类期刊信息量优势不断弱化。在当今的移动互联网时代，读者变成了用户，用户可以从网站、媒体客户端、微信公众号等社交媒体获得大量的内容信息。而随着推荐算法技术的应用，许多资讯客户端和社交媒体又不断为用户推荐他们真正感兴趣的内容。不少原发刊物也推出了移动端产品、微信公众号为读者提供内容服务。文摘类期刊面临着与众多"新媒体"和"原创内容提供者"抢占一个"电子屏幕"的局面，在新媒体环境下，文摘类期刊最初的功能定位显得有些模糊。

（二）版权之困：不适用"著作权法定许可"，网络版权限制大

文摘类期刊是二次转载刊物，在版权方面，文摘类期刊的纸质版适用"著作权法定许可"制度。根据著作权法定许可制度的规定，报刊转载或

者作为文摘、资料刊登已在其他报刊上刊登的作品，可不经著作权人同意使用已发表的作品，但应向著作权人支付报酬，说明作者姓名、作品名称和出处，并不得侵犯著作权人依照著作权法享有的其他权利。

但在新媒体和网络环境下，著作权法定许可制度不再适用，按照《著作权法》及《信息网络传播权保护条例》等相关法律、法规的规定，网络转载作品要先授权后使用。这无疑给刊社的媒体融合工作带来了难以解决的版权问题。作为二次转载刊物，文摘类期刊一般很少和作者、原发刊直接联系，因此不掌握作者的详细信息和联系方式，加上刊物内容涉及作者广泛，一一获取授权的难度大、工作量大。网络版权限制成为文摘类期刊数字化转型过程中普遍面临的难题。

（三）盈收之困：收入渠道单一，未找到合适的盈利模式

纸刊发行一直是文摘类期刊盈收的主要渠道。文摘类期刊基本还要靠纸刊的发行生存，因此在数字化转型过程中，刊社往往心存顾虑，担心如果把内容资源放在网站或者新媒体产品上，会影响纸刊的发行量。如何在保证纸刊发行量与内容的数字化传播之间寻找平衡，是文摘类期刊亟须解决的问题。

此外，无论是网站、数据库、移动客户端还是其他新媒体产品，文摘类期刊的数字化转型都难以找到合适的盈利模式。从价值实现渠道的角度来看，目前的新媒体产品主要有内容免费类和内容收费类两种。内容免费类通过免费的内容吸引用户，积累的用户规模越大就越有与广告商议价的资本，进而通过广告形式获得收益。内容收费类通过数字阅读内容直接交易获得收入。无论是内容免费类还是内容收费类，目前新媒体市场的马太效应越来越明显，文摘类期刊推广产品，积累用户的难度越来越大，用户付费意愿不高，直接实现盈收的难度也比较大。

（四）技术之困：缺少专业技术团队，技术运用不充分

文摘类期刊普遍缺乏了解期刊数字化转型的专业技术人员，刊社的编辑团队擅长传统纸刊编辑与出版，对新媒体、新技术，掌握不足，影响期刊做到全媒体融合发展。刊社新媒体建设中遇到的开发或技术问

题，一般通过技术公司帮忙解决，但技术公司对刊社的需求不能够充分理解，建设中难免出现偏差，另外，技术公司也不能做到随时响应刊社的需求。文摘类期刊社目前的招聘方式，薪资待遇等又难以吸引或招聘到符合要求的技术人员，加之技术人员流动性大，传统刊社无法拥有自身稳定的数字化开发、编辑、加工、发行和管理方面的专门人才。没有专门的技术人员限制了不少文摘类刊社的数字化转型升级和融合发展工作。

三、文摘类期刊数字化转型的对策反思

文摘类期刊的数字化转型虽然面临多种困境，但刊社也应从定位、版权、盈收、技术等方面找到适合自身的"破局"方法，笔者以《新华文摘》的探索实践为例，试谈相应的对策。

（一）突出刊物特色，明确功能定位

在新媒体和数字环境下，文摘类期刊要想在内容信息的海洋中脱颖而出，首先要发挥刊物优势，突出刊物特色，明确在新媒体环境下的功能定位。《新华文摘》以转载在各大报刊上刊发的人文社会科学优秀文章、文学艺术佳作为主，在哲学社会科学领域，《新华文摘》发挥着选择、引领和学术评价的价值。优质的内容始终是刊社的核心资源，如何在数字环境下对现有资源进行深度开发，发挥刊物"精选精编"的优势，是刊物数字化转型首先思考的问题。《新华文摘》在建设数字平台前，市面上已经有许多成熟的商业数据库，它们可以为用户提供海量的学术文章资源。如果把这些商业数据库比作"学术文章的超市"，那么《新华文摘》则想把自身的数据库做成"学术文章的精品超市"。

在数字平台建设过程中，《新华文摘》除了把历年的纸刊内容全部数字化，建立纸刊资源数据库以外，还全新推出了《新华文摘》网刊数据库。《新华文摘》网刊不是纸刊的数字版本，而是全新的数字刊物。刊

社从全国 3000 多种报刊中遴选出一批高水平的学术文章，经过再次精心编辑加工后形成《新华文摘》网刊，按照一定周期编辑出版，通过数字平台传播，满足读者的数字化阅读需求。《新华文摘》纸刊每期的篇幅有限，很多优秀的学术文章无法全部展现，有的只能以论点摘编、篇目辑览的形式呈现。但是在网刊数据库里，这些文章的全文则可以被收录，读者在纸刊上看到某些感兴趣的论点或片段，进而可以到《新华文摘》网刊上阅读到更广泛和深入的内容。《新华文摘》纸刊数据库、网刊数据库形成联动效应，为广大读者在数字网络环境下提供更多精品内容资源。

（二）成立版权管理部门，与原发刊、作者保持联系

网络版权问题是文摘类期刊在数字化转型过程中普遍面临的难题。在传统媒介环境下，文摘类期刊与原发刊、作者联络较少，但在新媒体环境下，文摘类期刊应主动与原发刊、作者保持密切联系，建立详细的原发刊版权联络人信息库和作者信息库，成立版权管理部门或安排专人负责版权联系与确认工作。以《新华文摘》为例，在《新华文摘》网刊建设之初，刊社专门配备了工作人员负责版权联系与稿费发放工作。刊社建立了原发刊、作者授权信息库，每期为联系到的作者发送转载作品数字版权的授权函。同时，在新华文摘官方网站上开辟了作者和原发机构信息登记的窗口，方便作者和原发刊提交授权信息。

除了积极联络版权外，文摘类期刊也应积极推动数字版权相关法律法规的调整和完善工作，例如通过提案或向有关部门反映的方式，积极推动文摘类期刊"法定许可"制度继续在网络环境下有条件的适用。

（三）丰富产品形态，探索多种盈利方式

文摘类期刊应根据不同平台和用户的特点，推出多种形式的新媒体产品，采用多种收费、定价模式，从而实现盈收。以《新华文摘》为例，在官方网站和基于微信公众号的微站点上都开设了电子书城。用户在电子书城不仅可以购买纸质实体刊，还可以购买纸质刊的电子版。对于三年以前的纸质刊物，用户可以在平台上免费在线阅读，如果需要下

载 PDF 版本，则需要支付费用，支付购买时还可选择整本或单篇的形式。对于《新华文摘》网刊，用户可以在新华文摘网站和移动端微站点免费阅读，还可免费下载单篇或整本资源。此外，《新华文摘》还推出了在线数据库，将《新华文摘》纸刊数据库和网刊数据库整体打包，面向高校图书馆等机构用户提供服务，方便机构用户阅读和检索查询，目前也实现了少量售卖。《新华文摘》电子书城、网刊和在线数据库的推出，丰富了刊社的产品形态，为刊社积累了用户，实现了一定的收入。

（四）培养、引进技术人才，提升刊社整体数字素养

面对缺乏技术人员，技术运用不充分的问题，文摘类期刊应加强对现有人员的培训，让员工参加本行业的一些重要培训，增强现有人员对数字化转型升级的认识。鼓励相关编辑参加数字出版的培训，参加行业高端会议，了解行业融合发展的最新动态。采用"引进来、走出去"的办法，请行业中做得好的报刊社和公司来刊社讲授他们的成功经验，组织员工去融合发展比较成功的刊社学习他们的成功经验。《新华文摘》数字平台在建设前，项目组曾到行业内转型升级比较成功的报刊社、商业数据库进行调研，学习他们的先进经验和技术，也曾请相关技术服务商到刊社进行交流和技术咨询。这些举措为数字平台的建设提供了许多启发与技术支持。

有条件的刊社可以多引进数字化转型升级相关的技术人才，整合内部技术力量，为刊社的转型升级、媒体融合提供技术保障。此外，要积极提升刊社整体的数字素养，储备属于本刊社的数字编辑人才，只有这样，文摘类期刊在数字化转型之后，才能长久地发展下去。

参考文献：

1.《最早的文摘〈集成报〉》，《书城》1996 年第 2 期。

2. 段艳文：《2019 年中国期刊业观察》，《青年记者》2019 年第 36 期。

3. 夏志勇：《新媒体对传统文摘类杂志的反哺路径》，《兰州大学学报（社会科学版）》2019 年第 4 期。

4.卫夏雯：《彰显"浓缩"艺术向高端"突围"——浅谈文摘类学术期刊的发展》，《科技传播》2019年第1期。

5.徐安维：《利用数据分析"破局"，做好文摘类期刊微信公众号运营——以"青年文摘"为例》，《出版参考》2019年第5期。

（作者单位：人民出版社《新华文摘》杂志社）

媒介融合中学术期刊微信公众号服务功能提升路径

孟　耀

　　微信公众号是手机新媒体在互联网时代的新发展，为人们群体信息的发布和交流进一步创造了便利，也为学术期刊的出版与传播提供了新的平台。这是一个集通信、社交平台与营销平台于一体的移动平台。作为学术期刊与新媒体融合发展的新途径，微信公众号也是学术期刊媒介融合的新方式、新形态。在数字化与网络出版的基础上，学术期刊进一步与新媒体融合，特别是利用手机新媒体可移动、便捷、互动和即时阅读等功能，在出版形态、传播方式和服务手段等方面进一步增强学术期刊的社会作用，提高学术影响力。微信公众号在学术期刊出版传播中的应用和推广，为学术期刊应用新媒体实现出版创新和服务创新提供了便利，成为有效提升自身学术影响力和扩大社会影响的有效手段和途径。目前，很多学术期刊社已经开通了微信公众号，经过数年的运营，吸引了广大读者的关注，拥有了众多微信粉丝。但是，还有很多学术期刊微信公众号没有充分发挥其服务功能，甚至处于"僵尸"状态，收效甚微。为了充分发挥微信公众号对于学术期刊的传播和服务功能，学术期刊微信公众号的功能需要进一步完善和拓展。

一、研究综述

随着微信公众号在学术期刊传播中的广泛应用，学术界对微信公众号的研究也越来越深入。2020 年 7 月，笔者利用中国知网以"学术期刊"和"微信公众号"为关键词进行搜索，共搜索到相关文章 15732 篇。这些文献主要从以下几个方面对学术期刊微信公众号进行了研究：

首先，学术期刊微信公众号的功能定位问题。微信公众号对于学术期刊的作用和功能定位是一个理论问题。李钧（2017）[1] 认为，微信公众号既要建立在纸质期刊的基础上，又不能局限于纸质期刊，而是与纸质期刊相辅相成，有创新和突破，它推动了学术期刊与新媒体深度融合。因此，微信公众号的功能定位应当与期刊本身的定位一致。他以《城市观察》为例，认为它的微信公众号功能定位是"聚集全球城市研究智慧资源 构建城市科学发展公共智库"。马勇、赵文义和孙守增（2014）[2] 通过调查研究了学术期刊微信公众平台的服务功能，发现微信公众号与用户期待之间有很大差距。微信公众平台的功能是：为读者定期推送信息，提供稿件查询、热点文章推荐、最新录用、各期目录和内容等多项服务；也提供内容导读功能，通过显示摘要满足用户对特定主题论文的浅阅读。陈晓峰、云昭洁和陈维捷（2016）[3] 在总结学术期刊微信公众平台研究现状的基础上，

---

① 李钧：《社科学术期刊微信公众号的功能定位及运行策略探讨》，《新媒体研究》2017 年第 24 期。

② 马勇、赵文义、孙守增：《学术期刊对微信公众平台的功能选择分析》，《科技与出版》2014 年第 9 期。

③ 陈晓峰、云昭洁、陈维捷：《学术期刊微信公众平台定位与发展趋势研究》，《软件导刊》2016 年第 1 期。

分析了学术期刊微信公众平台的功能定位，他们认为，目前学术期刊微信公众平台作用与功能主要有三个：提供信息查询和下载服务；提供互动交流服务；拓展学术期刊传播方式。

其次，研究人员很重视对学术期刊微信公众平台的建设与运营问题的研究。李海霞和朱宝林（2017）[①] 认为，虽然越来越多的学术期刊为了提升影响力，增强传播效果，建立了微信公众平台，但是，目前学术期刊微信公众平台还没有建立起现代化的运营模式。谢镒逊（2017）[②] 认为，目前学术期刊的微信公众号运营存在诸多问题，主要问题是：定位不清晰，成为纸质期刊的附属品；内容同质化，出版形式单一；宣传推广不足，服务模式单一。李永莲（2017）[③] 研究发现，虽然很多学术期刊开通了微信公众号，并在期刊宣传、编辑、出版、服务和运营等方面进行了积极尝试，但是，学术期刊微信公众号的建设不容乐观，存在一系列缺陷。为此，他提出的对策是：健全学术期刊微信公众号的功能；注重推送信息加工；丰富推送内容；加强宣传推广等。

再次，对学术期刊微信公众平台传播特点和传播效果的研究。廖艳和魏秀菊（2016）[④] 研究发现，学术期刊能够通过微信公众平台的有效运行，成为学术期刊纸质期刊和已有网站的有益补充。

最后，关于发挥微信公众号功能和作用的研究。研究者普遍认为，微信公众号所起的作用并没有想象的那样大，相反，很多学术期刊虽然建立了微信公众号，但是，读者关注度并不高，所起的传播作用还没有充分发挥出来。因此，学术期刊必须采取措施，加大微信公众号的宣传和引导，

---

① 李海霞、朱宝林：《学术期刊微信公众平台的运营之路》，《金陵科技学院学报（社会科学版）》2017 年第 3 期。

② 谢镒逊：《学术期刊微信公众号的运营问题与改进策略》，《新媒体研究》2017 年第 2 期。

③ 李永莲：《移动互联网时代学术期刊微信公众号的运营》，《成都航空职业技术学院学报》2017 年第 2 期。

④ 廖艳、魏秀菊：《学术期刊微信公众平台的传播特点及适宜应用形式分析》，《中国科技期刊研究》2016 年第 5 期。

强化其功能。赵文青、宗明刚和张向凤（2016）[①]通过对 10 家教育类学术期刊微信公众平台发布内容日均阅读量调查，发现目前学术期刊微信公众平台高质量原创比率较低，周期内发文数量与传播效果不成线性关系，微信公众平台对于推送传统编辑形式学术论文传播效果甚微。马勇、赵文义和孙守增（2014）[②]研究了有关学术期刊的微信公众号运行效果，提出要提高学术期刊微信公众平台功能的有效利用，需要从几个方面作出努力：一是充分利用微信公众平台的各种功能；二是提供具有针对性的服务；三是重视微信公众平台的开发与宣传。

除了以上 4 个方面外，学术界还从学术期刊微信公众平台的版权保护[③]、微信平台的运营策略[④]、科技期刊微信公众号的选择策略[⑤]等方面进行了研究。这些研究从多个角度分析了学术期刊微信公众平台在学术期刊内容传播中的作用，既有理论分析，也有实证研究，为高校学术期刊微信公众号的运用与发展提供了一定的理论指导和经验借鉴。但以往的研究也存在着不足，例如理论分析不够系统、实践性弱、操作性不强、针对性不足等方面，对于微信公众号如何发挥服务作用和拓展功能、更好地为读者等用户服务的研究还有待深化。

二、学术期刊微信公众号应用状况调查分析

为了获得学术期刊应用微信公众号传播情况，笔者进行了相对可靠的

---

① 赵文青、宗明刚、张向凤：《学术期刊微信公众平台传播效果分析与运营对策——以教育类 CSSCI 学术期刊为例》，《出版科学》2016 年第 3 期。

② 马勇、赵文义、孙守增：《学术期刊对微信公众平台的功能选择分析》，《科技与出版》2014 年第 9 期。

③ 宋泽江：《微信公众平台学术期刊之版权保护》，《编辑之友》2017 年第 12 期。

④ 肖帅：《学术期刊微信公众号运营策略探究》，《中国出版》2016 年第 3 期。

⑤ 武晓耕、韩俊、樊云飞：《科技学术期刊微信公众号的选择策略分析》，《编辑学报》2017 年第 4 期。

网上信息调查和信息收集。借助微信系统，在搜索引擎上分别输入"学报""编辑部""杂志社"三个关键词，查找相应的公众号并加以统计，然后得到符合条件的数据。结果表明，我国学术期刊有87%以上开通了微信公众号。其中，科技类学术期刊比社科类学术期刊有更高的比率开通了微信公众号。以下是对开通微信公众号的学术期刊进行调查研究的结果。

（一）微信公众号提高了学术期刊的影响力和传播力

学术期刊在发挥学术研究出版与传播、为科研创新提供保障上，采用微信公众号这种适合用户需求的新媒体，成为学术思想传播的重要平台。微信公众号是适合手机移动媒体的传播方式，改变了学术期刊传统的出版方式和传播形态。微信公众号对学术期刊出版与传播产生的社会影响是：

第一，微信公众号促进了高校学术期刊信息传播。当下，手机已经成为人们日常生活进行社会交往、通信、支付、搜寻信息资料等几乎片刻不离的重要途径，也成为信息传播的新兴媒体。利用手机微信功能，在手机上阅读书报，通过搜索功能查询信息资料，并把这些功能与学术期刊的出版传播适当地结合起来，大大提高了学术期刊的传播力，它以极快的速度传播学术期刊的内容，扩大学术期刊的社会影响。微信公众号可以在第一时间把学术期刊发表的学术成果以最新的形式推送给读者，随时随地以非常灵活的方式将最新信息传播给关注者，因而实现了即时传播、快速传播和信息反馈互动。这对于实现学术期刊与新兴媒介的融合、促进学术思想传播起到了立竿见影的效果。

第二，微信公众号加强了高校学术期刊编辑与用户的互动交流。用户在加入学术期刊微信公众号后，可以通过微信公众平台的互动功能，直接与编辑互动交流，从而及时获得编辑部年度选题计划、选题动向、审稿进度等有关信息。读者可以通过微信公众平台搜寻阅读最新出版的论文，也可以阅读往年过刊论文，并在平台上留言和信息反馈。中国知网已经开通的微信公众号，读者使用手机扫描二维码，即可进入阅读，这给读者提供了极大的方便。在互联网时代，学术期刊与新媒体的融合在微信公众平台上得到了具体的体现。通过微信公众号，学术期刊的内容不仅可以在计算机上搜索和阅读，而且可以在手机上搜索和阅读，可以通过手机微信公众号随时随地浏览期刊内容，突破了时空限制，极大地方便了作者与读者。

第三，微信公众号为读者提供网上订阅服务，扩大了服务范围。在微信公众号信息平台上，读者可以进行网上订阅服务。用户只要向微信公众号发送所需要的刊号、查询库存后选择需要的内容，就能够很快地收到由学术期刊社直接发出的网络电子版期刊。未来学术期刊向开放存取发展后，读者可以不用付费即可获得所需论文和数据资料。当前一些微信公众平台提供支付服务功能，与微信支付进行合作，提供常年订阅服务，提高了高校学术期刊的订阅效率。[①]

（二）高校学术期刊微信公众平台在多个方面存在不足

第一，学术期刊微信公众号的使用还不普及，微信公众平台建设滞后。虽然很多学术期刊社认识到了微信公众号给学术传播带来的方便和益处，但是没有给予充分的重视，微信公众号没有得到充分的发展和利用。研究表明，到目前为止，大部分的学术期刊建立了微信公众号，但还有一些学术期刊没有建立微信公众平台。部分期刊没有建立微信公众号的原因：一是对于微信公众平台建设在学术期刊媒介融合中的作用认识不清，没有看到这个新媒体对学术期刊的深刻影响；二是缺乏对微信公众号的了解，对其应用和运营存在模糊不清的观念；三是缺乏懂技术的编辑技术人员，特别是学术期刊社人员少，编辑人员少，技术力量弱，资金不充分，都给微信公众平台的应用带来一定的困难。

第二，一些学术期刊微信公众号定位不清，内容单调，缺乏吸引力。由于对微信公众号的定位有不同的认识，有的学术期刊申请开通的是服务号，有的学术期刊申请开通的是订阅号，也有二者同时申请开通。在微信公众平台上发布的内容，有的是只发布纸质期刊发表的论文和相关内容，也就是原创内容；有的以纸质内容为主，同时转载母刊以外的与学术期刊

---

① 余朝晖：《微信公众平台在学术期刊中的传播模式研究》，《科技与出版》2015 年第 6 期。

专业领域相关的信息和研究成果。此外，还发布期刊信息、行业信息和会议通知、会议活动等内容。微信公众号是一个可以发布多种信息的平台，但应当有一个明确的主题，围绕该主题，可以发布一些与学术期刊有关的内容，以便丰富微信公众平台的内容。此外，还存在着微信公众号发布的内容呆板，缺乏灵活的形式。赵文青、宗明刚和张向凤（2016）[①]在研究中把微信公众号发布内容的编辑形式分为传统编辑形式和新媒体编辑形式，其中，前者是纸质期刊中的论文版式，后者是指版式新颖、活泼、生动的微信发布形式。他们经研究发现，适当改变学术论文的编辑形式，使之适应新媒体环境下读者的阅读兴趣，是学术期刊微信公众平台的发展之道。

第三，学术期刊微信公众号还没有受到大多数用户的关注和使用。尽管微信公众号具有较多的新媒体特征和一系列优点，也在一些学术期刊中进行了使用，但是，由于并没有在学术期刊上普遍使用，也存在运营上的许多问题，因而这种应用在学术期刊的新媒体中并没有广泛得到用户的关注。余朝晖（2015）[②]研究认为，微信服务还存在很多缺陷，例如，微信服务宣传推广不足，信息呈现方式单一；难以使受众持久关注；内容缺乏个性，不符合大众审美趣味；同质化严重；文章篇幅过长；缺乏视频和语音的综合利用；微信营销活动发起较少。这些都导致用户关注较少和使用不足。

第四，学术期刊微信公众号信息量不足，宣传推广少，与读者互动少。微信公众号不仅要内容精美，还要不断地更新和推广。但是，很多高校学术期刊的微信公众号长期不更新，推送信息频率低，有的是一个月更新一次，有的是几个月更新一次，这样的更新频率使得仅有的受众也失去了阅读兴趣。在微信公众号宣传推广上存在方式简单、途径单一，没有针

---

①　赵文青、宗明刚、张向凤:《学术期刊微信公众平台传播效果分析与运营对策——以教育类 CSSCI 学术期刊为例》,《出版科学》2016 年第 3 期。

②　余朝晖:《微信公众平台在学术期刊中的传播模式研究》,《科技与出版》2015 年第 6 期。

对性和持续性①。从现有的学术期刊微信公众号看，大多数的运营方式是把纸质期刊的目录发布在微信公众号上，没有链接和其他服务项目，这与读者的期望相去甚远。微信公众号有自己的宣传特点，学术期刊应该在一定程度上迎合其特点，以便吸引读者，获得读者关注。此外，微信公众号没有利用好微信公众平台与读者互动的服务功能，仅仅是发布简单信息，推送消息，内容简单平淡，不能及时回复读者的询问，丧失了与读者沟通互动的良机。②

三、学术期刊微信公众号服务功能完善与拓展策略

在媒介融合及学术期刊网络出版发展中，应当采取以下措施拓展和创新微信公众号的服务功能。

（一）依托学术期刊微信公众平台，努力推送高质量的学术论文

微信公众号是一个信息发布平台和信息服务平台，其用途是与以作者和读者为主体的用户群进行信息交流，交流的主要内容应当是学术期刊的内容及相关信息，交流的方式是由学术期刊社在微信公众号上发布学术成果和学术活动，并且可以发布与学术成果相关的其他有价值的信息，提供一些学术交流方面的服务。通过微信公众号，学术期刊发布的内容质量越高，越可以获得更多的用户关注，从而提升学术期刊的社会影响，提高学术思想的传播力和影响力。关注学术期刊的用户，将微信公众号的内容转发到朋友圈，从而使学术期刊获得更大范围的传播。因此，学术期刊微信公众平台要以其出版的学术论文为中心，在公众号上推送高质量的相关内容信息，为用户提供高质量的素材和创新性思想。由于微信公众号推送信

---

① 李海霞、朱宝林：《学术期刊微信公众平台的运营之路》，《金陵科技学院学报（社会科学版）》2017 年第 3 期。

② 谢镒逊：《学术期刊微信公众号的运营问题与改进策略》，《新媒体研究》2017 年第 2 期。

息时具有次数限制，因此，在推送学术期刊内容和相关信息时需要进行精心挑选信息，将最有价值、最值得推送的内容发布到微信公众号上，而不是不分轻重，给用户推送学术期刊发布的全部内容。[①]

（二）针对用户的特色需要推送特定内容信息

微信公众号面向的用户是作者和读者，他们是微信公众号的主要关注者，满足他们的学术研究活动需要是学术期刊微信公众号的主要任务。但是，如果微信公众平台推送的信息只有学术论文而且是那些长篇大论的学术论文，那么就可能因为微信公众号内容形式单一，缺乏趣味性，将会导致微信公众号的关注者失去耐心和兴趣，降低关注者对微信公众号的黏度。因此，在推送微信信息时，学术期刊社需要在发布学术论文信息时，一方面对要发布的学术论文进行精挑细选，适当裁剪加工，将最重要的学术思想与研究方法、最新的数据材料推送到微信公众号上；另一方面要"有意识地编辑一些能够引起关注者兴趣的话题，并通过与关注者的互动交流，提升话题热度，从而实现附加值的推送"[②]。学术期刊微信公众号信息的受众具有特定性，在学术期刊微信公众号推送信息前，需要研究推送对象的需要，找准关注者的阅读偏好以及阅读方式的特点，依据这些资料制作高质量的信息，提高信息推送的精准度，进行精准推送，满足微信公众号关注者的特色需求。在推送与学术论文相关的其他信息时，要注意针对性、相关性、知识性、趣味性，但不能推送那些不相关的内容，不能因为附加信息缺乏针对性、相关性导致其附加值降低，进而降低学术期刊微信公众号的"优质内容"的品牌形象。

（三）科学设计微信公众号的结构，努力开发新的服务功能

微信公众号具有三个主要功能系统：用户分众导航、信息推送和交流互动。从学术期刊目前微信公众号的运营看，用户分流、导航功能、信息推送功能发挥得较好，但在交流互动功能上一般做得不够。学术期刊微信

---

① 冀芳、王召露、张夏恒：《人文社科类学术期刊微信公众平台的发展——基于533种CSSCI（2014—2015）来源期刊与607份问卷的调研数据》，《科技与出版》2016年第11期。

② 李仰智：《高校学术期刊微信公众号建设创新研究》，《传媒》2017年第11期。

公众号系统平台上设置一些功能键，以便用户选择点击使用。为了增强微信公众号的服务功能，可以从三个方面对其进行丰富和完善：

第一，设计网上支付服务功能。微信公众号方便了用户网上操作活动，因而可以设计建立网上支付服务功能。网上支付是新媒体发展的一项重要功能。学术期刊可以根据有关规定和安全措施，建立自己的网上支付系统，以便实现微信公众号的各项服务功能。建立和开拓网上支付系统后，学术期刊微信公众号可以提供各种读者订阅的"商品"，满足方便读者订阅的需要，并实现学术期刊自身更多的利益诉求，不是将学术期刊打包廉价销售给大型学术期刊数据库，而是自己作为服务收费者，获得更多的自主权。

第二，加强与读者互动功能。微信公众号的互动功能是指：自动答复功能、个性化信息推送功能、一对一和一对多的信息交流功能、论文评价和点赞功能等。目前，很少有微信公众平台提供互动服务。在未来应当加强互动功能。（1）自动答复功能主要用来自动答复读者或者作者等关注者的提问或者建议，使关注者的提问和建议得到及时的答复。公众号被关注后会由系统自动弹出一条信息，询问关注者需要什么帮助，其中的提示有欢迎语、投稿指南、稿件查询、在线投稿、提问和建议等，引导读者等关注者使用微信号。（2）个性化信息推送功能主要用来对读者进行一对一的服务，服务的项目包括问题答复、信息咨询、信息推送、写作指导等，从而改变了传统学术期刊只提供内容而没有互动的局限。通过一对一信息个性化服务，使读者得到更加个性化的辅导和互动，增加关注者与学术期刊的联系密切度。（3）一对一和一对多的信息交流功能主要是通过建立微信公众号微社区，使学术期刊能够建立期刊对读者、读者对读者的信息交流平台，提高学术期刊信息发布的影响宽度，方便读者进行交流切磋。（4）论文评价和点赞功能主要用来为读者评价论文提供平台场所，这是反映论文质量的一个渠道，可能对论文质量评价方式产生影响，并为学术期刊挖掘学术研究人才提供依据。

第三，开发微信公众号专家审稿服务功能。微信的交互性与渗透性决定了其沟通方式更加灵活方便，从而更容易请专家审稿并与审稿专家沟通。在送审阶段，编辑可以使用手机等移动终端将稿件送达审稿专家，审稿人也可以很容易地通过手机随时随地对稿件进行审阅处理，不受时间地点限制，因而可以缩短审稿周期。这为学术期刊利用新媒体缩短出版周期创造了条件。

（四）强化微信公众号的宣传，吸引更多的微信公众号关注者

当前，学术期刊微信公众号关注者并不多，影响了学术期刊媒介融合的进程。随着更多学术期刊使用微信公众号，将会有更多关注者。可以采取三种途径增加微信公众号关注者：第一，利用二维码关注微信公众号。在学术期刊官方网站网页上明显位置"贴出"学术期刊微信公众号名称和二维码，也可以在学术期刊上或者文章的合适位置放置二维码图标，鼓励读者或其他用户"扫一扫"，提醒读者使用二维码，还可以通过投票功能吸引读者使用二维码。总之，可以利用一切有效的方式推广学术期刊微信公众号。第二，高校学术期刊依托所在高校的网站网页，在高校官网上"贴出"学术期刊微信公众号名称和二维码。第三，由学术期刊组团发布微信公众号，或者由学术期刊管理机构统一发布微信公众号，特别是从管理层统一制定发布微信公众号的管理措施，将进一步促进微信公众号的使用和运营。

（作者单位：东北财经大学杂志社）

融媒体视域下儿童绘本传播研究

黄新炎

在媒体融合大背景下，传媒业涌现出各种蓬勃发展的传播力量，媒体边界的消融成为时代主旋律，如何充分整合多种优势力量，发挥出版社舆论正面宣传作用，增强传播能力，积极广泛传播社会主义核心价值观，尤其是向孩子阐释核心素养的内涵，全程参与到立德树人的全过程，成为出版行业思索和研究的重要问题。面对融媒体新时代背景下的新格局，习近平总书记强调："党报、党刊、党台、党网等主流媒体必须紧跟时代，大胆运用新技术、新机制、新模式，加快融合发展步伐，实现宣传效果的最大化和最优化。"① 这也为出版社融媒体时代开拓创新提供了基本遵循。

---

① 习近平：《推动媒体融合向纵深发展　巩固全党全国人民共同思想基础》，新华网，2019 年 1 月 25 日。

绘本对于儿童来说，具有特殊的价值和意义。很多儿童英语教学工作者都有这样的真切感受："它没有一句教条，却能满足孩子的成长需要；它没有一丝说理，却能启发孩子的深入思考；它没有一点喧闹，却能激起孩子的会心一笑。"与每一册绘本的相遇，都是孩子与新奇和美好的不期而遇。而美国是这样定义绘本的：A picture book is text, illustrations, total design; an item of manufacture and a commercial product; a social, cultural, historical document; and foremost an experience for a child. As an art form it hinges on the interdependence of pictures and words, on the simultaneous display of two facing pages, and on the drama of the turning page.（绘本是文本、插画和整体设计的总和，是一件产品和商品，是一份社会、文化、历史文献，而最重要的，它是孩子的一种经验。作为一种艺术形式，它完全取决于图画与文字的相互依存，左右对页的同步展示，以及翻页过程中产生的戏剧性。）① 由此可见，集社会、文化、历史文献于一身的绘本以其广泛性、趣味性和可阅性，成为儿童成长道路上必不可少的精神滋养。

上海外语教育出版社（以下简称"外教社"）新近引进出版的《儿童英语阅读魔盒》（以下简称"魔盒"）系列是美国 Creative Teaching Press 出版公司的产品之一，目前已在全球售出 2000 多万册，适合国内学龄前及小学低年级儿童英语学习使用。打开"魔盒"，每一本故事书都能够吸引儿童开始英语阅读并充分享受阅读的乐趣。正如绘本"前言"中所介绍的那样："其话题具有生活的广泛性，故事结局往往令人忍俊不禁或意想不到。同一句型在一本书中反复使用，使语言具有高度可预测性，既降低了阅读难度又增强了语言的节奏感；具有亲和力的或真实或虚拟的人物，配以风格各异的图画和真实的照片，给予儿童读者最大的阅读支持和享受。""魔盒"3 个级别 9 盒共 156 本，涉及数学、科学、文学艺术和社会研究等 4 个主题，既蕴藏着引领孩子认识世界、体验世界的密码，还富含了孩子如何塑造和

① Barbara Bader, *American Picture Books: From Noah's Ark to the Beast Within*, Macmillan, 1976.

丰富未来生活的生命密码。"魔盒"的出版引进及借助融媒体时代特征，开发了慕课、音频、视频等多模态形式，在传播上得以迅速辐射全国市场成功开拓了儿童绘本品类的市场边界，符合融媒体时代特征的文化传播途径，为我国主流出版社真正提升和优化宣传效果提供了有益的启发和借鉴。

一、聚合形式多样内涵丰富的传播内容

媒体融合的新时代实现了广播、报纸、影视、电视、期刊等多种优质媒体资源的聚合，因此文化传播的新路径就要充分利用不同媒介的传播优势，发挥媒体聚合的最大效能。但是万变不离其宗，内容的丰富性和深度是第一位的。常见的绘本故事多以虚构类作品为主，而"魔盒"则不然，它的内容以自然科学和数理知识为主。这样的非虚构类绘本如何才能吸引孩童和家长的关注呢？

（一）在情感体验中探索自然科学奥秘

"魔盒"中以自然科学为主题的相关绘本内容在 156 本中约占了 1/3。如：第一级"魔盒"中的 *What's going on* 这个故事。I smell a cake. 小女孩在厨房看到爸爸从烤箱里拿出喷香的蛋糕，味觉的美好感受让她不禁伸出小舌头舔了一下嘴唇，但爸爸与往日不同的表现令她不禁疑问：为何爸爸今天亲自烤蛋糕呢？接着，小女孩接过妈妈递过来的一小勺冰激凌细细品尝着甜甜的香草味道。从她的眼神中看出疑虑：妈妈平常不让我吃冰激凌，今天为何拿出一大罐子呢？"Ring！"有客人来了，是谁呢？小女孩拉开房门，映入眼帘的是包装精美的礼物盒子。I see presents. 是谁来送礼物了呢？小猫也抚弄着礼物的包装带着疑问观望着小主人，似乎在启发小主人思考。还没等小女孩回过神来，一双大手将小女孩揽入胸怀，原来是可亲可爱的奶奶。奶奶今天怎么来了呢？还未揭示答案，小女孩又听到了外面叽叽喳喳小朋友讲话的声音。是谁呢？ I hear... 小女孩四处寻找。突然，四个戴着生日帽的小朋友们从台阶旁的灌木丛里跳出来欢呼：

Surprise！冰激凌蛋糕，礼物，好朋友的造访，今天是个什么日子呢？故事在最后揭示了谜底：It's my birthday！在平实的叙事中，读者跟随小主人公情绪的变化而产生不同的阅读体验，体验越深入，发现的事实真相越显清晰，小女孩用眼睛、耳朵和心灵的感受探究心中的诸多疑问，这不就是我们人类认识世界最有力的武器——每个人都拥有的 five senses 吗？正如我们学习语言一样，要带动视觉、听觉、动觉来探究身边问题的事实真相。在故事中，孩子们学到的不仅仅是故事的语言和内容，还体验到了浓浓的亲情、友情及文化，掌握了认识世界、探究自然的本领。

让心灵感受，让精神提升，"魔盒"引领孩子们身临其境，在丰富的体验中探索自然科学的奥秘。

（二）在图文建构中形成逻辑推理能力

数学概念是"魔盒"的另一特色主题。长期以来，我们对于数学的认识仅仅停留在这是一门课程，是完成学业所必须完成的任务上。而作为基础教育中最重要的课程之一，数学教育的重要性不仅仅体现在数学知识与方法的广泛运用上。"魔盒"中的诸多绘本通过分类画图表、数数做记录、利用规律识记数字、运用数字概念辨识物品的方式为儿童输入数字等概念，提升思维能力。例如：*What do you see*？这个绘本，故事以黑色为底图增加阅读的神秘色彩：one scary nose, two scary eyes, three scary teeth, four scary arms, five scary legs, six scary spots. 随着语言的叠加和图像的丰富，怪物形象逐步由暗处推向明处：I see one scary nose. I see one scary nose and two scary eyes. I see... 语言的逐一呈现激发了学生的丰富想象，逐步形成用图像思考的习惯，在头脑中将碎片化信息串联成完整的故事形象。提高了学生思考的连贯性，提升了思维的逻辑性。

二、集结媒体聚合资源丰富的传播手段

融媒体背景下的绘本阅读要建造传播手段多样化的模块或频道，利用媒体聚合技术，广泛使用文字、图像、声音、视频、动画、图表和色彩等多模态资源，不仅实现绘本内容的简单聚合，更实现传播功能的多模态聚合，形成并增强不同媒介传播社会主义核心价值观的强大聚合力和传播力。文字、影像、图片、声音等模态改变了绘本传统的阅读式信息传播和接收模式，更加灵动而深刻地向更广领域的受众传送主流的声音。

（一）图文悦享，感悟绘本内涵

就孩子的身心特点而言，阅读图画是他们的天性，也是与生俱来的本领。画面是大自然给每一个身心健全的孩子的馈赠，让他们很轻松地走进故事王国；通过绘本，孩子们接收到了语言和画面的多重刺激，对其想象力和创造力及审美能力发育具有重要价值。插图具有形象、生动、直观的特性，也是绘本的本质特征，可以超越文字而独立存在，以图文并茂的形式展现孩童的心灵空间，生命探索的历程，对现实世界的真实感受等，可激发孩童阅读兴趣。图片，配以丰富色彩、多样字体和灵动图案，给受众以强烈的视觉冲击效果，可突出文化信息的核心主题。对于低幼儿童来说，通过观察英文绘本图画，带动他们的视觉、听觉、动觉的全身反应，结合自己掌握的英语知识和猜想理解整个绘本的内容，能加深对单词的记忆，培养语感，形成英语思维，涵养文化底蕴，最终爱上英语，爱上绘本阅读。

（二）影像交互，内化阅读策略

影视传媒具有强大的感染力，作为文字语言符号传递信息的补充或强调，影像可以帮助大众在人际互动过程中塑造共建意义，易于与其进行思想沟通和情感交流。上海外语教育出版社邀请到全国一线优秀教师团队精心制作了配套"魔盒"微课近 200 节，陆续发布在学习强国、外教社慕课和外教社基教部等媒体平台。在名师的引导下，孩子们以 Listen and find, Look and say, Listen and repeat, Read and find, Let's sing 等多种方式轻松愉快地读故事、做游戏、学英语、长见识。系列微课邀请英语特级教师为孩童和家长呈现最原汁原味的英语教学过程，把握科学有效的教法学法，培养孩子阅读策略。视频中指导教师从当前一线教师真实面临的绘本教学实际问题出发，将国际教学理念、精读策略在国内课堂与家庭中本土化落地，引领孩子探索关于如何完善绘本读前、读中、读后三个环节；如何从文本的情节结构起步，探究建立文本与自我、与社会、与其他文本的联系，从各个角度为老师与家长亲授教学技巧、教会孩子如何自主阅读。

影像交互式学习提供了绘本研究方法，领略完整绘本阅读教学体系，促进学生语言学习与综合能力的同步发展。

（三）真人配音，增强情感认同

绘本配套的音频可以唤起孩童们不同的情感体验。现有新媒体的音频播报多以机械电子合成音为主，不能充分体现声音媒体的优势。"魔盒"采用真人配音，或雄厚有力或悠扬婉转的人声配音与所要传达的内容达到完美契合，以最美声音讲述绘本故事，富有吸引力和感染力。"魔盒"的编写特点之一就是同一句型在一本书中的不断复现，语言具有高度的可预测性，既降低了阅读难度又增强了语言的节奏感，读来朗朗上口，趣味横生，给予学生强烈的故事带入感。通过设计趣味的听力活动，通过聆听富有节奏感的语言，孩子们一定会爱上绘本阅读。例如在 *All Through the Week with Cat and Dog* 一书中，绘本语言以固定的语言结构：On Monday/Tuesday/Wednesday/Thursday/Friday/Saturday/Sunday morning，Dog made... On Monday/Tuesday/Wednesday/Thursday/Friday/Saturday/Sunday afternoon，Cat ate... 在富有节奏的故事聆听中，孩子一定会产生这样的感受：哇，这个小狗真是能干哎，会做这么多好吃的，好羡慕。哇，这个小猫真是贪婪呢，总是不劳而获且贪吃，它怎么能吃得下这么多东西。情感的天平即刻倒向小狗这边。但随着故事内容的推进，儿童的情感又随着小猫得了胃病而变化，也为故事结束时剧情的翻转感到意外。复现的语言结构随着明快的节奏带领着孩子情感引起不同变化，结合图片内容的意义支撑，孩子们对故事的内容和信息产生了整体的理解，使绘本真正成为孩子生命拔节的有力托手。

（四）传播组合，升华思想境界

文字作为信息最直接、简洁、有效的载体，在信息传播中的作用不可代替，与绘图形成了强烈的互文，使孩童能够立体式阅读。文字信息的传播方式还具有最为便捷的二元或多元模态信息传播组合的优势，因此成为多模态文化信息传播的不可或缺的重要形式。有研究者认为，绘本中图画与文字的互文性包括三个方面：图文独立意义的改变，绘本整体意义的扩增，图文互动的阅读节奏与体验。[①] 以 "魔盒" 中的 *The Seed Song* 为例，绘本以黄色和纯蓝色为主色调，通过手绘的方式，以富有节奏感的语言向小朋友们介绍了种子生长的环境：In the ground，they sleep，sleep，sleep. 和种子生长需要的条件：Yellow sunshine，bright，bright，bright. Raindrops falling light，light，light. Gentle breezes blow，blow，blow. 富有韵律的文字和质感的绘图带领孩子们在充满大自然和谐和童真童趣的字里行间徜徉：在阳光雨露的滋润下，种子们开始 grow，grow，grow. 此时的色调逐渐丰富，有太阳花的耀眼，西红柿的诱人，牵牛花的绚烂。绘本通过色彩的前后对比让孩子们随着欣赏图文深切感受到植物生长的规律和所需条件，同时也激起了思维火花，建造起高尚的精神空间：美丽的大千世界，需要我们每个人用心灵呵护。每一个美丽生命的绽放，都要经历漫长与等待。从色彩中捕捉，从图画中探究，从文字中体会，"魔盒" 以儿童独特的视角和认识世界的方式诠释了独属于儿童心灵世界的密码。

三、聚合快速高效受众面广的强大辐射

"互联网 +" 融媒体视域下的儿童绘本传播不再依靠单一传统媒介的支持，绘本传播呈现出时间、效率、受众的高辐射性等时代特色。

融媒体背景下的绘本阅读具备了即时性特点。信息最新动态需每日实时更新，时空差异将不再成为限制文化传播的因素，融媒体稳定的传播路径和多样的传播形式可实现内容丰硕的儿童绘本分类、分级聚合后进行传

---

① Perry Nodelman，"Words About Pictures"，*University of Georgia Press*，1990.

播，有效促进孩童和家长了解阅读接受绘本。为扩大受众面，"魔盒"的微课和音频等传播体裁借助学习强国、外教社 WE 慕课、公众号"郑新民谈外语教学与研究"等平台，采取自由灵活的传播方式，不以学术性过强的专业术语科普为目的，着力将文化重点特征为传播点，以更"接地气"的方式进行传播，从而达到广泛传播的目的。在这些平台上，有关"魔盒"的资源以固定的时间更新，如在学习强国 APP 上，每天更新一期"魔盒"的微课，家长同在学习强国 APP 上打卡的孩子们一起学习绘本，配以相得益彰的配音、图片，甚至动画、影视等多元模式，将绘本和现代情境相结合，使得国外文化背景下的绘本语境在现实语境下焕发出新的生机与活力。

较为新颖的信息传播方式"慕课"实现了课堂的即时性、便利化、高效性，不失为新时代儿童绘本传播的一种有效手段。"魔盒"系列慕课形式集将绘本阅读与教学紧密结合，将内容庞杂的 156 本绘本在网络平台上进行数字化整理，由点到线及面，实现分层有序地传播，真正体现了智慧融媒体的本质——以科学化、智能化的传播机制，解决了庞杂、无序的状况，促使孩童审美的文化目标走向和谐与智能。由于儿童的外语储备比较低，家长和老师往往在故事的讲述中借助大量的中文辅以解释，这样极不利于学生英语思维的形成，不少外语教师也都坚决反对用中文直译的方式开展阅读。"魔盒"系列慕课智慧地解决了现实阅读过程中的词汇障碍，示范课教师依托绘本中的图片加上适当的肢体语言及上下文帮助学生理解含义。同时，结合故事录音的衬托使用，图片人物表情的细致观察，故事人物语调的仔细倾听，孩子们逐步形成用英语思维的习惯，步入正确的英文绘本阅读轨道。

更值得一提的是，绘本传播中能唤起孩童的动觉参与。"魔盒"的故事录音总共分为连续的故事朗读版、跟读故事（echo）版、chant 版和歌唱版四种其他绘本所不具有的丰富题材，其中故事朗读版以精确的停顿和清晰的指令，引导孩子如何翻页，在相应的页面找到相应的文字，帮助学生形成书本概念。通过静听录音，学生能形成良好的语音及语感；通过文字指认，富有特殊意义的文本特征会自然映入学生大脑，自然而然地了解句子开头大写，句末标点等概念。因为在绘本的编写中，作者在故事编写中以特殊的形式强化这种概念，有意强化儿童的阅读解码能力。

基于绘本特点，家长和老师也可以引导孩子对故事图片进行互动式加工，可以采用在绘本上做标注或贴标签的方式开展亲子阅读，帮助孩子逐步形成自主学习的能力。例如在阅读 *Numbers All Around Me* 时，老师或家长带着孩子边听故事边看图圈画的方式，将故事的文字与图片进行及时的对应，加深孩子对故事内容的理解和文字的记忆。当孩子对故事内容已经有了比较牢固的认知之后，可以采用 label 的方式，用简洁的英文单词在故事图片中贴上标签。这些单词的选择可以根据孩子的喜好，也可以根据学习的需要，以此加深儿童对文字的成功记忆，促进词汇量的提高及语言能力的提升。在故事学完之后，有心的家长或老师可以带着孩子一起开展对故事梗概的绘制，以此提升对故事内涵的理解和故事内容的回忆，这样的亲子阅读方式应该是深受孩子喜欢的方式。

新时代文化信息的聚合功能具有强烈的互动性。"魔盒"的传播过程中，吸引受众从传统媒体的单向信息接收者转变成为双向、多向互动的有机组成部分，通过网课平台着力打造信息订阅、收藏、分享、发表观点等各种互动功能，使孩童和家长在学习知识的同时，还可以随时收藏信息、表达观点、反馈意见，提高参与互动的兴趣和热情，促进信息的广泛传播。聚合后传播的绘本文化信息具有了崭新的时空观，新型多元化的舆论状态实现了文化信息在时间上的即时传播，在空间上的跨界传播，使孩子和家长获得的信息更为完整和连续。

四、彰显新闻媒介立德树人的自信自觉

在经济全球化语境下，儿童绘本的传播也必须审视全球化发展趋势，提高传播质量，改进传播途径，以更加立体和多元化的讲述形式，学习世界文化的同时，向全国、全球讲好中国故事，展现中国精神的真谛。陆续

登上学习强国 APP 的"魔盒"和《新国标英语分级阅读》等绘本，以新媒介形式对中华优秀传统文化和世界文化进行全面阐释，启发国民的文化传播自觉性，深化文化自信的思想，成为融媒体时代中国思想和中国文化传播实践的突破和范例。

例如在"魔盒"*Who will Help?* 中我们可以阅读到：小老鼠在果园中辛勤地工作，它通过：Who will help me pick/wash/peel/cut/cook the apples？向周边正在玩耍和休息的朋友们不间断地求助，可是朋友们都只顾自己享乐，以：Not me! Not me! Not me！残忍地拒绝。从复现式的语言中我们可以读出小老鼠制作 applesauce 的辛劳和朋友们的极度不配合。从中也可以读出小老鼠的温文尔雅和忍耐的品质，虽然朋友们有求无应，但它没有因此不开心或跟朋友闹翻，而是在享受劳动果实的时候，以智慧的方式告诉朋友：I will eat the applesauce all by myself. 故事没有过多的说理，用具有反差结果的对话徐徐展开对人性真善美的教育。朋友之间应该有难同当，有乐同享。尽管朋友暂时背叛了我，但我还是要保持良好的心态，用智慧的方式解决问题。绘本虽小，却从最真处呵护了儿童纯真的心灵：善待身边的每一个人，学会智慧处理与他人之间的矛盾。

儿童绘本对比教材和文字读物而言，在孩童生命发育的早期，除了能培养他们的语言能力，更关注学科知识，凸显育人价值。"魔盒"以一个个非虚构的绘本故事，向孩子们展现了一个充满人情味的"小社会"，多姿多彩的世界，其立德树人的功能主要体现在以下四个方面：

（1）认识不同的职业和工作地点，了解职业的多元化，在心里树立小小的职业标杆。同时学会如何看地图以及在地图上标注路线，做一个会生活、热爱生活的孩子。*Mr. Noisy's helpers* 以社区为单位，闹闹先生的生活轨迹为蓝本，生活中，闹闹先生遇到困难，谁会帮助他呢？消防员、警察、图书管理员、牙医……随时给他提供帮助。在故事中，孩子们知道每个人的工作和职责，尊重，合作和分享。

（2）教育孩子家庭是一个整体，家庭成员要互相帮助，分享爱好，彼此学习，分忧解难。*Mom Can Fix Anything* 小女孩由一开始东西坏了，都是妈妈来修理，变成后来自己学着修理，不再让妈妈操心。孩子们在阅读时被妈妈的辛劳而感动，也被小女孩的独立所吸引，相信孩子们也一定会在以后的生活中学着多体谅妈妈，做自己力所能及的事情。

（3）孩子们的生活经验大多来自家人和朋友，"魔盒"以故事的形式让孩子感受不同人或事物的特征以及生活方式，让他们知道每一个人和而不同，我们要理解和尊重与我们不一样的人。

（4）"魔盒"引导孩子们探索不同文化中人们的生活经验与价值观，帮助他们了解全人类先进文化，培养他们的"跨文化意识"，同时也加深他们对自己传统文化的认识与热爱。

韦尔伯·斯拉姆等认为，传播者的自由和责任也不可分地连在一起。[1] 传导主流话语，增进价值共识，融媒体时代的出版人应具有高度的社会责任感，成功推动中外优秀文化的广泛传播。

（作者单位：上海外语教育出版社）

---

[1]　[美] 韦尔伯·斯拉姆等：《报刊的四种理论》，新华出版社 1980 年版。

人工智能在儿童读物分级阅读
出版中的应用探究

张　琦　李　晶

分级阅读这一概念早在 19 世纪的美国就已出现，20 世纪 90 年代，我国才开始对其展开研究，目前我国的分级阅读研究及实践尚不成熟。要推行分级阅读，关键之一是做好儿童读物分级阅读出版。目前，我国虽然涌现出了一批分级阅读出版物，但是儿童读物分级阅读出版仍然存在一些问题尚待解决。在人工智能逐步运用于出版业的大背景下，本文将重点探究人工智能在儿童读物分级阅读出版中可以解决的具体问题。

一、我国儿童读物分级阅读出版现状及面临的主要问题

在我国，21 世纪以来，随着国外分级阅读概念的引入、分级阅读产

品的引进、国内教育水平的不断提高以及人们的精神文化需求的增加，市场中涌现出越来越多对分级阅读出版物的需求，进而产生一批针对分级阅读的研究和实践成果。2008 年，我国建立了多个分级阅读研究中心，例如接力儿童分级阅读研究中心和南方分级阅读研究中心，并产生了部分研究成果，如南方分级阅读研究中心推出两个分级标准在国内是首获中国版权保护中心保护的阅读标准。2011 年，由国务院发布的《中国儿童发展纲要（2011—2020 年)》明确提出：为不同年龄段儿童提供分级图书，推广图书分级制，为家长提供给孩子选择图书的指导性建议。这为我国推行儿童读物分级阅读提供了有力的政策支持。

近几年，我国也有大批出版机构开展分级阅读出版实践，出版的分级阅读产品有传统的实体出版物，如海豚传媒出版的《我爱读唐诗》系列唐诗分级读本，也有分级阅读数字出版物，如"考拉阅读 APP"。

在国际上，儿童分级阅读做得较为成熟的国家，其分级阅读大多具有以下特点：分级方法清晰、分级读物数量庞大、文本内容基于现实生活、重视自然科学和人文知识、并重视儿童的全面发展。对比我国儿童分级阅读，则存在以下较为突出的问题：（1）儿童读物分级方法制定标准体系难建立与统一。（2）出版流程复杂，儿童读物分级阅读出版受到编辑专业能力限制而难以更好发展。（3）儿童读物分级阅读出版发行营销渠道较为单一，营销发行有待更加精准。（4）儿童读物分级阅读出版物内容形态不够丰富有趣。（5）原创分级出版物和以汉语母语作为分级对象的出版物数量较少。这些问题的存在，成为推行儿童读物分级阅读的主要障碍，而人工智能在出版领域的应用，可以在一定程度上为这些问题找到解决路径。

二、人工智能在儿童读物分级阅读出版的应用

国务院在 2017 年发布的《新一代人工智能发展规划》中提到了 8 项人工智能关键技术，其中 6 项与出版业相关。将人工智能应用于出版行业

已经是大势所趋。

要探究人工智能如何在儿童读物分级阅读出版中发挥作用，首先要了解人工智能在出版领域中可能会被采用的几个应用原理。其一是"自然语言处理与理解"，主要研究文字处理与识别、不同语言间的翻译、人类视觉听觉发音模拟、包含词法句法和语义规则的文法系统，也研究语言因素、声学技术和模式识别。[①] 其二是"专家系统"，主要将专家知识、经验总结存储进计算机，建立知识库，通过特定的控制策略，利用恰当的规则进行推理、演绎，用以帮助对事物进行判断和决策。[②] 其三是"模式识别"，模式就是由图形、文字、声音、语言、符号等构成的特定的事物形式，人工智能通过对这些事物形式进行分析、判断、分类来实现模式识别。[③] 其四是"人工神经网络"，指的是机器模拟人脑的思维活动，包括学习、记忆、逻辑推理等。[④] 根据这样的应用原理，可以尝试将人工智能运用于儿童分级读物的出版过程，从儿童读物分级方法的制订、出版流程的再造到出版物形态的创新，均有人工智能的用武之地。

（一）人工智能在制订儿童读物分级方法中的应用

国内在分级阅读方面有待突破的最为突出的问题之一，是分级方法的制订。其难点主要体现在：其一，如何科学客观地评定儿童母语阅读能力；其二，如何将阅读内容依照科学标准进行精准分级。人工智能的应用将有助于解决这些难题。

1. 以大数据为支撑的儿童阅读能力评价

对儿童阅读能力的评价主要集中于听力、口语、阅读和写作。假设读者在阅读过程中，对这 4 种行为都是在基于人工智能的儿童分级阅读系统

---

① 柳克勋、金光熙主编：《工业工程实用手册》，冶金工业出版社 1993 年版，第 418—419 页。

② 韩明安主编：《新语词大词典》，黑龙江人民出版社 1991 年版，第 647—648 页。

③ 柳克勋、金光熙主编：《工业工程实用手册》，冶金工业出版社 1993 年版，第 419—420 页。

④ 《交通大辞典》编辑委员会编：《交通大辞典》，上海交通大学出版社 2005 年版，第 987 页。

中完成，则会相应地留下数据痕迹，这些数据来源于读者在系统中的浏览历史、录音文件、创作的文字内容、手写内容等。人工智能根据其在自然语言处理与理解中的应用能力，将与单词、句子、文法紧密联系的听力、口语和阅读能力进行数字化标识，再基于大数据进行分析与处理，最后对其能力进行可视化的数据展示，从听力、口语、阅读和写作等维度对儿童阅读能力水平进行精准评定。

2. 智能化的阅读内容分级

人工智能应用于阅读内容的分级，主要帮助实现两个方面的分级，一是文本的分级，二是题材的分级。

针对文本的分级主要通过人工智能对自然语言的理解，将文本按照词汇量、词汇等级、句型语法复杂程度、文章篇幅等标准划分。例如"考拉阅读 APP"，创建了一套软件独有的分级体系，利用人工智能、大数据等信息技术，通过处理 1 万多字的非平衡语料库、近两亿字平衡语料库，从字、词、句、段、篇 5 个维度分别构建算法模型，自主研发了首套量化中文分级阅读标准 ER Framework。[①]

针对题材的分级要求掌握儿童心理学、儿童教育学的系统知识，了解儿童在各个成长阶段所需具备的知识结构，分析每个儿童自身发展过程中感兴趣的阅读题材。在传统的儿童读物出版中，编辑不可能掌握如此多的专业知识，也不具备处理如此多信息的能力，因此通常结合专家意见进行此类出版活动。在人工智能时代，我们可以借助人工智能，建立儿童读物分级阅读出版的专家系统，协助编辑完成这些复杂的工作。目前，我国在儿童读物出版中明显存在的问题是重知识而轻趣味，选题重复性较高，主要集中于语言启蒙、儿童科普、童话故事、儿童文学，并且出版受众指向不明，通过人工智能构建的这套专家系统可以帮助编辑在选题上平衡和完善各种题材，在内容上更加贴合儿童读者阅读兴趣，在分级上有更加明确

---

① 赵梓淳、任易、高华健：《人工智能 + 分级阅读　教育信息化 2.0 时代的阅读教育——全国少儿中文分级阅读教育的探究与应用》，《中小学信息技术教育》2018 年第 11 期。

的指向性。

3.个性化的学习方案制订

个性化的学习方案制订就是在儿童阅读能力评价、内容分级的基础上，将两者进行智能化的匹配。通过机器协助，根据读者阅读能力和知识结构掌握情况来推荐合适的阅读文本，促进读者语言学习能力的提升、知识面的拓宽，这种方式弥补了传统分级阅读中阅读能力测评与内容分级的分离、读者选择读物程序上的复杂性这两方面的缺陷。借助人工智能制订个性化的学习方案在各类学习类应用上已经较为常见。

（二）人工智能在儿童读物分级阅读出版中的流程再造

在人工智能时代，现代出版流程向机器辅助编辑开展工作的方向转型是一个必然。又如前文所述，儿童读物分级阅读出版流程涉及多学科知识领域，因此以人工智能辅助编辑开展出版流程中的各项工作必须要建立专家系统，以此来聚集资源、实现全流程的智能化。

1.智能策划

儿童读物分级阅读出版专家系统可以通过建立平台来要求用户实名注册，用以集聚用户信息数据。将用户分为读者和监护人两个群体，以更好地区分这两个影响儿童读物分级阅读出版选题策划的群体因素。这些实名制的用户信息要能够直接反映受众分类信息，例如用户的阅读能力等级、年龄、性别、职业、受教育程度等，同时还要依靠大数据来判断用户行为模式来为用户的消费趋势做预测，通过这两种途径获取数据再分析数据，就能够分析系统内部受众的基本需求。在分析儿童读物分级阅读外部市场情况方面，就应该借助人工智能实现行业内信息的互联互通以及实时更新，以此协助编辑做出更准确的行业判断，避免信息不对称导致选题同质化这样的错误决策。

2.智能撰稿

虽然目前已有微软小冰写诗、人工智能撰写自然灾害类新闻稿件这种人工智能自主撰稿的案例，但是在儿童读物分级阅读出版领域尚不能完全信任机器进行全部的文本撰写。因为目前的写稿机器人仍然处于弱智能阶段，其"创作"出的文本与人类自然语言仍存在本质上的区别，这类文本对于儿童语言学习来说或许并没有很大的价值。但是我们仍然可以借助人工智能来协助编辑对已有的文本做符合分级方式的处理，为作者提供各个级别的词汇、语法类型选择，帮助作者更便捷地在这些限定范围内创作分级读本。甚至可以借助网络，利用人工智能智能化实时审校的能力，来开发用户生产内容的知识服务，即助推儿童成为创作者，再将其创作的内容分级提供给其他用户学习或消费。

3. 智能审校

目前，编辑工作中已经用到了智能化的审校工具，例如黑马校对软件，这一校对软件已经具备了高文字查错准确率、可以识别各种主流文件格式、校对敏感的政治错误、嵌入文字编辑器协同编纂的功能。将这样的智能审校工具应用到儿童读物分级阅读出版的审校过程中，需要将其嵌入基于人工智能的专家系统，同时扩充与儿童分级阅读相关的权威语料库、增加错误类型、用分级标准加以限制，以此来达到符合儿童读物分级阅读出版标准的编校效果。

（三）人工智能在儿童读物分级阅读出版中实现精准营销发行

在人工智能时代，通过技术打破行业壁垒，实现产业融合发展，儿童读物分级阅读出版物的发行营销不应该再受到地域、场景的限制，也不应再局限于公共阅读服务机构和专业网站的推广宣传。儿童读物的分级阅读出版物营销发行应集中到线上，实现目标受众定位智能化、广告制作智能化、广告投放智能化、交易服务智能化、售后服务智能化、物流智能化、反馈信息分析与处理智能化，在营销形式上可以结合人工智能的应用场景如 AR 和 VR 等策划适合不同等级阅读能力读者的营销活动。

（四）人工智能改造下的儿童读物分级阅读出版物形态

1. 实体出版物与数字出版物联动

人工智能在技术上为出版行业创造了产业链整合的条件，因此能够促进儿童读物分级阅读实体出版物与数字出版物之间实现联动发展。在一项关于幼儿电子故事书阅读效果的研究上，研究者得出这样的结论："虽然电子故事书能够帮助学习者的故事理解，但在深层内容理解上其促进作用不如纸质故事书的效果更好。"①因此，在儿童读物分级阅读出版中实体出版物这一形式不能被放弃，对于儿童来说实体书不仅能提升儿童阅读的理解能力，实体书的装帧方式、材料、手感、实物空间感等因素都能成为儿童学习的素材，帮助儿童提升认知能力。另外，实体出版物与数字出版物联动，可以通过 AR 出版物、VR 出版物、学习机器人等形式，通过设备与实体书内容链接，用智能化、虚拟化、增强现实等方式实现针对同一内容实体出版物与数字出版物的一致性。

2. 结合 AR 和 VR 等场景增加出版物的交互性

儿童读物分级阅读出版的数字出版物优势就在于能够维持儿童阅读兴趣，放大提升儿童阅读能力的作用。人工智能的应用使数字出版物的这一优点更加凸显，通过 AR 出版、VR 出版这样一些人工智能出版新形式辅助儿童进行文本内容理解，更增添了分级阅读的交互性与趣味性。同时 AR 和 VR 这些新场景下的交互性可以在儿童阅读能力升级过程、儿童阅读内容消费过程、儿童学习反馈过程中发挥作用，如设置游戏来激励儿童阅读通关、为学习成就设置奖励等。

三、人工智能应用于儿童读物分级阅读出版的发展路径

（一）由知识提供向分级知识服务转型

在人工智能时代背景下，"出版"已不仅仅指编辑、加工和复制作品，再向公众广泛传播发行，其内含应向外延伸为向公众提供知识服务，也就是说出版工作的终点不再止于将出版物通过商品交换的方式传递到消费者

---

① 安婧：《电子书还是纸质书：幼儿电子故事书阅读效果的影响因素》，华中师范大学硕士学位论文，2018 年。

手中，在此之后还要为消费者提供优质的消费体验、售后服务。传统的儿童读物分级阅读出版中产品和服务是相互独立分离的，通过人工智能则可以将产品和服务整合到统一的线上平台，就能够使儿童读物分级阅读出版向分级知识服务转型。

（二）以儿童分级知识服务为中心的产业链整合与产业融合发展

传统的儿童读物分级阅读标准体系没有建立与统一、相应的技术匮乏。通过人工智能来实现分级阅读标准体系的建立与统一、技术上的整合应用，能够形成上游内容生产、中游产品加工、下游产品发行营销与服务的完整产业链。在这样一条产业链中，人工智能可以使用数据和算法来打破壁垒，实现融合发展。例如在内容生产中，可以通过与影视、游戏等行业合作来拓展儿童读物在分级阅读内容上的选择；在发行营销上可以和亲子阅读馆、电子商务平台、在线教育等行业合作来增加出版物的发行营销渠道；在产品服务上可以和公共图书馆、实体书店、物流公司等合作来实现用户线上线下同步体验儿童读物分级阅读出版知识服务。

（三）从儿童阅读出发推动我国全民阅读发展

全民阅读是我国贯彻落实党的十六大针对建设学习型社会要求的一项重要举措。儿童读物分级阅读出版本身是一项将社会效益放在首位，促进完善公共阅读服务，推动儿童母语阅读能力提高的事业。将人工智能这一技术应用于儿童读物分级阅读出版工作中，从技术上可以解决分级阅读实施、推广与普及的难度，能够在潜移默化中培养儿童整体阅读习惯。爱读书、读好书、善读书的良好阅读风气从儿童开始形成，从而促进全社会良好阅读氛围的产生，推动全民阅读可持续健康发展。

参考文献：

1. 杜方伟：《论出版企业智能化营销管理系统的建构》，《科技与出版》2020 年第 4 期。

2. 王琦：《人工智能时代编辑能力的提升策略》，《记者摇篮》2020 年第 3 期。

3. 高婷：《智能时代图书编辑能力提升路径思考》，《出版广角》2019 年第 17 期。

4. Jimmy Graham，Sean Kelly, "How effective are early grade reading interventions？A review of the evidence", *Elsevier Ltd.*，2019.

5. 赵梓淳、任易、高华健：《人工智能＋分级阅读　教育信息化 2.0 时代的阅读教育——全国少儿中文分级阅读教育的探究与应用》，《中小学信息技术教育》2018 年第 11 期。

6. 陈花明：《我国少儿出版物分级标准存在问题和对策》，《编辑之友》2018 年第 10 期。

7. 武艳芹、杨文艺：《我国少儿出版物分级阅读标准现状及思考——基于国外少儿出版物分级阅读现状的梳理》，《编辑之友》2018 年第 6 期。

8. 刘华东、马维娜、张新新：《"出版＋人工智能"：智能出版流程再造》，《出版广角》2018 年第 1 期。

9. 孙丽：《我国未成年人分级阅读标准构建研究》，北京印刷学院硕士学位论文，2017 年。

10. 王蕾、宋曜先：《美国〈哈考特分级阅读读物〉研究及出版启示》，《编辑学刊》2017 年第 3 期。

11. 杨玉娟：《借鉴德国图书馆服务理念　南京图书馆开创少儿分级阅读新模式》，《艺术百家》2016 年第 S1 期。

12. 胡明冬：《数字出版版权与内容的分级策略》，《出版与印刷》2016 年第 2 期。

13. 叶丽新：《分级阅读标准研制中的基本问题》，《上海课程教学研究》2016 年第 6 期。

14. 王晔：《英美两国儿童分级阅读对我国的启示》，《现代情报》2013 年第 12 期。

15. 孙南南：《美国分级阅读教育及其中国可适性分析》，《教学与管理》2012 年第 15 期。

16. 李爽：《独木和森林——也谈英国小学的分级阅读》，《出版广角》2011 年第 6 期。

17. 孙南南：《美国分级阅读教育体系探究》，《沈阳师范大学学报（社会科学版）》2011 年第 3 期。

18. 姜洪伟：《美国阅读分级方式简评及思考》，《出版发行研究》2010 年第 10 期。

19.《国内首个儿童青少年分级阅读标准诞生》，《人民教育》2009 年第 Z2 期。

20.《儿童青少年分级阅读水平评价标准》,《人民教育》2009 年第 Z2 期。

21. 朱勇:《牛津大学出版社及其经营特色探析》,《出版科学》2007 年第 5 期。

22. 柳克勋、金光熙主编:《工业工程实用手册》,冶金工业出版社 1993 年版。

23. 韩明安主编:《新语词大词典》,黑龙江人民出版社 1991 年版。

24.《交通大辞典》编辑委员会编:《交通大辞典》,上海交通大学出版社 2005 年版。

25. 安婧:《电子书还是纸质书:幼儿电子故事书阅读效果的影响因素》,华中师范大学硕士学位论文,2018 年。

（作者单位:湖北大学、华中科技大学出版社）

战"疫"期间数字出版的实战表现与未来发展思考

易建宏　李玥欣

　　新冠肺炎疫情发生以来，各行各业都发挥所长与疫情对抗，出版行业亦是如此。由于疫情原因，传统出版行业受到影响，党中央和国务院迅速作出战略部署，通过数字出版，在扩大疫情防控宣传、协助疫情防控物资筹集等方面做了大量工作。此外，国家新闻出版署发出《加强出版服务　助力打赢疫情防控阻击战》的通知后鼓舞了数字出版业的战"疫"信心，为打赢新冠肺炎疫情阻击战提供了强有力的支撑。数字出版在这场战争中异军突起，在科普传播、在线教育、新闻资讯、国际合作等方面表现亮眼，凸显了出版产业在涅槃重构中的创新之举，彰显了这些年出版行业在推动编辑转型、数字出版、融合发展方面的底蕴与成就。

一、战"疫"期间数字出版实战表现

自新冠疫情暴发以来，出版行业迅速迎战，第一时间借助数字出版对新冠肺炎病毒的传播方式、防护措施等进行科普教育以消除公众对新冠肺炎疫情的恐惧心理。除此之外，众多出版集团开放其线上数字资源以满足居家办公和学习的需求；各大学习平台推出"离校不离教，停课不停学"的在线教育等。

（一）战"疫"中防疫图书与数字出版的融合

疫情期间，南方出版传媒旗下的广东科技出版社在 48 小时内出版了第一本防疫图书《新型冠状病毒感染防护》，打响了数字出版行业战"疫"第一枪。随后，各个出版机构也紧随其后，出版了防疫图书和有声读物等，如江西高校出版社出版的由江西省教育厅和江西省卫健委联合组织编写的全国首套针对不同学段学生的《江西省新型冠状病毒肺炎学生防护手册》（小学版、中学版、大学版），并于 2020 年 2 月 10 日线上开学第一天通过"赣教云"等线上平台供江西省各级各类学校免费使用；又如以人民卫生出版社为代表的医学类出版社迅速组织有丰富经验的专业人员出版有关新型冠状病毒防护指南、预防手册和有关新型冠状病毒的知识科普等电子书和有声书，分别在喜马拉雅、懒人听书、咪咕阅读等数字阅读平台和知识服务平台免费上线，此外相关电子书和音频视频也在"学习强国"平台同时上线。疫情期间，面对网络上各种信息的大爆发，为了能够给公众提供更科学更准确的信息，出版机构分别利用问答平台、知识服务平台、短视频平台等推出限时免费的新冠疫情信息播报和科普，据《中国新闻出版广电报》2 月 28 日报道，中国科学技术出版社等出版机构利用科学辟谣平台和"科普中国"共发布 2073 篇图文、154 个视频，总传播量超 22.8 亿，真正做到了有理有据的科学辟谣。

（二）知识平台免费开放

喜马拉雅、咪咕数字传媒、得到、阅文集团、当当云阅读等多家数字出版机构积极响应中国音像与数字出版协会在 2020 年 1 月 30 日发出的《数字阅读行业战"疫"倡议书》，第一时间联合各出版机构和资源提供商打造免费的战"疫"类专题栏目，团结出版行业力量共同战"疫"。喜马拉雅联合 55 位喜马拉雅主播，设立专门的"抗击疫情"听书专区，并制作了《疫情防护科学指南》节目，同时免费开放包括儿童阅读在内的多项会员节目；咪咕阅读设置防"疫"专栏，紧急上线 20 多种最新的防疫抗疫有声书，免费开放 60 多万种电子书与有声书阅读平台；蜻蜓 FM 推出防疫科普节目《抗击疫情　权威科普》，开展疫情动态、疫情科普、线上义诊等服务。此外，蜻蜓 FM 与"好大夫""丁香医生"等医疗在线平台共同推出 7×24 小时网上义诊活动，并同时开放免费的电子书与有声读物；儿童数字阅读平台咿啦看书平台免费开放交互式的儿童移动阅读内容；樊登小读者在除夕之夜免费上线"平安书单"；十点读书发起"寻找温暖同行者"公益计划，推出疫情下的"自我关怀系列"课程和直播等。免费开放的内容资源平台不胜枚举，社会大众可以免费获得的数字化资源数不胜数。

为打赢新冠肺炎疫情阻击战，进一步满足疫情防控期间的全民阅读需求，丰富人民群众的精神生活，各出版机构精心挑选优质内容产品免费供人民群众使用。如江西出版集团提供的《井冈山革命根据地史》《中华好家风》等 203 种电子书和《成语接龙》《写给孩子的中国古典名著漫画》等 70 种有声读物，以及其他融合出版产品。又如人民出版社开放中国共产党思想理论资源数据库部分资源供公众学习，让公众参与到精神战"疫"中来，特开设了战"疫"胜利专栏，极大地鼓舞了一线工作人员及患者的战"疫"信心，与此同时，还通过喜马拉雅平台将人民出版社的有声书资源免费开放。中国知网将"公共卫生网络信息监测平台"向全国 25 家各级疾病防控中心开放，并倡议针对新型冠状病毒相关研究论文进行 OA 出版，提高了研究成果的传播效率，扩大了传播范围。此外，高等教育出版社、北京大学出版社、万方数据知识服务平台等多家机构也向公众免费开放了诸多线上资源，提供免费线上服务。

（三）数字出版保障"离校不离教，停课不停学"

受疫情影响，从幼儿园到高校的春季学年一律延期开学。为了保证学生"停课不停学"，中华人民共和国教育部教材局向 67 家中小学教科书出版单位征集电子版资源，供未拿到纸质教材的老师和学生使用；浙江出版联合集团也于 2020 年 2 月 6 日上线其建设的浙江省数字教材服务平台，平台所包括的 156 册教材电子版权授权和数字化处理工作在 72 小时内全部完成。其他出版机构也纷纷助力，免费提供线上教育资源或技术支持。如江西高校出版社迅速完成了全国首套红色文化地方教材《红色文化》的数字化，在"赣教云"平台推出，供学生上课使用；又如江西出版集团免费提供的在线教育课程《中考必看——复习方法系列》《"我乐学习"高考重难点解析微课》等。清华大学出版社开放其高等教育学习平台——"文泉学堂"、"文泉课堂"和"文泉测试"，供学生和老师学习；上海交通大学出版社开放其慕知悦读 APP 平台上的 300 多本电子书资源，为学生学习提供了极大的便利；高等教育出版社也专门为高等教育发展推出了"爱课程"网和"智慧教育平台"。科学出版社为助力疫情期间的线上教育，在中科云教育平台提供免费直播教学与技术支持，利用远程通信技术协助高校"停课不停学"，以减轻疫情对于教学、培训等工作的影响。

（四）战"疫"期间数字出版出现的一些的问题

新冠疫情防控期间，虽然数字出版发挥优势在出版行业抗击疫情中大放异彩，但同时也暴露出一些存在的问题，如内容资源储备有限，资源分散缺乏体系化，数字出版的盈利模式受到冲击，平台建设和运营能力不足等。

1.内容质量不高，缺乏系统性

战"疫"期间，有些出版机构反应迅速，在第一时间出版了有关疫情防控和新冠肺炎科普的电子书和有声读物，并向公众免费开放，这对抗击新冠肺炎疫情起到了积极的作用，但也存在出版社模仿出版，甚至"换汤不换药"，导致内容同质化严重。此外，由于新冠疫情属于紧急突发事件，因此时效性比较重要，在面对疫情压力和时间紧迫的情况下，数字出版物内容出现碎片化，缺乏系统性。数字出版物的内容同质化和碎片化问题拉低了数字出版物的质量。

2.出版机构资源分散，合作困难

面对疫情，虽然各家出版机构都积极投身到与新冠疫情内容相关的图书出版中，但从已出版上线的电子书和有声读物可以看出，数字出版物内容差异较小，重复度高。出现这种问题，究其根源是因为出版社各自为战，未将其手中的资源进行整合，导致资源不能充分配置，难以形成内容资源的高度集中，长期如此将会制约行业的发展。

3.平台的建设和运营能力不足

面对此次疫情，数字出版平台暴露出平台建设和运营能力不足的问题，当用户和访问量激增时，技术方面无法支撑平台的正常运营，部分数字出版平台都相继出现闪退、卡顿甚至瘫痪；内容方面数字平台资源有限，不能完全满足用户的需求，难以为其提供更优质的数字资源或产品。用户体验感会直接影响数字平台未来的发展，当疫情过后，数字平台如何将这些用户变为有效用户至关重要。

二、数字出版未来发展的思考

此次新冠疫情的发生暴露了数字出版发展中的诸多问题，同时也对数字出版发展提出了新要求，确定了数字出版未来的发展方向——融合发展。

（一）融合发展是必然趋势

2020年是"十三五"规划的收官之年，同时也是"十四五"规划的布局之年，疫情期间数字出版与各行业的融合使得出版行业在这次抗击疫情中表现亮眼，这也表明融合是数字出版发展的必然趋势。

面对这次突如其来的疫情，出版机构不仅利用自有平台进行传播，还通过中国音像与数字出版协会，号召知识服务平台、在线教育平台等机构共同开发数字融合产品，并受到用户和读者的喜爱。出版机构与喜马拉雅、得到、懒人听书、爱奇艺文学等 55 家数字阅读平台及数字出版企业的合作表明，融合已不仅仅存在于机构内部而是发展成为机构之间的融合，也就意味着随着数字出版的不断发展，内容不断丰富，跨领域、跨行业、跨文化的融合成为数字出版的必然趋势。疫情中，数字出版与医学、科学、教育行业的融合已不需重复。而在最近几年，数字出版与视频平台、游戏动漫的融合，甚至是与酒店、旅游的融合也已经悄然开始。由此可见，数字出版融合发展趋势已势不可挡。

（二）内容资源依然是数字出版融合发展的核心竞争力

数字出版最具有核心竞争力的还是内容资源，这一点不会随着数字出版在技术层面、平台运营等方面的提高而被弱化，相反，内容资源会在数字出版融合发展中越来越重要。这是因为技术和平台的管理运营只是影响用户或读者选择的一个因素，但平台的内容资源则能够决定用户和读者对平台的选择，也只有内容资源能够给平台创造价值。

经过这次疫情可以看到，读者和用户对获取知识和服务的需求场景较为丰富，需要满足日常生活、休闲娱乐、生产工作、学术研究等不同需求。但就各个出版机构提供的内容资源来看，大多集中在疫情防控、教材教辅、医学科普等方面，内容较为单一，缺少互动能力与人文关怀。由此，未来数字出版融合发展应多在内容方面下功夫，利用 5G、AR、VR、大数据等新技术，对用户和读者进行个性化定制投放内容，并着重跨领域、跨行业、跨文化的合作发展，打造优质精品内容资源。

（三）应着重培养数字出版人才，提升数字出版人才素养

虽然出版机构与其他行业在疫情期间融合合作的表现深受社会好评，但同时也应该看到数字出版人才的短缺以及数字出版人才素养与数字出版发展不成正比的短板，这也是导致数字出版平台在平台建设和运营过程中出现问题的重要原因。因此，培养数字出版人才，提升数字出版人才素养对数字出版融合发展具有重要意义。

根据调研，我国目前数字人才培养存在以下问题：一是数字出版培养与企业、出版行业联系不密切，导致缺少实践操作；二是开设数字出版专业的高校较少，师资力量不足，间接促使招生规模不够大；三是对已有出版工作经验的工作人员而言，对新内容、新技术等方面缺少系统学习，接受能力较慢。

综上所述，我国数字出版行业应根据新时代的数字出版要求创新数字出版人才的培养模式。如与高校、科研院所建立良好的人才互动交流和双向培养的长效机制，通过数字出版人才的联合定向培养、开展前瞻业务和学术交流活动、科研项目的共同承担与研究创新等具体形式，兼顾复合型人才与专业型人才，强化应用型人才建设。对出版行业内部人员实行定期培训、考核、选拔继续教育等机制，提升专业素养。

三、结语

战"疫"背景下，社会、用户和读者对数字出版提出了新的要求，这对数字出版而言既是挑战也是机遇，只有不断迎接新挑战才能发现自身存在的不足，确定未来的发展方向，在挑战中获得提升。经过这次疫情，数字出版通过了用户和读者的检验，也更加确定了未来的发展方向，当一切回归常态后，新时代的数字出版发展任重而道远，要充分利用自身优势和资源为推进数字出版融合发展步入新阶段做准备。

参考文献：

1. 郝振省、宋嘉庚：《疫情防控阻击战中的数字出版与融合发展》，《现代出版》2020 年第 2 期。

2. 刘中飞：《知识战"疫"时代的数字出版现状与融合发展趋势》，《中国传媒科技》2020 年第 5 期。

3. 孙海悦：《40 多家专业出版单位合力战"疫"》，《中国新闻出版广电报》2020 年 2 月 28 日。

4. 刘敏、黄婧:《新冠肺炎疫情对数字出版行业影响的分析》,《出版参考》2020 年第 5 期。

5. 昝玮实:《后疫情时代数字出版知识服务实践与启示——以专业数字内容知识服务出版单位为例》,《传播与版权》2020 年第 6 期。

6. 张新新、陈奎莲、倪薇钧:《新时代数字出版人才创新机制研究》,《出版广角》2020 年第 4 期。

（作者单位：江西高校出版社、中国社会科学院研究生院）

学者型编辑面临的困境与对策

赵鹏辉

一、学者型编辑的历史回顾

近年来，出版界提倡学者型编辑的呼声越来越高，这个热门话题激起了诸多编辑的热议。有人认为编辑的工作烦琐细致，很难有时间和精力投入到学术研究上，因而这种口号的提出容易流于形式，一旦付诸实践则举步维艰。也有人认为这是时代赋予的使命，是传承和发扬古代既有的"编辑很大程度上是学者"的光荣传统。今天，随着学科划分和社会分工的日趋细化，编辑即是编辑，学者即是学者，二者很难同时集中在一个人身上。这种现象的出现，折射出当代编辑身份的单一性，纯粹是为了编辑而编辑，而编辑以外的学术研究则被搁置一旁，或者说根本就不具备科研的能力。或许是基于这个原因，出版领域呼唤学者型编辑的声音一浪高过一浪。

历史是一面很好的镜子，白居易《百炼镜》："太宗常以人为镜，鉴古鉴今不鉴容。"回顾历史，学者型编辑大有人在，从某种程度上说，古代的编辑和学者常常是一体的，很难将其分离。中华文明的贤哲孔子就是典型的学者型编辑。"孔子非常博学，收集鲁、周、宋、杞等故国的文献，整理出《易》、《书》、《诗》、《礼》、《乐》、《春秋》六种教本来，讲授给弟子们。这些教本写在二尺四寸长的竹简上被尊称为经，孔子和其他诸儒解释经义的文字写在较短的竹简或木版上称为传。"[1]孔子被现代人定义为思想家、学者。殊不知孔子还有另外一个身份——编辑家，他修订"六经"，继承和弘扬中华文化，立下了不朽功绩。理学家朱熹编著《近思录》，他在《书〈近思录〉后》谈到了编修此书的缘起和目的："淳熙乙未之夏，东莱吕伯恭来自东阳，过予寒泉精舍，留止旬日，相与读周子、程子、张子之书，叹其广大闳博，若无津涯，而惧夫初学者不知所入也，因共掇取关于大体而切于日用者，以为此编，总六百二十二条，分十四卷。盖凡学者所以求端用力、处己治人之要，与夫辨异端、观圣贤之大略，皆粗见其梗概，以为穷乡晚进，有志于学，而无明师良友以先后之者，诚得此而玩心焉，亦足以得其门而入矣。"[2]《近思录》是一本哲学选辑之书，为理学的入门书，对思想界影响甚大。清代学者魏源，致力于史学与佛学的研究，编辑了《皇朝经世文编》《淮北票盐志略》《海国图志》《圣武记》《明代食兵二政录》《元史新编》《无量寿佛经》《观无量寿佛经》《阿弥陀经》《普贤行愿经》等书。魏源致力于"今文经学"，关心时政，强调"经世致用"，所编之书范围广泛，有较高的实用价值。近代张元济、陆费逵、王云五、叶圣陶、巴金等人都是学者型编辑的重要代表，他们一面兢兢业业做好编辑的本职工作，一面笔耕不辍地进行学术研究，二者都不耽误，成就斐然。

---

[1] 范文澜、蔡美彪等：《中国通史》第一册，人民出版社 2009 年版，第 170 页。

[2] （宋）朱熹、吕祖谦：《近思录》，山东画报出版社 2014 年版，第 297 页。

二、学者型编辑面临的困境

当代学者型编辑变成了稀缺资源，编辑职业化现象越发凸显，编辑的定位也明晰化，侧重于编校加工的工作，对科研和学术要么是不管不问，要么是心有余而力不足，偶有涉及，也还是浅尝辄止。学者型编辑的缺失非常严重，以至于社会上很多人不把编辑当作学者来看待。在他们的眼中，编辑似乎只是服务人员，而不是生产人员。学者型编辑面临着诸多困境。

第一，身份模糊。学者型编辑的身份模糊不清，若说是纯粹的编辑，但又有研究能力和科研成果。若说是学者，但其本职是编辑。因而，在介绍身份之时，学者型编辑颇为尴尬。于是就有人干脆用多重身份来推介自己，既是编辑家，又是学者。表面看来，光鲜亮丽，涉猎广泛，多才多艺。然而又经不起细细推敲，编辑工作烦琐细微，从选题策划到加工整理，再到图书宣传，每一项工作都很具体，需要编辑亲力亲为，时间和精力都花费在图书上了，只能靠业余的时间来进行学术研究，这些研究究竟有多少"含金量"，"学者"的分量究竟如何？不免令人心生质疑。术业有专攻，按照《现代汉语词典》对"学者"的解释是指"在学术上有一定成就的人"。高校教师或者科研单位是学者的集中地，而出版社是图书的生产基地，编辑以学者的身份出现，不免引起了部分人的猜疑。

第二，社会地位不高。"编辑的本质是躲在荣誉之后的、不被注意的艺术。编辑的劳动往往体现在作家的作品当中，因此一个伟大作家诞生的身后往往站着一个同样伟大的编辑。"[①]一本好书的出版，离不开编辑的辛勤付出。然而编辑是幕后服务者，鲜有机会走向台前，默默奉献，为他人作嫁衣。人们的焦点往往关注于图书的作者，对责任编辑关注得少。特别是学者型编辑，沉迷于编辑和学术研究，整天泡在书堆里，与外界接触的

---

① 叶新、易文翔、周丽锦：《美国名编辑研究》，知识产权出版社 2018 年版，第 2 页。

机会不多，导致社会存在感缺失，彰显不出其社会地位。付出多，而回报少，在不平衡之间，学者型编辑心中的天平难免发生倾斜，有些人索性就只做编辑，不再从事学术研究了。正如叶娟丽所说："无论是制度规定还是实践操作，编辑都是一个远低于学者的身份设计。"[①]受职业所影响，现实生活中，编辑不被重视，幸福指数相对低，社会地位不高，这已是事实。

第三，任务繁重。对于学者型编辑来说，其核心任务是编辑图书，学术和科研只是副业。现行的考核制度十分严格，要求 8 小时工作制，每年要完成一定数量的图书出版和经济指标。工作量大，任务繁重，加班加点也是常态。学者型编辑承受的压力较大，一门心思投入到工作上，有时为了完成绩效考核，追求短频快，多出书，急于求成，粗制滥造，编校质量不合格的现象时常发生。这就导致了学者型编辑不得不暂缓或放弃学术研究。

三、学者型编辑的培养对策

美国著名出版家小赫伯特·史密斯·贝利在《图书出版的艺术和科学》中说："出版社并不因它经营管理的才能出名，而是因它所出版的书出名。"一本书、一套书代表了出版社的形象。而这些书的出版离不开优秀编辑的精心策划和加工处理，乃至积极宣传。在此意义上说，编辑在一定程度上象征着出版社的实力。王云五在商务印书馆出版了《万有文库》《中国文化史丛书》《大学丛书》等优秀图书，编著了《王云五大辞典》《王云五小辞典》。傅璇琮在中华书局工作 45 年，参加《二十四史》的点校和编辑，主编《全宋诗》《唐才子传校笺》，著有《唐代诗人丛考》《李德裕年谱》《唐诗论学丛稿》。王云五、傅璇琮是近代学者型编辑的杰出代

---

① 叶娟丽：《编辑学者化：一个不应成为问题的真问题》，《澳门理工学报》2018 年第 3 期。

表，不仅著作等身，而且还编辑了诸多分量极重的图书。二人分别是商务印书馆和中华书局的文化名片。

然而到了当代，学者型编辑日渐萎缩，尽管图书数量庞大，但是优质图书稀缺，出版界要想高质量发展，必须依靠编辑，打造和培养学者型编辑不失为一条大道。只有好的编辑才能出版好的图书。笔者认为，培养学者型编辑不能急功近利，而是要长远规划和打算。需要编辑自身和出版社两方面的共同努力。

从编辑自身来说，并不是每位编辑都能成为学者型编辑，它有严格苛刻的条件。必须在某一专业领域有一定的造诣，且具备学术研究的能力。学者型编辑的思维严谨，视野开阔，能与作者进行学术交流与对话。因此，学者型编辑要有扎实的专业知识。随着社会分工的日益细化，通才式的编辑如傅璇琮、周振甫等，几成绝响。取而代之的是专业性强的学者型编辑。专业是否过硬，能否了解本专业的历史发展脉络及其走向，是衡量一个学者型编辑的重要标准。只有具备扎实的专业知识，才能挑选和物色优秀的作者，识别文稿的优劣，保证出版物的质量。周振甫审读《管锥编》第一批原稿《周易正义》《毛诗正义》《左传正义》三部分共17万字，竟写出数万字，多达38页的审读报告。显然，没有深厚的学术功底是难以胜任的。① 周振甫凭借着深厚的专业知识，写出了数万字的审读报告，深深打动了钱锺书。另外，周振甫担任《谈艺录》的责任编辑，给全书编了提要性的目录和小标题，钱锺书的《谈艺录》出版后，亲笔赠言周振甫："校书者如观世音之具千手千眼不可。此作蒙振甫兄雠勘，得免于大舛错，得赐多矣。"周振甫与钱锺书因书结缘，相互成就。如果没有过硬的知识，周振甫恐怕难与钱锺书对话，更不能提出建议和修改讹误。审读报告对学者型编辑是个考验，须以敏锐的眼光和缜密的思维来撰写，力争客观求实，既要说明优点，也要阐明不足，传递给作者，切入学术，平等对话，以此来体现学者型编辑的专业研究能力。

---

① 任文京：《论编辑的学养》，《中国编辑》2015 年第 5 期。

学者型编辑还要有出色的编辑能力。具体表现在选题策划，加工整理和宣传推介上。通过参加培训或者继续教育，充实和提高编辑能力。对于学者型编辑而言，有着强烈的问题意识，以问题为导向，以市场的需要以及学科专业的发展为契机，从而推动选题计划，挑选合适的作者，密切联系深入沟通探讨，做好前期工作。当文稿收到后，以高标准和学术的视角来对待稿件，大到章节目录，小到标点符号，一一仔细审阅，进行加工整理，做到格式规范统一，弥补疏漏，消灭差错，文字规范。除此之外，还要参与书籍装帧与版式设计，与排版和设计人员共同商议，选择适宜的封面和版式设计，从形式上把关，确保图书的外观整洁，大方得体。图书出版之后，宣传推介至关重要。学者型编辑亲自或者找人撰写书评，利用媒体广泛宣传，增加影响力，获得市场的占有率。在这方面，巴金是行家里手，值得借鉴。巴金撰写的图书宣传广告达 30 篇。其中在《安娜·卡列尼娜》书评中说："小说一开始，便以抒情诗般的文字把我们摄住：恋爱的疯狂，凄苦的情操造成的悲剧，从安娜认识佛隆斯基直到她投身火车轮下。这整个故事是如此逼取我们的泪水。安娜，高傲、勇敢，受到了爱的煎熬，但终于在破碎了的爱情中毁了自己。舞会、赛马、戏院和沙龙，都在列车经过的一瞬间完结了。——只有托翁能写出这样的悲剧。环绕着这悲剧的，是 1865 年俄国社交生活的场面，和在另一主人翁列文身上显露的托翁自己的面影。"①

从出版社来说，要在机制上给予学者型编辑鼓励和保障。鼓励和创造机会让学者型编辑参与各种学术研讨会，积极申报研究课题，结交专业人士，紧跟学术前沿，开发作者资源，在时间和经费上给予支持。学者型编辑利用参加学术活动的机会，阐发自己的观点，与专家学者有机互动，增进友谊，碰撞出思想的火花，及时约稿，打造出有思想内涵和深度的图书。出版社要完善考核评价体系。不能一味追求经济效益，而不顾社会效益。对学者型编辑的出书量和经济指标适当调整。出于市场方面的压力，

---

① 程忠学：《巴金写的书籍广告》，《应用写作》2002 年第 9 期。

近年来出版社过于依靠教材教辅、合作包销，但由此造成了图书结构失衡，高端学术的书稀少，重复出版、跟风出版现象严重。对此，出版社可以让学者型编辑发挥其作用，精心打磨特色鲜明，学术价值高，专业性强的精品图书，尽管耗费的时间相对长，但是能带来良好的社会效益，提升品牌形象。出版社还应支持和鼓励学者型编辑参加高级职称评审，提高其经济待遇和身份认同感。从而激发工作热情，出版更多优质图书。

四、结语

"文化的前途有很大一部分是系于编辑人身上的，正如同文化的前途系于作者身上一样。"[①] 文化的复兴与发展和编辑息息相关。从古至今，孔子、朱熹、魏源等人作为学者型编辑为中华文化的发展作出了重大贡献。学者型编辑的重要性不言而喻。当前，学者型编辑面临着诸多困境，解决这一难题在于编辑自身和出版社两方面齐心协力，推动学者型编辑走出困局，为文化的发展和繁荣助力。

（作者单位：荣宝斋出版社）

---

① ［美］格罗斯主编：《编辑人的世界》，齐若兰译，中国工人出版社 2000 年版，第 78 页。

编辑参与学术活动路径和
模式的优解

李国昌　李应争

　　学术活动一般指与学术研究、学术交流有关的社会活动，有学术研讨会、学术年会、学术讲座、学术报告会等多种形式。对于编辑而言，学术活动大致可以分为专业学术活动和出版学术活动，它们一般都聚焦学科专业前沿、经济社会发展主战场、行业需求热点难点、人类文明及健康，是业内专家云集的场域。因此，参加学术活动，是编辑策划选题、组稿约稿、展销出版物、开阔视野和提高业务水平并最终成长为学者型编辑的重要渠道，也是出版单位培养年轻编辑、积累优质作者资源、获取高质量选题和拓展出版发展空间的重要途径。当前我国已经进入高质量发展的新阶段，国家间的科技竞争日趋激烈，坚持科技创新、解决"卡脖子"科技问题、建设科技强国已经成为赢得信息革命、科技竞争主动权、话语权的国家战略。习近平总书记在 2020 年 9 月 11 日科学家座谈会上关于"要办好一流学术期刊和各类学术平台，加强国内国际学术交流"的重要指示，为编辑参与学术活动提供了根本遵循，必将掀起编辑参与学术活动的热潮，并对科技出版产生深远影响。

一、编辑参与学术活动的路径及选择

（一）编辑参与学术活动的主要路径

编辑参与学术活动，通常有预约参与、缴费参与、以文参与、会务参与和嘉宾参与等路径。预约参与，是指通过预约即可参与的开放性学术讲座或学术报告会，编辑只要有兴趣、有需求且预约成功即可参与。缴费参与，即经过活动组织方同意，并按照活动的要求缴纳一定的费用（会员费、会务费等），领取代表证明后参加组织方举办的相关活动。以文参与，即按照学术活动征文的要求，提交论文并入选，在缴纳一定的会务费（有的会议不收费），领取代表证明后参加组织方举办的相关活动。会务参与，即通过参与活动的组织工作而参与，但通过这种路径参与的编辑仅限于活动组织方所在单位，且因有公职在身只能参加个别而非全部活动。嘉宾参与，参与者一般为活动举办方特别邀请的出版单位领导、编辑名家或优秀编辑，普通的编辑暂时还难获此殊荣。因此，编辑一般是通过预约参与、缴费参与、以文参与三个路径参与学术活动。

（二）编辑参与学术活动的路径选择

对于普通的编辑而言，应根据自身及单位需求选择参与学术活动的合适路径：若以展销出版物或策划组稿为目的，则应选择与所在单位出版主业相符（一般与自身专业或特长相符）的专业性学术活动，但因现在学科专业分工越来越细且学术会议又较多，限于人力、物力和财力有限的因素，最好聚焦于那些与所在单位主业完全对口或密切相关的代表性强或高水平、国际性学术活动；若以长见识、发文章、评职称为目的，则应通过提交论文、报告、书评等路径参加出版行业组织举办的各类学术活动，但因这类活动注重学术性，对编辑提交文字材料的创新性、理论性、应用性等有较高要求，所以编辑平时要钻研编辑出版业务，乐于学习、善于总结、勤于动笔，切实增强"脚力、眼力、脑力、笔力"。无论选择哪个路径参与学术活动，都应征求所在单位的同意，尽量获得相应的支持。

二、编辑参与学术活动的主要模式及选择

（一）编辑参与学术活动的模式及特点

根据出版单位介入强度不同，可以将编辑参与学术活动模式分为自由参与模式、许可参与模式、竞争参与模式、指定参与模式、组织参与模式 5 种。编辑利用非工作时间参与学术活动的模式即为自由参与模式，不需要所在单位同意，相关费用自理。利用工作时间参与、所在单位允许但不支付相关费用的模式即为许可参与模式，这种模式的操作流程一般是个人向所在单位提出申请—单位同意—个人报名—自费参与，大多数出版单位都会同意。竞争参与模式是指所在单位允许但编辑须经过筛选、择优才能参与学术活动的模式，这种模式下，所在单位通常能够承担编辑参与学术活动的会务费和差旅费，但需要编辑与编辑之间进行水平、能力的竞争，参与相对人数不多。指定参与模式是指单位根据相关学术活动的重要性及与本单位业务的关联度、编辑的专长与能力等因素综合考虑而确定参与者的模式，若属单位内部举办的学术活动，则要求部分编辑或全体编辑参与；若是社外单位举办的学术活动，则单位承担编辑参与学术活动的会务费和差旅费，但参与者一般为骨干编辑或具有一定职务职级的编辑，编辑的选择余地不大。组织参与模式是指由出版单位组织（主办或承办）学术活动下编辑参与学术活动的模式，这种模式下，单位的所有编辑皆要参与，编辑没有选择余地。从自由参与模式、许可参与模式、竞争参与模式、指定参与模式，到组织参与模式，出版单位介入编辑参与学术活动的强度在不断增加，与此同时，编辑参与学术活动的自由度则不断减少。

（二）编辑参与学术活动的模式选择

由前述分析可知，自由参与模式对应所有编辑，只要有意愿、有条件、有机会，他们就可以通过利用非工作时间参与相应的学术活动，来满足自己的参与需求，其他4种模式都属组织行为，对编辑有相应的要求，仅针对部分编辑群体。许可参与模式下，要求编辑不能影响单位的正常工作，不能缺席单位的重要活动；竞争参与模式、指定参与模式下，要求编辑具有较强专业水平、业务能力或理论水平；组织参与模式则是一种利用工作时间但完全平等的参与模式，不需要编辑做出选择。至于哪一种或几种模式适用，要视编辑个人目标、出版单位目标的结合度而定，但出版单位处于天然的优势地位，在模式的选择上居于主动地位，应从利于单位长远发展的战略高度和编辑个人长远发展的时间维度去建构和引导。一方面，编辑尤其是专业性强的编辑应牢固树立扎根专业做编辑的思想，在专业的广度、高度、深度以及系统性、创新性、系列性上下功夫，学做"社会活动家"；同时，刻苦钻研出版业务，在策划、编校、设计、营销等方面下功夫，学做出版家。另一方面，也是更为重要的方面，是出版单位在制订发展规划、年度计划、具体措施的实施中，能否坚决贯彻以编辑为中心的出版思想。笔者认为，编辑参与学术活动的想法应该得到理解、行动应得到支持、行为应得到规范，但编辑得从意愿上、方案上或成果上做出响应，获取单位的信任与支持。

三、编辑参与学术活动路径与模式的优解

参与学术活动对于编辑和出版单位双方而言是双赢的选择，编辑应明确目的、精心组织和深耕细作，出版单位应全力保障，双方主动寻求编辑参与学术活动路径和模式的优解。

（一）提高认识：为了编辑自身和出版单位的高质量发展而参与

学术活动在哪，学术热点、学术前沿、学术创新就在哪，优质选题、

优质作者、业界精英就在哪，编辑自身和出版单位高质量发展的方向、方案和高度就在哪。一方面，在通过邮件和电话与知名专家联系、走访科研院所和参加学术会议时现场与专家交流等诸多约稿组稿途径中，通过参加学术会议现场与专家交流的方式效率最高，因为编辑可以一次性认识多名不同研究方向的专家学者，约稿组稿的内容多样化，而且通过面对面交流有助于提高专家接受邀请的概率。[①] 另一方面，学术论文撰写是一次主动性再教育、再学习的过程，可以有效地总结编辑工作经验、提高编辑工作水平。编辑要学会拿起两支笔，一支为他人作嫁衣，另一支用来充实自己。[②] 因此，编辑和出版单位都应对学术活动的本质及参与学术活动的意义有深刻的认识，从思想上行动上重视对学术活动的参与。编辑应增强敏锐性和行动力，经常性地浏览有关期刊图书和高校、科研院所、行业组织网站或新媒体平台，与业界人士保持经常性联系，便于及时发现业界学术动向、活动安排信息，重点关注国内外行业高端学术会议。[③] 出版单位应对编辑参与学术活动提供支持和便利，让编辑有信心、有兴趣、有能力做好准备。

（二）精心组织：发挥学术活动参与效益的最大化

学术活动是主题、日期、议程、场地、要求、参会人员等诸多要素的有机结合，因此，一旦编辑或出版单位决定参与，就应做好调查研究，对学术活动的诸要素进行了解、分析，提出参与方案。以参与专业学术会议为例，会议前期，编辑应向组织方咨询参会代表的信息，并尽可能收集一些人的背景资料；提前策划一些与会议有关的选题，以便请与会的专家、学者帮助审定、把关，同时应该准备一些本单位该学科领域出版物和宣传书目。会议期间，编辑适时适地发放宣传材料，展销精品出版物，聆听发

① 李明敏、李世秋、蔡斐：《英文科技期刊编辑参加国际学术会议的策略与实践——以 Chinese Journal of Aeronautics 为例》，《中国科技期刊研究》2017 年第 8 期。

② 朱联营：《科技文化交流的年轻学者——姚远编审的编辑出版情结》，《编辑学报》2002 年第 6 期。

③ 苏磊、蔡斐、李明敏：《学术编辑策划专刊/专栏应具备的能力及实施要领》，《编辑学报》2020 年第 1 期。

言者的学术报告努力发现优秀作者，拜访重点对象、约稿甚至召集举行小范围选题讨论会。会议结束后，保存好会议资料、专家学者联系方式，保持良好的沟通关系，适时约稿；整理会议笔记，形成会议报告或选题报告，社里审批立项。[①] 出版学术会议一般以以文会友和研讨交流为主，论文入会交流、获奖及后期整理发表，不仅是编辑个人的荣耀，也是出版单位的集体荣誉。因此，编辑和出版单位都要在提交高质量学术论文上下功夫，可先在出版单位内部进行征集、遴选和进一步打磨。会议期间，聆听报告、参与讨论、及时请教；会后向所在单位提交参会报告，与同事分享参会心得，同时研学论文集，修改论文、投稿。

（三）深耕细作：编辑应有所成为学者型编辑

参与学术活动，是编辑的一项基本工作，也是编辑社会活动中的一种。有研究表明，美国各出版社的编辑大都是学有所长的专家，他们经常参加各种学术会议，密切关注本专业本学科的发展动态；在学术会议期间，他们举办小型的专业书籍展览，直接向专家、教授们推销图书，还通过走访、通信等形式，与本专业的专家、教授、学者保持密切的联系。[②]在数字出版发展势头迅猛的今天，出版社作为内容提供商的角色定位已日趋凸显，对编辑策划、设计、组织、加工内容能力的要求越来越高，都要以编辑介入学术活动的广度、深度作为前提与基础。[③] 甚至有学者认为，回归学术共同体是学术期刊发展以及编辑身份建构的根本途径。[④] 因此，编辑人员需要越来越多地走出办公室，成为与社会各个阶层广泛接触的社会活动家。[⑤] 积极参与学术活动，撰写学术论文，成长为术业有专攻的学者型编辑，应成为编辑的自觉追求。为此，每位编辑都应该将自己的专业背景、学术兴趣与单位的出版主业结合起来，找到一条既满足自身发展需

---

① 时咏梅：《科技编辑应重视参加行业学术会议》，《科技与出版》2006 年第 4 期。

② 尤丹立：《美国学术著作的出版与销售》，《中国出版》1995 年第 3 期。

③ 李振荣：《论编辑参与学术活动之三重性》，《出版科学》2012 年第 1 期。

④ 朱剑：《如影随形：四十年来学术期刊编辑的身份焦虑——1978—2017 年学术期刊史的一个侧面》，《清华大学学报（哲学社会科学版）》2018 年第 2 期。

⑤ 明廷雄：《图书出版需要学者型编辑》，《中国新闻出版报》2014 年 2 月 17 日。

求又符合单位发展目标的专业化道路，关注并参与相关学术活动，并在该专业及相关领域进行深度和广度的经营，重点是对这些领域学术前沿、热点和创新的捕捉与选题策划，以及领域内老中青专家学者的经营。

（四）全力保障：出版单位应为学者型编辑成长提供便利

出版单位应牢固树立以编辑为中心的发展思想，并为编辑参与学术活动创造条件、提供便利和做好保障。一是单位内部经常性举行学术沙龙、编辑论坛、编辑征文、技能竞赛等，营造浓厚的学术氛围。如中华医学会杂志社每月在总会大楼内举办 1 次编辑沙龙活动，主题多样，让普通编辑登上讲台，进入讲者的角色。[①] 二是支持编辑或选派优秀编辑外出参加各类专业学术会议、出版学术会议，鼓励编辑积极撰写论文、申请研究课题，[②] 进行论文指导，报销会务、差旅费用，或推荐其加入相关学术组织。三是完善激励机制，将编辑参与学术活动、发表学术论文作为年度或聘期考核的重要指标，报销版面费，评选学术之星，提供学术年假。[③] 四是举办或联合举办学术研讨会，为单位全体编辑提供零距离、全方位、深层次与业内专家沟通机会。如《国际论坛》编辑部与河南大学区域与国别研究院于 2019 年 9 月共同主办的"中国特色大国外交与人类命运共同体建设：庆祝新中国成立 70 周年学术研讨会"[④]。五是出版单位党政领导应带头撰写学术论文、参加学术会议，登门拜访专家学者。笔者自 2016 年入职出版单位以来，每年带领编辑以提交学术论文的方式参加了中国编辑学会、韬奋基金会等出版业内学术研讨会，均有论文获奖，还发表了 10 余篇出版学术论文，其中以第一作者身份发表出版类核心期刊论文 6 篇，对所在单位年轻编辑的从业信心和理论水平提升起到了一定的示范作用。

---

① 石朝云、游苏宁：《科技期刊编辑再教育的多种途径》，《编辑学报》2011 年第 1 期。

② 夏爽、游苏宁：《科技期刊编辑多途径培养的实践》，《编辑学报》2012 年第 1 期。

③ 恽薇：《培养学者型编辑人才，提升学术原创图书品质》，《出版广角》2019 年第 17 期。

④ 《〈国际论坛〉编辑部与河南大学联合举办　中国特色大国外交与人类命运共同体建设：庆祝新中国成立 70 周年学术研讨会》，《国际论坛》2019 年第 6 期。

四、结语

编辑工作的特点决定了"编辑必须有甘于寂寞、埋首案头的工作精神，同时又必须与社会建立广泛的联系，有积极参加社会活动、进行社会调查的热情和能力"[①]。在中国进入高质量发展新阶段和中外科技创新面临竞争激烈的严峻形势下，广大编辑应该增强使命感和紧迫感，立足编辑岗位，选择合适的路径和模式积极参与学术活动，提高专业水平和业务能力，在为社会奉献更多更优出版物的同时，早日实现学者型编辑的梦想。

（作者单位：中国地质大学出版社有限责任公司）

[①]　中国编辑学会、全国出版专业职业资格考试办公室编：《出版专业基础》，上海辞书出版社 2007 年版。

论编辑版权资产经营意识之培养

靳金龙

当今编辑的培养日益向综合型、复合型编辑培养转变，不仅要有编辑校对出版等专业知识，还要有政治、经济、文化等知识学习的要求，一贯以来的编辑培养模式还注重对市场意识、营销意识的培养，应该说，对编辑的综合素养培养要求已是全面且严格了。但随着出版产业化的深入，随着融合出版的兴起，随着出版产业步入大变局时代，对编辑素养的培养，有一种是明显缺失的，那就是版权资产经营意识的培养。版权资产经营意识，即围绕版权资产管理经营全过程的主动思维、主观意识以及可具备相关规范操作的能力，包括对版权资产概念的理解、版权资产管理操作的掌握、版权资产经营开发的运用等。这种意识的缺乏，不唯编辑，而是出版界整体的缺失。但对编辑进行版权资产经营意识培养的缺失是最为基础的，因而也是最为迫切、最为根本的。

一、培养编辑版权资产经营意识的重要性和紧迫性

首先说明版权资产管理的概念定义。据《新闻出版广播影视企业版权资产管理工作指引》，版权资产是指企业所拥有或控制的，能够对企业持续发挥作用并且预期能带来经济利益的著作权的财产权益和与著作权有关权利的财产权益。版权资产管理，是指将版权资产纳入企业核心管理范畴，通过策划、实施、检查和改进对版权资产进行组织、协调、配置，促进其保值增值的管理过程。版权资产作为出版产业的根基和核心，既是出版单位社会效益和经济效益发展过程中形成的主要资产，也是出版单位持续发展的重要基础和支撑，是出版单位的唯一核心资产。

众所周知，出版已不止是纯内容生产，也不止是社会文化的积累和传播。从产业角度看，出版已成为以出书为主要内容并关联衍生更多其他产业的重要载体，如出版向影视产业、文创产业、教育产业、文化服务产业的延伸等。而不论出版如何衍生转型，作为出版核心的内容创意一直是不变的根基，也是出版能成其特色的根本。所以说，内容资源是出版单位的核心资源，版权资产是出版单位的核心资产。虽守着如此丰富的文化资源资产，但出版单位对版权资产的管理经营却并不好，不仅不好，出版界对版权资产经营管理的重要性至今也尚未形成统一的、高度的认识。

据统计，我国版权产业近几年实现了稳步快速增长，在国内生产总值（GDP）中的占比和增幅不断上升。2018 年，我国版权产业的行业增加值达到了 6.63 万亿元人民币，比 2013 年的 4.27 万亿元增长了 55%。版权产业占 GDP 的比重，也从 2013 年的 7.27% 提高至 2018 年的 7.37%。而随着互联网、新技术的广泛应用，网络版权产业的发展更为迅猛，到 2019 年，我国网络版权产业市场规模已经达到 9584.2 亿元，同比增长 29.1%。版权产业已然成为我国文化产业的重要组成部分。在广播、电视、电影等相关行业，把版权作为资产来管理经营已成熟运作并成为常

态了。

不仅从市场角度看是如此，从国家政策角度看也是如此。国家在 2008 年就制定了《国家知识产权战略纲要》。2014—2016 年，又陆续制定了《关于推动传统媒体和新兴媒体融合发展的指导意见》《国务院关于大力推进大众创业万众创新若干政策措施的意见》《国务院关于新形势下加快知识产权强国建设的若干意见》《中共中央　国务院关于完善产权保护制度依法保护产权的意见》等文件。国家正在大力推进的服务贸易中，版权贸易相关产业也是重要内容。国家对版权产业发展的重视和推动是一贯的。

在市场和政策的推动下，出版领域的版权资产管理经营也有一定的探索。如 2015 年，作家出版社、电子工业出版社成为全国出版系统版权资产管理试点单位；2018 年，原国家新闻出版广电总局发布了《新闻出版广播影视企业版权资产管理工作指引》。在出版单位层面，如开展国家和地区间的版权贸易，基于图书版权开发电影电视，基于版权资产进行教育培训、综合文化服务等。但总体来说，这些尝试都还是无规划的零星探索，不是基于版权资产管理经营理念的主动科学谋划。在出版界，将出版物版权作为资产来经营管理尚未形成高度统一的认识。大部分出版单位仍将出版工作视为单一的出书卖书，并未建立版权资产管理经营的意识理念。这就导致出版产业在转型中难以突破自身的局限和瓶颈，难以形成市场产品的多元拓展，难以实现出版产业跨越式的发展。

编辑作为出版工作的核心参与者，其版权资产经营意识的缺乏直接制约了出版单位版权资产经营理念的建立和能力的提升。而在如今出版产业大变革时代，不重视版权资产的管理经营，势必难以实现产业的壮大，势必难以实现跨领域品牌的打造。而说到底，在传统媒体、新兴媒体激烈竞争的当下，对于传统出版单位来说，也就势难突破产业发展的局限，不能实现裂变式突围，难以形成与新媒体发展抗衡的力量。

这不是道路选择，而是生存抉择。

二、出版单位及编辑版权资产经营理念缺失原因探微

在国家如此大力推动版权产业发展，在市场已然形成版权产业快速发展，在相关行业版权产业发展成熟的大背景下，为何出版单位及编辑尚未树立版权资产经营管理的理念呢？笔者认为有以下 4 个方面的原因。而这也是制约出版版权资产管理经营能力提升的症结点。

一是出版版权资产的特殊性。出版行业不同于广电行业等其他版权资产高附加值行业，出版单位的大多数品种需要较大的智力和时间成本投入，但是产出并不是很大，不像一部电影高投入大制作就有大卖的可能，图书的生产属于分散化、小众化投入，通过品种的数量规模增加来实现效益，这就导致在出版版权资产的运营和管理中，普遍呈现出投入大而产出小、散、微的现象，没有经营的利益驱动。

二是财务操作上的现实困难。在具体的版权经营活动中，假设企业在经济环境不变的情况下，把版权列入资产科目，企业的资产总额就会增加，企业的净资产收益率也就相应收窄；同时，版权开发和收购的成本从原有的费用科目转移到资产科目，会造成企业纳税基数扩大，税负加重，造成财务处理的困难。

三是效益不明显导致缺乏推动力。目前出版单位靠两教出版、书号管控等政策红利就能实现稳定发展，对于需严管理、大投入却收效微、效益弱的版权资产经营就没有主动尝试的动力，也就导致版权资产经营相关制度建设、流程建设、激励机制没有建立，没有形成促进版权资产经营管理的制度环境和氛围。

四是编辑业务压力大分身乏术。受市场、任务等影响，出版单位的编辑几乎全是满负荷运转，为维持基本业务能力水平而进行的常规政治、经济、文化等知识学习尚不能保证，何谈学习了解版权资产经营管理知识，并付诸实践。

三、编辑版权资产经营意识培养的主要内容

加强编辑版权资产经营意识培养，要着重从版权资产全过程管理的角度入手，提升编辑的版权资产经营整体意识。

一是版权资产之获取。编辑与作者在进行版权授权谈判时，要明确不只是为一本书的出版，而是要上升到为出版单位积累版权资产的高度。编辑要充分评估所取得版权资产的潜在价值，按照著作权法的规定，将出版权、改编权、信息网络传播权等等尽力获取。要极度重视与作者合同的签订，在可能的情况下，尽量将更多优质版权签回。

二是版权资产之确权。确权是对版权资产的确认，是版权资产管理的基础。要明确区分法人作品、职务委托作品和通过授权或转让渠道取得的作品版权，要将版权资产的权属、限制范围、时效效力等进行明确。更重要的是对版权资产进行评估。资产评估应通过专业的资产评估公司进行。在初期推进时，也可自行根据市场情况进行评估。总之，编辑要树立版权确权评估的意识。

三是版权资产之管理。版权资产管理应以出版单位或集团建立统一的管理系统。编辑要做好版权资产的信息登记，并对登记信息动态调整。要建立版权资产分级管理机制，编辑在登记版权资产信息时，要视版权可产生效益的大小，分成不同等级，如三级分类法。高级版权资产是指开发潜力巨大，可转化更多经济效益、社会效益的版权资产；中级版权资产为有一定开发潜力，可转化为一定经济效益、社会效益的版权资产；低级版权资产为无开发潜力，转化后两个效益不明显的版权资产。出版单位可设置专门部门管理版权资产，也可指定专人管理版权资产。

四是版权资产之处置。版权资产处置包括转让、授权、置换、出租、赠予、清算等。对于高级、中级版权资产，如何有意识地对相关版权进行处置利用，使之在出版效益之外再获得版权资产收益，是需要编辑重点关注的焦点。这其中有一个关键，是在处置相关版权资产时，要注意法律边

界，确保在合法基础上开展版权资产处置。

五是版权资产之开发。这主要是指出版单位对自己所拥有的高级、中级版权资产进行自主开发或合作开发。通过版权资产开发，盘活现有版权资源，实现资产效益最大化。出版单位版权资产开发的方向有影视剧制作、游戏开发、文创产品开发、综合文化服务项目开发等。版权资产开发会使原有版权资产效益实现量级增长，是版权资产经营的最优化、最终极目标。版权资产开发是一个动态渐变的过程，只有要开发效益，版权资产就应处于不断迭代开发过程中。

四、培养编辑版权资产经营意识的路径

首先要明确，出版版权资产经营管理是个系统工程，涉及管理部门、出版单位、编辑个人等多个方面，也涉及政策支持、制度规范、流程管控、考核激励等各个层面，本文只从如何培养编辑版权资产经营意识的角度谈起。

一是加强培训学习。行政管理部门、出版单位要将版权资产经营管理内容纳入常规编辑培训学习计划，建立相应学习考查机制，通过持续培训学习考查，提升编辑的版权资产经营意识。培训学习内容要涵盖资产管理、评估管理、版权实务等各个方面内容。

二是建立制度规范。通过制度规范来要求编辑按照标准流程进行版权资产管理操作，通过实践来提升编辑版权资产管理经营的意识和能力。要将版权资产的相关管理流程作为编辑日常工作的必备课，成为编辑的常态思维、常态工作。

三是强化导向激励。版权资产经营的目标是产生效益。对于在版权资产经营管理中率先做出尝试的部门、个人要制订事前兜底、事后奖励机制，对表现优异的部门、个人在职务提升、工资晋级等方面给予优先考虑。通过导向激励机制的落实，营造抓版权资产经营的氛围。

四是重视技术应用。编辑要了解、熟悉新技术，及时将新技术、新渠道与版权资产经营管理结合起来。要积极运用新技术提高版权资产管理水平，建设版权资产资源库，实现自有版权资产信息的收集、储存、检索、查询、传播的数字化、网络化和系统化；积极介入国家级、地区级版权交易中心等平台，实现版权资产交易的市场拓展。

五、结语

就目前来说，全国出版单位离切实加强版权资产管理、做大出版版权产业，还有很大的距离。但思想是行为的先导，编辑是出版的基础。加强编辑版权资产经营意识的培养，提升编辑版权资产经营管理素养和能力，是做好做大做优做强出版版权产业的"万里长征第一步"。

参考文献：

1.国家新闻出版广电总局：《新闻出版广播影视企业版权资产管理工作指引》，2018 年。

2.刘彬：《2018 年中国版权产业增加值占 GDP7.37%》，《光明日报》2020 年 1 月 6 日。

3.国家版权局网络版权产业研究基地：《中国网络版权产业发展报告（2019）解读》，《中国新闻出版广电报》2020 年 9 月 17 日。

4.马力海：《出版单位开展版权资产管理应关注的三大问题》，《中国出版》2015 年第 19 期。

5.杨斌：《以版权运营为核心　构建新的出版竞争优势》，《中国出版》2020 年第 7 期。

（作者单位：山西出版传媒集团）

浅谈编辑的案头积累与审稿习惯

——从"韬奋杯"编校比赛经历引发的思考

黄　沙

　　从事编辑工作以来，笔者陆续参加过几次"韬奋杯"编校大赛，也多次参加过其他不同类型的编校知识竞赛。回顾几次参加比赛的经历，个人觉得取得一定成绩的应试技巧主要有两点，一看积累，二看发挥。发挥，指临场发挥，这与应试的心态、考场环境、考题难易等直接相关，需要看个人的自我调适。积累，指编辑的案头积累。从几次"韬奋杯"以及其他编校知识考试的题目来看，无论是小的选择题、填空题、判断题，还是大的审稿题、编辑加工题，都与编辑的案头工作息息相关，而其中涉及的具体考点，设错在哪，设疑在哪，也都是编辑案头工作中最常接触到的内容，答题要求也与编辑案头工作规范基本一致，比如字词、拼音、标点、语法、逻辑、常识、科技术语等，大多数是日常工作中遇到过的相同或相似的知识点，这些知识点是相通的或者不变的，也是编辑应该牢牢把握的；还有少许变量，可能跟每年的出版形势、时事政治、出题人的专业倾斜有关，这些也是编辑应该有所了解和意识到的。因此，在编校考试中要想取得比较理想的成绩，就离不开日常的案头积累，打好基础是至关重要的。

一、何谓编辑的案头工作

编辑的案头工作，简单来说就是审稿和编辑加工。这是编辑过程的重要环节，也是编辑的基础工作，能够展现编辑的基本功。质量是图书的生命。案头工作就是保障图书质量的关键，也是提高编辑专业素养的重要途径。具体来说，编辑的案头工作是一项包括纠错、增删、改写、校订、核对等环节在内的系统工作，而这些环节中编辑需要关注的点，就是案头积累的主要内容，也是出版各类考试的重要考点。

编辑只有认真做好案头工作，严把书稿质量关，才能不断积累，丰富自己的知识储备，提高审稿效率。而在编校考试不同于日常工作可以随时查阅和咨询的情况下，编辑就必须依靠脑海中日积月累的知识和丰富的经验来从容应对，有效答题。

二、编辑的案头积累包括哪些内容

编辑的案头积累来源于日常审稿和编辑加工实践。审稿加工是一个优化稿件质量、提升自身学养的过程，特别是对新编辑来说是一个打基础的过程，不能有丝毫懈怠。

首先是审稿。审稿主要是从整体上把握书稿内容，判断书稿的总体质量，明确指出书稿的优缺点，对书稿作出全面客观的评价。这些判断和评价决定了书稿的取舍。编辑要心明眼亮，善于分辨稿件的优劣，对于那些文本质量差、内容低级或不符合出版规范、涉嫌抄袭之类的书稿，坚决予以退稿或退修，杜绝劣质稿件出现在自己的案头，既增加工作难度，也影响编辑个人和出版社的形象，问题严重的还会产生不良的社会反响；而对那些有较高学术价值、社会价值的原创作品，则要有针对性地提出审稿意见和建议，请作者进一步打磨，提升书稿的整体水平，为精品出版、高质量出版打下良好基础。

其次是编辑加工。编辑决定采纳一本书稿后，下一步的重要工作就是编辑加工，使书稿达到出版规范，这也是不断优化书稿质量的必要环节。一部书稿，无论它的作者多厉害、学术权威多高、专业知识多精，都很难做到万无一失，确保书稿没有任何瑕疵；编辑接触到的书稿也没有哪一本能够不经任何编辑加工就直接出版，大部分都是需要反复修改、校订之后才能达到出版要求。从笔者自身的经历来看，编辑加工一般可以从内容和形式两个层面来着手进行。

（一）内容层面

这主要是针对书稿的具体文本内容进行修改加工，发现问题，提出质疑，解决问题，这是编辑加工最基础也是最核心的环节。审稿时，编辑可以从3个方面重点把关。

第一，判断书稿是否存在意识形态问题，这是书稿的政治底线。首先，对书稿意识形态的把关应该从选题申报就已经开始。拿到选题第一时间就应该有意识地根据选题名、选题内容判断书稿中是否会涉及意识形态问题，在提交选题时作出明确的说明，比如书稿会涉及港澳台有关内容，审稿时需要特别注意政治导向等，提请相关人员引起重视。其次，意识形态问题有时很隐晦，可能只是很简单的一句话、一个标题，或者一幅图片，其中就隐藏着重大的政治问题，这就需要编辑在案头工作中多看、多总结、多思考，养成高度的政治敏锐性，形成思维惯性，遇到与意识形态有关的内容，无论是否有问题都应该花点时间认真确认一下。再次，对意识形态问题的重视在编校考试中也越来越成为一个突出考点。比如2019

年的"韬奋杯"比赛有一个比较明显的变化就是病句修改题，以往的修改病句一般是十几个传统的病句，比如字词和标点错误、成分残缺或多余、搭配不当、句式杂糅等，而 2019 年的病句修改题只有 3 个小题，且全部都与意识形态有关，分别涉及将中国与香港并称"中港"、1997 年还用"中华民国八十六年"、抗日战争史实表述等内容。从这个考点的变化也可以看出，出版中的意识形态问题越来越不容忽视，编辑一定要严格按照有关规定来执行，不能有任何疏忽。

第二，纠正基础性的语言文字等方面的差错、疏漏和不符合规范的内容。笔者根据自己的审稿经验总结，发现这类差错主要有以下几个方面的表现。（1）文字差错。常见的有由于拼音输入法或者字形输入法造成的形近字、音近字的错误，比如"睛"和"晴"、"白"和"百"、"出"和"山"之类；义近字不加区分，常见的有"成分"、"知识分子"和"一份子"，"艰苦备尝"和"倍感欣慰"，"度日如年"和"渡过难关"等；使用了不规范的旧体字，比如异体字和繁体字等，还有多字、漏字等情况。这些文字上的差错有时是很细微的一笔一画的差别，需要编辑练就一双火眼金睛，能够精准捕捉到问题。（2）词语使用不当。主要是对词语的意思理解有误，或对词性把握不准，导致搭配不当或在当下的语境中不合适，较常出现的是一些大众习以为常但实际意义并非如此的词语，比如首当其冲、巧夺天工、炙手可热、七月流火、美轮美奂、万人空巷等，都是较常用错的。（3）语法、逻辑错误。主要表现在作者的句子表达不符合现代汉语的语法规范，比如成分残缺或多余、句式杂糅、自相矛盾、指代不明、啰嗦累赘等，这些问题会导致书稿行文不畅，语义表达不清楚。(4)数字问题。较常出现的有汉字和阿拉伯数字混用、总数和分数不一致、概数表达不规范、小数点保留位数不统一、公历纪年和帝王纪年混淆、大数据统计有误等。（5）计量单位使用不准确。较常出错的是使用已经废弃的单位或者非通用单位，比如斤、英寸、英尺等，还有就是前后单位不统一，特别是教材教辅和科技类书稿中，需要注意的问题更细节化、标准更严格。

以上几个方面的常见差错，在大部分书稿中都可能遇到，也是每次编校考试都会涉及的考点。这些差错都有一些规律性或通用性的内容，日常工作中，编辑要善于积累，将审稿中遇到的常见错别字、词、成语、名词术语等归纳总结起来，作为必备知识点经常翻看，形成记忆。

第三，核查书稿中的引文和专业知识等内容，这是保障书稿专业性、学术性的重要环节。（1）核查引文。这是编辑审稿过程中不可缺少的一项工作。无论是学术研究，还是时政理论，抑或通俗读物，作者为了支撑自己的观点或是丰富书稿内涵，或多或少都会引用一些内容，常见的有古诗文、文史典籍、马恩列斯毛邓江胡习经典著作、党和国家规章制度和法律法规、相关领域的学术论文和专著等。对于这些引文内容，编辑能够通过手上掌握的资料进行核查的，一定要耐心核查；对于一些过于生僻或琐碎的引文，编辑无法核查的，一定要记录下来，提请作者进行核查。核查引文是一个非常耗费时间和精力的工作，特别是一些引文特别多且刁钻的书稿，严重拖延编辑的审稿时间，降低工作效率，编辑切不可为了赶工，就盲目相信作者的功底，忽略引文核查，这样往往容易埋下图书质检不合格的隐患。（2）订正专业知识。无论哪种类型的书稿，其中都会有相关领域的专业知识，比如文史类书稿中常见的人名、地名、重大历史事件、重要会议；学术类书稿中的专业理论、观点，如某个经济理论、某条法律法规、某个统计数据、科技名词；时政类书稿中的重大时政理论、时事要闻；教材教辅中的专业学科知识，都需要编辑有敏锐的观察力和判断力，发现自己完全没有把握或者从未接触到的知识盲点，或者读起来经不起推敲的疑点内容，一定要提高警惕，及时查阅资料，确保这些专业知识言之有据、准确无误。

以上三条是审稿时应该多注意的内容方面的点——意识形态、语言文字、引文和专业知识，这是编辑加工的核心内容。

（二）形式层面

主要是对书稿的表现形式进行修改调整，使其符合出版规范。图书出版有其固有的要求和特点，其中一些编辑技术性规范、行业标准，作者并不了解，很多时候作者提交的稿件都是按照自己的习惯编排的，形式上比较随意，很多都不符合出版要求。这就需要编辑在审稿时指出问题并做好规范处理。常见的形式问题有以下几个方面：(1) 结构问题，有的书稿结构不完整，缺少必要的部件（如目录、前言等），有的结构松散，分段太多，内容琐碎；(2) 层级不清晰，比如层级跳脱（从第一级跳到第三级）、总项与分项不对应（总项有 5 个方面，而分项只有 4 个方面或者有 6 个方面），还有的内容堆积在一段，看不出层次；(3) 体例格式不统一，比如各章节标题字体字号不一致、图表形式和排序不一致、注释格式不一致等；(4) 辅文问题，常见的有辅文顺序不对、辅文内容与正文内容对应不上等；(5) 图表问题，主要有图表内容与正文表述重复或者不一致、图表位置不当、序号紊乱等；(6) 注释、参考文献格式混乱。这些形式上应该注意的问题，也是编校考试常见的考点，编辑只有在日常审稿中养成关注这些问题的习惯，在出版考试中碰到这类题目就会比较容易打开思路，较快发现其中存在的问题。

三、编辑如何养成良好的审稿习惯

基于案头工作上述两个层面的内容，编辑在审稿时有章可循，知道该从哪些方面开始审读稿件。有了审稿思路和审读重点，再辅以良好的审稿习惯和技巧，能够提高工作效率，达到事半功倍的效果。审稿习惯，是编辑在日常工作中形成的一套工作方法和技巧。笔者结合自身编辑实践经验认为，养成良好的审稿习惯可以从以下几个方面做起。

第一，全神贯注。编辑工作无小事，无论面对什么样的书稿，都要集中精力，全神贯注。这是做好编辑工作的基础。不能因为是不重要的书稿，就敷衍了事；也不能因为赶时间，就放松审读标准，草草定稿下厂；更不能因为迷信作者的名气或学术水平，只简单翻阅就认定书稿达标……遇到精神不容易集中的时候，可以将看稿与读稿结合，将稿件内容轻声读出来，这样一方面可以集中精神，不容易分心；另一方面通过读出来的语感也能进一步发现书稿中存在的问题。

第二，勤查工具书。前面提到引文和知识点核查是编辑案头工作的重要内容，而工具书和各类专业资料就是这一工作不可或缺的朋友，能够弥补编辑在学科知识和专业背景方面的不足。编辑应该把常用的工具书放在手边，随时查阅。

第三，敢于质疑。再优秀的编辑也会有自己的知识盲区，有些问题能够一眼看出，而有些问题却不在编辑的认知范围内，这时候要正视自己的不足，对于自己不熟悉、不能肯定的内容，一定要敢于质疑，再通过查询资料、向资深编辑或作者请教等方式，确定是否需要修改。面对书稿总有各种各样拿不准的疑难问题，并不代表编辑业务能力不足，反而是一个成长、积累的必经过程，是编辑提升自身素养的大好机会。

第四，善于总结，掌握规律。好记性不如烂笔头，对于审稿时接触到的新知识或遇到的新问题，编辑应该有意识地记录下来。在审读完一些同类型书稿之后，要学会归纳总结，发现这些书稿中常见的共通性的差错，掌握其中规律性的东西。这样，今后再审读此类书稿就能够有所参照，知道哪些地方容易出错，重点应该关注哪些内容。比如，笔者审读过不少法学类书稿，慢慢发现这类书稿容易出错的地方都比较一致，比如法律法规引文核查，条款序号阿拉伯数字和汉字混用，将港澳台地区的立法经验与其他国家并列举例，港澳台地区的法律法规没有按照出版规范来表述，涉及社会敏感性问题（比如黑社会现象、特殊犯罪）等，发现了这些共通性，再接触到法学类稿件时就更容易发现其中存在的问题。

第五，前后对照，上下统一。编辑在审读稿件时，一定要放大记忆，全面把握书稿前后文的内容，对于不同位置出现的相同内容加以比照，保持一致，比如某个人名、地名、机构，某一条引文、注释，某一个历史事件等，当印象比较模糊时，可以通过检索电子文件查找关键词，这样能快速发现前后不统一的地方。

第六，加强学习，查漏补缺。案头工作需要编辑具备较高的综合素质，掌握丰富的知识，包括编校业务知识、时事理论和政策、语言文字常识、学术学科动态等，这些都是编辑需要不断学习和吸收的。就拿最基础的编辑业务知识来说，内容众多，有一套系统的知识体系。大部分编辑在从业以前都不是编辑出版专业出身，即便入职以后接受过一些专业培训，但在日常工作中还是很少能全面接触和了解编辑工作的方方面面。这就需要编辑养成学习自觉性，积极参加各类编辑培训等，弥补自己专业知识方面的不足。这一点笔者在几次编校比赛中都深有体会。比如 2019 年"韬奋杯"考了数字出版和退修信，而这两个考点都是笔者的知识薄弱区。数字出版虽然是当下的一个行业大趋势，但由于平时接触不多，没有过多关注，对它的具体内容知之甚少；退修信，包括其他编辑公文，也是编辑必备素养之一，但是由于现在跟作者交流多是通过电话、短信、微信等形式，正经地撰写退修信、退稿信、征稿函等越来越少，因此对这类公文的格式、标准、用语等都不太熟悉。所以，在应对这类题目的时候，略显吃力。基于这样的经历，笔者觉得定期对自己的业务知识查漏补缺，积极主动加强学习，也应该成为编辑的日常工作之一。

综上所述，编辑养成良好的审稿习惯，做好案头积累，打下坚实的基础，是提升业务能力和专业素养的重要途径，也是应对编校知识竞赛的重要法宝。有了良好的审稿习惯，坚守政治底线，编辑才能在实践中不断提高自己的审稿技能，确保图书出版质量；做好了案头积累，编辑才能不断充实自己的知识体系，逐渐成长为一个知识型、学者型的编辑。

参考文献：

1. 区向明：《高度重视案头工作》，《出版广角》1995 年第 2 期。

2. 俞涛：《论编辑的案头工作》，《湖南大学学报（社会科学版）》1998 年第 1 期。

3. 董延梅：《图书质量与编辑的案头工作》，《编辑学刊》1994 年第 1 期。

（作者单位：湖北人民出版社）

刍议民族类图书出版的编辑要点

——以云南少数民族出版为例

高　照

　　我国是一个统一的多民族国家，长久以来，各民族在交往融合中共同缔造了璀璨多彩的中华民族历史文化。习近平总书记在全国民族团结进步表彰大会上强调民族工作在国家治理中占有重要地位，并明确提出了新时代推动民族团结进步事业的总体要求和工作重点。他指出，民族观与历史观、祖国观、文化观息息相关，树立正确的民族观，对于国家发展、民族复兴具有十分重要的意义。

　　在全国 56 个民族中，除汉族外，云南省就有 55 个民族成分，是名副其实的民族大省。人口超过 5000 人的世居少数民族有 25 个，是全国世居少数民族最多的省份。其中，白族、哈尼族、傣族、傈僳族、佤族、拉祜族、纳西族、景颇族、布朗族、布依族、普米族、怒族、德昂族、独龙族、阿昌族、基诺族等 16 个少数民族为云南省特有少数民族，因此，云南省也是中国特有少数民族最多的省份。彝族、哈尼族、傣族、壮族、苗族、傈僳族、拉祜族、佤族、瑶族、景颇族、布朗族、布依族、阿昌族、怒族、德昂族、独龙族等 16 个少数民族跨境而居，同时，云南省也是中国跨境民族最多的省份。

作为成立于 1950 年，已在西南边陲省会城市——昆明市伫立了近 70 年的云南人民出版社，一直秉承着立足云南，以文化人，切实担负起传播优秀思想、传承优良传统文化、挖掘本土优质出版资源的责任和使命，努力为社会为人民提供更多更好的精神食粮。作为云南省唯一一家综合性出版社，对云南各民族历史文化的挖掘工作始终是云南人民出版社的重要工作之一，也是其特色之一。

在众多出版选题当中，民族类图书的选题具有其特殊性和敏感性，编辑此类图书时，责任编辑除了需要具备扎实的文字编辑校对基本功外，还需要具有基本的民族文化理论素养，了解掌握各民族的风俗习惯和宗教信仰，且严格遵循国家民族政策和宪法相关规定。可以说，对编辑工作提出了更高的要求。

在民族类图书的编辑过程中，经常遇到的编校问题可划分为：知识性差错、政策性差错、民族风俗习惯差错、编校规范性差错。

一、知识性差错

在此类错误中，可涉及多方面内容，如对民族历史文化的把握、民族语言文字的了解等，识记型、积累型的知识较多，是不能一蹴而就的，而是需要在编辑民族类图书过程中慢慢积累，养成边编边记的习惯。现就民族类图书编辑过程中经常碰到的几个问题展开探讨。

（一）民族历史文化

在编辑《云南省志·民族志》时，在对民族源流做概述的时候，有这么一段话："秦汉时期，属于氐羌族群的部落有滇、僰、劳浸、靡莫、邛都、嶲、昆明、哀牢、徙、笮、摩沙……"在初读时，并未发现问题，在二校时才发现其中的"嶲"为别字，应为"嶲"，读"xī"，释义为：越嶲，地名，在四川省。今作越西。在此例中，首先考察的是编辑对云南民族历史的基本掌握情况，其次需要编辑认真细致，对字形做到熟悉。这类错误便可用笔记本记录下来，再遇到便不会出错了。

同样，在《云南省志·民族志》中，还有一例。"后晋天福二年（937），通海节度使段思平在乌蛮37部支持下，建立大理国。"在这段话中，"乌蛮37部"并非一般的计数单位，而是特指历史上大理国的部族统称。今存《大理三十七部会盟碑》，载有"大理国段氏与三十七部会盟事"。因此，此处不应用阿拉伯数字，应尊重历史记载的表述，改为"乌蛮三十七部"。这类错误也是识记型的，需要牢记于心。

在图书编辑过程中，若涉及民族源流内容，应翻阅相关资料预先了解该民族的历史源流发展脉络。历史上，很多民族或许存在着多种民族源流学说，或许至今仍无确切定论，那在图书编辑过程中，就应当注意客观地对其进行表述，如白族至今仍有诸多源流说，故在表述上应作适当罗列，如《云南省志·民族志》中对白族民族源流的概述："云南白族族源有土著说、氐羌族源说、多种民族融合说、僰人说等。随着研究的深入和考古发掘成果的不断发现，大多数学者接受土著与多种民族融合说的观点，认为大理地区发现的洱海西岸旧石器遗址、宾川白羊村新石器文化遗址、剑川海门口青铜文化遗址、祥云云南驿大波那遗址充分说明至少距今4000年前洱海周围就有白族先民居住，而且已经有较高的文明；他们不断与南迁的氐羌族群，西迁的僰人、蜀（叟）人、楚人、秦人以及汉族融合，在南诏、大理国时期形成白族先民的主体。"此类表述是为正例。

（二）民族语言文字

在编辑民族类图书时，需要对该民族的民族语言有个大致的了解，比如有些民族在长期的历史发展中形成了自己的语言文字；有些民族因各种因素丧失了文字，但语言保留了下来；有些民族有自己的语言，并在党和政府的帮扶下形成了自己的现行文字；有些民族既没有自己的语言，也没有自己的文字。

如傣族，有民族文字德宏傣纳文、西双版纳傣泐文、孟连傣绷文、新平傣雅文和金平傣罗文，通用语为傣语。如布朗族，无本民族文字，通用文字为傣文和汉字，通用语为布朗语，兼通傣语和佤语。如回族，通用汉语和汉文。20 世纪 50 年代，党和政府先后帮助哈尼族、傈僳族、纳西族、佤族、景颇族（载瓦）、苗族、壮族等 7 个民族创制了 9 种文字。

二、政策性差错

从本质上看，我们国家的民族政策，实际上就是有关少数民族的政策，是促进各民族平等团结、发展进步和共同繁荣以及正确认识和处理民族问题的重要行为准则，更是我国政策体系的重要组成部分。对于民族类图书编辑来说，把牢把准我国的民族政策就是筑牢图书出版质量的"生命线"。

（一）规范使用民族称谓

规范使用少数民族称谓和有关数据，是体现党的民族平等原则的一个重要方面。在《省民委关于规范使用民族称谓的意见》中提到："我国是一个统一的多民族国家，大多数少数民族历史源远流长，社会经济文化发展不平衡，各民族历史、族源、政治制度、民族关系及地理分布等情况相对复杂，有的少数民族有多个支系，如彝族有撒尼、阿细、僰人等支系，哈尼族有僾尼、碧约等支系，白族有勒墨等支系，瑶族有山瑶等支系。1987 年，省人民政府批复同意我省苦聪人的称谓恢复为拉祜族。2009 年，经国家民委和省人民政府批复同意，将克木人、莽人归属为布朗族。"因此，在编辑民族类图书过程中应当严格遵循各民族支系称谓的规定，不可出错。

有一例，"直至今天，白族地区已完全使用公历，仅民间仍有用农历计算的，至今仍使用古白历的是居住在怒江一带的白族支系勃墨人"。其中，"勃墨人"应为"勒墨人"，是白族的一个支系。出现此类错误，主要是因为对支系称谓的不够熟悉，为了避免再次犯错，应当加强识记。

另外，还要准确把握民族与支系的关系，不能把民族的支系单独作为民族的族称。在编辑过程中，最常出错的便是将"摩梭人"写作"摩梭族"，或是用"撒尼""阿细"指代彝族，即用支系的名称代替民族的称谓，这样是不对的。

（二）对相关民族政策的准确把握

在云南省25个世居少数民族中，独龙族、德昂族、基诺族、怒族、布朗族、景颇族、傈僳族、拉祜族、佤族等9个民族为"直过民族"。在这9个"直过民族"中就有8个民族为跨境民族，他们分别是：独龙族、德昂族、怒族、布朗族、景颇族、傈僳族、拉祜族、佤族。在书稿的编辑过程中，应熟练掌握对"直过民族"和"直过区"的划分和划定，在表述跨境民族称谓的时候，应注意遵循我国的少数民族称谓，而不宜使用境外他称。

如在编辑过程中遇到"国内阿卡"的表述，是为误。哈尼族是一个跨境民族，而"阿卡"则是指生活在东南亚国家的这一民族。

在云南省，全省共有8个民族自治州、29个民族自治县，民族自治地方共有78个县（市），先后建立了197个民族乡，是全国民族自治地方最多的省份。因此，在编辑书稿过程中，对民族自治地方名称准确书写尤为重要。

一例："全省皆有，人口最集中地区为：楚雄彝族自治州、红河哈尼族自治州、哀牢山地区、滇西北小凉山地区。"在这段话中，需要注意的是，当出现少数民族自治州的全称表述时，需要确认是否将民族写全、写对，其中的"红河哈尼族自治州"就遗落了"彝族"，正确表述应为"红河哈尼族彝族自治州"。同样的，在"主要分布于云南省澜沧江东西两岸和元江下游沿岸，最集中分布于澜沧拉祜族自治县、孟连县，以及耿马、景东、镇沅、景谷、景洪、勐海、宁洱、元江、江城、金平等县市"这句话中，也存在全称与简称兼有，行文表述不统一的情况，应当要么全部民族自治县使用简称，要么将民族自治县的名称补全，本段话中，孟连县也是民族自治县，全称为"孟连傣族拉祜族佤族自治县"。这对编辑的一般性常识和编校细致度有一定的考验。

三、民族风俗习惯差错

尊重少数民族风俗习惯，就是尊重各民族的平等权利和生活方式，在编辑出版民族类图书时更应尊重各民族的风俗习惯和民族禁忌。在云南省，少数民族众多，各民族都拥有着各自独具特色的民族风俗习惯，作为图书编辑，我们除了尊重，还应基本掌握，在稿件的初审过程中做到心中有数，现列举几例。

（一）饮食习惯

在回族的饮食习惯中，是对猪肉有严格禁忌的，在编辑出版此类图书时应特别注意对其民族习惯的把握。除了在饮食方面对猪肉有禁忌，在回族的日常生活用语中也应尽量避免提到"猪"字，必须提及时，可用"黑皮""黑牲口""老拱"等来代替，屠宰牛、羊、禽不能说"杀"，只能说"宰"等。

"布依族的粽粑有枕头粽、三解粽、四丫粽、八角粽等品种，形状不同，但所用原料基本相同，将优质糯米放入清水中淘洗滤干，用榨木烧成木炭，碾成粉末拌入糯米中，将瘦猪肉切条拌上草果粉、盐，用棕叶包裹成形后煮熟即开食。粽粑形状各异，味美色香。"应为"粽粑"，因此与食物相关的都应改为"枕头粽、三解粽、四丫粽、八角粽等品种"。

在云南省，大多数少数民族生活的地区都山清水秀，喜采山珍，有一种山珍经常出现在当地人的餐桌上，那就是鸡枞。鸡枞的"枞"字应为"土从"，而非"木从"。在实际的编辑过程中，这个特殊的植物名称是需要造字的，除此之外，还有一个食物的名称也比较特殊，就是"饵块"。"饵块"是一种用优质大米、糯米加工制成的云贵川特有传统食品。云南十八怪中就有一怪：米饭饼子烧饵块。而"饵块"的"块"字，应为"饣"字旁，并非"土"字旁，需要造字。

（二）服饰习惯

"天象图纹有日纹、月纹、星纹、彩虹和云纹等，植物图纹有蕨草纹、马樱花纹、茶花纹、草莓花纹等，动物图纹有羊角纹、鸡冠纹、虎头纹、犬齿纹、鸟纹、蝶纹等，日常生活图纹有火焰纹、火镰纹等。"其中，"马樱花纹"应该作"马缨花纹"。

（三）居住习惯

"中华人民共和国成立之前，坝区白族多以院落或土木或石木结构为形式建筑民居，其典型类型是'一正一耳''一正二耳''三房一照壁''四合五天井'等。"在这句话中，"三房一照壁"为错误，应为"三坊一照壁"。"三坊一照壁，四合五天井"是白族民居建筑中最基本、最常见的形式。三坊每坊皆三间二层，正房一坊朝南，面对照壁，主要供老人居住；东、西厢房二坊由下辈居住。正房三间的两侧，各有"漏角屋"两间，也是二层，但进深与高度皆比正房稍小，前面形成一个小天井或"一线天"以利采光、通风及排雨水。

四、编校规范性差错

在编辑民族类图书过程中，除了需要掌握以上民族相关知识外，对于编校规范的严格把控是民族类图书乃至每一本图书编辑环节最根本、最基础的规范和要求。

在《云南省志·民族志》的"大事记"中有一段话："全省民族贸易和民族用品生产工作会议在昆明召开，副省长吴生敏在会上作题为《从民族、边疆地区实际出发，继续落实政策，促进生产发展，保障商品供应，增进民放团结》的讲话。"其中"增进民放团结"有错别字，应为"增进民族团结"，虽然为文件名称，但是在编辑过程中更应当加倍重视。

一例："在怒江州泸水县片马乡政府驻地西北面的高山上，建起一座片马人民抗英胜利纪念碑，铭记着 1911 年发生在片马的汉、傈僳、景颇等各民族人民抗英斗争史迹。"在这段话中，误将"傈僳族"的"傈僳"写作了"傈僳"。除此之外，"傈僳族"还容易错误地写作"僳僳族"。还比如，"佤族"容易写作"瓦族"；"摩梭"容易写作"摩俊"；"僾尼人"容易写作"爱尼人"；"拉祜族"容易写作"拉枯族"；"傣族"容易写作"泰族"等。

一例："《云南省西盟佤族自治县自治条例》，自 1989 年 11 月 1 日起施行。"在这段话中，将"自治条例"写作了"自冶条例"，不仅是错别字的问题，更是将法律条例写错的问题。

一例："由楚雄彝族自治州人民代表大会常务委员会、红河哈尼族彝族自治洲人民代表大会常务委员会、巍山彝族回族自治县人大常委会公布施行。"在这段话中，将"红河哈尼族彝族自治州"写作了"红河哈尼族彝族自治洲"。

一例："由云南省文化厅主办，云南省群众艺术馆承办的云南少数民族服饰展览在省博物馆展出。展览共展出收集自全省 26 个民族的众多支系的不同服饰 98 套。"在这段话中，存在概念错误，云南省有 25 个世居少数民族，26 个民族，但是汉族并无"众多支系"，因此，本段话所要表达的应当是"展览共展出收集自全省 25 个少数民族的众多支系的不同服饰 98 套。"

一例："《中兴二年图传》载：'内列五七之星曜'。"经核查并无《中兴二年图传》一书，应为《南诏中兴二年画卷》。这需要编辑对文献资料的耐心细致核证。

在这个快速变化的时代，要么出众要么出局，每名编辑都应不断提高自身业务水平，夯实基础，找准优势与特色，在浩瀚书海里寻觅到属于自己的一方净土，辛勤耕耘，力图为人民为社会提供更多更好的精神食粮；每个出版社都应结合自身地缘优势和擅长领域，深耕细作，始终牢记新时代出版工作的责任和使命，着力打造更多精品力作，满足各族人民群众对美好生活的新期待，展现新时期民族工作的辉煌成果，不断推动中华优秀传统文化的向前、向上发展。

参考文献：

1. 张运珍：《浅论民族类图书的编辑出版》，《出版发行研究》2013 年第 8 期。

2. 高建中：《论民族宗教类图书的出版管理》，《中国民族》2003 年第 12 期。

3. 云南省人民政府办公厅：《省民委关于规范使用民族称谓的意见》，2015 年 9 月 6 日。

（作者单位：云南人民出版社）

移动阅读的历史、特征与
未来探析

张文彦　于　成

20 世纪以来，出版物的激增与技术载体的变化，极大地提升了人们对阅读的研究兴趣。史学家们致力于挖掘星移斗转中人类阅读的变迁，心理学家、教育学家和脑科学专家们致力于研究生理和心理机制中阅读的奥妙，IT 和出版行业的研究者们则致力于研发更美妙的阅读体验。这三个领域的进展，都让我们意识到，移动阅读不仅正在成为人类阅读生活的主流方式，而且正在反向重构着塑造阅读行为的各类要素，这种重构的力量有多强大？是否正在发生如媒体或研究文章中所频频提及的"阅读革命"？美国著名阅读史专家罗伯特·达恩顿（Robert Darnton）曾否定 18 世纪末泛读取代精读的"阅读革命"之说，而认为只不过是可读的东西越来越多样化。① 我们

---

① 〔美〕罗伯特·达恩顿：《拉莫莱特之吻：有关文化史的思考》，萧知纬译，华东师范大学出版社 2011 年版。

希望沿着达恩顿的谨慎思路前行，对"移动阅读到底带来了何种程度的改变"进行有限的探讨。

一、移动阅读的考古学地图

研究者们对移动阅读的界定，往往是建立在与纸质阅读象征的"传统阅读"比较的基础上，进行现象层面总结归类式的描述。从 1991 年索尼推出第一台电子阅读器，到平板电脑、智能手机的普及，以及今天的各种多媒体技术，移动阅读从物质载体、内容形式到读者群体、阅读习惯等，呈现出万花筒般的明灭交错，分析多篇定量或定性研究的论文，笔者试图呈现移动阅读不同于以往的三个明显特征：首先是阅读载体，例如何明星所提出的"所谓移动阅读，指的是基于手持终端的阅读行为"[1]，这种载体是数字化技术的产物，通过下载、无线联网等方式获取信息，实现终端阅读；其二是阅读秩序，如"碎片化""娱乐化""跳跃性"等特征[2]，与传统阅读之"完整性""严肃性""体系性"形成对比；其三是阅读行为，强调"随时随地""多元化""便捷""即时"等特征，以比照传统阅读对阅读时空的苛刻要求。这些特征虽然大多是从人的感知和体验中过滤而来的，但这些感知和体验的背后是众所周知、波澜壮阔的技术创新和产业崛起，我们是否可以就此而说，移动阅读意味着一场阅读革命？

就字面意思来看，"移动"包含着两个维度，一是内容在载体之间移动，二是载体随读者移动。移动的目的，无外乎是为了更加便捷地阅读。从阅读史上看，这似乎是人类长久以来的追求。东汉熹平年间，蔡邕等奏请灵帝下令正定儒经文字，刻于 46 块石碑之上，立于洛阳太学之前，史称"熹平石经"，造就了从纸载体向石载体上的一次典型的移动阅读事件。

---

① 何明星：《移动阅读的内容需求趋势》，《出版参考》2009 年第 24 期。

② 黄晓斌、陈俊恬：《国内阅读媒介研究进展》，《图书馆杂志》2020 年第 3 期。

所谓典型，一是移动的内容成规模：官定本的《周易》《国诗》《尚书》《春秋》《公羊传》《仪礼》《论语》7 部儒经，实现了系统的编校、转移；二是移动的数量成规模，天下士人前来抄写，每天车乘千辆，填塞街陌。[1] 此后，通过抄写或者捶拓技术，石、纸载体之间的移动成为中国阅读行为的常态，熹平石刻的重要原因之一，是有人贿赂兰台令交，偷改漆书经文所引发的中央政府精英们的焦虑。这个意外事件其实代表着手抄本时代因移动而造成的不确定性。手抄技术下是点对点的移动，中心模糊，容易断续，也容易产生偏差，以至于同一部书的"每一个手抄本，都是独一无二的"[2]。熹平石经所呈现出来的追求完整、清晰、精准的移动阅读的特征，被雕版印刷技术承袭并强化，逐渐形成注重古代权威、崇尚考镜源流、追求标准文本的主流阅读秩序，在这种秩序的加持下，以儒家著述为代表的中国古代正典获得跨越时空的纵向移动能力，以及以官学中心向四野广阔辐射的、点对面的横向移动方式。

日臻成熟的技术、日益繁盛的生产组织，促使雕版印刷技术大大加快了阅读移动的速度和规模，王宇根对北宋晚期黄庭坚阅读的研究，展示了雕版技术为文人新建的书籍激增的阅读世界，而这激增的书籍，大部分是宋代以前的古籍，这为诗歌创作等知识生产带来巨大的阅读焦虑，解决焦虑的方法，是追求字字用典，[3] 让诗歌成为古代文化的密码。何予明将明代发达的书林与大众读者的崛起所构成的阅读变化称为"大阅读时代"，在这个时代，阅读移动变得更加复杂，贩卒们娴熟地从儒家正典或通俗文学中掠取资源，通过剪接、挪用、重组、戏仿等"撮辑"技术，撬开了雕版印刷完整封闭的围墙，读者在一部文本中可以体验在不同类别书籍中跳跃的阅读体验，甚至与今天我们手机阅读时的体验遥相呼应。[4] 实用性、

---

[1]　肖东发、杨虎：《插图本中国图书史》，凤仪知识产业 2006 年版，第 66 页。

[2]　田晓菲：《尘几录——陶渊明与手抄本文化研究》，中华书局 2007 年版，第 2 页。

[3]　王宇根：《万卷——黄庭坚和北宋晚期诗学中的阅读与写作》，生活·读书·新知三联书店 2014 年版。

[4]　何予明著 / 译：《家园与天下——明代书文化与寻常阅读》，中华书局 2019 年版，第 113 页。

娱乐性的书籍因文本频繁和错综的移动，而让阅读旧有的清晰感变得模糊，权威秩序面临解构和挑战。

然而，这并不能称为"阅读革命"，追求辨章学术的儒家正典仍然是晚明的社会共享文本，仍然是各种亦正亦邪移动的基准，雕版印刷术疆域中的移动阅读，其追求文本稳定性的内核仍然没有消散，这成为保持中国传统文化和社会结构稳定的重要手段。①

以上所分析的阅读移动，是在同一类符号体系即中国语言文字体系中的移动，"宋体字"的出现，即为了更便捷地移动而进行的标准化创新。中国和异域的阅读移动则需要语言文字符号间的解码编码，比如汉代以来的多次佛经翻译活动。藏于东京国立博物馆的《玄奘法师像》，僧人身背经卷、手持卷轴、上悬灯盏的经典形象，喻示着人成为文本的载体和转码器，打破了不同文明之间的障碍，让阅读获得更为广阔的移动空间。

以上是我们为中国移动阅读所勾勒的一幅粗疏的考古学地图，对于西方而言，虽然有古登堡金属活字印刷术所带来的席卷欧洲的印刷革命，但正如上文所说，达恩顿不认为这会引发"阅读革命"，原因是他认为阅读是个性化的体验，人们阅读的动机多种多样，而革命则意味着取代、断裂，人类为了满足精神层面要求的阅读行为不会出现如此整齐划一的变化，而只是在原有方式上多了更多的选择。② 虽然达恩顿没有给予逻辑严明的辩驳，但他揭示出这样一个事实，即物质层面的变革与精神层面的变革未必同步，也未必有着因果联系，或者可以说，技术上在质变，而精神上在量变。

那么，再回到移动阅读这一特定议题上，中外的阅读史都展现了同样的趋势：经过载体和技术的发展变革，阅读移动的速度越来越快，可移动的内容规模也越来越大。这种移动是否能与物理学的移动相比拟呢？即是否有一个临界值，就如 11.2 千米 / 秒（地球的逃逸速度）可以让人类挣

① 肖东发：《中国图书出版印刷史论》，北京大学出版社 2001 年版，第 343 页。

② ［美］罗伯特·达恩顿：《拉莫莱特之吻：有关文化史的思考》，萧知纬译，华东师范大学出版社 2011 年版，第 140—141 页。

脱地球重力的束缚那样，可以促使移动阅读从量变实现质变，彻底改变人类建构知识的方式，从而改变包括阅读在内的获取知识的方式？

二、移动阅读的行动场域

不同时空之中，移动阅读的效率不同，起决定作用的，是使阅读得以发生的三角形结构：内容、载体与读者。限于篇幅，我们将重点分析内容这一角。

延续上文的思路，我们可以将内容视为一个不断变化的社会知识库 (social stock of knowledge)[①]，汉代的兰台，亚历山大的图书馆，《基督山伯爵》狱中饱读诗书的"真人图书馆"法利亚神甫，王云五的《万有文库》，以及今天数字化的"云"，均可视为这个社会知识库的物质化身。社会知识库内部的丰富流畅与外部的端口多元，决定着移动阅读能量的大小。从古代到今天，参与社会知识库构建的行动者群体越来越大，从最初的以人为主，到书店、图书馆、自动借阅机、机械、电力、光纤、芯片、基站、卫星等非人行动者 (actant) 强有力的登场，移动阅读被先后赋予了工业革命和数字化革命的巨大能量，进而将分散孤立的知识库联结起来，并通过数字化技术打通图像、文字、声音、视频等不同符号系统，形成无往不至、不舍昼夜的"信息流"[②]，人们凭借多元载体自由游弋其上，得以在社会知识库中随时定位，各取所需，移动阅读也因此发散出共同体与公共性的悦目光彩。然而，这个社会知识库远非上文所呈现出来的乐观。

首先，人类劳动分工导致的专业化活动，不断地加强公共知识库的专业化 (specialization) 和分隔化 (segmentation)，在培育超级繁茂的专业知识体系的同时，也会造成社会意义世界的离散、复杂，进而成为一块块

---

① ［美］彼得·L. 伯格、托马斯·卢克曼：《现实的社会建构：知识社会学论纲》，吴肃然译，北京大学出版社 2019 年版。

② 于成：《媒介技术改变声音记录形式》，《中国社会科学报》2020 年 8 月 11 日。

圈外人难以接触的、密封的、玄奥的飞地，[①] 欧洲中世纪出现的众多炼金术的典籍，即是这种倾向的极端案例。这成为阻碍阅读任意驰骋的旋涡或者壁垒。

其次，行动者们的联盟合作为移动阅读编织着宽阔的意义之网，但人与非人行动者之间也存在联盟解散甚至背叛，这将造成意义之网的断裂。

最后，这个社会知识库正在进行一场由文字向数据的质料革命，革命的成功未必就意味着人类阅读的升级。计算机对于今人的意义，相当于字母表对于古希腊人的意义——可以处理一切信息的通用处理器。[②] 文字的创造，是一种净化、排除式的革命，人类所独有的文字密码，将自然中的其他竞争者排除在外，使阅读成为人类（有阅读能力者）才能操作的暗箱，因此造成"天雨粟、鬼夜哭"。而今天的数字化阅读，则意味着信息的编码解码权，信息流的流动规则，是由计算机来掌握的，这构成了一个新的暗箱，只不过这一次屏蔽的是人类。虽然现在计算机只是和人类共享了社会知识仓库的管理权，但随着人工智能的发展，我们也许面临着阅读的危机：从移动到寸步难行。现有社会知识库的储备，是人类大脑将信息"原材料"烹调加工而来的"食物"，这个加工过程包括确认、批评、测量、比较和系统化。[③] 我们的大脑是充满偏见和感性的，这种加工的过程，与计算机以强大计算能力为加工方式的效能无法相比。

我们的社会知识仓库正在经历前所未有的数据化"云"变革。我们为了实现虚拟空间中毫无阻力的移动阅读，其实是以剥夺文字的实在性为代价的。在这个"云"上的阅读世界中，各种文本的竞争较量愈发激烈，各种文本的跳转和拼接也愈加无序，传统阅读追求秩序、系统的习惯仍在不甘心地发挥着余热，但书目推荐也随即呈爆炸式增长，成为无数云团中

① ［美］彼得·L.伯格、托马斯·卢克曼：《现实的社会构建：知识社会学论纲》，吴肃然译，北京大学出版社 2019 年版。

② 于成：《媒介技术改变声音记录形式》，《中国社会科学报》2020 年 8 月 11 日。

③ ［英］彼得·伯克：《知识社会史：从古登堡到狄德罗》，陈志宏、王婉旎译，浙江大学出版社 2016 年版，第 5—6 页。

一样模糊不清的那一朵。除了少数在传统阅读世界中被培育成出色的定位能力的读者，大部分"云"中居民只能跳上同样由数字化技术赋予的载体，流连、聚集、探险。"云"的庞大与生命的有限构成尖锐的矛盾，我们不得不更努力地追逐移动阅读的速度，在一定层面上而言，我们实现了"生"的信息层面的速度跃迁，以移动的速度捕捉信息，实现了信息阅读的革命，这对我们对社会的认知产生了巨大影响，但却受制于神经系统的信息处理功能，无法实现将信息加工成"熟"的知识，因此，我们尚没有办法完成社会知识建构的革命。换句话说，也许我们会成为"信息巨人"，但同时也有可能沦为"知识侏儒"。传统阅读的力量逐渐消散后，阅读革命所描绘的象征性的壮丽苍穹（symbolic canopy），[①] 也许只会成为镜花水月。

但是，考古学的视角造就了本文以传统阅读作为参照系的倾向，这种前喻文化式的比照，可能会带来偏见和误差，我们将在最后一部分，以后喻文化式的对未来的想象，对传统阅读进行解构，建构移动阅读的未来想象。

三、移动阅读的未来建构

移动阅读出现之初，学者常讨论的话题之一是移动阅读与纸本阅读的区别。总的来看，公认的观点是移动阅读带来了新的阅读经验。移动阅读一方面具有便携、内容的全媒体呈现与视听综合展示等纸本阅读无法企及的功能，但也有一定的缺憾，尤其是纸张的味道、翻页的触感等是移动阅读无法提供的经验。然而，事实上人类的阅读经验并不像一般人所想的那样一成不变，人类对纸本阅读的亲近感与其说是先天的，不如说是在历

---

① ［美］彼得·L.伯格、托马斯·卢克曼：《现实的社会建构：知识社会学论纲》，吴肃然译，北京大学出版社 2019 年版，第 109 页。

史实践中建构的，就拿书本的气味来说，"将味道与阅读行为结合在一起，是 20 世纪晚期才出现的现象"[1]。

也就是说，诸如气味、触感之类的感觉经验并非天生的阅读需求，而是人类面对新的阅读经验时用来克服焦虑的对照物。从更长时段的阅读经验演化史上看，人类也总是表现出对旧技艺的怀旧之情，但并不能阻挡新介质占据主导地位。在古希腊，柏拉图的《斐德罗篇》就记载了时人对口语的褒扬及对文字的贬低：塞乌斯想向一位国王推销文字，国王却说学了文字就会在灵魂中播下遗忘。国王的观点间接反映了苏格拉底和柏拉图这两位哲学巨匠的观点，讽刺的是，苏格拉底的对话恰恰是柏拉图用生动的文字所写。约 1450—1600 年间，欧洲知识界曾就要不要在印刷书中插入图像产生过争执：支持者认为图像有利于理解事物，反对者认为图像只能代表偶性，而不能反映本质。[2] 可今天谁还会反对图像对我们理解复杂知识的帮助呢？ 17 世纪，期刊开始出现，法国主教于埃（Pierre-Daniel Huet）斥之为文字堕落的证据；[3] 文字或许确实堕落了，期刊却依然繁荣昌盛。总之，无论是文字、图像还是如今的新媒体，尽管刚出现时都不乏反对之声，却根本无法阻挡它们重塑人类的阅读经验。

新的阅读经验，是新技术的一种后果。诚然，新技术是人类的发明，是人类为达到某种目的的后果，但目光有限的人类往往无法意识到新技术在文明史中的位置；新技术登上历史舞台，与其说是人类的决定，不如说是技术自身的能力使然。在此意义上，阅读介质的演化绝非莱文森所谓媒介的人性化趋势，如果是这样的话，人类为何普遍戴上了眼镜？相反，更明显的线索是，阅读经验随技术的变化而变化。而阅读经验的变化，仅仅意味着人类对新技术的适应，在此过程中，每个时代乃至每个人都有各

---

① 江淑琳：《Kittler 与书写—打字机与电子阅读器改变了什么?》，《政治与社会哲学评论》2019 年第 68 期。

② Sachiko Kusukawa, "Illstrating Nature", in Books and the Sciences in History（Alarina Frasca-Spada and Nick Jardinc, eds., pp.90-113.）, Cambridge: Cambridge University Press，2000.

③ A. Goldgar, "Impolite Learning: Conduct and Community in the Republic of Letters 1680-1750", New Haven:Yale University Press，1995, p.54.

自的阅读习惯，但最终都要诉诸对符号之意义的理解。换言之，对符号的理解是阅读介质演进过程中的常量，所谓新的阅读经验只不过是围绕这一常量展开的调试，真正的革命仅仅是技术的革命，而非阅读的革命。

技术的革命与人类目光短浅的意志无关，它发生于这一原初场景：新技术的未来并不由发明者和当权者所决定，也不由反对者所决定，它在人类的争吵和普罗大众的无意识中悄无声息地赢得主动权。当人类意识到新技术的社会影响时，革命已然发生；于是人们开始捕捉老技术的余晖，就像达恩顿一样，在《阅读的未来》中给出电子书无法取代纸质书的种种理由，譬如书的物理属性可以提供大量关于社会经济活动、精神生活方面的信息，某些图书具有唯一性和不可复制性，然而这些理由只是我们不能销毁纸质书的理由，而不是必须出版纸质书的理由，更不能代表阅读的未来。鉴于人类始终在适应阅读介质的改变，难道就没有可能适应完全数字化的阅读环境吗？信息阅读中的高速移动，难道就不会引发知识阅读的速度跃迁吗？

阅读的未来绝非人类的一厢情愿所能预测，如果未来的人类依然要诉诸对符号的理解，那么可以说阅读没有未来，有未来的只是不断演化的技术，不断改变的符合处理技术——技术乃人类之天命。我们诚然可以分析移动阅读的诸特性，造出符合当代人需求的产品，但总有某些方面是我们无法理解和左右的，因为一代人的智慧、需求和目的并不能决定未来的走向。我们仅仅能捕捉到某种命运的规律：新的阅读方式总要登上历史舞台，它不反对怀旧，但也不理会怀旧。

（作者单位：青岛大学新闻与传播学院）

关于日历图书出版的观察与思考

白彬彬

在近些年的出版市场上，毫无疑问，日历书已经日益成为一个引人瞩目的品种而受到越来越多出版机构的青睐。据不完全统计，近些年来，市场上涌现出的各类日历产品每年都在 150 种以上。与传统的台历、挂历等相比，作为文创产品的日历图书大多装帧精美、内容精彩，虽然价格不菲，却受到广大读者尤其是年轻读者朋友的喜爱，日益成为图书市场上的宠儿。也正是由于看到日历类图书定价高、附加值高、利润率高的"三高"特点，以及目前市场火热的现状，许多出版社纷纷涉足日历书出版领域，从而进一步导致此类图书品类越来越多，市场竞争越来越激烈。

一

近年来日历书日益受到追捧，在笔者看来，似乎有以下两个方面的原因值得考虑。

第一是符合年轻读者碎片化的阅读方式和轻阅读的阅读习惯。日历图书的消费主力人群是年轻人，尤其是"80 后""90 后"甚至"00 后"，作为"读屏时代"成长下的年轻人，更习惯于碎片化的阅读方式，而日历图书因为自身文字内容轻量化的属性，不可能像一般图书那样排布密密麻麻的文字，大多一页是年月日等基本信息，另一面或者是一句话或几句格言金句，或者说一幅精美的图片。这非常符合现代读者碎片化的阅读方式和轻阅读的阅读习惯。

第二是人们对日常生活仪式感的追求。为什么人会需要仪式感？有人说人生在世仿佛在暗夜长河里漂泊，人们之所以需要仪式感，无非是为平凡普通的日子标定一个印记，以证明自己的存在，这会让人们对自己在意的事情心怀敬畏、对生活更加铭记和珍惜。曾几何时，人们每天醒来的第一件事就是去墙上日历上撕去一页日历纸，这代表着旧的一天的消失、新的一天的来临，日子也在一页页日历的飘飞中悄然流逝。对于喜欢时尚、强调个性的年轻人来说，强调实用性而忽略了审美性的"老皇历"显然已经无法满足他们的需求，但对仪式感的追求显然也并没有消失，在这种情况下，各种日历图书的出现一方面满足了他们对于时尚、个性的喜爱，另一方面也可满足他们对仪式感的追求，可谓一举两得。《单向历》就提出他们的口号是"新青年的老皇历"。"老皇历"是指日历亘古不补最基本的纪日功能，而"新青年"则表明它的时代属性。

二

笔者通过实地调研，收集了几十种日历图书，经过观察与分析后得出如下直观的印象与认识。

首先，目前，日历图书的品类繁多，内容琳琅满目。查询中国版本图书馆 CIP 数据，据不完全统计，2018 年和 2019 年两年的日历书数量都接近 200 种。就内容来说，则包括艺术欣赏类、养生保健类、亲子教育类等，亦可谓异彩纷呈，蔚为大观。

艺术欣赏类日历。如人民美术出版社的《老树日历·2018》，中国农业出版社的《二十四节气诗画日历·2018》，山东人民出版社的《水墨金刚经·2018》，文物出版社的《嘉德日历·2018》等。其中，书画、文物类尤是各出版社推出的日历产品的重要题材，这类日历的代表性产品首推故宫出版社已经连续畅销十年的《故宫日历》。其他同类日历产品还包括荣宝斋推出的《荣宝斋日历》，该日历精选荣宝斋典藏的各类名家书画作品；北京师范大学出版社推出的《启功题赠日历》，该日历精选启功先生的自作诗词与各类题赠友人、机关单位的书法作品；浙江大学出版社的《2019 中国书法日历：三希堂法帖》，号称中国首本以乾隆钦定《三希堂法帖》为内容的日历，其中包括了 135 位中国书法巨匠的 340 件作品。生活·读书·新知三联书店推出的《古人的日子：己亥年历》，则"以诗纪历，以物解诗"，兼及文物与诗词两大板块。

养生保健类日历。如人民卫生出版社的《本草光阴——2019 中药养生文化日历》，该日历以中药为主线，讲述中药的主产地、性味、功效、养生药膳、简易疗法等相关知识；中国医药科技出版社推出的《时光 健康 生活：健康日历》，内容包括从如何储存食物到如何吃得安全、如何吃得更健康、如何锻炼身体等，旨在提醒读者用更健康的方式去生活。此类型的日历产品还有中国轻工业出版社出品的《时光本草》、中国中医药出版社打造的《经方历：2018》以及河南科学技术出版社推出的《2018 养生台历》等。

其次是同质化现象较为严重。同质化竞争一直是出版领域为人所诟病的一大弊病，在日历书出版领域，此点同样十分严重。以诗词类日历产品为例，笔者所经眼的日历产品就有中华书局、生活·读书·新知三联书店、人民文学出版社、中国青年出版社、北京联合出版公司、上海人民出版社、新星出版社、大连海事大学出版社等不下十家出版社推出的《诗词日历》《中国诗词日历》《中华诗词日历》《中国诗词大会·每日读诗日历》《每日读诗日历·2018》《把日子过成诗：2018 年日历》等产品。从书名上看，面目雷同，鲜少特色。翻开这些日历图书，内容也大同小异，基本是以古代名画搭配经典诗词作品，有的则加上浅显的注释与评赏，模式上如出一辙，很难看出彼此之间的差异性与独特性，存在着严重的同质化现象。

再次是市面上的日历图书装帧设计十分精美，甚至可谓考究、豪华。在这个"颜值即正义"的时代，要想在林林总总的同类书中脱颖而出，进而收获读者的青睐，在装帧设计方面各家出版单位都使出了浑身解数，把自家的产品打扮得花枝招展、明艳动人。以笔者手头收集的十数本日历图书为例，它们全部采用的是精装，全彩印刷，内文用纸十分讲究，封面设计和工艺更是不拘一格，各显神通：有些是布面，有些是皮面，有些是烫金或烫银，有些甚至"武装到牙齿"，连切口都做了滚金、滚银等工艺处理，可谓高端大气上档次。如商务印书馆连续多年推出的《生肖日历》，其切口就做了特殊工艺处理，为当年生肖动物的彩绘图案，旨在为读者呈现 360 度无死角的美好。再如《国博日历》，其装帧设计亦别出心裁，非对称结构合抱的封面既有利于保护内页，又如同一扇大门，仿佛推开之后就进入了绚烂的古代文物世界。而有着"中华第一龙"美誉的红山碧玉龙造型跃然其上，像是传统建筑中的铺首，与整体的造型设计相得益彰。诸如此类高颜值的日历图书产品，满足了读者尤其是年轻读者的审美心理，无论是自用还是馈赠友人，都是拿得出手的。在颜色上，这些日历大部分以鲜艳的红色为主色调，如《故宫日历》《国博日历》《论语日历》等，因为在中国人的传统观念中红色寓意着吉祥、喜庆、热闹，正与日历辞旧迎新的寓意相吻合。

最后是高定价、高码洋。羊毛终究要出在羊身上，因为装帧的工艺复杂、花样繁多，直接导致图书成本的增加，进而使得日历书产品的定价相较于一般图书普遍较高。一本 64 开 300 多页厚度的日历书，通常定价都在百元上下，有些限量版本甚至达到 150 元或更高，如上海文艺出版社推出的《凡是过往，皆为序曲：2020 小林漫画日历》定价 168 元，这显然远远超出了一般图书的定价水平。不仅定价高，而且日历书的印数相较于一般图书单品也要高出很多，一般都在万册甚至几十万册之间，如 2019 年《故宫日历》的印数高达 71 万册。高定价加上高印数，这就使得此类图书的码洋直线上升，一本日历的码洋往往高达几十甚至上百万元，有的甚至可以达到千万元级别。同样以 2019 年《故宫日历》为例，其单本定价为 76 元，总码洋高达 53960000 元。这显然是一般图书单品难以望其项背的。

三

针对目前市场上日历图书产品的特点以及当前市场的竞争状况，笔者针对日历图书的开发和营销有如下建议。

第一，创意最重要。很多人并不将日历图书视作一般的图书，而是将之归入文创产品之列。既然是文创产品，创意自然是题中应有之义。有一句话叫"信心比黄金更重要"，在此不妨套用成"创意比黄金更重要"。好的创意往往能够找到市场上的空白点，或者引发新的增长点，从而赋予产品独特的"卖点"，使得产品具有自身鲜明的特色，进而具有不可替代性，赢得广大消费者的青睐。

比如可视作日历热潮流引导者的《故宫日历》，其所以能大获成功，其中一个重要的原因就在于产品本身包含的丰富的创意元素。追溯历史，《故宫日历》最早于 1933 年推出，迄今已有七十余年的历史，当年一经推出就受到市场的追捧。据当年江苏省政府公报刊登的《故宫博物院售出彩图日历》广告文书，可以看出这本日历的卖点："本院为推广流传文化起见，精印彩图日历一种，以最精之金石书画等三百六十五件，印成三百六十五幅，作日历之背影，成研究书画金石之捷径，式样翻新，颜色古雅。自有日历以来，似此者恐不多见……"2010 年起的复活版，复刻了 1937 年的版本，封面是红色布面，烫金题字沿用了汉代《史晨碑》集字。书脊上还有每年一换的烫金生肖图标。故宫藏品每日一张，历代书画、器物穿插。2012 年起，则多以生肖相关的主题，编排院藏宝物。与此同时，为了更加精准地满足不同年龄、层次、国籍读者的需求，《故宫日历》除普通版外还推出了诸如青少版、亲子版、福寿版、限量典藏版、黄金典藏版、汉英对照版等多种版本，通过个性化的装帧设计，丰富了产品线。

　　第二，要以鲜明特色满足读者各种差异化的需求。正如"一千个读者心中有一千个哈姆雷特"，不同的读者也有不同的消费需求。就日历图书而言，有人是为了自用，有人是作为礼物馈赠亲友，也有人将之作为收藏。如何满足读者的差异化需求，成为日历出版方需要认真考虑的问题。如《豆瓣电影日历》，其读者对象是对电影感兴趣的文艺青年，这本日历在封面上分别设计了朱砂红、森林绿、乌木黑三种配色方案，满满的文艺范，十分巧妙地迎合了文艺读者的审美需求。再比如同样以文艺为主打的《单向历》，2019 年也推出了"铸黑版""曙红版""黑金限量版"等不同版本，读者尽可以各取所需，这既满足了他们不喜欢千篇一律、追求个性的需求，也增加了产品本身的设计感与艺术性。

　　百年老店商务印书馆去年推出的几本日历也各具特色：《生肖日历：2019 金猪送福》延续前两年的传统，继续主打生肖牌；《兰花：君子日历》选取中西兰花图片和中国历代咏兰诗词作品，别具一格；《鲁迅日历》由鲁迅研究专家黄乔生主编，以鲁迅生平为线索，精选鲁迅手稿、照片、信件、拓片、印章等，有助于读者全面认识鲁迅波澜壮阔的一生，也与五四运动一百周年的时间节点相互呼应。

　　第三，要创新营销模式。创意不仅体现在选题开发上，在营销方面也要积极贯彻。相较于常规图书，日历图书由于其自身的独特性，众筹、定制、直播等新的营销模式在促进日历书销售方面展现出巨大而独特的优势。比如由华东师范大学出版社推出的《斯飞日历》就是在京东商城网站采用众筹的形式进行预售和销售，其中 2017 年《斯飞日历》的众筹目标为 200000 元，最终筹得 433406 元；2019 年《斯飞日历》的众筹目标为 250000 元，最终筹得 272321 元。通过众筹的方式，实现了精准营销。

就销售渠道而言，相较于传统的图书产品"线上 + 线下"的销售渠道，日历书显然更重视线上销售渠道。这与日历图书的消费群体主要是年轻人，相对于新华书店等终端店面，淘宝、京东、当当等各类网店和网上购物商城更受他们的欢迎。此外，日渐火热的抖音、快手等直播平台，也成为宣传图书的重要渠道。比如 2020 年 8 月 29 日晚 8 时 45 分，由湛庐文化联合大英图书馆打造的《湛庐珍藏历·大英图书馆 2021》亮相罗永浩抖音直播间。在 6 分钟的讲解过程中成交 5000 余册，销售码洋约 65 万元，创造了不俗的销售成绩。

第四，要扬长避短，突出自身特色。目前日历书的出版已经进入红海市场，在此情况下出版单位绝不能不经策划就贸然进入，而是要在充分调研市场需求的基础上，注意结合各自的优势，借助已经形成的口碑效应，选择那些符合自身特点的日历产品进行开发。在这方面，目前市场上有很多成功的榜样，这些出版社在推出日历产品时，注意结合自身的出版特色和出版优势，因而其产品具有相对的独特性，从而在林林总总的日历图书中脱颖而出，受到读者的青睐。

比如老牌出版社商务印书馆，其招牌产品"汉译世界学术名著"丛书自 1981 年开始出版，历时 30 余年，迄今已推出 700 种，蔚为大观，是我国现代出版史上规模最大、最为重要的学术丛书。丛书所收著作均为世界学术史上具有里程碑意义的经典，范围涉及哲史社科各学术领域，被认为是代表着人类达到过的最高精神世界。"汉译世界学术名著"丛书作为享誉学界的产品，其本身具有极高的人气，职此之故，2019 年商务印书馆顺势推出了《汉译名著日历·2020 年》。该日历以"汉译世界学术名著"丛书为基础，每日摘取"汉译世界学术名著"丛书一书一语，配以作者像或是相关主题的精美插图等，内容广泛涵盖了哲学、史地、政治、经济及语言五类学科，收录孟德斯鸠、伽达默尔、谢林、罗素、加缪、熊彼特、福泽谕吉等百余位东西方大师，包括《国富论》《社会契约论》《货币论》

《权力论》《人类幸福论》《道德情操论》等 366 本经典著作内容。可以说，《汉译名著日历·2020》是"汉译世界学术名著"丛书的精华版。该日历一经推出就受到广大读者的欢迎，取得了良好的社会效益和经济效益。

其他如中国大地出版社推出的《宝石日历》，该日历每日展示一种宝石并介绍相应的知识，正与大地出版社隶属国土资源部的属性相切合；再如人民卫生出版社推出的《本草光阴：2020 中药养生文化日历》、湖南美术出版社推出的《吴冠中日历》、文物出版社推出的《嘉德日历》、上海文艺出版社推出的《凡是过去，皆为序曲：2020 小林漫画日历》，都做到了与出版社自身定位的高度匹配，发挥了出版社本身的品牌、渠道等优势。

最后，尤其要指出的是，相较于一般图书，日历书由于其特殊性，销售周期往往只有半年的时间，所以对印数和出版时间都提出了更高的要求。就出版时间而言，一般出版社会提前几个月在上一年的八九月份推出下一年度的日历，随着竞争的不断加剧，这一时间节点也呈现出不断提前的趋势，甚至个别品种更是从春节就开始谋划。而一旦过了当年的 2、3 月份，日历图书就已经成为明日黄花，鲜有读者问津了。因此这就要求出版社一定要严格控制好日历图书的出版节点按时推出，避免错过销售的黄金期。在市场份额一定的情况下，如果一旦错过销售的最佳时机，别的出版社短期内推出的大量日历图书将会迅速抢占市场份额，从而让后入场者无立足之地。就印数而言，一般图书如果当年销售不畅，还可以作为旧书在以后继续销售，其使用价值基本不受影响；而反观日历书，如果一旦错过当年的销售周期，其使用价值则大打折扣，基本上不具备重新销售的价值。因此，出版社在确定日历图书的印数时一定要慎之又慎，要在充分调研市场需求的前提下尽可能准确地确定印数，既不能盲目乐观造成图书的积压与浪费，也不能过分小心以致错失销售的最佳局面。

参考文献：

1. 刘志伟：《日历出版借文化创意起死回生》，《中国出版传媒商报》2016 年 4 月 12 日。

2. 贾登红：《当下我国日历书出版热的形成、特点及启示》，《出版科学》2017 年第 2 期。

3. 宛若虹：《"2018 日历书"迅猛来袭》，《全国新书目》2017 年第 11 期。

4. 魏婉琳：《〈故宫日历〉开拓传统文化图书出版新思路》，《中国编辑》2018 年第 3 期。

（作者单位：商务印书馆）

出版社网络直播：火爆营销模式下的冷思考

张歌燕

2016 年被称为"移动直播元年"，4 年后的 2020 年，一场意想不到的疫情让网络直播这种营销模式走上了巅峰，这一年又被称为"全民直播爆发元年"。疫情影响下，线下交易的局限让生产者和商家把更多希望寄托于线上销售。在席卷全国的直播风潮中，出版社也成为其中的弄潮儿。

一、出版社直播营销的意义所在

直播活动对出版社来说其实并不是什么新生事物，几年前就已经有出版社率先进行了探索和尝试，如将新书发布会、作者访谈、读者见面会等线下活动搬到线上，以打破空间限制，让更多的人参与其中。但那时的直播还是以线下活动为主，线下与线上相互配合，有业内人士称其为直播营销的 1.0 时代。[1]

随着技术、平台、内容、用户的发展，直播营销已经进入了全新的时代。对出版社来说，直播这种新的营销模式确实有其意义和价值所在。首先，直播可以提升出版社品牌价值，网络直播的直观性和参与感拉近了读者与出版社的距离，让读者更真实、更立体地了解出版社，进而认可出版社品牌并成为忠实的读者。其次，直播有助于出版社作者队伍建设，通过直播，作者影响力得到提升，从而增强作者对出版社的信任、牢固彼此间的合作关系。另外，直播也有助于构建长期稳定的粉丝群，为出版社培养更多的潜在读者。[2]

大多数出版社已意识到直播营销的重要性并积极付诸行动，各家出版社纷纷上线，图书直播一片繁荣景象。但热闹的背后，我们必须清醒认识到，除了几家实力雄厚的大社、强社和几场影响力极其突出的图书直播外，大多数直播效果并不十分理想。尽管我们已经搭上了直播营销这班列车，到底能走多远，还有很多需要思考。

二、直播平台的选择

经过快速的发展，直播平台已有几百家。从用户属性上看，直播平台有 to C 和 to B 两种；从功能上看，直播平台有娱乐类的、游戏类的、体育类的、购物类的等等；从经营主体上看，直播平台有专业平台、电商平台，还有企业自建平台。

企业自建平台，当然是最利于出版社品牌打造和增加用户黏性的，但对出版社来说，目前仅有资金、技术实力都比较雄厚的出版企业才有能力

---

① 冯馨瑶、靖鸣：《出版直播营销 3.0：体验、情感、沉浸》，《出版广角》2020 年第 12 期。

② 魏江江：《出版＋直播，是机会还是鸡肋?》，《出版广角》2017 年第 3 期。

自建直播平台，如三联书店的"松果生活 APP"、清华大学出版社的"清华科技大讲堂"等。对大多数出版社来说，受资金和技术研发能力的限制，自建直播平台还不现实。所以，在专业平台或电商平台直播是目前大多数出版社的选择。

专业平台是直播平台最早发展起来的一批，拥有强大的技术力量，从直播流畅度、画面清晰度、直播技术等方面都有相当大的优势。但大多数专业直播平台从内容上看属于娱乐类或游戏类的，其用户观看的目的就是娱乐。曾有人开玩笑说：读书的人不看直播、看直播的人不读书。虽然这种观点过于片面甚至偏激，但也不无道理。所以，对出版社来说，如果单纯从实现图书销售的角度来看，这类平台似乎不适合，所以一般出版社不会选择这类平台。这是由出版社目前直播内容和目的的单一性决定的。但换一个角度来看，出版社拥有优质的内容资源，生产出来的内容产品有较高的权威性和影响力，如果不是单纯以推销图书为目的，而是想办法以有创意、吸引人的形式来分享知识、分享内容，那么选择专业直播平台其实是可行的，更容易达到培养粉丝、提高品牌认知度和公信力的效果，从而最终实现图书利润最大化。当然，这需要一定的过程，首先要像策划选题一样去精心策划直播的内容、形式和切入点，而口碑的建立和粉丝的培养也需要一定的时间和积累。

相对于专业直播平台，电商平台是更多出版社的选择，这与电商平台天生的销售属性是分不开的。如当当、京东，它们早已是根植于读者内心深处的优秀图书销售平台，其用户就包含着精准的购书群体。而且，电商销售平台还会有一些促销活动和固定的大型购物节，比较容易有效地促进图书消费。相对于普通的销售链接网页，电商平台的图书直播可以让用户更加直观地了解图书的外在形式、特征和品质，用户还可以通过与主播的互动了解图书背后更多的隐藏价值，甚至与作者直接进行沟通交流，直观感和真实感更能立竿见影地实现图书销售。但相对于专业的直播平台，电商平台在技术上还不够完善，比如不能实现连线功能或美颜效果不好等，我们就曾遇到过一个很注重形象的作者因为美颜效果问题拒绝配合在某平台直播。抛开技术层面的问题，出版社也必须清醒地认识到，虽然是电商平台，用户有明确的消费目的，但其中购书用户仍是非常有限的占比，出版社如果没有自己的流量和粉丝，想要争取到更多关注和观看量并不是件容易的事，更不要说实现最终的销售了。这也是为什么很多出版社一场直播下来，销售码洋仅几百元，甚至为零。另外，电商平台的促销活动往往靠低价吸引买家，图书本身就是微利产品。在这种情况下，出版社通过直播间的销量很难挽回直播所付出的时间成本和人力成本，更多的只是刷存在感。

三、直播内容和形式的选择

在直播营销的 1.0 时代，出版社已经尝试将新书发布会、作者访谈、读者见面会等线下活动通过网络进行直播，让那些不能到现场参加活动的读者通过网络来观看、参与活动，从而打破空间的界限，使传播面更广。在出版直播的 3.0 时代，新书发布会、作者访谈等仍可以作为直播的一种内容和形式，但前提是作者有知名度或新书有话题度，这种直播内容或形式要想有效果、吸引流量，除了要借助作者本身的号召力和影响力，出版社还要配合好社交媒体，利用微信、微博、公众号等进行宣传、预热、造势。

在 2020 年开始的这个"万物皆可直播"的时代，更多出版社选择电商平台与读者相会于"云端"时，也决定了直播内容和形式是一种"简单粗暴"式的图书推销，有时候一场直播可能要推荐几十种图书。好一点的情况，一场直播推荐的是同主题、同系列或同作者的图书，受众比较一致，但也有同一场直播推荐的完全是不相关的图书品种，目标读者完全是不同的年龄、职业、性别，他们有着不同的需求，杂乱的内容难以吸引和培养忠实的粉丝。同时，直播中往往以低折扣为代价，甚至要赠送各种各样的礼品，观看用户可能会受赠品吸引暂时留在直播间，但仍不会成为忠实的粉丝。这种直播内容纯粹是为了卖书而卖书，直播现场就是推销现场，主播除了介绍图书的一些相关内容外，还要在直播间不停疾呼此刻下单如何优惠、有何礼品相赠。且不说这种赤裸裸地把观众当成客户，卖力去推销能否打动对方，让对方心甘情愿下单，这种稍显廉价的感觉与出版社以做内容取胜的文化企业身份也有些不太相称，也达不到树立品牌、培养忠实粉丝群的目的。

网络直播，品牌推广和沟通桥梁作用比销售本身更值得关注。① 网络直播，说到底是一种"粉丝经济"，是靠优质的内容来吸引用户的。直播目前其实缺少专业化、精细化的内容，甚至有些靠低俗的内容来博人眼球。随着行业竞争的激烈和国家监管趋于严格，直播平台想要长久稳定发展也必须以优质的内容资源为依托，而出版企业无疑在内容生产方面有着天然的优势。出版社拥有大批擅于开发选题、组织内容的编辑，有庞大的优秀作者队伍，有优质的图书内容。出版社做直播，要利用自己的天然优势，放开眼界，不局限于将新书发布会、读者见面会搬到线上，也不只是将直播做成简单的卖书、推书，而应该在内容和形式上下功夫，深耕不同的知识模块，以高品质的内容引领受众，才能经久不衰，保持持续的生命力。

同时，直播的形式也不应该单一化。直播之所以受欢迎，与其直观性、互动性、参与性、场景感、体验式等多方面因素是分不开的。以辽宁科学技术出版社已经实践的几场直播经验来说，单纯推销图书的几场直播都收效甚微，但美食编辑另辟蹊径，现场演练和制作，让用户有了现场感和参与感，效果则相对较好。这也给我们以启示：缺乏趣味性、参与度、话题度的直播是难以吸引受众注意力的。罗辑思维联合创始人吴声认为，"缺乏场景感、没有故事的产品必死无疑"。所以，在如何把握直播过程中的故事性、趣味性、话题性上，出版社也要下一番功夫。当然，作为文化企业，在制造故事性、趣味性、话题性的同时也要注意把握正确的导向、尺度和适宜性。

---

① 孙漩：《出版社图书直播营销的三点体会》，《中国新闻出版广电报》2020 年 6 月 24 日。

四、直播主播的选择

网络直播中，主播是主导，所以一个主播的综合能力在很大程度上对直播的效果有直接的影响，主播的知名度、影响力、亲和力、经验、技巧、话术等一系列能力的综合直接决定着一场直播的成功与否。

目前出版直播的主播不外乎三种类型：网红主播、作者、以编辑为主导的出版人。

提到网红主播就不得不提淘宝第一主播薇娅，一个能实现一场直播百万人观看、上亿成交额的神级主播。其数目惊人的流量和强大的推销能力让很多出版企业跃跃欲试与之合作。

2020 年 1 月 12 日，薇娅直播间销售《薛兆丰经济学讲义》，65000 册图书瞬间秒光；2020 年 4 月 12 日，薇娅直播间销售《人生海海》，3 万册图书 5 秒钟抢光；2020 年 4 月 23 日，薇娅直播同时推荐《你好！中国》《我要去故宫》《皮囊》《提问》4 种图书，均创造了惊人的图书销售数据，其中《皮囊》销售超过 3.5 万册，《你好！中国》《提问》销售均超过 3 万册，《我要去故宫》销售超过 1 万册。[①] 令人赏心悦目的高颜值、极具表现力的镜头感、能抓住用户的直播话术等都是网红主播的优势，同时他们还具备出版企业本身所不具备的流量，所以直播带货效果好。但不是哪家出版企业都能与薇娅这样的顶级流量合作的。而且与网红合作，出版企业也要付出更多，包括与网红团队协商过程中精力的投入、图书销售价格上的让步与妥协等。同时要认识到，网红的粉丝群对图书的购买并不是稳定的，可以说，其中不乏有很多粉丝属于盲目性购买，是不假思索的，买书不是为己而是为了偶像。说到底，他们不是出版企业自身的粉丝，也不可能成为出版企业忠实的读者。所以，与网红合作只能是偶尔为之，肯定不会是

---

① 出版商务网：《薇娅直播又推了 4 种书，整个书业都在直播，战绩如何?》，见 http://www.cptoday.cn/news/detail/9565。

出版企业直播的常态。

出版直播的另一类主播是作者，这也是出版直播中较为常见的一类主播。作者当主播，好处是自带粉丝，特别是一些在某一领域的知名作者，他们有天然的"圈粉"能力，这是保证直播流量的关键。同时，作者进直播间，其特殊的身份可以增强直播的信服力，对内容的把握上专业性更强，更有可信度。但也正因为作者的专业性，在直播过程中很容易把握不好尺度，把问题讲得过于深入，让人听不懂，甚至会听困倦。另外，作者往往缺少直播的经验，不懂得营销话术，还常常会陷于自己的讲解不能自拔，不能与粉丝形成良好的互动，对粉丝的提问不能及时回复，甚至全程与粉丝无互动，这都是直播中的大忌。另外，直播过程中主播需要进行滚动式营销，对活动的规则、奖品的设置等都要特别熟悉，这些往往是作者不擅长的，所以在没有其他人员的协助下，也很难达到有效的营销。仍以《薛兆丰经济学讲义》这本书为例，薛兆丰自己直播带货只卖了 300 多册，在薇娅直播间却卖出几万册，薛兆丰这种知名度的作者尚且如此，所以，想邀请作者当主播，出版企业仍要慎重行事。

出版直播中最常驻主播是出版单位的内部人员，以编辑为主导、以发行业务及其他部门工作人员共同配合，这种选择是最节省成本的，也是最容易控制直播内容的。编辑担当主播相对来说有明显的优势。首先编辑是内容的生产者，无论是前期的选题开发、寻找作者，还是后期的图书内容加工、装帧形式的确定、开本和纸张的选择、成本的计算到最后的营销，编辑无不参与其中。所以，由编辑担任主播，更能与受众分享对图书的理解、对作者的了解、对观点的共识。编辑不再只是知识的生产者和传播者，更应该是知识的"阐释者""引导者""服务者"。[①] 想成为一个好主播，这无疑也给编辑提出了更高的要求，要不断提升自己综合能力，包括知识储备能力、表达能力、沟通能力、应变能力等。一场成功的直播，除了编

---

① 巢晶晶:《基于网络直播营销的图书编辑工作新要求》,《新闻研究导刊》2020 年第 7 期。

辑，还需要出版企业其他相关人员的配合。当然，笔者也不赞成为了完成直播任务，出版社全员轮流上阵，这不但没有效果，还会造成人力、精力的浪费，甚至闹出一些笑话。

"无直播不营销"，这是时下流行的营销口号，也是互联网新发展时代的一场营销革命，出版社无疑要紧跟技术发展、时代变革的脚步，充分利用这种新的营销模式，选择适合的平台，在高品质内容上下功夫，从而吸引并培养忠实的受众群体，这样才能达到有效营销的目的，也才能走得更长远！

（作者单位：辽宁科学技术出版社）

基于信息交互的融合发展新模式探讨

游　甜　张　霄

互联网时代，爆发式增长的数据，已然成为不可或缺的生产力。近几年，随着群体数字化阅读习惯的养成，出版行业的数据也呈指数级增长。不少出版社试图以大数据为发展契机，将读者数据作为基础，科学合理地对数据进行搜集、分析和利用，寻求痛点角度切入，助力传统出版行业转型升级，为处于深水区的出版行业融合发展带来活力。

一、数字化阅读趋势下，融合发展是必行之路

（一）数字化阅读习惯逐步养成

2019 年图书零售市场总规模突破千亿元，销售码洋达 1022.7 亿元，

同比 2018 年增长 14.4%，其中网店码洋为 715.1 亿元，较 2018 年同比增长 24.9%，实体店码洋为 307.6 亿元，同比下降 4.24%。

伴随互联网渠道图书销量的持续增长，读者的购书习惯与阅读习惯也已发生改变。基于国家的政策扶持，数字阅读软硬件的高速发展及支付手段的日益完善，数字化阅读逐渐成为读者用户的首选。

中国新闻出版研究院《第十七次全国国民阅读调查报告》显示，2019 年我国成年国民数字化阅读方式（网络在线阅读、手机阅读、电子阅读器阅读、光盘阅读、Pad 阅读等）的接触率为 79.30%，较 2018 年的 76.20% 上升了 3.1 个百分点，该数据自 2008 年统计以来，持续保持增长趋势（见图 1）。由此可推测，我国成年国民数字化阅读的习惯逐渐形成，不断提高的数字化阅读需求成为数字出版不断发展的原动力，促使出版社不断地在纸数融合的发展上进行有益尝试。

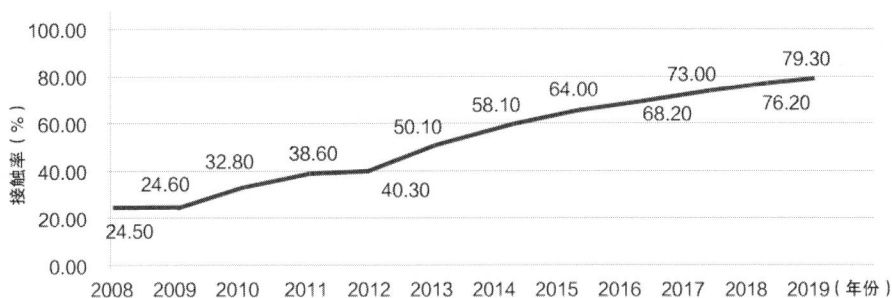

图 1　2008—2019 年中国成年国民数字化阅读方式接触率

资料来源：根据中国新闻出版研究院历年《全国国民阅读调查报告》整理而得。

（二）出版行业融合发展新探索

融合发展是指同一行业内、不同行业间的相互渗透、相互包含和共同发展。纸数融合则是指融合发展理论在图书、数字出版领域的实践，是融合发展与媒介融合有机结合的产物，包括融合思维、融合技术、融合营销等相关概念。

习近平总书记在题为《加快推动媒体融合发展　构建全媒体传播格

局》的重要讲话中强调："传统媒体和新兴媒体不是取代关系，而是迭代关系；不是谁主谁次，而是此长彼长；不是谁强谁弱，而是优势互补。"所以，我们应该辩证地看待传统出版和数字出版的关系，明确图书领域的融合发展是势不可挡的，其发展实质是为不断满足国民日益增长的数字化阅读需求而产生的。

目前，借助互联网及新兴技术，各家出版社勇于创新，结合自身业务特点，勇于开拓新的板块，在与新技术的融合过程中已出现了不少值得借鉴的经典案例。在大数据产品方面，人民法院出版社构建了"法信"大数据平台，知识产权出版社建设了我国首个知识产权大数据应用服务系统 DI Inspiro™。在 AR 图书出版方面，江苏凤凰教育出版社、上海交通大学出版社等多个出版单位结合教育信息化环境策划出版了相关 AR 图书。助学读物类图书，经过疫情阶段"停课不停学"的考验，多家出版社陆续推出了电子书包、富媒体交互式电子书、智慧课堂等多种出版形态，其中安徽少儿出版社融合"出版＋教育"概念的数字教育产品体系覆盖了全部学段、科目和媒体形式，推行玩具书、有声书、直播课等产品打包的系统发展模式。

二、立足信息交互机制，构建融合发展动态信息环

（一）多向信息交互

亚马逊中国发布的《2017 全民阅读报告》中指出，阅读社交化趋势愈加明显，有 78% 的读者通过社交平台（微信、微博、豆瓣、知乎等）分享与阅读有关的内容，有 17% 的读者在电商平台留下相关评论。阅读的社交行为也从交流讨论到推荐分享、书刊赠阅以及笔记共享等。尽管 2018 年至 2020 年全民阅读报告未再统计这一数据，但随着数字出版和移动设备的进一步发展，可以预计将有越来越多的读者主动在社交平台、线上图书销售平台上与他人进行信息交互。

信息交互是一个发展的概念。从人机交互、人与信息交互，再到与社会交互，其实质是在充分考虑技术的理性因素与人性的感性因素的前提下，优化整合用户、系统、内容，通过信息反馈评价信息交流的过程。[1] 在传统媒体时代，信息交互往往是单向的，用户只是被动接受信息，而且用户本身并不生产信息，只是信息的消费者。[2] 而新媒体时代是一个去中心化的时代，中心媒体的概念被淡化，人人都是信息中心且具有很强的互动性，人际交流变为双向信息传播模式。在纸数融合进程中，纸书读者突破了单一信息接受者的角色，成为信息的传播者，不仅可以第一时间感受到作者所呈现的世界，而且也能在出版社构建的新媒体平台与作者或其他读者进行交流互动，给予相应的评价和建议。作者采纳读者对图书提出的有益建议，为下一次修订做准备。由此，读者、作者依托出版社构建的新媒体平台，完成了三者之间的信息反馈与交流互动，形成了信息的交互机制，如图 2 所示。

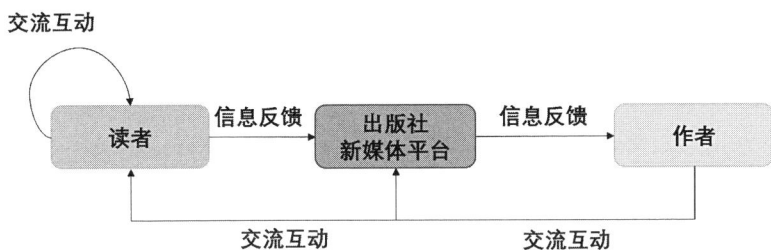

图 2　读者、作者和出版社信息交互机制

通过对线上图书销售平台和社交平台上呈现的读者数据进行分析，不难发现，转发、评论是作者与读者、读者与读者之间进行信息交互的主要方式。对转发、评论的内容做语义分析，可以得出信息交互的关注点，包

---

[1]　周毅、张衍：《以信息构建与信息交互为定位的信息管理专业教育——以美国 iSchool 联盟院校为样本的分析》，《中国图书馆学报》2014 年第 6 期。

[2]　李师萌：《新媒体环境下用户信息交互意愿影响因素及信息交互模式研究》，吉林大学硕士学位论文，2018 年。

括词频分析、关键词提取、文本分类等。①

以助学读物教辅图书 A 为例，该系列图书覆盖小学语文、数学、英语等学科，涵盖一至六年级上下册，配套人教、北师大等多个教材版本，分册累计重印十余次。采集某线上图书销售平台该系列图书数学学科一至六年级上下册的商品评论，共 1032 条，其中有效评论 934 条，评论字数 11773 字。读者对所购买图书的内容、装帧、质量等进行评价，评价分数分布为 1—10 分，加权平均分为 9.69 分，见表 1。

表 1　某线上图书销售平台读者对图书 A 的评分情况

得分	1 分	2 分	4 分	5 分	6 分	7 分	8 分	9 分	10 分
评论数	19	5	1	2	2	6	11	15	873

将评论内容以关键词出现频率进行统计，制成词云图，如图 3 所示。

运用软件按关键词中的动词和形容词进行归类，结果如图 4 和图 5 所示。商品评论中动词词频由高到低为"练习""帮助""同步""喜欢""辅导"等，形容词词频由高到低为"好""不错""很好""实用"等，且大多数

图 3　图书 A 购书评价关键词词云

---

① 王晰巍等：《新媒体环境下企业与用户信息交互行为模型及特征研究》，《图书情报工作》2018 年第 18 期。

动词 📄 📈 📊 🔄 💾

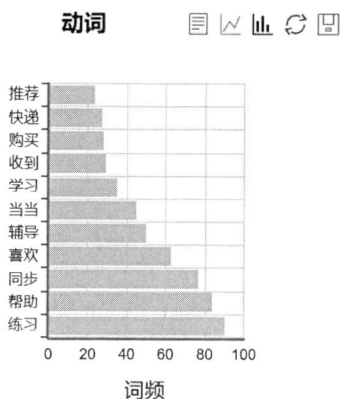

形容词 📄 📈 📊 🔄 💾

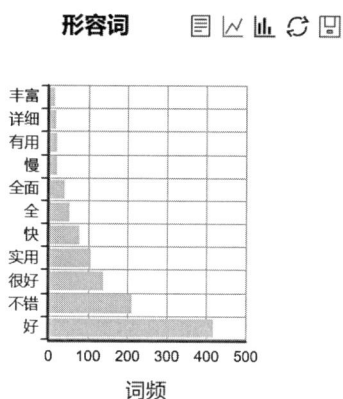

图 4　商品评论中动词词频　　图 5　商品评论中形容词词频

内容是围绕本书展开的正面积极的评价，说明读者对这本书反馈的信息是真实有效的，且基本持喜欢、推荐的态度。

另外，对于语文和英语等学科的助学读物，读者倾向在有阅读交流和实时讨论功能的社交平台上完成信息交互。社交平台的信息交互形式主要有两类：一类是读者以"每日读书""日常打卡""睡前阅读"等形式来完成阅读，这种形式的信息交互相较于在销售平台上购书的一次性行为评价，更具延续性，反馈也能及时更新；另一类是读者因为被布置阅读任务，受到线上线下各种书单、榜单的推荐，继而进行阅读，这种形式的信息交互往往更切中图书内容，易对图书提出有效的意见和建议。

出版社意图借助大数据分析，获取可被检索和利用的有效数据，得到图书的真实情况及评价，就要做到：第一，保证读者原始数据的真实性、准确性和完整性，在此基础上才能进行有条件、有目的的解读；第二，采用科学的数据处理方法，适当地对数据进行预处理，包括数据冗余处理、缺失值补充、噪声数据处理等。

（二）新媒体营销

1.读者画像

现代纸书与传统意义上的纸书最大的不同在于，现代纸书可以实时掌握读者数据，包括但不限于读者性别、年龄、地域分布、阅读时间、阅读目的、阅读偏好等，通过这些基本数据的收集和分析，出版社不难描绘出读者个体画像，以此来分析读者需求，做到精准营销。

我们截取少儿读物 B 和英语听力类教辅图书 C 某一日的闭合数据来分析一本现代纸书是如何做到精准营销的。截至 2019 年底，少儿读物 B 重印 10 次，累计销售 135000 册，配套销售收费的线上音频资源，并提供免费的读者交流圈。该书上市两年多时间，共有 15177 位读者通过扫描纸书上的二维码获取线上资源，平均销售 8.90 册图书可拥有 1 名线上资源用户，扫码率为 11.16%；累计浏览量达 136043 人次，平均每名线上资源用户浏览约 9 次；购买付费音频资源的读者为 5081 人次，转化率为 33.48%。以少儿读物 B 某一日 24 小时浏览量来看（见图 6），浏览量谷值为 4 人次，峰值为 4371 人次，20 时至 22 时的浏览量最为集中，共计 10518 人次，占全天浏览量的 37.15%，该时段多为家长陪伴孩子阅读、辅助孩子睡眠的时间，结合少儿读物受众的特点来看，收集到的阅读时间信息符合读者的作息规律。

同理，我们对英语听力类教辅图书 C 进行分析，该书共有 6169 位读者通过扫描纸书上的二维码获取线上资源，2899 人次的读者购买了付费的音频资源，转化率为 46.99%。英语听力类教辅图书 C 与少儿读物 B 在

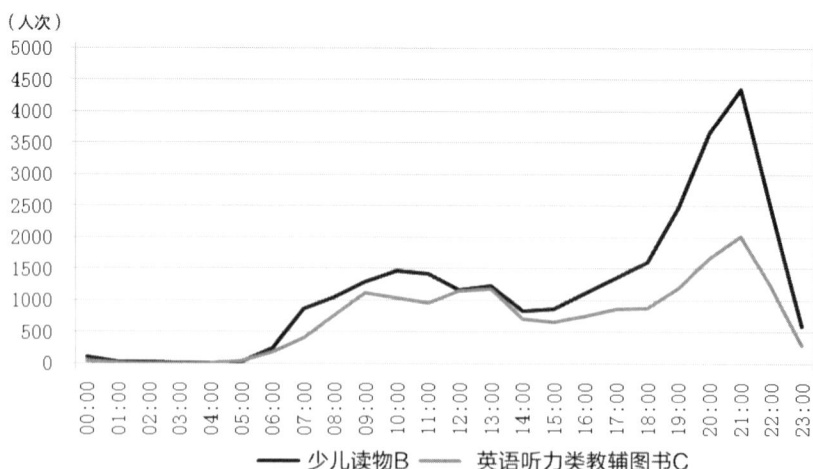

图 6　少儿读物 B 和英语听力类教辅图书 C 线上资源 24 小时浏览量

24 小时整体浏览趋势上相似，但英语听力类教辅图书 C 的浏览量分布更分散，谷值为 1 人次，峰值为 2023 人次，20 时至 22 时的浏览量为 4922 人次，占全天浏览量的 28.47%。

出版社通过收集数据获得读者阅读纸书（电子书）的时长、时段、频次、持续时间、线上资源购买次数、读者地域分布等维度的数据，通过读者画像的方式分析读者行为，可将原始数据中事实标签的内容通过建模分析转化为模型标签，最终达到预测读者行为、促进图书营销的效果。

2. 社群运营

如果我们将以精准营销为目的的读者个体画像视为新媒体营销发展的第一阶段，那么通过对读者进行分类、聚类分析，提炼读者群体的基本特征，孵化出一个个具有特殊文化共性的社群，就成为新媒体营销发展的第二阶段。依托"同好"产生的阅读社群中的内部人际传播、群体传播将更为频繁，信息分享、话题讨论、经验沟通等将更为深入，"在持续互动的过程中进行价值观的匹配，成功匹配者将形成对社群的文化认同和情感黏结，继而在情感的驱动下进行更深层次的社会交往"①。当然，对于出版社和社群内的人来说，社群的价值不只是将一群有共同特征的人聚合在一起，而是要得到持续且有效的价值产出，这种产出应该是稳定的、全面的、双赢的，既能提高读者对社群价值观的认同度，使读者有参与感和归属感，又能营造阅读的共性场景，增强读者的组织性和凝聚力，增加其与出版社的黏性。

从阅读社群的表现形式来看，出版社以往多采用读书会、讲座、沙龙等线下活动方式展开，随着数字出版的发展，各大出版社开始探索新的立体化社群营销形式。各家社凭借自身出版特色、资源优势等有利条件，在自主平台、微信、微博、第三方直播平台等线上渠道进行图书宣传和品牌推广，挖掘、聚集一批具有相同模型标签的单一读者，完成了具有特定文化共性的阅读社群构建，增大了读者与出版社进行信息交互的机会。

---

① 蔡骐：《网络社群传播与社会化阅读的发展》，《新闻记者》2016 年第 10 期。

（三）动态信息环

出版社在动态信息环循环初期起推动作用，以完成读者信息交互、个体画像、社群构建的初步联通为目标，通过向阅读社群输送符合其文化标签的特定内容，形成内容与读者之间的无缝对接，使读者收获阅读价值，认可出版社的价值取向，遂与出版社建立一种和谐、有机的关系，最终实现价值在社群与出版社之间的流通，提高读者活跃度，激发社群信息产出的作用，形成初代动态信息循环。

随着社群活跃度的增长，势必会产生新的更具社群特征的信息，将这些信息再次投入动态信息循环中，完成对社群的精准定位，进一步细化社群标签，提高读者的社群意识，增加社群内的交互机会。

当社群建设完善到一定程度，每一位社群成员均会在阅读及其活动中收获价值，建立情感连接，完成自我成长，并与出版社一起完善社群内部建构，提高社群健康度，由此产生了社群发展的内生动力，增强了社群的自身"造血"功能，促进了信息环的运动。

至此，出版社与读者联合构建的融合发展动态信息环（见图 7）形成了完整的循环，通过社群的分解与迭代，实现了交互信息的价值驱动，由内而外地推动了动态信息环的持续循环。

图 7　融合发展动态信息环

三、出版升级转型中，出版人的进一步思考

（一）信息安全是纸数融合的前提条件

我们所构建的动态信息环是基于信息交互机制产生的，在这一闭环里，数据作为信息与价值的载体，既是支撑也是基础。作为出版人，不可避免地，我们需要回答：如何才能更好地保障读者的个人信息安全，保证合理合法地利用读者数据，从而促进出版业的繁荣和发展？

中国信息通信研究院发布的《大数据安全白皮书（2018年）》中建议建立覆盖数据收集、传输、存储、处理、共享、销毁全生命周期的安全防护体系，提升平台本身的安全防御能力，实现从被动防御到主动检测的转变。基于此，出版社应加大数据安全体系建设的投入，组织相关法律法规的学习，优化人员配置，聘请专业人员统筹业务情况、消除安全隐患等。

除此之外，出版社获得信息主体使用数据的授权或同意，也是必不可少的步骤，出版社有义务明确告知读者数据使用的范围及用途，保证信息不被转嫁他用或转给第三方使用。对于读者而言，作为个人信息所有者，也必须提高自我保护的意识和能力。

（二）"人"是纸数融合纵深发展的关键因素

在近年数字出版的推动下，出版人在线上模式中进行了积极尝试和努力探索，但从成效来看，尚未能做到高效运维，所采取的营销模式稍显"水土不服"。究其原因，是出版行业的巨大转变和发展对出版人的思维方式和能力水平提出了更高的要求。为突破出版人才队伍选育的瓶颈，需要出版社和出版人双管齐下。

其一，出版社需优化人员结构，助力人才成长。在融合发展背景下，优质出版物不仅是优秀内容的代表，还需要有好的服务质量，这种服务包括有价值的配套资源、适当的信息交互以及可持续稳定发展的读者社群等。出版社需要在保持自身内容优势的基础上，加强信息化技术平台建设和人才培养，进一步深化体制改革和机制创新。同时，出版社还要做好员

工能力与需求的匹配分析，制订与之相适应的培养模式和培训方案，采用多元化的评价体系，以"实际贡献"作为岗位配备人才的评价标准。

其二，出版人要有复合型知识结构和知识迁移能力。从目前出版行业发展来看，既懂传统出版又精通数字出版技术研发，还能进行读者数据分析的人才凤毛麟角。事实上，让所有出版人都成为复合型人才是不可取的也是不经济的。融合发展新模式下，具有创新精神和与时俱进意识的表现形式在于具有复合型知识结构和知识迁移能力。以编辑为例，在图书开发过程中，编辑要有高站位、宽视野、大格局，能够整体设计纸书与线上配套资源的融合模式，了解线上线下的市场营销情况，确保售后服务体系与保障措施。

总体来说，出版转型要充分利用好人力资源，最大化地激发出版人的主观能动性，由内而外地促进信息环循环运转，切实助力纸数融合的深度发展。

（作者单位：教育科学出版社有限公司）

产品销售、知识服务与价值共创：
出版业直播营销模式探析

赵鑫莹　任晓敏

中国互联网络信息中心数据显示，截至 2020 年 3 月，我国直播用户规模达 5.6 亿人，其中电商直播用户规模为 2.65 亿人。[①]毫无疑问，直播技术的发展与革新为传统出版营销创新提供了新的方向和模式。然而，从 2015 年出版业开始试水直播到 2020 年出版业的直播热潮，出版业直播营销经历了长期的低迷和突然的起飞，这仿佛是一面镜子，既照出了出版业不断转型发展的迫切性与积极性，同时也照出了其转型发展中的难点和问题。在直播营销的风口上，出版业机遇与问题并存，本文拟在对出版业直播营销模式归纳、分析和预判的基础上，以期为出版业营销模式创新和融媒体发展提供合理化的建议。

---

① 中国互联网络信息中心：《第 45 次中国互联网络发展状况统计报告》，见 http://www.cac.gov.cn/2020-04/27/c_1589535470378587.htm。

一、直播营销：出版业应对疫情影响的主动出击

2020 年上半年，由于新冠肺炎疫情防控的长期性，传统出版业图书生产、印刷与发行等多个环节受到冲击。出版周期拉长、印刷发行受阻，线下销售收入大幅下跌。实体书店客流大量减少，导致图书销售、文创周边等业务营业额大幅下降，一些书店甚至濒临关门。开卷数据显示，受疫情影响，2020 年 2 月，实体书店零售总额与上年同期相比下降 86.36%。[①]同时，新书推介会、图书订货会、书展等线下营销活动方式也受到限制。2020 年的"世界读书日"活动便全面采取线上进行。另外，疫情的影响也使得数字出版的短板凸显。虽然数字化转型发展早已成为出版业的共识，然而受限于种种原因，出版机构并未完全实现数字化，这场突如其来的疫情加剧了出版业数字产品供给与线上需求之间的失衡。

面对疫情带来的冲击与影响，不少出版单位选择了主动出击，积极布局线上，一时间，短视频、直播、线上书展、微课、云游等轮番上阵。对于图书推广与营销来说，"直播"无疑为出版业的不二选择，各出版机构入驻淘宝、抖音、快手、哔哩哔哩等平台开启直播。阿里研究院发布的《2020 淘宝直播新经济报告》数据显示，淘宝直播成交金额增速前十的行业中，图书音像位于第三，仅次于汽车和大家电。[②]3 月 21 日，安徽少年儿童出版社与薇娅合作，直播销售《中国经典动画珍藏版》，短短几分钟便销售 3 万多套，码洋超过 500 万元，当日交易额位居天猫图书店铺排名第二。华东师范大学出版社策划的《宅家期间的儿童和青少年运动指南》直播在哔哩哔哩等 11 个平台同步进行，浏览量超 10 万人次。机械工业出版社华章公司策划的《你的阅读人生，为什么必有一本"德鲁克"》讲座

---

① 张鹏禹：《好书推介有新招　出版社试水直播》，《人民日报》（海外版）2020 年 4 月 6 日。

② 阿里研究院：《2020 淘宝直播新经济报告》，见 http://www.199it.com/archives/1028469.html。

直播，推动《德鲁克全集》进入当当网管理畅销榜销售前 100 名[①]。

总的来看，借助直播技术与平台进行营销是出版机构继博客、微博、微信营销后的又一举措，有益于进一步提升出版机构对新兴技术的应用，推动出版业融媒体发展。

二、流量与转化：图书直播营销繁荣景象下的痛点

出版业试水直播其实已经不是新鲜事。2015 年，人民文学出版社便通过网络直播方式举办了"一生里的某一刻"读者沙龙；2016 年，中信出版集团用直播形式进行新书推介和图书营销；2019 年，四川少年儿童出版社的编辑首次当起了直播主播。尽管如此，新冠肺炎疫情前，大多数出版单位对直播仍处于观望状态，直到 2020 年初疫情的暴发燃起了出版业直播营销的热潮。虽然从表象上看，当下出版业直播的发展如火如荼，然而深入剖析后也不难发现图书直播营销的困难和问题。

（一）图书向直播商品转化难

不论是通过网红带货还是作者、编辑讲解，图书直播营销面临的首要难点是图书作为一种精神读物向商品的转化。尤其对于带货式直播营销，图书要在短时间内激起直播观众的购买欲，需要直播图书具备一定的卖点。然而，并非所有图书都适合进行直播营销。2020 年 5 月，新榜研究院发布《2020 直播生态研究报告》，整理了直播行业发展历史和直播行业的当前生态与发展趋势。报告中按直播产品的"单价"和"线上化程度"，将直播品类划分为四个象限，图书位于线上化程度低、单价低的第二象限。[②] 与销售火爆的食品、化妆品相比，图书内容相对严肃，且具有

---

① 张鹏禹：《好书推介有新招　出版社试水直播》，《人民日报》（海外版）2020 年 4 月 6 日。

② 新榜研究院：《2020 直播生态研究报告》，见 http://www.199it.com/archives/1052082. html。

小众化和个体性，不具有直观性和可重复购买性。对于文艺类、技能类、娱乐类等大众浅阅读图书来说，尚且能够相对容易地向商品转化；然而那些思想性较强的人文历史类、专业类、学术类书籍更需要的是深度阅读，并且针对的也是专业化或小众化群体，如何将具有一定深度、个体性的图书向浅显直观的大众化商品转换是出版业直播营销面临的第一道难题。

（二）寡头流量加剧了行业竞争

基于网络平台的直播营销其根本逻辑是流量经济。几百家出版机构一窝蜂地开启网络直播，最后花落谁家要受制于互联网中残酷的流量争夺，不仅有不同直播平台之间的竞争，如抖音、快手、淘宝、哔哩哔哩以及出版社自制直播平台之间的流量之争；还有同一平台中不同类型产品的竞争，如美食、化妆品与图书之间的流量之争；最后还有同类图书产品或出版单位之间的流量之争。《薛兆丰经济学讲义》在淘宝薇娅直播间瞬间被秒杀 6.5 万册，而其作者薛兆丰在抖音直播间，仅卖出 300 多本[①]，如此悬殊的差距正体现了激烈的流量之争。在出版社纷纷开启直播之际，也应注意互联网在打破了时间、空间、行业壁垒的同时，会形成流量寡头效应，而这将加剧出版机构面临的竞争。

（三）流量转化率低

获得流量之后，网络直播营销还要面临流量转化的问题，即如何将直播的观看用户转化成图书购买客户。首先，图书读者群体与直播平台观众群体的不对应性，尽管淘宝、抖音、快手等直播平台用户基数庞大，但是图书潜在目标客户数并不能保证；其次，人们观看直播的动机并不一定是购买书籍，有可能只是娱乐，或者满足好奇心；再次，出版机构的图书产品类型不同，针对的用户群体不同，如果直播销售选取的图书产品与直播观众群体不匹配，很难获得理想的转化率；最后，进入直播的观众具有随机性，直播平台流量具有极强的流动性，直播过程中任何意外都会造成流量损失，进

---

① 张世豪：《直播卖书　薛兆丰远远不及薇娅》，《成都商报红星新闻》2020 年 4 月 14 日。

一步降低转化率。这些都给图书和出版社的直播营销带来一定程度的阻碍。数据显示，4月12日晚上8时，薛兆丰抖音直播间的观众人数最高突破2万人，然而在直播结束后仅实现300多本图书的销量，转化率仅约1.5%。

三、产品销售、知识服务与价值共创：出版业直播营销模式的三个梯度

当下，高反馈、强互动的直播为图书营销提供了新的可能性，成为一个新的风口，出版业首先要根据自身发展目标，结合已有资源、平台特点、用户需求，充分发挥直播营销效应，更重要的是要着眼于整体媒介生态、商业环境特性和出版行业融媒体发展战略，将直播营销与其他营销手段乃至出版流程有机结合，来探索出版业营销模式的创新和发展。结合目前出版机构直播营销示例，根据营销内容与价值模式，直播营销可以归纳为以下三个层面。

（一）用产品思维实现图书销售

把图书视为一种产品进行营销，是直播营销的第一个层面，直播带货为典型模式。该营销模式主要关注图书作为一种产品的卖点，由编辑、运营、主播组成的团队会根据时间节点、社会热点、用户需求、折扣利润等选择性价比高、实用性强、关注度高、社会需求大或品牌突出的产品，激发"潜在读者"的注意力和购买力。例如，薇娅淘宝直播间对《中国经典动画珍藏版》《三毛流浪记》《人生海海》等书籍的营销，虽然主要依托于薇娅本身的粉丝效应，但同时也诉诸图书内容国民性、知名度高、折扣低、物美价廉等卖点。

从带货主持人看，直播带货模式又有两种不同形式：一是与顶流网红主播合作的直播；二是出版社自己组织的直播，主持人大多为图书编辑或作者。网红主播的带货直播借助流量优势，"大浪淘沙"般快速锁定潜在用户，通过折扣优惠快速去库存，往往能够实现短时间内图书销量激增的

效果，如淘宝薇娅直播间 1 月 12 日《薛兆丰经济学讲义》直播瞬间被秒杀 6.5 万册，5 月 26 日《三毛流浪记》直播当晚卖出 8 万多册。然而，顶流直播营销模式中，消费者往往看中的是较低的产品价格而非书籍内容，在整个销售链条中，主播抽成与出场费用、超低折扣、利润考验是出版业亟须解决的问题。出版社直播则主要基于图书内容宣讲来实现销售，通过与用户直接互动，深入讨论图书内容，能够加深读者对图书的了解，有利于提高出版机构声誉、粉丝群体知名度和认可度。然而，一方面，出版社编辑要面对营销技巧、语言表达等难题；另一方面，对于整个出版业来说，直播营销的流量亦是个大考验。《出版人》杂志对 2020 年 1 月 1 日至 6 月 1 日期间淘宝店铺出版机构的直播数据分析显示，137 家出版机构的直播间中仅有 7 家出版机构场均直播观看人数超过 1000 人，其他 95% 的直播间收看人数不足千人，有的甚至出现了个位数收看的情况。①

（二）以图书为纽带提供知识服务

不论是大众出版还是专业出版、教育出版，知识和阅读是整个编辑出版活动的核心。以图书阅读为途径，实现知识的生产、传播和传承是出版业的使命。出版机构紧密围绕出版社的资源优势，通过直播公开的方式，提供创新的知识服务，吸引读者参与互动，做知识服务类直播具有先天的内容优势。2020 年 3 月，上海译文出版社、上海教育出版社、上海文艺出版社等多家出版机构推出的直播"云游出版社"活动便收到了很好的效益。以上海译文出版社为例，两位主播一边介绍出版社内部设置与发展历史，一边讲解编辑部故事揭秘一本书从无到有的过程，一边介绍出版社经典作品，还有社长韩卫东开书单，这次直播促使出版社粉丝数增至 58.5 万人。人民文学出版社"回到文学现场，云游大家故居"系列直播活动也备受欢迎。7 月 12 日，"云游"朱自清故居网络直播时，一小时的直播便吸引了 303 万网友在线观看。②

---

① 张淑雅、黄璜：《谁站 C 位？》，《出版人》2020 年第 7 期。
② 孔茜：《人民文学出版社来扬州直播啦》，《扬州日报》2020 年 7 月 18 日。

2020 年 4 月 10 日，中信出版集团在今日头条、抖音、新浪微博、淘宝、京东、当当等多家平台发起"2020 市场破局与投资趋势"的直播，独家连线了黑石集团联合创始人苏世民，分享其新书《苏世民：我的经验与教训》的观点，以及新冠肺炎疫情的全球大流行给全球经济和金融市场带来的冲击与挑战。此外，该直播还邀请高瓴资本创始人兼首席执行官张磊、万科董事会主席郁亮展开对话，对企业家如何应对疫情带来的经济危机、未来投资、商业模式、中国发展等问题进行讨论。此次直播一周内全网观看人数达 894 万人；7 月 3 日，中信出版集团邀请梅耶·马斯克与邓文迪对话，不仅向观众推介了由中信出版集团翻译出版的梅耶·马斯克最新自传《人生由我》，而且就女性关注的美丽、健康、职场、家庭、育儿等话题进行讨论。直播当日，该场直播以 598 万观看人数登顶微博直播平台当周收视报告，"# 邓文迪对话梅耶·马斯克 #""# 梅耶·马斯克首次直播 #""# 梅耶·马斯克的保养秘诀 #"等话题登上微博热搜，相关话题阅读量达 6846 万。①

知识服务类直播依托于图书，但不仅仅局限于图书，而是以图书为纽带，以话题为核心，将作者、出版商、读者与社会需求、环境等诸多元素联结起来。"云游出版社"活动以图书的"幕后"生产为诱饵，将出版社的特色、图书出版的过程、图书产品与读者的好奇心进行连接；"云游大家故居"以文学大家及其作品为纽带，将读者的阅读需求、社会的文化需求紧密结合；中信出版集团苏世民的直播，结合疫情对全球经济、产业与市场的冲击这一社会大环境，迎合了人们对当前经济、商业、投资、发展等重大问题了解和关心的需求；梅耶·马斯克则紧扣女性群体及其对时尚、健康、家庭等问题的关注。

凭借直播平台强大的社交性和互动性，出版业做知识服务类直播有利于巩固读者忠诚度，扩大品牌影响力，有利于获得"私域流量"，提升流量转化率。然而，这一模式对出版社已有资源的依赖性较大，上述中信出版集团成功的大型直播便依托于苏世民、梅耶·马斯克等具有国际影响力的名人

---

① 黄璜、张艾宁：《方希：书是冷界面，需要热启动》，《出版人》2020 年第 9 期。

资源。此外，由于直播场景的特殊性，对知识的趣味性、新颖度、话题性要求也较高。出版业不仅要找准与同行之间的差异性和核心竞争力，而且要能通过创新的方式吸引人们的参与和交流，策划互动性、扩散性较高的话题，在话题讨论与互动中进一步延伸直播效应。中信出版集团苏世民大型直播之后今日头条等平台与之相关的小直播，梅耶·马斯克直播之后微博相关话题的继续发酵等都对直播形成合力，进一步扩大了出版业的影响。

（三）情感共鸣中实现价值共创，打造融媒体出版生态圈

目前对出版业直播营销的探讨，大多聚焦于直播本身，对直播模式核心要素（如主播、内容、话语等）以及该模式对出版业的风险与机遇等进行分析，缺乏从整体媒介生态和商业环境探讨出版业营销模式的创新。直播营销是出版业继微博、微信之后的又一创新手段，然而从出版业的长远发展来看，直播营销不能割裂开来单独讨论其发展，而应从出版业所处的整体环境和未来目标进行探讨。

从传统商业环境到互联网环境，企业营销逐渐从以产品为核心向以消费者为核心转变，营销模式逐渐从价值提供模式向价值共创模式转变。[1] 从价值模式角度看，图书销售和知识服务的营销模式主要以出版机构为主体，仍属于价值提供模式。未来出版业营销应以价值共创为导向和目标。价值共创强调在互联网环境下实现用户身份的转换，从消极的价值使用者变为积极的价值创造者，由用户与企业在互动中共同创造价值。[2] 价值共创其实不仅仅是企业营销模式的创新，更是融合生态的核心[3]，是媒介融合发展的重要目标。在探讨出版业直播营销时，除了分析直播营销本身，还要在价值共创的目标下，将其视为出版业整合营销乃至融媒体发展中的一个环节，探讨直播营销与融媒体生态圈中其他环节和要素的有机整合。对于出

---

[1] 吴瑶等：《从价值提供到价值共创的营销转型——企业与消费者协同演化视角的双案例研究》，《管理世界》2017 年第 4 期。

[2] 国秋华、孟巧丽：《抖音的互动仪式链与价值创造》，《中国编辑》2018 年第 9 期。

[3] 严三九：《融合生态、价值共创与深度赋能——未来媒体发展的核心逻辑》，《新闻与传播研究》2019 年第 6 期。

版业的整体发展来说，如何将直播与图书、音频、短视频、长视频、社交媒体、社群以及线下培训、讲座活动等其他营销手段和产品服务融合，打造融媒体出版生态圈，提升用户黏性和创造性，实现价值共创是根本要义。

美国学者菲利普·科特勒（Philip Kotler）认为，市场经济中人们的消费行为经历了三个阶段：量的消费、质的消费和感性消费。[①] 价值共创的基础是连接赋能，本文认为，连接多元主体、出版生态圈和各个要素与环节的一个有效途径是情感连接。如今，感性情感成为人们消费的重要因素，为此有学者提出情感营销[②]，强调情感共鸣和心理认同的作用。互联网时代，出版业的核心不仅在于图书和知识服务，更是出版单位、用户多元主体之间观念的流动、思想的传播、情感的连接。通过情感性交往与情感共鸣，可以在主播、读者、观众、作者、编辑、出版者之间形成相互认同、持久合作、信任的情感式关系，增强用户对出版品牌的黏性，从而不断吸引用户参与出版活动，并将用户资源融入价值创造过程，实现出版业的价值共创。网络直播最大的特点便是基于直播的现场感、实时性、对话性能够在主播与观众之间建构一种更为亲密的情感交流活动，实现情感连接。充分利用网络直播的情感交流与情绪感染，打通网络直播与融媒体出版其他环节之间的流动性，将用户牢牢稳住，在多平台的互联、互通、互动中最大化用户价值，是实现价值共创的有效途径。

以湖南教育出版社与张丹丹的合作为例。首先，从张丹丹"走红"中可以窥视到情感连接的影响力，虽然张丹丹拥有湖南卫视主持人的头衔，然而她在"张丹丹的育儿经""张丹丹的绘本馆"等抖音账户每日发布短视频和网络直播时，常自称"最懂妈妈的丹姐"，通过设立妈妈职场、育儿过程中可能会遇到的各种场景，从而与粉丝形成情感共鸣和认同。其次，从湖南教育出版社与张丹丹的合作，可以窥视到出版业融媒体发展和营销的新思路。湖南教育出版社不仅在张丹丹抖音短视频基础上，把短视

---

① ［美］菲利普·科特勒：《营销管理》（第 11 版），杨清豪译，清华大学出版社 2007 年版，第 126 页。

② 李劲、李锦魁：《情感营销》，经济管理出版社 2005 年版，第 57 页。

频内容转化为文本，推出《妈妈总是有办法》《写给中国儿童的性教育启蒙绘本》《爱上幼小衔接》等图书，同时又借助抖音、快手等直播平台进行预售，《妈妈总是有办法》在抖音预售直播时有十几万人进场观看，《写给中国儿童的性教育启蒙绘本》《爱上幼小衔接》在抖音预售超过 1 万套，码洋 200 多万元，销售收入 130 多万元。[①] 另外，湖南教育出版社还成立张丹丹 IP 融合出版事务所，以张丹丹个人 IP 为核心资源，以家庭教育为主阵地，将探索和打造一系列线上线下形式的产品和服务，包括图书、音频、短视频、长视频、知识付费产品、育儿社区、育儿培训、线下讲座活动等，逐步形成融媒体出版生态圈。[②]

及时抓住互联网中的 IP 资源，充分利用粉丝效应进行营销，是价值共创的一种有效方式。如北京知嘛文化传播有限公司与尹建莉及其《好妈妈胜过好老师》合作，打造了以家庭教育为核心的多维产品与服务，公司创办 3 年半，实现了单月收入千万元，教育产品毛利超 60%。[③] 再如，果麦文化与罗翔及其《刑法学讲义》合作，通过罗永浩抖音直播间直播、新浪微博发布罗永浩与罗翔对谈视频宣传直播并制造相关话题互动、B 站首发图书并送罗翔老师亲笔信、上海书展新书签售等多元化平台和方式营销，吸引潜在用户群体持续互动，推动话题在社交场持续发酵，从而收获了"上市一天销售 5 万册、首周发行量突破 20 万册"的成绩。[④]

另外，近些年出版业掀起的"跨界""破圈"营销方式实际上也体现了价值共创的思维与模式。互联网时代是一个边界模糊甚至消解的时代，行业壁垒、专业门槛、文化圈层不断被打破，出版业完全可以根据用户画像，将其兴趣爱好从阅读品类扩展到现实生活中的诸多方面，在与其他品

[①] 谢明：《短视频的出版红利如何兑现?》，《出版人》2020 年第 6 期。

[②] 湖南教育出版社：《公司召开张丹丹 IP 融合出版事务所专题工作会议》，见 https://www.hneph.com/10008/news/detail/1260754496301039693?columnId=81。

[③] 郎世溟：《创立 3 年半，月收入千万元，一本图书引发的万亿市场》，《出版商务周报》2020 年 8 月 12 日。

[④] 施明喆：《一周 20 万册，我是如何把千万级流量转化成图书销量的?》，《出版商务周报》2020 年 8 月 9 日。

牌或产业的合作中，实现价值共创。比如中信出版集团跟 7FRESH 生鲜超市合作直播《家常菜的制胜一击》《节气好食》图书；后浪出版公司旗下推出的"后浪剧场""后浪电影学院""浪花朵朵"等后浪衍生品牌。不论是产品跨界、渠道跨界还是营销跨界，其实质都是在与受众情感连接与互动中，使更多主客体发生连接，产生新的关系，丰富价值网络，重构价值模式，实现价值共创。

从以上这些案例可以看出，通过多元渠道与平台整合营销，通过情感连接和认同，既有助于在读者、用户、粉丝与主播、作者、编辑、出版商等多元主体互动之间推动 IP 资源最大化，实现价值共创，也有益于传统出版与直播、短视频、微博、抖音、快手等多元网络平台乃至其他产业和品牌的融合，促进出版业融媒体发展。

四、结语

随着互联网进入发展的"下半场"[①]，以流量输送为核心的规模化发展模式已经结束，传媒业更需要进行流量深耕[②]。出版业试水直播营销后，的确带来了不少可观的流量，然而在纵身这股潮流之际，需要冷静地思考：如何对流量进行深耕，在流量之上，真正发挥技术、资源与连接赋能，建构出版业的融合生态，实现价值共创，才是未来出版业发展的核心逻辑。

（作者单位：山东教育出版社、山东师范大学新闻与传媒学院）

---

① 喻国明：《互联网发展下半场："聚变"业态下的行动路线》，《新闻与写作》2017 年第 10 期。

② 严三九：《融合生态、价值共创与深度赋能——未来媒体发展的核心逻辑》，《新闻与传播研究》2019 年第 6 期。

知识付费背景下移动阅读用户的
持续行为研究

石姝莉　　王嘉灏

一、知识付费中的移动阅读

（一）流媒体与精准内容的登场

随着媒介技术的丰富和发展，互联网成为承载移动阅读内容的巨大容器。2016 年知识付费的兴起则进一步凸显了有效聚合需求的内容传播渠道价值。知识付费受追捧的一大原因就是超载的内容让人们应接不暇，为了争夺注意力，阅读内容如何有效传播至用户成为关键。

对传播渠道的重视并非源自互联网技术的大行其道，而是在以技术为主导的工业时代就已悄然开始。线性的"长形式"（long form）影响人们对内容的生产和认知（long form thought），以为内容本来就是这样的。

一直以来人们可以选择媒介，却不能选择内容，可互联网的迅猛发展则助推阅读内容冲破了媒介边界，即为"流"。"流"是组织数字化内容的一种方法，可以是图片、文字、链接、邮件、视频、音频、网络行为等。[①]"流"媒体强调从内容到渠道的多维整合，以及为此带来用户的心理变化。它的动态发展性让用户体会到不同个体新的状态或心思，实现了人的即刻状态及与外部世界的交汇。这为移动内容的生产和传播带来了机遇与挑战，更是助推着内容传播以多样化的传播渠道抵达用户。进而为用户的有效需求提供更加精准的阅读内容，不断诠释着"流"媒体的迭代。

（二）媒介平台与阅读行为的嬗变

媒介即讯息。散播时代，以龟甲、帛、锦、纸等媒介承载的内容被人们视为能满足精神需求的文化资源，阅读行为受人们意识形态的驱使，成为一种仪式。工业时代，印刷术的发明让内容生产成本下降，媒体的出现丰富了生活，但技术进步对阅读行为并没有带来太多实质性转变，相反，人们对阅读的追求继续在传统层面深化。随着手机移动终端的普及，阅读内容占据了人们的闲暇时间，人们的阅读行为也从传统纸质阅读开始向数字阅读转变，数字阅读又进一步向移动阅读延伸。[②]

移动阅读是不受时空限制的个性化阅读，它反映了人们在技术迭代进程中传统阅读内涵的延展。在这更广阔的时空中，阅读行为被泛化，用户的移动阅读行为转向对平台、产品的使用和消费行为。知识付费浪潮中，移动阅读平台推出异于电子书的知识付费产品，免费与付费并存的阅读模式不断推动移动阅读的用户分层与规模扩张。本文对现今移动阅读用户持续阅读行为的深入探究，将有助于移动阅读平台的持续有效发展。

[①] 胡泳、崔晨枫、吴佳僡：《内容付费：一种崭新的内容经济学》，《新闻与写作》2019 年第 2 期。

[②] 韩旭、张祺：《移动互联时代的移动阅读行为研究——以微信读书 APP 为例》，《出版广角》2019 年第 24 期。

二、知识付费中移动阅读用户的行为转向

（一）从信息接收到内容消费

通过付费的阅读更易获得满足早已成为用户共识。在散播时代，阅读需求的满足通过支付抄录成本得以实现；商品与货币出现后，阅读内容搭乘载体一起构成可供交换的阅读商品，支付高质量阅读内容成为社会共识；步入工业时代后，阅读内容实现批量生产，用户付费又涵盖了技术成本；进入移动阅读时代，海量阅读信息与多样移动阅读平台的井喷式爆发，一方面迫使用户选择更有效的移动阅读平台，并为优质内容买单；另一方面也督促移动阅读平台快速转型迭代，为阅读内容与用户需求进行合理匹配，更好满足并引领用户需求。同时，"流"媒体时代的移动阅读不仅体现了用户与设备的交互，更深受阅读嵌入环境及情境的深刻影响。[1]

知识付费已日益成为移动阅读平台重要的盈利模式，读者早已转身成为平台用户，迭代转型为移动阅读产品的使用者与消费者。在一定程度上虽深受内容与作者权威的影响，但更有自我选择权，移动阅读的长尾效应日趋显著。而社会化阅读作为促进知识传播的有效方式，是基于用户从消费者到使用者的角色转换，因此移动阅读平台更具有推动用户早日养成社会化阅读惯习的责任。[2]

（二）社会化阅读惯习的培育

场域，一个由各种客观权力位置关系所构成的网络结构，正日益塑造越来越多的移动阅读情景。移动阅读场域的构成，则主要囊括阅读行动者及阅读关系。在新的移动阅读场域中，以用户为核心驱动的社会化阅读成

---

① Kuzmičová A., Schilhab T., Burke M., "m-Reading: Fiction Reading from Mobile Phones", *Convergence*, 2018.

② 金鑫、朱亮亮：《移动阅读 APP 用户社交互动行为的驱动力研究——基于认知倾向的社会交换理论的启示》，《科技与出版》2017 年第 4 期。

为新模式。① 社会化阅读促使个体阅读行为的影响范围扩大、程度增强。影响范围扩展至社会中的他人，并以阅读个体作为传播节点，发散式的同时影响着其他阅读用户；并进一步击破线上线下，促使阅读场景社会化，形成向公共空间扩展的阅读场域。惯习，是深刻内在化的、导致行为产生的主导倾向，具有累积性和再生性。社会化阅读惯习是移动阅读用户正在形成的以社交、体验为核心的秉性倾向系统。用户阅读行为的转变体现了阅读惯习的迁移，场域进化则逐渐抬高用户阅读惯习的地位。

布尔迪厄的大众媒介研究强调大众媒体在社会场域中的重要影响力，如今阅读场域中的用户阅读惯习也被规约，用户需求也以兴趣为中轴，活跃地跳跃于内容和关系之间。目前有关移动阅读用户持续行为的研究 ②③④⑤亟须相关理论的佐证和辅助，因此本文将社会化阅读惯习作为重点考察的结果变量，将有助于更深刻地理解及展现用户持续阅读行为的研究价值。

三、移动阅读用户持续行为模型建构

（一）期望确认模型：研究的起始框架

R.L.Oliver 于 1980 年提出期望确认理论（Expectation Confirmation

① 张海艳：《惯习实践：社会化阅读用户驱动的新逻辑与进阶路径》，《编辑学刊》2019 年第 1 期。

② 杨根福：《移动阅读用户满意度与持续使用意愿影响因素研究——以内容聚合类 APP 为例》，《现代情报》2015 年第 3 期。

③ 赵文军、任剑：《移动阅读服务持续使用意向研究——基于认知维、社会维、情感维的影响分析》，《情报科学》2017 年第 8 期。

④ 易红、张冰梅、宋微：《市民移动阅读选择偏好性和持续使用性影响因素的实证研究》，《图书馆理论与实践》2015 年第 1 期。

⑤ 杨金龙、胡广伟：《移动阅读用户何以从采纳向持续转化？——非对称多重并发因果视角动因变化与策略》，《情报理论与实践》2020 年第 5 期。

⑥ 李武、赵星：《大学生社会化阅读 APP 持续使用意愿及发生机理研究》，《中国图书馆学报》2016 年第 1 期。

Theory，ECT），A.Bhattacherjee（2001）认为消费者决定重复购买或使用产品（服务）与用户决定持续使用信息系统有许多类似之处①，于是在此基础上构建了信息系统持续使用模型（Expectation Confirmation Model of IS Continuance，ECM）（见图 1）。相比其他技术采纳的理论框架，如技术接受模型②、理性行为理论③，该模型更适合研究用户采纳后的重复购买或持续行为。

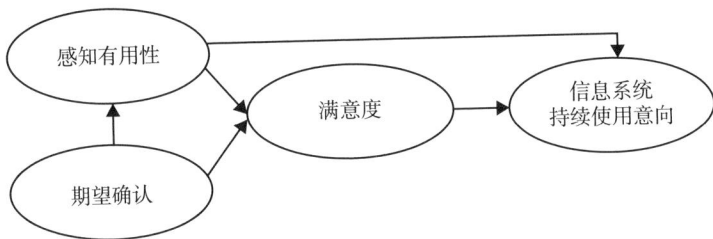

图 1　ECM

期望确认模型描述了单一变量间的影响路径，后续研究④⑤通过融入其他变量⑥、引入中介变量⑦，不断丰富该模型的链条关系，但相关理论阐

---

① Bhattacherjee S.，"Understanding Information Systems Continuance: An Expectation-confirmation Model"，*MIS Quarterly*，2001:351-370.

② F.D.Davis，"Perceived Usefulness，Perceived Ease of Use，and User Acceptance of Information Technology"，*MIS Quarterly*，1989，13（3）：319-340.

③ I. Ajzen，"The Theory of Planned Behavior"，*Organizational Behavior and Human Decision Processes*，1991，50（2）:179-211.

④ B.Kim，I.Han，"Role of Trust Belief and Its Antecedents in A Community-Driven Knowledge Environment"，*Journal of the A- merican Society for Information Science and Technology*，2009，60（5）:1012-1026.

⑤ 刘莉：《社交网站用户持续使用行为研究——基于信息获取和人际交互的视角》，《情报理论与实践》2012 年第 11 期。

⑥ 张铮、邓妍方：《知识付费行为支付意愿的影响因素》，《现代教育技术》2018 年第 11 期。

⑦ 刘振华：《B2C 环境下移动购物持续使用意愿的影响因素研究——基于期望确认模型》，《商业经济研究》2017 年第 17 期。

述单薄，变量维度的考量和流程化测量存在不足。测量满意度、感知有用性变量的陈述较为模糊[1]，如"它为我提供有帮助的指导"，同样期望确认变量也只能是用户持续意向形成的步骤。后续研究[2]虽有突破，将感知价值取代模型中期望确认变量，但感知价值与感知有用性是否存在交叉的问题随之出现，因此得出的数据在真正转化为产品改良的参考性建议中仍有突破空间。

本文以期望确认模型为依据，展开移动用户持续使用行为的相关研究，并积极考察移动阅读的独特情境，最终形成以感知价值为前因变量，以社会化阅读惯习为结果变量，构建了移动用户持续行为模型（见图2），并提出如下假设：

H1: 移动阅读用户的感知价值正向影响持续阅读行为。

H2: 移动阅读用户的持续阅读行为正向影响社会化阅读惯习。

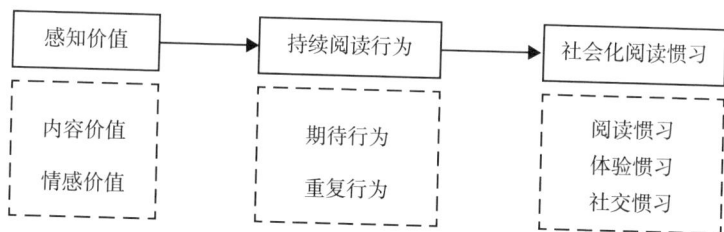

图2　移动阅读用户持续行为模型

（二）感知价值：模型的前因变量

价值，划算（value-for-money）的概念化，指在购买和使用产品的过程中，顾客对质量和价格的权衡或对比。V.A.Zeithaml（1988）发现消费者会对比付出的成本与获得的效用，对产品形成整体评价，感知价值

---

[1]　F.D.Davis, "Perceived Usefulness, Perceived Ease of Use, and User Acceptance of Information Technology", *MIS Quarterl*, 1989（3）。

[2]　董庆兴、周欣、毛凤华、张斌：《在线健康社区用户持续使用意愿研究——基于感知价值理论》，《现代情报》2019年第3期。

（Perceived Value，PV）概念由此而来。Sheth 等（1991）[1] 认为多角度阐释才能促进感知价值的建模[2]。在研究用户媒介技术的使用行为时，李武（2017）[3] 将感知价值分为社会价值、价格价值、内容价值、互动价值和界面设计价值。赵文军等（2017）[4] 将感知价值分为社会价值、信息价值和情感价值。本文借助前人研究，将移动阅读用户的感知价值划分为情感价值、内容价值、社会价值和功能价值。

内容是连接移动阅读用户与平台的主体，内容价值是指移动阅读用户对移动终端在内容提供方面的感知效用，由独特性（exclusive）价值和全面性（comprehensive）价值构成。[5] 独特性价值是指用户对移动阅读内容差异性的感知，全面性价值是指用户对移动阅读内容富足性的感知。情感价值在已有研究中常被提及，移动阅读用户的情感价值是指对移动阅读平台以及平台中的产品、内容、作者、其他用户间产生的感觉或情感状态，如在使用过程中产生的享受感、轻松感、愉悦感等正面积极感受，让用户产生想继续阅读的欲望。社会价值和功能价值主要参考了 Sweeney（2001）[6] 的观点，社会价值是指产品提高用户社会自我认知的效用，强调主体感知到的自我与社会的关系变化。[7] 功能价值是指用户对产品价格和产品表现的感知效用。知识付费推动移动阅读产品形态多元化，已有研究

---

[1]　Sheth Jagdish N., Bruce I. Newman, Barbara L. Gross, "Why We Buy What We Buy: A Theory of Consumption Values", *Journal of Business Research*, 1991（22）.

[2]　De Chernatony L., Harris F., Dall'Olmo Riley F., "Added Value: Its Nature, Roles and Sustainability", *European Journal of Marketing*, 2000（1/2）.

[3]　李武：《感知价值对电子书阅读客户端用户满意度和忠诚度的影响研究》，《中国图书馆学报》2017 年第 6 期。

[4]　赵文军、易明、王学东：《社交问答平台用户持续参与意愿的实证研究——感知价值的视角》，《情报科学》2017 年第 2 期。

[5]　王栋晗、张珊：《在线内容付费意愿影响因素研究：基于用户免费心理的调节作用》，《现代传播（中国传媒大学学报）》2019 年第 11 期。

[6]　Sweeney J. C., Soutar G. N., "Consumer Perceived Value: The Development of a Multiple Item Scale", *Journal of Retailing*, 2001（77）.

[7]　李武：《感知价值对电子书阅读客户端用户满意度和忠诚度的影响研究》，《中国图书馆学报》2017 年第 6 期。

发现，产品价格对知识付费意愿有显著影响。[①] 产品表现主要指除内容外为用户带来各种感官体验的功能，如移动终端平台的界面设计和产品包装等。

内容价值[②]、情感价值[③]、社会价值[④]、功能价值[⑤]对用户消费和使用意向影响显著，因此感知价值可将满意度具体化，从而指向持续行为。由此提出如下假设：

H3：移动阅读用户感知价值中的内容价值、情感价值、社会价值、功能价值分别对持续阅读行为中的期待行为、重复行为和推荐行为产生正向影响。

持续阅读行为主要包括期待行为、重复行为和推荐行为。[⑥] 期待行为，一种意向，是对内容、作者、阅读效果的期待；重复行为是多次阅读行为的概括；推荐行为，是意向和行为的交合，包括值得推荐和实际推荐。感知价值是用户持续阅读行为的起点，内容价值、功能价值会引起用户的情感变化，持续互动可以凸显社会价值，有效而持续的资源获取同样加深用户对产品的情感归属，最终产生各种持续阅读行为结果。而持续阅读行为会随着时间的推移，培养用户在无意识中形成全新阅读惯习。

（三）社会化阅读惯习：模型的结果变量

"流"媒体时代，社会化阅读惯习是指移动阅读用户正在形成的以社

---

① 张铮、邓妍方：《知识付费行为支付意愿的影响因素》，《现代教育技术》2018年第11期。

② 王栋晗、张珊：《在线内容付费意愿影响因素研究：基于用户免费心理的调节作用》，《现代传播（中国传媒大学学报）》2019年第11期。

③ 赵丙艳：《移动电子商务背景下消费者感知价值对行为意向的影响》，《当代经济管理》2020年第3期。

④ 张翔、张立畅：《网络造节背景下消费者感知价值与消费行为分析》，《商业经济研究》2020年第13期。

⑤ 李英、陈毅文：《消费者困惑、感知价值与购买意向关系实证研究》，《商业经济研究》2020年第13期。

⑥ 刘齐平、何国卿、王伟军：《基于质性分析的知识付费平台用户持续使用行为研究》，《情报科学》2019年第7期。

交、体验为核心的秉性倾向系统。除对阅读本身的追求，移动阅读用户越来越注重阅读中的多维互动与整体体验，因此对社会化阅读惯习的阐释需从阅读、体验和社交这三个维度考量。

惯习具有累积性，是过去经验的综合，新场域中的阅读惯习[①]是传统阅读的内在深化与演变。社会化阅读惯习的核心始终是阅读本身，持续阅读行为会促进用户对阅读惯习的修正和更新，影响后续的阅读行为。体验，是人们通过实践来认识周围的事物。[②] 狭义的阅读体验被指向读者在阅读过程中产生的心理上的主观感受；从广义看，阅读体验泛指读者的阅读体验预期，以及阅读中及阅读后产生的主观感受。[③] 社会化阅读惯习中的体验惯习可看作是移动阅读用户在持续阅读中，对内容、场景、服务等相对稳定的需求和偏好。社交惯习是用户侧重在阅读中通过交互增强主体意识的倾向。移动阅读用户之间的社交联结是社会化阅读惯习的新特征。社会化阅读惯习的养成需要在持续使用过程中将环境、媒介等对阅读行为的影响内化，用户才能产出一套预设立场。也就是说，用户持续阅读过程中，会在阅读、体验和社交各方面形成不同于传统阅读的喜好和兴趣，社会化阅读惯习会逐渐形成于移动阅读与日常生活的紧密关联之中。由此提出如下假设：

H4：移动阅读用户持续阅读行为中的期待行为、重复行为、推荐行为分别对社会化阅读惯习中阅读惯习、体验惯习、社交惯习产生正向影响。

与此同时，惯习还具有再制功能，兼有社会影响和个人主动的实践意义。总之，提升用户感知价值、打造用户社会化阅读惯习，是移动阅读市场实现可持续发展的必然要求。

---

① 王军：《论阅读习惯及其建构》，《中国出版》2017 年第 2 期。

② 中国社会科学院语言研究所词典编辑室编：《现代汉语词典》第 6 版，商务印书馆 2012 年版。

③ 李桂华、樊舒：《阅读体验的构成研究》，《图书馆论坛》2020 年第 1 期。

四、推动移动阅读用户持续行为的升级路径

（一）从情感到行为，提升用户的感知价值

李武（2017）发现，内容价值对用户满意度的提升有重要的正向影响。移动阅读内容不仅要在文字表达方面流畅优美，还要增强其独特性价值和全面性价值，因此平台要打造聚类分化内容，聚合多元主题，推出个体满意的个性化内容。还要打破时空，推出适合多元场景使用的移动阅读产品。扫描浏览阅读也已成为人们的重要习性，营造适合用户快速阅读的场景会增强其对平台的情感依赖，也更利于用户间沟通，从而从整体上提升用户的感知价值、促发其持续行为。场景是空间环境与行为心理情境的集合[1]，强调个体与环境的连接。平台要将用户封闭的阅读体验扩展至移动阅读场景中，通过互动的场景建构实现用户间连接，打造更有吸引力的移动阅读场域。

总之，要以内容价值为核心，牵引其他维度，整体促进用户感知价值的提升。建议平台在充分调查用户对移动阅读的内容价值与功能价值基础上，基于用户需求在平台功能与产品设计中打开阅读、互动入口，建立多维多元的移动阅读场域，不断提升用户的期待行为、养成用户的重复行为、促进用户的推荐行为。同时重视用户社会价值与情感价值对移动阅读产品的深刻影响，可通过线上线下联动来助推用户持续阅读行为的升级。

（二）从行为到习惯，培育用户社会化阅读惯习

永久在线、永久连接的生活状态[2]促进了用户对移动阅读感知意识和能力的提升。为实现与用户的紧密关联与长久黏性，升级用户持续阅读行

---

① 梁旭艳：《场景：一个传播学概念的界定——兼论与情境的比较》，《新闻界》2018年第9期。

② 周葆华：《永久在线、永久连接：移动互联网时代的生活方式及其影响因素》，《新闻大学》2020年第3期。

为，平台需打造精准的移动阅读场域并逐步培育用户社会化阅读惯习。增强用户间阅读社交和提升阅读体验是两大着力点。

　　用户间的互动是培育社交惯习的核心，且互动有强弱关系之分。强互动关系以情感关系为纽带，用户之间密切联结同质性信息；弱互动关系以个性偏好为基础，用户间通过异质性信息疏远式联结。[①] 因此平台需充分了解用户阅读需求及做好用户分层，如通过持续追踪用户阅读社交数据、全方位查验用户间互动效果等，均能有效助推用户社交惯习的养成。同时移动阅读内容的多样化、高品质和推送阅读产品的丰富化、高频次，是培育用户体验惯习的核心。这促使移动阅读平台在满足用户基本阅读需求外，更应观照用户期待、重复及推荐行为的动态变化，并从中捕捉到高度重叠且相对稳定的其他诉求。通过潜移默化地培育社会化阅读惯习以实现用户持续阅读行为的升级。

五、结语

　　知识付费背景下的移动阅读高速发展，不断更迭着用户的持续阅读行为；而后者又深刻影响并改变着移动阅读的发展方向。抱着对用户的尊重与产品的敬畏，深入剖析用户的感知价值，不断培育用户的阅读、体验与社交惯习，将成为移动阅读用户持续行为升级的有效路径。本文构建的移动阅读用户持续行为模型希望有助于移动阅读研究的深入，并为移动阅读平台和产业的可持续发展提供些许参考。后续将展开实证研究以验证模型和假设，未来可进一步展开该模型变量间各维度的关系研究、就移动阅读用户持续行为进行分层及分类探究等，不断推动并完善移动阅读用户行为的理论与实证研究。

---

　　① 蔡骐：《网络虚拟社区中的趣缘文化传播》，《新闻与传播研究》2014 年第 9 期。

参考文献：

1.［美］戴维·温伯格：《知识的边界》，胡泳、高美译，山西人民出版社 2017 年版。

2.彭兰：《网络传播概论》，中国人民大学出版社 2017 年版。

3.胡泳、崔晨枫、吴佳倢：《内容付费：一种崭新的内容经济学》，《新闻与写作》2019 年第 2 期。

4.张海艳：《惯习实践：社会化阅读用户驱动的新逻辑与进阶路径》，《编辑学刊》2019 年第 1 期。

5.王军：《论阅读习惯及其建构》，《中国出版》2017 年第 2 期。

6.李桂华、樊舒：《阅读体验的构成研究》，《图书馆论坛》2020 年第 1 期。

7.韩旭、张祺：《移动互联时代的移动阅读行为研究——以微信读书 APP 为例》，《出版广角》2019 年第 24 期。

8.赵文军、任剑：《移动阅读服务持续使用意向研究——基于认知维、社会维、情感维的影响分析》，《情报科学》2017 年第 8 期。

9.李武：《感知价值对电子书阅读客户端用户满意度和忠诚度的影响研究》，《中国图书馆学报》2017 年第 6 期。

10.杨根福：《移动阅读用户满意度与持续使用意愿影响因素研究——以内容聚合类 APP 为例》，《现代情报》2015 年第 3 期。

11.刘齐平、何国卿、王伟军：《基于质性分析的知识付费平台用户持续使用行为研究》，《情报科学》2019 年第 7 期。

12.Bhattacherjee S., "Understanding Information Systems Continuance: An Expectation-confirmation Model", *MIS Quarterly*, 2001:351-370.

13.Zeithamlv A., "Consumer Perceptions of Price, Quality, and Value: A Means-end Model and Synthesis of Evidence", *The Journal of Marketing*, 1988, 52（3）:2-22.

14.Sweeney J.C., Soutar G.N., "Consumer Perceived Value: The Development of a Multiple Item Scale", *Journal of Retailing*, 2001（77）:203–220.

15.Gustafsson A., Johnson M.D., Roos I., "The Effects of Customer Satisfaction, Relationship Commitment Dimensions, and Triggers on Customer Retention", *Journal of Marketing*, 2005, 69（4）:210-218.

16.Thong J.Y.L., Hong S.J., Tam K.Y., "The Effects of Post-Adoption Beliefs on the Expectation-confirmation Model for Information Technology Continuance", *International Journal of Human-Computer Studies*, 64 (9), 799–810.

（作者单位：辽宁大学新闻与传播学院）

出版智能化新生态下的编辑
思维转型分析

卢　颖

"纵观人类社会的发展，人类对工具的使用与创新让其从时空的束缚中解脱出来，也往往会催生出新的思维方式。"[①]在全球化视野下，一些具有标志性的新工具的出现，促使人们改变思维方式。编辑是人类文明发展进程中的重要角色。从农耕时代到传统手工业时代、现代工业时代，再到信息时代、智能时代，编辑的思维受到不同时代的社会文明的影响，出现不同的范式。

近年来，以人工智能、物联网、大数据、云计算、AR/VR、5G等为代表的智能化技术冲击着包括出版业在内的多个行业。在国家政策层面，

---

① 王志刚、李阳冉：《数字化思维：编辑出版教育的发展趋向》，《出版广角》2020年第2期。

党中央不断加强对国家智能化技术体系的部署。2017 年，国务院发布《新一代人工智能发展规划》，将此规划上升至国家战略高度。习近平总书记在党的十九大报告中指出，要"推动互联网、大数据、人工智能和实体经济深度融合"①。2019 年，中华人民共和国科学技术部等六部门发布《关于促进文化和科技深度融合的指导意见》，明确要求大力发展智能化技术。在出版领域，随着人工智能、大数据、机器翻译等技术与出版业务的融合，催生出版智能化新生态。

2020 年初，新冠肺炎疫情暴发后，出版业发展遭遇了重重阻力，面临新的挑战。传统的出版活动开展受阻，一些线下活动转移到线上。疫情加速出版融合发展步伐，带来一些新机遇。疫情期间，"云课堂""直播带货""远程办公""微端团购"等新业态，与编辑业务有了实质性的对接。由此，编辑既要做好传统核心业务，又要顺应出版新业态发展趋势。编辑需牢记使命担当，做好思维转型，充分适应出版智能化新生态格局。

一、出版智能化新生态的特征

"智能化是指事物在网络、大数据、物联网尤其是人工智能等技术的支持下，所具有的能动地满足人类各种需求的属性。"②在高新技术驱动出版业发展的当下，出版的业务流程、技术、产品形态等方面均发生了新变化。

（一）业务重构：人机分工协作尚处于起步的初级阶段

出版业历史悠久，经历过"铅与火""光与电"的时代，进入数字化、智能化的新时代。在智能化时代，国内外出版市场都发生了些许变化。出版流程出现智能化再造的情形，如出现智能选题策划、智能编辑、智能校

---

① 光明网：《推动实体经济与人工智能深度融合》，见 http://theory.gmw.cn/2018-08/13/content_30497769.htm。

② 唐学贵：《智能化，引领出版融合创新发展》，《出版广角》2019 年第 18 期。

对、智能装帧、智能印制、智能营销等。人与机器的分工协作，成为一种新业态。出版工作的分工中，人工编辑和智能编辑分别承担不同的工作任务。当前，出版业对于人机协同工作的探索，尚处于起步的初级阶段。虽然智能化技术融入出版领域，但出版的智能化生产尚未全面铺开，仍然留有较大的市场空白。在此情形下，人类与机器的协作程度还需进一步提升。

（二）多维交互：智能出版产品适合在融媒体场域传播

智能出版产品有明显的"社交适应性"，适合在融媒体场域传播。例如，北方妇女儿童出版社联合科技公司开发了教育型的人工智能机器人，"打造IP+社群+互动、纸质+数字+音频+机器人的创新教育理念，建立优质内容资源最大化、传播方式立体化的出版模式和多元化的盈利模式"①。此外，智能语音技术与有声读物结合，带来了全新交互方式。阿里巴巴、百度、腾讯等企业均有布局智能音箱业务。如阿里巴巴推出的"天猫精灵"智能音箱，除了提供天气、食物、购物等方面的问询功能，还为用户提供有声读物的问询功能。用户可通过声音场景入口获取相关书籍内容。在融媒体场域中，智能出版产品得到了较好的传播。

（三）技术迭代：出版智能化技术处于不断更新的状态

在出版史上，技术的进步影响出版业的发展进程。造纸术的发明使纸张逐渐普及。雕版印刷术、活字印刷术、汉字激光照排技术、数字印刷技术等的汇聚，展现了出版印刷变迁的技术图景。进入智能时代，技术的融合与更新成为常态。人工智能、大数据、AR等智能化技术，给传统的出版流程带来新的技术革命，使得出版物的供给变得愈加多样化。出版智能化技术处于不断更新的状态，且技术的融合处于一种流动的线性流动状态。多条"技术线"与出版业务对接后可实现叠加式的融合，如大型融合出版项目中常有多种技术作为支撑。还可以单条"技术线"融入出版业务

---

① 光明网：《北妇社进军人工智能融合出版》，见 http://epaper.gmw.cn/zhdsb/html/2017-08/30/nw.D110000zhdsb_20170830_6-08.htm。

中，如"人工智能＋图书""VR＋图书"等。新技术不断冲击出版业，相应要求编辑尽快转型思维。

（四）服务延伸：出版智能化的外延边界正不断被打破

在智能化技术不断涌现的形势下，出版业的外延边界逐步扩大、模糊，内容服务形态更加多元化。一些出版单位率先推出智能出版产品，提供优质内容服务。例如，《极简区块链》是全球第一本由人工智能机器完成翻译的图书，翻译效率较高，中英文同步出版；知识出版社创新推出了人工智能机器翻译系统，在专利文献领域能够实现英语、日语、德语等多语种与中文互译的智能化机器翻译服务；新冠肺炎疫情发生后，数传集团联合多家出版社为学生提供免费的线上教育服务。由数传集团推出的智能机器人"RAYS 小睿"，整合出版单位的数字阅读资源，为用户提供内容服务。未来出版智能化的外延边界还将不断被打破，得到前所未有的拓宽。

二、编辑应对出版智能化新生态的思维转型构建路径

思维是人类头脑中对客观事物本质的认知，以及得出相关规律性的概括。编辑的思维，贯穿于出版工作全流程之中。智能化技术给出版生态带来了深层次的变化。编辑作为出版业的核心人员，思维转型迫在眉睫。编辑的思维转型涵括多方面，以下着重分析四种思维转型路径。

（一）场景思维转型路径

作为新时代的编辑，应具备场景思维。"场景"一词，原指一种处于电影或戏剧中的场面。如今，场景成为移动互联网场域中的用户与媒介相连的接入口。在出版领域，场景遍布于信息流中，辅助出版产品的智能化呈现。"未来，场景也会成为智能分发的主要参考维度。"[1] 编辑对场景的

---

① 彭兰：《增强与克制：智媒时代的新生产力》，《湖南师范大学社会科学学报》2019年第 4 期。

认知应不断深化，能够娴熟地分类场景、建构场景，使自己的思维实现转型升级。

场景思维转型路径指的是，编辑在开展业务时，细分不同的日常生活场景，且根据用户需求发散思维，拓宽场景的空间维度。编辑可建构虚拟与现实交融的场景空间，引导用户使用智能化的出版产品。

编辑可结合智能化技术深度挖掘内容消费场景。例如，如图1所示，编辑将日常生活场景细分为"游戏""听广播""上辅导课""看视频"，与之相对应的常规延伸场景是"可视化游戏""云广播""线上课堂""视频直播"，这又对应了智能出版产品中的"出版+VR游戏""智能听书""智能教育机器人""智能主播"。VR技术具有沉浸式的场景体验感，结合出版内容，可生成虚拟空间里的新场景。从云广播到智能听书，产品除了提供海量内容资源，还提供多个交互式场景入口，如声音指令可作为场景入口。智能教育机器人、智能主播化为虚拟或实物形态推出，既是产品，也是内容场景入口。编辑的场景思维朝纵深方向发展，横向由浅至深完成思维的转型，促成产品的落地。纵向方面，编辑不断丰富对特定类别场景的认知，设计内容消费的场景，打造多样化的智能出版产品。

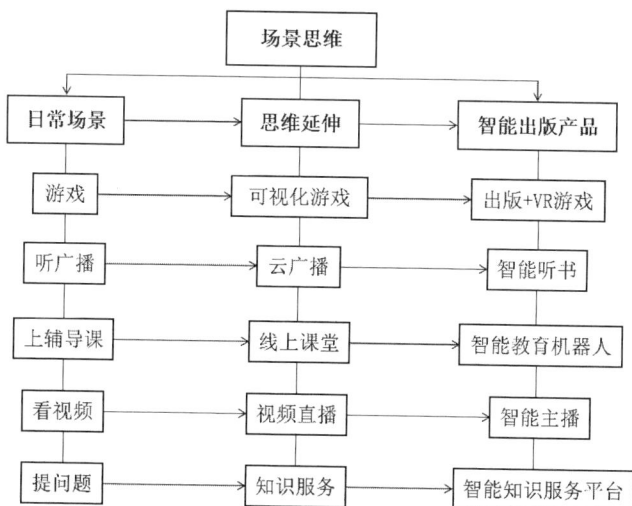

图1　编辑的场景思维转型路径

（二）社群思维转型路径

在移动互联网平台，社群的流动与交融处于一种闭环之中。不同的社群可独立存在，亦可实现互动连接，形成信息链条。在编辑与用户的互动和交流中，新的社群圈层扩大化，编辑的社群思维得以派上用场，辅助编辑开展内容营销。

社群思维转型路径指的是，编辑垂直定位不同的用户群，把用户的个性化需求做精细梳理，匹配用户信息需求，进而提供有针对性的内容服务。

编辑可将社群垂直分类为社交型、知识型、媒体型、兴趣型、工具型、电商型、阅读型、影视型等社群（见图 2）。需注意的是，除了编辑熟悉的这些社群，还可能出现"泛社群"，即新兴的暂时难以归类的社群。编辑需从大体上了解新社群成员的内容偏好、消费特征、媒介使用习惯等。分类好社群后，编辑可有针对性地开展有关活动。借助智能化工具、渠道，深入了解用户需求，生成用户大数据画像，为选题策划、内容营销、知识服务等业务找准有价值的数据信息。在网络环境中，社交互动成为社群成员的日常行为。编辑个体或群体可以成为网络社群的组织者，专

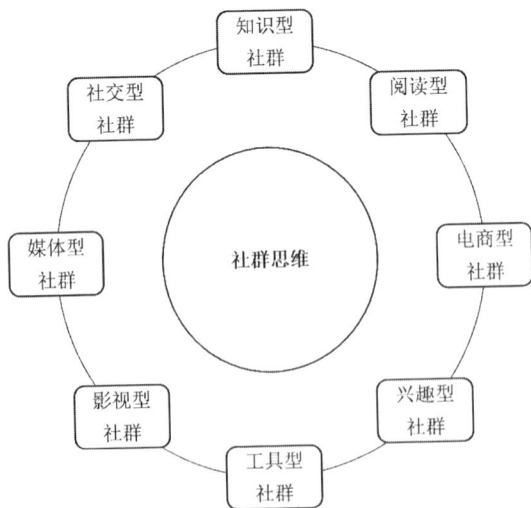

图 2 编辑的社群思维转型路径

业化为社群成员（用户）提供内容服务。编辑应做好与受众之间的社交互动，找准内容营销点，向受众智能推荐个性化的内容信息。编辑还可联动不同的社群，开展线上线下活动，提高出版品牌的影响力。

（三）技术思维转型路径

编辑从事出版工作，离不开运用技术。编辑的技术思维，应保持与时俱进的状态。智能化技术与编辑业务的融合程度，在不同的阶段是有区分的。因此，编辑的技术思维需分阶段提升。

技术思维转型路径指的是，编辑从对技术的认知转向对技术的运用，分阶段提升技术思维（见图3）。编辑的技术思维可分为三个阶段，即人机结合、人机协作、人机一体化。编辑深化技术思维后，便于实现业务创新。

在"人机结合"阶段，智能化技术主要起到辅助作用，如接入出版流程中，升级为智能策划、智能编辑、智能校对、智能排版等。编辑运用智能媒介，连接传统业务和新兴业务，推进出版业务转型升级。由于智能化技术打破了时间的限制、空间的固定，编辑可凭借智能工具的重构时空的

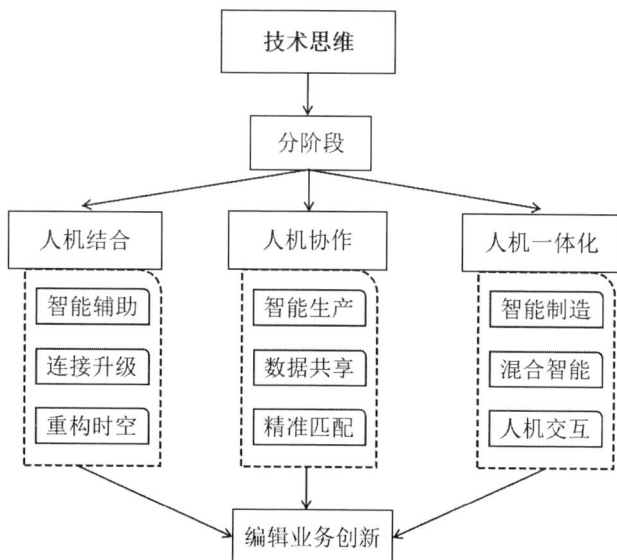

图3 编辑的技术思维转型路径

功能，开展业务活动。如编辑在视频直播平台推荐图书，不受时空的约束，可随时随地与用户隔屏互动。此阶段编辑的技术思维表现为一种"工具思维"。在"人机协作"阶段，人与机器有了具体的分工合作。从内容策划到产品投放市场的所有环节，编辑与机器人都有各自的分工协作。二者处于一种协同办公的状态，共同完成智能化内容生产。编辑负责对智能出版的内容生产、信息过滤、用户反馈等建立模型，由机器人负责分析数据，二者分工协作。机器人得出的数据保留在技术平台，用于数据共享。编辑设置好信息精准匹配的规则，由机器人辅助编辑完成信息的智能投放。在"人机一体化"阶段，编辑的技术调控能力得到明显提升，机器的自主学习思维得到深度发展，编辑和机器人共同组建智能编辑系统。出版的智能生产环节升级为智能制造环节。在机器无法取代人类的情况下，混合智能的出现，成为一种应用模式。国务院《新一代人工智能发展规划》中提到的人工智能的五大发展方向中就有人机混合增强智能。编辑保持技术思维的先进性，与机器人交互学习，取长补短，提升工作效率。

（四）产品思维转型路径

出版物产品体现出版社的竞争力。产品涵盖图书、有声读物、电子出版物、数据库等，还可延伸到周边产品。编辑要有产品思维，转型为产品经理，应对出版智能化新生态的发展。1927 年，美国保洁公司最早提出"产品经理"的概念，并形成专业化的产品经理管理制度。"产品经理"这一个概念，近些年频频被引入出版领域。编辑不妨转型为产品经理，提升思维。

编辑产品思维转型路径指的是，编辑通过提升产品思维，对出版内容进行智能化再造，推出多样化的智能出版产品，并将产品投放到目标市场。

编辑融入产品思维，转型为图书产品经理，以产品管理的思路重塑出版流程，可考虑融入协同生产、智能定制、感官体验、周边衍生、口碑传播、"一站式"服务等理念（见图 4）。编辑在策划开发出版物产品时，适当向机器"借智"，把智能化的技术引入产品开发中来，使产品具有智能

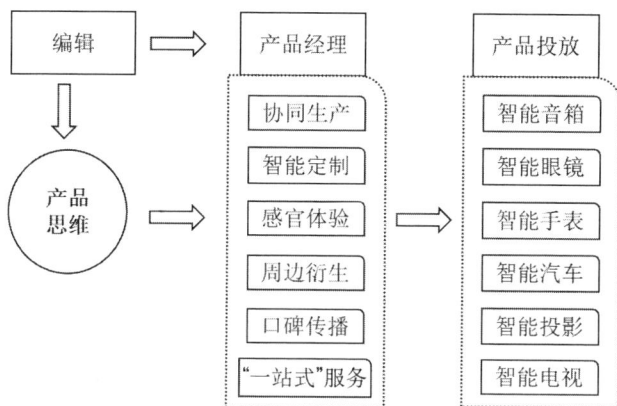

图 4 编辑的产品思维转型路径

化特点；针对用户的个性化定制需求，编辑可推出智能定制服务。传统的定制出版业务，需编辑耗费较多的时间和精力去完成。而智能化的定制出版业务，编辑可在短时间内高效率完成。用户能够参与到智能定制的整个流程中来，助力产品的生产；编辑在产品设计的环节，重视结合全息投影、人工智能等技术，在产品中加大交互设计，为用户带来丰富的感官互动体验；编辑在策划智能出版产品之初，可考虑开发周边衍生产品，拓展产品形态。未来，新型智能终端设备如智能音箱、智能眼镜、智能手表、智能汽车、智能投影、智能电视等，皆可成为出版产品的投放渠道。这类渠道大都有移动传播的特点，具有广阔的市场空间。

三、出版智能化趋势下编辑思维转型的发展策略

（一）以把关人的角色拥抱出版智能化新生态

在出版智能化趋势下，从事出版工作的编辑应该当好把关人角色，转换编辑思维。尽管智能化技术逐渐应用到出版业务中来，但是它有难以规避的审核盲区。智能化时代，编辑的把关人角色仍然凸显重要性。新业态的出现，对编辑的思维转型提出更高的要求。编辑应重塑专业性，调整应

对方式，快速准确地判断信息价值，做出适当的把关预判，避免陷入"信息茧房"的束缚中。在提供内容服务的过程中，引领正确的出版导向，弘扬社会主义核心价值观，传播先进文化，肩负起责任和使命，积极拥抱出版智能化新生态。编辑应以新的发展理念审视把关人角色，不断培养自身的前瞻性思维。

（二）借助智能渠道带动出版产品的社群经济

社群经济在智能时代有强劲的爆发力。编辑应强化经济思维，探索社群营销模式，探索出版智能化商业生态体系的建设。如围绕智能音箱、智能手表、智能电视等智能渠道，增多出版产品的社群营销方式。针对不同智能渠道的社群，重构包括付费阅读、知识服务、版权增值、衍生品开发、广告宣传等在内的多种盈利模式。社群化运营产品，多渠道提升产品的经济价值。在"流量可变现"的形势下，编辑还应注重培养用户黏度，扩大智能渠道的社群用户规模。重塑编辑与社群用户之间的关系，形成互动圈。出版智能化趋势下，编辑要及早转换新思维，借助智能渠道带动出版产品的社群经济。

（三）做好培育智能技术复合出版人才的工作

人才培育始终是出版业发展的重要议题。"适用于智能技术开发与应用的人才是出版生态升级的基础条件，出版业智能化发展需要人才支撑。"[①] 出版业有必要做好培育智能技术复合出版人才的工作，完成人才培养顶层设计，完善相关机制，确保人才培养工作不断层。出版单位应及时做好智能化技术布局，探索全方位的人才培育模式。如重视培育编辑技术思维，加大有关技能培训力度。并且，运用新兴智能化技术，自主研发或采购智能软件应用，引导编辑学习和掌握智能软件，为人机协作提供良好的环境氛围。另外，编辑个体应切入智能化视角，提升自身的技术素养与媒介素养等，具备跨学科的视野，了解出版业智能化发展走向，丰富自身

---

① 刘睿君、吴锋：《5G 背景下出版智能化的供应链赋能路径研究》，《出版广角》2020 年第 11 期。

的储备知识。编辑应既懂智能化技术，又能应对融合出版，努力成长为新时代的高素质复合型出版人才。

（四）全面培养编辑在智能时代的立体化思维

在智能时代，移动端口之间可实现智能化的连接。智慧式互联互通、开放共享，成为新常态。这对编辑的思维能力提出了更高的要求。编辑应全面拓展思维，集合场景思维、社群思维、技术思维、产品思维、用户思维、感官思维、聚合思维、跨界思维等，培养自身的立体化思维。简单归纳起来，立体化思维可以是"智能 +N"的形式，以服务出版智能化为中心，多重思维环绕中心周围，形成辐射状思维架构模式。编辑身处出版业发生巨大变革的新时代，应具备立体化思维，积极应对出版业转型升级的变化，在出版智能化浪潮中找准定位，抓住发展机遇，实现自身的价值。

四、结语

回望新中国的出版历程，出版技术、出版产品形态、出版传播渠道发生了诸多变化，出版的生态疆界不断被打破。编辑要深刻认识出版新生态的内涵，加快思维转型速度，精进职业能力。今后，编辑应适时创新思维方式，以先进的技术和手段提升文化服务水平，争取在出版智能化新生态格局下有所作为。

（作者单位：广西科学技术出版社）

从出版史看编辑的跨界探索

伍恒山

跨界，是一个现代词语。它的意思是指从某一属性的事物，进入另一属性的运作。这是互联网上对跨界的解释，其所指主体不变，只是事物属性归类起了变化。进入互联网经济时代，跨界更加明显、广泛。特别在跨界营销方面，各个独立的行业主体，不断融合、渗透，也创造出很多新形式，发展强劲的经济元素。在当今的编辑出版事业中，跨界的运作也在逐步探索，持续地发展，比如民营经济与国有出版社的联营，在选题策划、稿件组织、营销方面都取得了不俗成绩，这是独立的行业主体之间的跨界合作，体现了中国互联网时代，或者中国特色的现代社会出版行业发展的趋势，是一个有益的或者说是大有潜力的经验。

但由于在中国，出版的国有是主流态势，就现在而论编辑在出版上的跨界探索，似乎是一个新命题，但其实，假如放在整个中国编辑出版事业的长河中，来探讨编辑跨界这一命题，我们便会看到，这只是一个伪命题，因为在中国出版史中，成功的编辑者基本上都遵循"专家＋编辑"和"编辑＋"这样的模式跨界运作，少有专门以"编辑"这一主体身份做职业的规划。所以，我们今天来讨论这个"编辑的跨界探索"，既是当今形势下探讨编辑出版多种出路、多种可能性的要求，也是尊重历史、对编辑出版合理形态的一种自然回归。

2014年由刘剑涛编、河南大学出版社出版《编辑出版史研究》一书，它是选取《河南大学学报》"编辑学研究"栏目从1985—2013年所发表的关于编辑史方面的研究论文，内容主要包括：编辑工作的起源及发展，著名典籍体例的演变，编辑家的业绩，编辑思想、活动、成就等。其中"第一编 编辑家与编辑出版史"就是选取中国编辑出版史上几个最为成功的事例如孔子、刘知几、朱熹、冯梦龙、严可均、广学会、毛泽东、茅盾等来展现中国编辑出版事业的辉煌成绩的。这些事例既是成功的中国编辑出版形态的体现，也是真正的"编辑跨界"的典型范例。今天，我们结合其中几个例子，并综合出版史上其他一些典型范例来归纳、总结中国编辑的跨界探索的几种形态及其特点，并探索当今体制下编辑如何应对互联网社会出现的新形势，进行跨界探索，以适应出版业科学合理的发展。

《编辑出版史研究》（以下简称"该书"）中列举的第一个例子，就是"我国编辑事业的开山祖师"——孔子，并"兼论我国编辑工作的起源"。论文作者李光宇认为"我国编辑工作始于孔子"，孔子在编辑出版事业中，成功地编辑整理了中国古代文献——"六经"，即六种儒家经书《诗经》《书经》《礼经》《乐经》《易经》《春秋经》的合称。这是孔子留给中华民族的一笔最可宝贵的精神财富，是中华民族的文化之源。它对中国、对人类的贡献巨大，是毋庸置疑的。为什么孔子能取得如此巨大的成就？李光宇是从孔子的主客观两方面来着手分析的。他认为，一方面孔子对古文献的研究和整理有自己的内在动力——兴趣与决心；另一方面，也具备了编辑的力量和条件。孔子少年时好学不倦，读了不少书。壮年时问官于郯子，问礼于老子，学乐于苌弘，学琴于师襄（《孔子家语》）；"晚而喜《易》，序象、系、象、说卦、文言。读《易》，韦编三绝。"（《史记·孔子世家》）"他不仅致力于礼乐典章的研究，而且对'天时'、'水土'也有极深厚的兴趣，这使他终于成为'博于诗书，察于礼乐，详于万物'（《墨子·公输》）的大学问家。"正是这样博学多艺为孔子整理编辑"六经"打下了厚实的基础。孔子是政治活动家，但一生仕途不顺。政治上的不得志，促使他专心从事教育与编书。他希望通过教育，让弟子去实现其政治主张，也希望通过编书，向当权者宣传他的儒家思想。他认为他编的书能产生政治影响，就等于自己去参政了，所以把办教育和整理编辑古文献都当作政治工作来看待。正是这种施教与编书的动机，促使他决心要在这两方面作出成绩。到晚年，孔子具备了编辑整理古文献的有利条件，一是他曾经广泛搜集，"使子夏等十四人去求《周史记》，得到一百二十国的'宝书'"（《公羊传疏》），具备了资料的优势；同时有一批贤能弟子当助手，并能够相互切磋，以求至当，所谓"文辞有可与人共者，弗独有也"（《史记·孔子世家》），"择其善者而从之"（《论语·述而》），其态度的认真、科学，使得"六经"的编定成就很高，具有经典的意义。孔子在编辑整理古文献时，提出了首创的"述而不作"的编辑理论和原则，范文澜说："六经从形式上说是叙述旧文，从整理的准绳和经义的阐明说是创作新意，述与作是不可分的一件事。"认为孔子也是以述为作，这对我们今天的出版仍有相当的启示作用。

该书举的第二个例子是唐代"刘知几的编辑观"，刘知几是著名的史学家，他提出优秀的史学家必具的"才、学、识"三个条件，至今仍是史学界奉行的金箴。第三个例子是朱熹，朱熹是大学问家，也是儒家道统的承继者和儒学的集大成者。他不仅有等身的著作，同时对编辑出版的贡献也是巨大，而且意义深远。王振铎在《朱熹：因中原文献之传而编辑宋儒理学之大成——兼论朱熹与吕祖谦的编辑架构思想》一文中指出这具体反映在他与吕祖谦两人合编的《近思录》一书："作为两宋儒学集大成者，朱熹第一次把先秦儒学的'六经'结构和汉魏隋唐以降儒学以注、疏、史、传、解经，以诗歌文章传道，兼蓄佛、老、谶、纬、玄、杂的学术结构，进行了除旧布新的大改革，建立了宋代儒学从近思现实之'理学'高度而抵达儒学复兴的天人之道。这样一个进阶升级的系统结构，是思想博大、学术精深、诚心实践、躬身力行的新儒理学体系。其文献则集约两宋诸家学派之传，汇流瀚海。……朱、吕联手，从儒圣经典渊源中精选出《论语》《孟子》《中庸》《大学》'四书'作为'纲'，又从宋儒近贤名著中精择出周敦颐、程颐、程颢、张载'四子'的哲理隽语，花三年工夫精编修订《近思录》以为路径，并刊印出版。或可帮助近儒入'四子'之门，进'四书'之阶，打好'小学'文字章句基础，自可尊'大学'之道，登'六经'之堂，入圣贤之室。这样以国家时代需要和个人修心养志双管齐下的教育方法来打造儒师、儒官、儒将、儒商等忠孝仁义礼智诚信'八德'俱全的博雅多能之士，当是朱、吕合编的《近思录》对后世影响深远的最大奥秘。"以学问家的高度、厚度和宽度而从事编辑出版工作，这是孔子之武城对宓子贱"杀鸡焉用牛刀"又一种形式的应用。

第四个例子是冯梦龙，冯梦龙是明代杰出的文学家、戏曲家，也是思想解放、才学过人、文笔雄健的编辑家，他"编辑了话本集'三言'、时调集《挂枝儿》、《山歌》"等多种作品，"而对笔记《古今谈概》的编辑成就"亦如论文作者徐振辉所言，它"辑录材料赅博，分门别类精当，尤其是大量的按语和编后评论，都显示出冯梦龙卓越的才情胆识"，这部"笔记小说总集，编者广搜了一百多种小说、杂记、史料及当代传闻，共有2300余条，分为36部，每部都有前言，不少条目后有按语作材料补充或评论，共计530多条。这些编纂和议论，对我们书报编辑工作者来说，是一份很有借鉴意义的文化遗产"。

第五个例子是清代中期文献学家、藏书家"严可均编辑思想与成就"，他"以个人之力独自搜集、整理、编纂的大型通代文学作品总集《全上古三代秦汉三国六朝文》，是一部时间跨度最大的全集。编者在纂辑这部巨帙的过程中，以超凡的精力和编辑卓识，把我国唐代以前至远古时期的单篇散文作品按朝代顺序和时间先后，作了一次大规模的编辑和重构，使零章散篇，并有所归。编辑巨帙宏大伟观，文学家的风采再现光芒。后人以'学海之大观，为艺林之宝籍'，来赞誉严可均的编辑之功"。论文作者阎现章、杨规划总结了严可均的编辑思想，归纳为以下两点：第一，强烈的文化建构编辑意识；第二，鲜明的编、辑与校勘相结合的综合性编辑思想。第一点，编者对上古至六朝"进行综合性的归纳和提炼，创作出新的文章和著作，而且还促进了由文章到汇编的图书编辑载体、再由编辑载体到新文章的创作这一文化链条的延伸，从而在这种循环往复的基础上，使文化建构由低级向高级发展"；第二点，编者"对于所编辑文章的各方面如版本、卷数、篇名、作者、作品的年代、文中的错讹和真伪都进行细心的勘校，其'覆检群书，一字一句，稍有异同，无不校订'"。由于编者擅长辑佚、精于考据，"坚持编辑与勘校相结合的原则，因此使《全文》在质量上得到可靠性和准确性的保证。由此也可以看出，编辑活动决不是像他人所理解的那样，仅是一种简单的集合和排列，而是一种富有创造性的学术活动"。

这样的例子很多，该书还举了"广学会传教士的报刊编辑观""毛泽东的报刊编辑思想初探""茅盾的编辑思想和实践"以及近现代诸多如鲁迅、郭沫若、巴金等"文学大师的编辑情怀"，他们在编辑事业上，不仅"甘做人梯，愿'为他人做嫁衣'"，体现了"文学大师们最高尚的编辑人格"，同时在编辑出版的过程中，组织并面世了一批高质量的出版物，为近现代的出版事业和培养进步的作者作出了较大的贡献。

除该书所条举之外，我们还可以补充出版史上很多著名例子，如汉朝刘向、刘歆父子，他们以学问家、辞赋家的身份编校秘阁藏书，整理编成了著名典籍《楚辞》《战国策》《管子》《晏子》《荀卿子》《韩非子》等，同时将编辑方法、原则以及图书内容撰写成"叙录"，介绍校雠经过，概括内容价值，以及作者生平行事，"每一书已，向辄条其篇目，撮其指意，录而奏之"，并整理抄集成系统的《别录》和《七略》，这更是对中国图书著录的目录学上的巨大贡献。还有清代阮元编辑整理《十三经注疏》《经籍纂诂》《皇清经解》等，也都是以政治家、学问家、著作家的身份而兼着编辑的工作，成就巨大。

进入近现代，有成就的编辑家很多，如创办医学书局的丁福保，创办并主持商务印书馆的张元济、高梦旦、王云五等。尤其值得一提的是丁福保，作为近代藏书家、书目专家、医学家，他对近代出版的贡献，我们从他编辑出版的一系列图书可以看到：

（1）主持并主译编印"丁氏医学丛书"，计98种。马伯英说，它不仅"全面反映了日式西医知识和医学体系，影响了整整一代人，还在于他开国人翻译西医文献的先河，打破了西医文献的汉译由外人独擅的局面"。

（2）编印《汉魏六朝名家集初刻》《全汉三国晋南北朝诗》《历代诗话续编》《清诗话》《文选类话》等。编辑时，"误者正之，伪者删之，阙者补之"。

（3）编写《佛学指南》《佛学初阶》等读物；笺注《金刚经》《六祖坛经》《道德经》等十余种佛道典籍；编印《佛学大辞典》《一切经音义汇编》《道藏精华录》等。

（4）历时30年，汇集182种、1036卷注释和研究《说文解字》的著作，以许慎原书次序为纲，编辑出版《说文解字诂林》（及《补遗》），具有查阅一字而各家论说齐备的功用。

（5）编印《古钱大辞典》《古泉学纲要》。

（6）遗稿《四部总录》"医药编""天文编""算学编""艺术编"四种由其弟子整理刊行。

丁福保是中国出版史上的一个奇迹。他有一个很大特点，虽然首先并不是以职业编辑的身份从事出版工作，但一旦进入编辑本位，他就迅速转换身份，以编辑为中心，对编辑内涵专业属性作深广的探索，其触角遍及文学、宗教学、医学、金融学、教育等方面，且其所编印卷帙浩大，"博纵群书，规模宏远"，几乎以一人之力而承担他的整个出版事业，大部分情况下，他既是编辑，又是著作者，二者密不可分。

总之，成功的出版史上的编辑者，都有一个共通点，那就是编辑者本身既是编辑家，又是专家学者式人物，而专业学问的成绩大都卓越，所以"才、学、识"的具备为成功的出版打下了坚实的基础。从以上大量事例，我们大致可以综合归纳出前人的编辑模式，一是以某一专门家的身份而兼做编辑的工作，这种模式，我们称作"专家＋编辑"模式，是比较常见的；另一种是侧重编辑的身份，如近代丁福保、张元济、王云五等，他们以编辑本位做着外延的无限探索，我们称之为"编辑＋"模式。这两种模式，是使中国的出版事业取得巨大成功、焕发异彩的重要架构。

借鉴以往成功的经验，我们再看当前中国图书的编辑出版情况，就可以发现，在这个时代，能够兼具编辑家身份而具学问家、著作家（专业）能力的在出版界是十分罕见的，能够贯彻自己的编辑思想于出版工作且成绩卓越的编辑家也几乎是凤毛麟角。为什么会出现这样的局面？也许我们这个时代对编辑的理解过于片面，又由于国有图书出版的性质，造成不越雷池、故步自封的结果。"编辑"本应是一个较大的概念，指对资料或现成的作品进行整理、加工，其中还包括创作，既是工作的类别，也是职业的身份，但在当今的编辑出版实践中，词性内涵逐渐萎缩，变成专指从事编辑工作（在出版部门专门处理稿件）的一类人，同时作为新闻出版专业技术职务的一个等级。这样，对编辑的要求自然也变得很低，虽然专业的出版社有相应专业知识的要求，但大部分编辑是只要具备一定的语文处理能力，就可以担任，至于学术、著作方面的能力和眼光是不予置虑的，因此，要求这样的编辑群体而能有伟大的编辑眼光、编辑成果，能够传之将来而垂之久远，也肯定是不现实的。所以，为了呼唤当今伟大的编辑家能够有所培养，横空出世，本文在此根据中国出版史成功的编辑经验，从"编辑的跨界探索"入手，探讨几种编辑模式，提出三点办法，借以与编辑同行切磋、共勉：

第一，亟须恢复编辑的主体内涵，破除"在出版部门专门处理稿件"这一角色局限，提高编辑主体意识，回归到编辑、整理，在"述"之外，有主动创作能力的编辑身份。在此基础上，发现并培养能够参与、担当图书策划、著作、编辑、出版、营销的真正编辑家，兼"专家＋编辑""编辑＋"角色，如近现代丁氏医学书局丁福保、商务印书馆张元济、中华书局陆费逵等的成功模式。

第二，强调"专家＋编辑"模式，发现、鼓励并培养编辑的专业意识和能力，以真正专家身份的高度从事选题的策划、著作和编辑工作，使图书出版保证高质量运行，使"编辑"内涵得到高度落实。

第三，实行编辑间"跨界"探索，充分实行"编辑＋"模式。如编辑具有某一种专业能力，而兼有另外一项或多项专业能力者，在本专业图书出版社无法全部发挥其才能，可以考虑在社际间设立一种相应的协调机制（平台），协调某些选题的策划、编印，允许该编辑参与并保证获得相应权益，使其多方面才能得到充分发挥。"跨界"不是一句空话，它是必须有制度方面的保证的，在一个局部的出版范围内，至少各集团内部，一个相对稳定的生态环境，各出版社编辑之间的协调合作，融合发展，具有相当的可行性和操作性。特别是在互联网时代，这种"编辑＋"模式在社际间的合作、运行具有便捷的条件和广阔的前景。

（作者单位：江苏凤凰文艺出版社）

谈格律诗词编辑中的
审美与润色

吴化强

格律诗词是中华民族特有的文学体裁。自古以来，杰出诗人犹如星光灿烂，优秀诗篇更是层出不穷。他们在历史上得以流传至今，主要依靠纸质媒体传播形式，当然也是历代编辑出版者辛勤工作的结果。历史跨入新时代，我国优秀传统文化空前繁荣。一方面，诗词作品大量涌现，催生了诗词出版物的丰富多彩；另一方面，从诗词出版物高质量发展、专业性要求的主旨来看，诗词编辑过程中的审美与润色，不但成为新的课题而且显得越发重要。作为现代诗词编辑，既要懂得诗词作品的审美功能，又可为之润色加工，进而提高作品质量，强化出版精品，应该才是诗词作者称心如意的理想编辑，也才能将优秀的诗词图书呈现于世。网络诗词编辑亦然。这对于整个出版业的稳健发展，尤其是诗词出版传播的专业化发展具有现实意义。本文力图从诗词编辑中的审美与润色两个方面展开论述，结合日常工作实践，将诗词编辑的审美体会和加工方法呈现出来。

一、诗词编辑中的审美活动

人类社会不断向前发展，人们在实现理想的过程中，审美思想不断丰富。审美思想本身存在哲学意义，作为诗词审美经验的结晶与升华，其与一般的通俗社会观念具有明显差异。因此，审美思想是人们理智与情感、主观与客观、认知与评判的社会高级活动。无论编辑的审美标准如何，应可针对不同审美对象，指出作品缺陷，欣赏作品美质。编辑的审美活动必须遵循客观规律，理性审慎对待，不能以偏概全，而要抓住重心，观其主流思想。对于诗词出版物尤应如此，通过编辑审美斟酌，美篇方如珠玉落盘。

（一）壮美之诗

"壮美"大体有两层含义。一是雄壮美好。《诗·大雅·文王》："殷士肤敏。"郑玄笺曰："殷之臣壮美而敏。"这大概就是"壮美"词语的原始来源。二是美学名词，常与优美相对。凡事物能使人生发崇高、严肃、雄壮之感者谓之"壮美"。环顾世界，壮美事物无处不在，引得古今中外的历代诗人们吟啸不已。因此，壮美是一种常见的美学形态，是中国古典诗学的重要组成部分。祖国壮丽山河因为大量经典诗词的歌咏而显得更加壮美。江山壮美，歌咏壮怀，现从本人编辑出版的审读工作中撷取三例。

1.写景壮观

七绝《黄果树瀑布》："穿山越岭不辞远，万面鼓声清送寒。天造奇观非俗有，层崖百丈落飞帘。"此作气韵飞动，造语清雄。书写天下奇观黄果树瀑布不同凡响的美景，读之仿佛身临其境，给人以慷慨激昂、磊落畅快之感。刘勰《文心雕龙》在评论我国建安时期文学的篇章里，就有"慷慨以任气，磊落以使才"之说。此诗下笔振起，流水穿山越岭，奔腾而来。紧承着，山谷巨大洪流带来的如雷之声，仿佛万面锣鼓轰然作响，并且将深山幽壑中清寒之气裹挟而出。笔法冷峻，气魄宏伟。诗中有画，画中有音，"万面鼓声"，诚壮怀激荡也！第三句一转，此乃"天造奇观"，自然引出了结句的百丈飞帘从天而降。这种壮美景观，不禁让人想起李太白"飞流直下三千尺，疑是银河落九天"的阔大气象。

2. 述志壮怀

五绝《杂咏八首·咏鹰》："纵观千里外，展翅越山巅。为有凌云志，高飞向九天。"作品借助咏鹰来壮怀言志，表达了作者的远大志向，如同雄鹰翱翔九天。杜工部《画鹰》尾联："何当击凡鸟，毛血洒平芜。"是说何时让卓然傲立的苍鹰展翅搏击，将那些"凡鸟"的毛血洒落在原野上。同样是托鹰言志，如果说老杜诗句充满了战斗精神，塑造偏于血性，而这里的"为有凌云志，高飞向九天"就显得文雅许多，而且气象辽阔，造境高旷。抒发自己的凌云志向，也契合了每个时代无数年轻学子们的雄心壮志。古人述志壮怀之作异彩纷呈，如贾岛"十年磨一剑，霜刃未曾试。今日把示君，谁有不平事"；岳飞"三十功名尘与土，八千里路云和月"；林则徐"苟利国家生死以，岂因祸福避趋之"；等等，都是经典名句。

3. 咏史壮情

七绝《读史四首·王昭君》："红颜出塞平战乱，佳丽和亲安汉天。青冢无言多谒者，长留绝唱在人间。"情壮胡塞，清峻入骨。其"佳丽和亲安汉天""长留绝唱在人间"颇堪咏唱。咏史品类，诸如述古、怀古、览古、咏史、读史等，都是以历史作为诗人感情的载体，歌咏历史人物，揭示历史事件，凭吊国家兴亡，以史寄情，以情壮怀。作为古代四大美人之一的王昭君，是历代文人咏叹的热门。其中堪称"前无古人，后无来者"的名作当属杜工部的《咏怀古迹》，咏之情感悲壮，骨力雄健，让人唏嘘不已。《唐宋诗醇》评工部此作："咏明妃者，此首第一。"清代诗评家沈德潜在《唐诗别裁》中亦云："咏昭君诗此为绝唱，余皆平平。"这首七绝自然不可与之颉颃，但与唐代汪遵的《咏昭君》："汉家天子镇寰瀛，塞北羌胡未罢兵。猛将谋臣徒自贵，蛾眉一笑塞尘清。"颇能遥相呼应，咏史壮情，而使编辑诸君情动也。

（二）优美之词

在宋代，优美词作不胜枚举。我们先看葛立方的《卜算子·席间再作》："袅袅水芝红，脉脉蒹葭浦。淅淅西风淡淡烟，几点疏疏雨。　　草草展杯觞，对此盈盈女。叶叶红衣当酒船，细细流霞举。"这首词融情于景，雅意缠绵，笔墨抽动而又空灵，深情描绘出"袅袅水芝"（荷花）的摇曳多姿，并与好友雅聚的良辰美景。再看现代词作《卜算子·晨登香山》："轻雾绕青山，雾洗山花美。松柏飘香阵阵浓，尽享其中味。　　天晓一轮红，霞映明湖水。待到峰巅远眺时，未饮心同醉。"作品以晨登香山为主线，通过滋长生花妙笔的环境描写，刻画出香山的迷人景色。仔细品味，与上述宋词同样节奏明快而意象广阔。纵情展现了京华名山的优美画卷。"待到峰巅远眺时，未饮心同醉。"酒欲饮而未饮，心已醉而同醉。毛泽东词曰："待到山花烂漫时，她在丛中笑。"营造这种与山同醉、与花同笑的艺术氛围，给人带来了别样的审美享受。

（三）凄美之怨

《诗经·邶风》："死生契阔，与子成说。执子之手，与子偕老。于嗟阔兮，不我活兮。于嗟洵兮，不我信兮。"表达了长年征战边疆之人思念家乡和亲人的凄美心境。凄美也是人间之美，往往最能体现人世的悲欢离合。苏轼《江城子》："十年生死两茫茫，不思量，自难忘。千里孤坟，无处话凄凉。纵使相逢应不识，尘满面，鬓如霜。　　夜来幽梦忽还乡，小轩窗，正梳妆。相顾无言，惟有泪千行。料得年年肠断处，明月夜，短松冈。"平白如话，情感真挚，抒发作者对亡妻的一往情深。十年过去，阴阳相隔，苏轼依然深情思念昔日相濡以沫的幸福生活。当代《清商怨·汶川地震》："悠悠羌笛关山月，四海同悲切。山野茫茫，飞鸿声声怯。　　屋坍楼倒人去，恨那时、山崩地裂。敢问苍天，何堪施暴虐？"2008年5月12日，四川省汶川县发生8级特大地震后，满目疮痍，哀鸿遍野。这首词怜悯的是人间灾难，堪为"大爱"，而苏轼想念的是已故亲人，当为"小爱"。然而，"执子之手""千里孤坟""四海同悲"，奏响了这个世界上甚为凝重而又浑厚的凄美乐章。

（四）尚美之真

且看明代杨慎《升庵诗话》卷七评曰："陈文惠公尧佐《吴江》诗云：'平波渺渺烟苍苍，菰蒲才熟杨柳黄。扁舟系岸不忍去，西风斜日鲈鱼香。'后人于其地立鲈香亭，和者计百余人，皆不及也。噫，此诗尚敢和耶！又《碧澜堂》诗云：'苕溪清浅雪溪斜，碧玉光涵一万家。谁向月明中夜听，洞庭渔笛隔芦花。'二诗曲尽东南之景，后之作者，无复措手。"盖诗之尚美，尽乎纯真自然也。今人诗作《百金海岸夜眺》："墨浪悠闲冲岸沙，沉沉夜色望无涯。长宵闪闪星灯亮，疑是仙人海上家。"诗人海岸远眺，夜色无涯，星灯闪亮之处，疑作蓬莱之境。刘勰《文心雕龙》云："正始明道，诗杂仙心，何晏之徒，率多浮浅。唯嵇志清峻，阮旨遥深，故能标焉。"如此，我们仿佛看到现代诗作之人"诗杂仙心"的同时，也与读者一起观览恰如"阮旨遥深"的空阔远景，故有尚美纯真之至哉。

（五）大美之哲

"哲"通常组词为"哲学""哲理""哲人"等，多作才智卓越解义，并含有宏大的宇宙自然永恒之说。诗作《访俄过黑龙江口占》："龙江涛浪似言说，两国深交中与俄。鸿雁不知人有界，往来飞越自由多。"鸿雁不知有界，自由飞越天然，道出了人与自然、鸿与天然的自由组合之景象。轻轻松松，道破天机。哲理之诗，大美存焉。笔者审读的书稿中，此作实为难得之精品。孙过庭《书谱》有云："同自然之妙有，非力运之能成。"好诗往往就在不经意中偶然出之，好就好在有前两句的自然铺设，尤其读到第三、四两句，令人轻松愉快，思绪翱翔。滋养人心处，多含哲理情。苏轼《题西林壁》："横看成岭侧成峰，远近高低各不同。不识庐山真面目，只缘身在此山中。"此作历来被称为哲理诗。作品借景说理，认识深刻，歌咏庐山的奇伟景象，烘托出真理性的哲人眼光，启人心智，思想邈远。按照这个审美标准，上面的现代诗词如与古贤名作相比，似有异曲同工之妙也。

（六）恒美之省

品读《登中小学教学改革讲坛》："一窗理论暮晨功，千里调研学校行。腹内半空根尚浅，唯恐无术负群英。"不难看出，作者曾在教育部门担纲基础教育工作，并经常到各地调研教学改革任务。在经过通宵达旦地做好理论功课之后，到登台讲学时还自感学力不够，恐怕辜负了众多听课的教学英才。作品表现出学犹不及、求知若渴的学习心态。尤其敢于揭露己短的骇俗雅量，令人肃然起敬。省人之语，自然恒美。诚然，这是一首切中时弊的自省诗，道出了"人人心中有，个个笔下无"的省人话语。作者首先是自省，也是自谦。实际上，出行前的理论课件已经充分备好，但还是有所担心，唯恐自己缺少真知灼见，使听者无从收获。其次是省人，也可醒世。相信此作的思想内核，在世人内心深处可生同感，但"腹空根浅，深恐无术"的自白罕有公开。世人有个通病，织就了数不清的遮丑布，掩盖着自身的缺陷，保护着自身的虚荣。若把此作的第三、四两句独白心声放到现实社会的大庭广众面前，看看能有几人敢于直面认同？尽管内心认同，纸上展现出来供人阅读，恐怕就无胆量了。子曰："学如不及，犹恐失之。"意思是学习知识如同追赶不上那样，又恐怕失去什么。自省而省人者，圣贤之善心也，故能永恒审美之存焉。

二、诗词编辑中的润色加工

子曰："为命，裨谌草创之，世叔讨论之，行人子羽修饰之，东里子产润色之。"其中的裨谌、世叔、子羽皆为当时郑国大夫，子产为宰相。我们今天常用的"讨论""修饰""润色"等词，在孔子那个时代就已经使用了。可以看到，孔子大体讲述了文章发表前的产生过程，先后四人参与其中，进行创作、讨论、修饰和润色，这样的创作接力，才能使文章趋于成熟，从而避免舛误。编辑出版图书与写作文章同理，一样需要几道程序的细致打磨。据说孔子是编辑工作的师祖，《诗三百》由他编删而成，诗性之光照耀千秋。我们应该传承和学习古代圣贤的做法，在编辑工作中尽力做出精品图书。新时代诗词编辑理应率先垂范，把诗词图书作为传承弘扬民族优秀文化的灵魂工程来做，在必要的诗词润色加工中砥砺奋进，不断体现人文关怀、编辑智慧与出版风采。

（一）导向第一

坚持正确导向，丝毫不能松懈。这是广大编辑工作者们的神圣天职。审稿中如遇到此类问题，能改则改，不能改坚决删除。相对而言，诗词作品不像现代白话文容易发现问题，由于诗词体裁的特殊性，讲究意境的含蓄性，如果出现问题往往比较隐蔽。这就必须在审读时格外细心，千万不可疏忽大意。经验告诉我们，审读诗词书稿要全神贯注，思想集中，怀疑之处要多读几遍，展开分析，吃透隐含其内的真实用意，切不可因为字少，一滑而过，草率了事。《中庸》第二十章曰："博学之，审问之，慎思之，明辨之，笃行之。"所言至为重要，其中审慎格外重要。如此金玉良言，是所有编辑应当牢记的。纵观当前出版从业人员，由于缺乏古典格律诗词知识的储备，导致诗词编辑出版的专业性、艺术性和学术性出现了短板。这种业界现状，已经不能适应现代出版业整体发展，需要人们尤其是出版部门领导同志，如同看待导向问题一样高度重视。

近期在复审书稿时发现，即便是当代全国性的诗词名家，也会出现个别导向或敏感方面的问题。因笔者与这位名家是要好的朋友，诗词审美和个性特点相似，在交流体会时我说："尽管吟风弄月，不谈敏感话题。"得到这位朋友赞同，并立即改正了他原作上经我指出的敏感语言。粗犷豪放是一种美学，讲究随性而发，情感率真，但是"随性""率真"要控制在理智范围内。诗人情感抒发，特别是立意，要求符合审美正能量，唱响时代主旋律。因此，名家作品也须仔细审读，不得因为名声大而放松警惕。如果一个诗人本身就是编辑，或曾经做过编辑，经过编辑专业培训和继续教育，那么他的诗作一般不会出现导向问题。笔者还有一位跨学科研究的家乡友人，他既是出版社老编辑，也是文学院老作家，写作编辑两样都很成功。读他的诗词，或其他文学作品，丝毫不存在导向方面的嫌疑。写作产生编辑，编辑反哺写作；审美促进阅读，阅读带来审美。久而久之，诗词看多了，问题一眼即可识别，也就知难不难了。现在综合编辑方面的书稿举例来谈。

（1）反面人物要警惕。《临江仙·游万寿山》开头："圣母太后留胜迹，福乡美似江南。"首句中的"圣母太后"不能使用，因为此作是正面歌咏万寿山的，所以，反面人物不能正面出现，更不可为之美化。经查，万寿山上建有园静寺景点，来历尚无诟病，故将首句改为"园静寺前留胜迹"。这样，不但纠正了导向问题，还将"后"字位置应为平声的格律问题改正过来，使得作品形式与内容严谨规范。此作只因一词不慎的硬伤，被当时审稿直接拿下。实行导向零容忍，乃是毫不犹豫的正确做法。清样核红时，我觉得甚为可惜，思考着改用一词即可。所以，若能做到准确和负责的专业性修改，可对问题作品具有裨正复位的作用。（2）涉港用语要注意。不能把香港回归祖国，说成"归还宗主"。如《庆祝香港回归》第四句："香岛归宗还旧主"，已改为"香岛归来迎硕果"。（3）抗战时间要正确。七律《建党八十周年颂》的颈联："驱倭八载惊天地，倒蒋三年震宇寰。"从字面上来看，对仗较为工稳，但是，抗战时间说八年是错误的。只要将"八"改为"多"即可。"多"可作数量词，以对下联的"三"字。这样就不会出现原则性错误了。抗战时间从 1931 年九一八事变算起，至 1945 年结束，共十四年抗战。国家教育部已在 2017 年春季教材中全面落实"十四年抗战"概念。

笔者在复审其他诗词书稿时，还看到此类抗战时间的错误修改问题。由于初审发现八年不对，修改后时间是对了，但将原有对仗的语句拆解得面目全非，其原本的格律诗，已毫无格律可言。这就是缺少诗词修养带来的作品质量损失，也就是编辑出版质量损失。倘若作者知道如此改动，肯定不会心服口服，甚至产生怨言也在所难免。目前的广大编辑队伍中，真正懂得诗词格律，并且有实际写作诗词经历的人只是少数。在这种情形下，如果让不了解诗词的编辑来审读诗词书稿，就很容易出现错误修改问题。工作实践中，这也容易让编辑同仁陷入两难境地：修改吧，格律无法保证；不改吧，错误像毒瘤一样碍眼。于是，就想忍痛将其整首删除，这也是没有办法的办法了。此时，如果一字半句的解决方法得以正确，说白了，也就是换一种说法且符合格律，若能提升原作意境更好，就显得尤为重要。可以说，当我们发现诗词问题需要修改时，"换一种说法且符合格律"，是衡量诗词编辑专业水平的关键环节。因此，诗词专业编辑的润色加工成了一个新课题，值得研究。

（二）格律严谨

大家知道，格律是在我国唐代确定下来的一种诗体形式，并出现了许多伟大诗人和伟大作品。格律诗词有其严格要求，笔者曾在诗词教学中为便于学员记忆，归纳格律三要素：押韵、平仄、对仗。这是要求熟练掌握格律的主体。清人刘熙载《艺概·诗概》有云："律诗取律吕之义，为其和也；取律令之义，为其严也。"大体是说律诗取法礼乐使之和谐，又取法律令使之严谨。律吕、律令，律字当头，旨在强调严正、严谨为基石，而后音韵自然和谐也。为此，笔者审稿时做了几点工作。（1）修改字词。绝句《早操》："平明荒野风凄凄，步伐合拍一二一。口令喊声惊睡鸟，晨霜晓雾染征衣。"作品生动形象而又沉雄豪迈。按照新韵，诗作除了首句个别字出韵以外，其他均符合格律要求。首句末尾的"风凄凄"乃三平调，即连用三个平声，只要将"风"字位置改用一个仄声也就规范了。可以把"风凄凄"改为"朔风凄"，意思没变，都表示寒冷之风，因而只要改动一字，可使整首诗没有了格律硬伤。（2）调换位置。如"街头已传叫卖声"，词语互换位置后，成为"街头叫卖已传声"，这样，语言结构正常，符合逻辑思维，也使一首诗的格律整体规范起来。（3）讲究对仗。五律《大风》颈联"瓦砾飞上下，折枝倒路旁"有对仗问题。所谓对仗，要求词性相同，平仄相反。就这么简单，无须故作高深。将其改为"瓦砾飞楼下，花枝倒路旁"，如此格律严谨规范，就会显得耐读而有品位。

（三）语言锤炼

语言锤炼可与格律要求综合来谈。清代贺贻孙《诗筏》有云："炼句炼字，诗家小乘，然出自名手，皆臻化境。盖名手炼句如掷杖化龙，蜿蜒腾跃，一句之灵，能使全篇俱活。炼字如壁龙点睛，鳞甲飞动，一字之警，能使全句皆奇。若炼一句只是一句，炼一字只是一字，非诗人也。"

由此可知，古人对于炼句炼字的精辟见解。文字形象生动，金针度人，堪为诗人锤炼语言字句之法的经典论断。有志研究学习诗词的编辑，皆应记之。实际审稿中，"石坚劲根盘"，改"坚"为"破"，成为"石破劲根盘"，这让作者无比信服，当面情不自禁地说"很好！"若对照古贤之语，这是否有"一字之警，能使全句皆奇"呢？用"破"字振起全句，似乎还有"一句之灵，能使全篇俱活"之感。再如，"碧水悠悠伴清闲"改为"碧水悠悠伴客闲"；"风中山花送远香"改为"风爽山花送远香"；"风驰电掣金陵来"改为"风驰电掣建康来"等诗句，往往只是改动一字或一词，可奏全篇增色之效。同时，也能解决一首诗中只是个别字的格律问题，诚可谓一举两得矣。有专家说过，语言修饰与锤炼，就是考察作者平时储备的词汇量。当然，这里所说的词汇量，是指诗词创作专用的"诗家语"，而并非现代白话文使用的通俗语。采用诗家语言，不求佶屈聱牙，晦涩难懂；但求温柔敦厚，温文尔雅。这样，既符合诗词审美的要求，也可达到润色加工的目的。

关于诗词编辑中的审美与润色，主要体现在语言和格律两个方面，这是写好诗词作品的基础，更是编好诗词图书的关键。至于意境或格调，明代谢榛《四溟诗话》卷一有云："凡作近体，诵要好，听要好，观要好，讲要好。诵之行云流水，听之金声玉振，观之明霞散绮，讲之独茧抽丝。"显而易见，要求格律诗的语言丰美，才可渐入佳境，营造高格。有一点颇为重要，那就是古人善用形象语言，把事情说得生动自然，让读者感到饶有趣味，而且诗意隽永，境界高古。现代诗词中还有部分古风体，读来也觉诗意琳琅，妙趣横生。今天有人把不符合格律之作称为古风体，严格意义上并非如此，古风也讲格律。古人写作古风，有意打破格律规矩，甚至距离格律越远越好，认为这样才显得高古。这在原北京大学教授王力先生所著《诗词格律》一书中都有论述，可为我们做好诗词编辑提供帮助。

新时代书写新篇章，了解掌握诗词编辑中审美与润色的实际工作能力，是提高诗词类图书质量的根本保证。诗词网络编辑，同样需要。其作为新的研究课题需要引起重视，值得深入探讨。当代学术领域重视跨学科交叉研究，世界许多诺贝尔奖获得者就是成功典范。学科无论大小，相互合作与融通形成合力尤为重要。如果进行诗词常识与编辑、诗词审美与润色的学习研究，其中包括古典文学、编辑学、美学和教育学等学科的相互交织渗透，经过广采博取，寻幽探微，会使我们取得意想不到的新成果。总之，做好诗词编辑工作，需要不断学习积累专业知识，才能提高审美与润色的实践能力。恰逢现代诗词出版繁荣之际，谈了本人在诗词编辑工作中一些观点与思考。因学识浅陋，恭请读者诸君指疵。

（作者单位：中国书籍出版社）

新时代古籍如何传播中国声音

豆艳荣

悠久的历史给我们留下深厚的文化积淀，古籍就是一笔丰富的资源。可惜的是古籍在我国还是属于阳春白雪，影响力有限。如何让古籍借助新时代的东风发扬光大，最终走出国门，在国际社会传播中国声音，需要我们深入思考。笔者尝试抛砖引玉，从以下四个方面论述新时代背景下如何发挥古籍的影响力。

一、古籍双重价值的厘清

"古"是相对于"今"而来的，未采用现代印刷技术印制的书籍都可称为古籍。"古籍作为中国传统文化的载体和结晶，对于现代中国以及中国人的最大用处一定是安国、安身、安心"①，古籍不光承载了古人卓越的智慧，具有丰厚的内容价值，同时其纸张、装帧印刷等无不体现了时代的特色，其本身就是宝贵的物质财产，因此又具有非凡的文物价值。遗憾的是，古籍的文物价值被世人认知，而内容价值却只被相关领域的专家学者所认同，并不被普罗大众接受。提到古籍人们往往会以过时来评价，而且对其过时的感知甚至超过了对历史厚重感的认知。

这要说起古籍给世人留下的印象，发黄的纸质、大量的繁体字、竖排结构、拗口的文言文表述和烦琐难懂的古代官职等概念，还有高价位、高维护和修复成本，这极大地影响了古籍的发行量和阅读面，造成古籍不够亲民的弊端。除去购买古籍当作文物收藏的文物爱好者之外，会去购买、收藏古籍的多是机构，个人很少；古籍的阅读者主要是特定领域的专家学者，其他人群很少。近些年，随着国学的推崇，《百家讲坛》《鉴宝》等电视节目的效应，以及古装影视剧的作用，传统文化越来越受到重视，对文物、历史感兴趣的人越来越多，不过愿意去主动购买或者阅读古籍的人群还是比较少。

如何改变这种局面，让古籍走进人群，全面发挥古籍的价值和影响力呢？南京图书馆在出版发行《南京图书馆藏过云楼珍本图录》时说过一句话："让书写在古籍里的文字活起来"②，笔者深以为然，即不要让古籍沉没，要设法让古籍散发活力。让古籍中的故事、道理从故纸堆中跳跃出来，走进人心，走向世界，讲好中国故事，传播中国声音。

从目前我国的国情出发，是物质飞速发展与精神文化发展不够同步的现实，以及人民日益增长的美好生活需要和不平衡不充分的发展之间的社会主要矛盾。在现有状况下，发挥古籍的影响力，让古籍传播中国声音，需要厘清并剥离古籍的双重价值，在有需求的机构和个人面前发挥古籍的

---

① 徐小跃：《古籍被读才有价值——为〈南京图书馆藏过云楼珍本图录〉出版而作》，《新华书目报》2017 年 11 月 24 日。

② 徐小跃：《古籍被读才有价值——为〈南京图书馆藏过云楼珍本图录〉出版而作》，《新华书目报》2017 年 11 月 24 日。

双重价值，但是在物质需求和精神需求达不到的人群面前，则要设法发挥古籍的内容价值。通过区分读者对象，为古籍设置不同的功能，以多样化的形式满足不同的个性需求，这也是新时代下实现文化发展的必要手段。

大数据、信息化普及的当今社会，让产品和服务越来越精准化，根据个体购物或者消费留下的数据信息经过数据分析处理后，能够掌握个体的消费能力与消费意愿、需求，然后在产品设计和推广上进行智能配对，提供个性化配置的服务。近些年出版方也在根据市场的变化不断调整理念，从出版从业人员的素质、能力的改变提升，到出版业务的改革更新上都有了与时俱进的要求，融媒体、主题出版等应时而生即是有力的证明。古籍这一块当仁不让，也有必要在个性化、精准化服务读者方面进行改变，有意识地厘清古籍的文物价值与内容价值，根据读者对象，提供不同的产品服务。

二、发挥内容价值：古籍的通俗化

发挥古籍的内容价值，扩大古籍的阅读面，让古籍中的内容广为人知，似乎难度颇大，尤其是古文中的繁体字异体字、竖排结构、缺少句读、文言文表述，和古代官职地名等特点，没有古汉语基础的人是难以上手的。因此很多人面对古籍的反映是供瞻仰的文物，而不是供阅读的书籍。在古籍面前瞬间变成文盲的感觉并不愉快，而现实也不可能让每个人先系统学习下古汉语，然后再来一起读古籍。除去古籍维护、修复和购买需要的高价位之外，阅读障碍是造成古籍发行量有限、阅读面窄的重要原因。

想要让古籍走进人群，有效地对外传播中国声音，就要扫除这些障碍，即实现古籍的通俗化，让古籍阅读不再成为难题，自然古籍里面的内容传播也就便捷多了。古籍的通俗化，是让古籍不再停留在曲高和寡的印象里，而是让古籍的内容触手可及，变成大家耳熟能详的话语，在耳濡目染中影响人的思维和观念。

实现古籍的通俗化，可以通过两种方式。一种是有效工具的开发与使用。对于有心阅读古籍的人，一切问题在工具面前都足以迎刃而解：古汉语词典可以解决繁体字、异体字的问题，还有古代官职人名地名等问题；竖排结构可能影响阅读的速度，但是也不算难题；句读的问题随着语感的增强也逐渐由难而易；至于文言文表述，市场上已经有不少人意识到这个问题，并且着手在这方面发力了。如"在线文言文翻译"网（http://wyw.5156edu.com/），其中有文言文大全，输入任意一句文言文短语或句子后，能够迅速在储存的文言文里搜索到该句，然后有对应的翻译。虽然不能像中英文在线翻译一样快捷，不过对于古籍来说，已经在降低文言文阅读的难度了；而且古籍也不都是晦涩难懂的繁体字、异体字和文言文，也有民国时期半文半白的书籍，这些阅读起来难度并不算大。

另一种是古籍里原文附上现代译文，或者出版现代译文版本，如天津古籍出版社出版的四大名著、线装书局出版的文白对照二十四史等，让阅读毫不费力，对传播古籍内容起到了很好的作用。这种方式存在的争议是，当古籍的内容以简体字、白话文、横排体和现代的纸张装帧印刷出版后，是否还能算是古籍呢？因为一般人不承认脱离古籍形式之后的书籍为古籍，而认为其是现代书籍，比如说称其为古典名著，或者历史类书籍。在此笔者认为，就好像不少学者顺应时代发展而呼吁建立大众历史学一样，让很多爱好历史学但没有受过专门历史学专业教育的人群也能够囊括进来；将古籍的内容以现代形式出版，完全可以抛开其是否属于古籍的争论，只需认可这是在发挥古籍内容价值的体现，总比用古籍的文物形式束缚了其内容的传播要来得更好。

当古籍实现通俗化时，其内容就不会被束之高阁、只供少数人了解、用来做学术研究，而是作为传统文化散发光彩，在公众对古籍里的内容耳熟能详的时候，让历史的意义在现代社会彰显，用历史的智慧照耀人们未来的道路。

三、发挥双重价值：古籍的高端化

喜好古籍的人群可以分为两类，一类是看重古籍的文物价值，不惜高价收购、收藏古籍，也许这类人对古籍的使用不属于阅读和专研其内容，但是大量古籍珍本、孤本的存在就是因为这类人，其对古籍流传后世发挥了重要作用。另一类则是同领域内的专家学者，为了学术研究的目的而购买古籍并用心钻研。这类人能为古籍的校对、编纂、完善等提出非常宝贵的意见和有益的补充，也能够在学术领域内形成高质量的学术研究成果，将古籍的作用充分发挥出来。

这两类人非常了解古籍的价值，堪称古籍的识货人，对这些人群则完全可以提供高端化的定位。这里的"高端化"可以从两方面着手：一方面以甘坐冷板凳的情怀，扎实推动古籍整理工作，不断开发出新的古籍整理出版项目，深度发挥古籍的魅力和作用，让古籍焕发新颜。另外，以高科技结合传统的古籍修复手段，让古籍中为数不多的珍本、孤本完好保存下来，以影印等手段延续其生命力。这是古籍类出版社的使命。推陈出新是任何行业改革的目标，古籍从业者同样如此。面对图书市场的激烈竞争，创新是突破困境的不二法门。创新存在难度，古籍类出版物想要创新的难度更大，其需要耗费的时间比同行业其他类别的出版物更长、投入的人力物力精力更多，也因此，成本高、定价高，实用价值也高，只能定位为高端消费。值得庆幸的是，对于喜好古籍的人群和机构来说，非常欢迎这样的好作品，会感到物有所值。而且，这样高端定位的古籍还可以走出国门，满足国外爱好我国传统文化和古籍的人群的需求。

另一方面是实现古籍的数字化。古籍数字化是指利用现代信息技术对古籍文献进行加工处理，使其转化为电子数据形式，通过光盘、网络等介质保存和传播，是对古籍或古籍内容的再现和加工，属于古籍整理的范畴。自 2007 年"中华古籍保护计划"实施以来，全国各地都深入开展了古籍普查工作，而古籍数字化就是其中的重要手段之一。通过中华古籍联合目录和古籍数字资源库，对全国各地的古籍进行普查和整理，推动古籍的再生性保护。如国家图书馆的"古籍特藏文献数字化技术"完成了"甲骨文""数字方志""碑帖菁华""敦煌遗珍""西夏碎金""永乐大典"等成果。[①] 古籍数字化不光是有助于古籍的保护与研发新成果，而且便于利用新技术进行阅读。如利用双层 PDF 原理，以及信息技术与图像处理技术，构建的古籍数字化系统模型，在古籍原版图像上实现全文检索与全文定位，对于需要的专家学者来说无疑是利好消息。[②]

之所以说这两方面是古籍的高端化，主要是因为在保留古籍原型的情况下，愿意主动购买或阅读的人群比较有限；也只有真正的古籍爱好者，愿意为之付出高消费，这些人群对古籍的需求相应也较高。这和前面所述主动发挥古籍的内容价值，让其走进人群，用其内容的魅力影响人群，是截然不同的。因此将前者定位为通俗化，这里则定位为高端化。不管是低端还是高端，目的都是要尽可能地发挥古籍的影响力，传播中国声音。

四、探索新的载体：古籍的有声化

揭开古籍的面纱，让古籍融入人群，也可以借助新媒体、新技术的力量，例如有声阅读、直播等载体。百家讲坛的热播让易中天、阎崇年、于丹等学者与他们的研究、思想为世人所知，也带动了"三国热""历史热""国学热"，还有一批新的推崇国学、传统文化的节目的兴起，引起社会高度关注，还有大量以历史为题材的影视剧、网文的出现，虽然不乏失真之处，但不可否认其热度，而且由此很多人开始喜欢历史，并且有了自己对历史的理解。显然音频、视频的效果要比文字更吸引人，那么古籍也可以运用音频、视频等载体，让古籍"有声"来实现古籍"发声"。

---

① 常嘉诚、李文革：《"互联网 +"时代的古籍数字化新思路》，《中文信息》2015 年第 12 期。

② 章杰鑫、潘悟云：《古籍数字化技术的新思路》，《语言研究》2014 年第 1 期。

近些年出版行业不断探索图书产品化、融媒体、主题出版等，即是出版市场严峻的形势下寻找突破口的体现，如充分借鉴 MCN 发展模式，实现优质内容生产与内容变现，在坚持创作优质内容、融媒体出版物持续产出的同时，完成商业化传播与运营，更好地丰富出版业生态、拓宽出版业渠道、延伸产品生命周期，以解决融媒体出版的瓶颈问题。[①] 古籍类出版物如何实现突破呢？一方面做好本版书，这是立足之本，毕竟要以质取胜；另一方面，则需要运用新技术探索新载体，开拓新的市场，如通过直播等视频形式，或者通过像"喜马拉雅"等各种听书平台，以生动直观的音频、视频将古籍的内容传递出去。

社会对于直播的争议很大，尤其是不良"网红"为了牟利毫无底线的行为让人反感。不过如果利用得当，在宣传和影响力方面确实很有效果。如火遍全网的李子柒的直播的确观感很好，也因此被视为对外文化输出的形象代表，虽然被质疑为作秀和团队的人为打造的结果，但是其效果值得我们借鉴。

再以有声媒体里比较显著的"喜马拉雅"为例，历史类是播放度较高的一个板块，如王更新播讲的"明朝那些事儿"播放达到 3.9 亿次，一个叫大宇茶馆的主播改自高天流云著的《如果这是宋史》，所读的"话说宋朝"播放超过 2.1 亿次，易中天讲"三国"的播放是 1.8 亿次，蒙曼讲"隋朝风云"的播放达到 2082 万次。

如何让古籍也能有这样的热度？主要有两个环节：一个是需要筛选古籍的内容，以专题的方式来选择内容，打造出一个个独立的主题板块；另一个就是找到具有感染力的主播，来阅读或者直播。这在出版行业也不算新生事物，因为已经有不少出版社在营销上进行直播的尝试了，相信未来还会有更多的拓展空间。对于古籍行业来说，迫切需要形成专业的团队，成员既需要拥有古籍专业的知识和素养，还要有市场化的产品意识和高度执行力，将古籍有声化像做产品一样做下去，为古籍开拓新市场而发力。

---

① 李戈：《传统出版优质内容精准生产变现路径探析》，《中国出版》2020 年第 14 期。

需要注意的是，新媒体、新技术都是载体，发挥的是工具的作用，其承载的内容才是至关重要的，即古籍本身是核心，任何时候不能本末倒置。就传播中国声音来说，是在探讨如何利用古籍的特点让其发挥作用，并不是毁灭掉古籍的形式以实现其推广。

五、结语

尽管历史学越来越走向大众，但是古籍与人群的距离仍是很远。虽然不能让古籍人手一本，但是让古籍亲民并且发声、去影响世人，让世人提到古籍时不再是陌生与高冷，是新时代古籍出版社思考的一个方向。根据需要，古籍可以通俗化，也可以高端化，还可以有声化。随着网络的畅通普及，新媒体新技术的运用越来越普遍，古籍出版社也需要抓住新机遇，融入时代带领的新变化，用新媒体新技术探索新载体、开拓新市场，将古籍的内容、理念整理出来，传播出去。

（作者单位：天津古籍出版社）